UdSSR

Danzig

Stettin

Weichsel

POLEN

Neiße

Oder

PRAG

Moldau

CSSR

Donau

WIEN

Donau

ÖSTERREICH

BUDAPEST

UNGARN

Gottfried Schmalzbauer · Thea von Seuffert

ICH SPRECHE DEUTSCH

PRENTICE-HALL INTERNATIONAL, INC., *Englewood Cliffs, N.J., U.S.A.*
PRENTICE-HALL INTERNATIONAL, INC., *London*
PRENTICE-HALL OF AUSTRALIA, PTY, LTD., *Sydney*
PRENTICE-HALL OF INDIA PRIVATE LTD., *New Delhi*
PRENTICE-HALL OF JAPAN, INC., *Tokyo*
PRENTICE-HALL DE MEXICO S.A., *Mexico City*

Gottfried Schmalzbauer · Thea von Seuffert

University of Maryland, European Division

ICH SPRECHE DEUTSCH

PHI

PRENTICE-HALL INTERNATIONAL, INC.

The illustrations were drawn by
Fritz von Dahmen

ICH SPRECHE DEUTSCH
© 1970 by Prentice-Hall International Inc.
All rights reserved—No part of this book may be reproduced in any form without permission in writing from the publisher.
Printed and bound in Great Britain at The Pitman Press, Bath
1st printing 1970
2nd printing 1971
3rd printing 1972
4th printing 1972
5th printing 1975
6th printing 1975
7th printing 1976
ISBN: 13-449090-8

PREFACE

ICH SPRECHE DEUTSCH is the result of many years of practical classroom experience with the audio-lingual approach gathered by the authors while teaching German to Americans living in Germany. The texts and the exercises have, during these years undergone many changes due to their having been tried out with thousands of students. Every sentence was thus thoroughly tested for its practical usefulness and its natural wording. All of the approximately 1650 different German words contained in the 25 lessons are therefore considered as "active" (with the exception of some words in the reading selections on German culture and history).

ICH SPRECHE DEUTSCH covers material for about 120 class hours. It aims at providing the student with the tools necessary for oral and written communication in German.

The practical basic vocabulary is adapted to present-day needs and demonstrated in sample situations of the kind which a student is likely to incur in his initial contacts with Germans, such as: introducing himself, asking for directions, giving information about himself and his whereabouts, going shopping, conversing at parties, handling traffic difficulties.

Short conversations, drill sentences augmenting those standard situations, question-and-answer drills as well as short descriptive paragraphs will help the student in making the vocabulary and related idioms part of his knowledge without forcing him to memorize individual words.

The basic elements of grammar are introduced gradually. The arrangement of the grammatical material is governed by the principle of frequency, i.e. less vital material is treated in later lessons (e.g. the future tense, the genitive case); forms no longer used in modern spoken or written German are omitted in this elementary grammar. On the other hand, constructions which are frequently found in newspapers (e.g. participial phrases) are included. The mastery of grammar is not considered the ultimate goal, but solely as a necessary instrument towards the goal of speaking, reading and writing the language correctly.

The first half of the book is based entirely on the audio-lingual approach to language teaching. The student should learn to respond automatically in German by answering and asking in the language without translating from or into English.

Beginning with Lesson XI, translation from English to German is introduced and the elementary vocabulary is gradually extended to a higher level; reading selections are included which will give the student some initial information about cultural and historical topics concerning Germany and will also give him a first taste of the German found in newspapers.

In the second half of ICH SPRECHE DEUTSCH, the basic grammar is completed and pattern drills of the type used in the first part are gradually reduced in favor of translation excercises. Extensive review sections are inserted after lessons VI, X, XV, XX and XXV.

In keeping with the principle of the audio-lingual approach not to discuss the language, but rather to speak and to practise it, the authors have abstained from including in this book a chapter on descriptive phonology. However, the "Teacher's Guide" to ICH SPRECHE DEUTSCH which gives detailed, step-by-step instruction on how to use this book in the classroom, also contains lists of German sounds as well as guidelines and aids for corrective phonetics.

By the end of the book, the student should be in a position to handle everyday situations of various kinds, will have learned the most essential grammatical problems and will have some idea about Germany, its culture and its history.

To the Student

In modern teaching of foreign languages, the conversational approach has been accepted by Armed Forces Language Schools and by most universities and colleges as the most effective method to overcome a student's initial fear of speaking a foreign language and to become fluent in a comparatively short period of time.

The audio-lingual approach employed here, demands your full cooperation and constant attention during the entire class hour. You will be exposed to hearing German throughout the class period. You will be expected to learn to understand German, to repeat what your teacher says, to answer in German, to ask in German – and this not only when it is "your turn", but at any moment when you are called upon individually or when you speak in chorus. You must not get tired when requested to repeat a word, a phrase or a sentences several times until you can imitate your teacher's pronunciation and intonation to the best of your ability and until your spoken German sounds as close to that of a native speaker as possible.

You should be sure to be present at every class meeting, especially during the first weeks, for this book is not meant for self-instruction and you will depend on your teacher's help constantly. Therefore, ICH SPRECHE DEUTSCH does not contain a section on pronunciation because your teacher will pronounce the sounds for you, will demonstrate to you how to produce them rather than give you a theoretical description of the various sounds.

But such an intensive learning process will soon enable you to carry on simple conversations on everyday topics, and – most important – you will speak German without slowing down your fluency by translating from English to German.

You will benefit most from this book when you observe the following recommendations:

1. Everything drilled in class must be mastered at the next class meeting. When studying drills outside of class, practise them **aloud**. Whenever possible, take advantage of modern technical means such as tape recorders or language labs.

2. At the end of most lessons there are short conversations. Memorize them well because they will provide you with practical patterns on which you can base your own attempts at expressing yourself in German. They are made up of phrases and sentences which you will be able to use when actually confronted with a similar situation. At the same time these conversations contain new grammatical problems of the following lesson. Explanation of grammar will follow after you master the conversation and the drills. Do not study the grammar ahead, concentrate on speaking.

3. The study of the grammar sections is a necessary part of your homework after the grammatical problem has been explained.

4. Each lesson ends with a lesson "Wortschatz". The nouns are arranged according to genders to make it easier for you to remember the genders. However, do not learn the vocabulary from the "Wortschatz". Learn the words from the phrases, drills and visual aids. The "Wortschatz" is merely for reference.

5. Later in the book you will find reading selections, partly on German culture and history. These texts should not be memorized. At this stage, the objective is to get you gradually away from memorization. You should be able to read these texts and talk about their contents. This goal – more difficult than memorization – can only be achieved if you know the contents well and can handle the new vocabulary. You should try to answer your instructor's questions with simple sentences which you form yourself, not with the exact wording of the text.

6. Remember: The secret of mastering a foreign language is constant listening, repetition, practising.

Acknowledgements

Upon turning ICH SPRECHE DEUTSCH over to students and colleagues, the authors, first of all wish to thank the authorities of the European Division of the University of Maryland, who most generously gave general permission to the authors to try out the manuscript during its various experimental stages in the accelerated night program as well as in the regular day program of the Munich Campus.

This book could never have been brought into its present form without the constant and inspiring support of Mr. Henry F. Vollmer, Language Supervisor of the European Division of the University of Maryland who, from the very beginning, encouraged the authors in their undertaking and paved the way for them in every respect, last, but not least by taking it upon himself to experiment with this book as an instructor in night classes. In addition, Mr. Vollmer also headed a group of colleagues who have a decisive share in the final accomplishment of the book and to whom the authors feel particularly indebted: Dr. Günther Schalich, Mrs. Arlene Schalich, Dr. Michael Arndt and Mr. Franz Theo Runkel, all of whom most obligingly and with great understanding not only tried out in the classroom ICH SPRECHE DEUTSCH while it was still in the experimental stage, but studied, scrutinized and discussed all parts of the manuscript, sat frequently and for long hours together with the authors in order to argue, to give valuable detailed advice, to provide ideas and, most of all, stimulating encouragement.

The authors also are grateful to their colleagues at the Munich Campus:
Mrs. Juliane Wuttig, Mrs. Frauke Hankamer, Mrs. Christine Laumer Ashcraft, Mrs. Katy Bullman, Miss Monika von Witzleben for their share in experimenting with the book in its various interim stages, and for their valuable suggestions.

Munich, Summer of 1970

Gottfried Schmalzbauer   Thea von Seuffert

University of Maryland   University of Maryland
European Division   European Division

CONTENTS

LEKTION I   p. 1

   Meeting and introducing people
   Numbers 1–10
   Cardinal points
   Geographical locations
   Important buildings, streets etc.

   Konversation: Darf ich vorstellen?
                      Woher kommen Sie?
                      Entschuldigen Sie bitte, können Sie mir sagen, wo . . .?

   Gender of nouns
   The Nominative
   Definite article singular and plural
   Personal pronouns
   Present tense of "sein"

LEKTION II   p. 11

   Asking people for the location of buildings etc.
   Numbers 11–20

   Konversation (in a restaurant): Was darf ich bringen?

   Agreement of personal pronoun with noun
   Modal auxiliaries and "wissen"
   Indefinite article and "kein"
   Word order

LEKTION III   p. 25

   Asking for, and giving directions
   The clock

   Konversation: (looking for someone) Wohnt Herr Huber hier?

   Imperative
   Modal auxiliaries and "möchte"
   Cardinal numbers
   Plural

CONTENTS

LEKTION IV   p. 36

    Personal items

    Konversation (at a party): Kennen Sie den Herrn dort drüben?

       Present tense
       The Accusative
       Compound nouns
       "wissen" and "kennen"

LEKTION V   p. 49

    Free conversation: Family and occupation

    Konversation (at a bus stop): Hält der Bus Nummer 7 hier?

       Possessive adjectives
       Accusative of personal pronouns
       Accusative prepositions

LEKTION VI   p. 62

    Family in the living room

       Present tense of strong verbs

WIEDERHOLUNGS-ÜBUNGEN   p. 68

LEKTION VII   p. 74

    Description of living room

    Konversation: Wo sind Sie gestern abend gewesen?

       Adjective endings
       Was für ein . . .? Welcher . . .?
       Word order
       Compounds with "da-"

LEKTION VIII   p. 87

    An accident
    Days, months, seasons

CONTENTS

Konversation (meeting a friend): Wie geht es Ihnen?

    Present perfect of regular, irregular and strong verbs
    Present tense of "werden"
    Word order in main clauses and dependent clauses

LEKTION IX   p. 100

Der wievielte ist heute?
Shopping in a department store

    The Dative
    Dative prepositions
    Dative of personal pronouns
    Ordinal numbers

LEKTION X   p. 116

Description of pictures

Konversation (in the city): Gut, daß ich Sie treffe.

    Verbs with indirect and direct object
    Verbs taking the dative
    Word order
    "der"-words
    "ja" or "doch"
    The modal auxiliary "mögen"

WIEDERHOLUNGS-ÜBUNGEN   p. 126

LEKTION XI   p. 134

Errands downtown

Konversation: Entschuldigen Sie, daß wir so spät kommen.

    Present perfect of modal auxiliaries: double infinitive
    "nicht wahr?"
    "lassen" + infinitive
    Introduction of translations

CONTENTS

LEKTION XII   p. 141

    Report on an accident
    Aus Bayerns Geschichte

        Past tense of regular, irregular and strong verbs
        Infinitive with "zu"

LEKTION XIII   p. 153

    Einkäufe in der Stadt

    Konversation (on the telephone): Hoffentlich störe ich Sie nicht.

        Plural of articles, "der-" and "ein-" words, nouns and adjectives
        Strong adjective endings

LEKTION XIV   p. 165

    Der Bahnhof

    Konversation: Bist du fertig? (Looking for something)

        Verbs with inseparable and separable prefixes
        "to like"

LEKTION XV   p. 176

    An welchem Fluß liegt . . . . ?
    Über allen Gipfeln ist Ruh

        Prepositions with accusative and dative
        The familiar forms "du" and "ihr" with possessives and verb forms
        Past perfect tense
        Diminutives "-chen" and "-lein"

WIEDERHOLUNGS-ÜBUNGEN   p. 188

LEKTION XVI   p. 193

    Konversation: Ich habe gehört, Sie haben sich verlobt.

        Future tense
        Reflexive pronouns and verbs

CONTENTS

LEKTION XVII — p. 201

   Berlin

      The Genitive
      Comparison of adjectives and adverbs

LEKTION XVIII — p. 214

   Aus deutscher Geschichte und Kultur

   Konversation: Würden Sie mir den Platz freihalten?

      Dependent clauses: subordinating conjunctions
                                indirect questions
                                relative pronouns and clauses
      Co-ordinating conjunctions

LEKTION XIX — p. 223

   Polite expressions
   Ein Brief

      The subjunctive mood

LEKTION XX — p. 233

   Description of pictures

      The Passive

WIEDERHOLUNGS-ÜBUNGEN — p. 238

LEKTION XXI — p. 249

   Wolfgang Amadeus Mozart

   Konversation: Wo bleibt denn Paul?

LEKTION XXII — p. 255

   Aus aller Welt. Die letzten Nachrichten in Kürze.

CONTENTS

Ein Brief

  Verbs with prepositional object: 1. Verbs with "auf"
  Compounds with "da-" and "wo-"
  The present participle
  Participles used as adjectives
  Nouns with adjective endings
  Word order in participial phrases

LEKTION XXIII p. 266

  Ein Brief an die Polizei – Der Polizeibericht

  Indirect discourse
  Verbs with prepositional object: 2. Verbs with "an"
                                                        3. Verbs with "über"
                                                        4. Verbs with "vor"

LEKTION XXIV p. 283

  Konversation: Haben Sie Ihrem Chef schon zum Geburtstag gratuliert?

  "hin" and "her"

  Verbs with prepositional object:
    5. Verbs with accusative prepositions
    6. Verbs with dative prepositions

LEKTION XXV p. 291

  Der Hauptmann von Köpenick

  Pronominal use of "ein"-words
  Adjectives used as neuter nouns
  "was" used as relative pronoun

WIEDERHOLUNGS-ÜBUNGEN p. 299

ALPHABETISCHES WÖRTERVERZEICHNIS, DEUTSCH–ENGLISCH p. 304

ENGLISH–GERMAN VOCABULARY p. 323

INDEX (LESSONS I–XXV) p. 342

GRAMMATICAL SUMMARY p. 347

Index of illustrations and credit lines p. 412

LEKTION EINS

1. Guten Morgen!
   Guten Tag!*
   Guten Abend!
   Gute Nacht!

   Mein Name ist . . . . .
   Wie ist Ihr Name?
   Ist Ihr Name Huber?   Ja, mein Name ist Huber.
                                          Nein, mein Name ist . . . .

   KONVERSATION

   A: Darf ich vorstellen? (Darf ich bekannt machen?)
      Das ist Herr . . . .
      Das ist Frau . . . .
      Das ist Fräulein . . .
   B: Guten Tag (guten Abend, guten Morgen)!
   C: Sehr erfreut!

2. **Sind Sie** Student?   Ja, **ich bin** Student.
   Sind Sie Studentin?   Ja, ich bin Studentin.
   Sind Sie Amerikaner?   Ja, ich bin Amerikaner.
   Sind Sie Amerikanerin?   Ja, ich bin Amerikanerin.

   Ist Herr Müller Lehrer?   Nein, **er ist** Student.
   Ist Frau Müller Lehrerin?   Nein, **sie ist** Studentin.
   Ist Herr Müller Deutscher?   Nein, er ist Amerikaner.
   Ist Frau Müller Deutsche?   Nein, sie ist Amerikanerin.
   Ist der Herr Deutscher?   Ja, er ist Deutscher.
   Ist die Dame Deutsche?   Ja, sie ist Deutsche.

   Herr und Frau Müller,
   sind Sie Amerikaner?   Ja, **wir sind** Amerikaner.
   Herr Huber und Fräulein Meier,
   sind Sie Deutsche?   Nein, wir sind Amerikaner.

   Sind Herr und Frau Müller
   Amerikaner?   Ja, **sie sind** Amerikaner.
   Sind Frau Müller und Fräulein
   Meier Amerikanerinnen?   Ja, sie sind Amerikanerinnen.
   Sind Frau Müller und Fräulein
   Meier Lehrerinnen?   Nein, sie sind Studentinnen.

---

* "Grüß Gott!" is used instead of "Guten Tag!" in Southern Germany and Austria.

HOTEL

KASSE EXCHANGE

APOTHEKE

P

POLIZEI-REVIER

LEKTION EINS

3. WIR ZÄHLEN: eins   sechs
                 zwei   sieben
                 drei   acht
                 vier   neun
                 fünf   zehn

4. WO LIEGT . . . . . . ?

Bremerhaven liegt im Norden von Deutschland.
Garmisch liegt im Süden von Deutschland.
Kaiserslautern liegt im Westen von Deutschland.
Passau liegt im Osten von Deutschland.

Kiel liegt nördlich von Hamburg.
Bonn liegt südlich von Köln.
Wiesbaden liegt westlich von Frankfurt.
Würzburg liegt östlich von Frankfurt.

KONVERSATION

A: Woher kommen Sie?
B: Ich komme aus X.
A: Wo liegt X.?
B: X. liegt im Norden von Amerika, südlich von Y.

5. WAS IST DAS?

　　Das ist **der** Bahnhof.
　　Das ist der Flughafen.
　　Das ist der Park.
　　Das ist der Parkplatz.
　　Das ist der Karlsplatz.
　　Das ist der Marienplatz.

　　Das ist **das** Bild.
　　Das ist das Rathaus.
　　Das ist das Kino.
　　Das ist das Hotel Regina.
　　Das ist das Schloß.
　　Das ist das Reisebüro.
　　Das ist das Flugzeug.

LEKTION EINS

Das ist **die** Hauptstraße.
Das ist die Ludwigstraße.
Das ist die Apotheke.
Das ist die Polizei.
Das ist die Paulskirche.
Das ist die Straßenbahn.
Das ist die Straßenbahnhaltestelle.
Das ist die Bank.

Ist das der Karlsplatz?
Nein, das ist **nicht** der Karlsplatz. Das ist der Marienplatz.
Ist das das Hotel Eden?
Nein, das ist nicht das Hotel Eden. Das ist das Hotel Regina.
Ist das die Hauptstraße?
Nein, das ist nicht die Hauptstraße. Das ist die Ludwigstraße.

6. KONVERSATION

A: Entschuldigen Sie, bitte! Können Sie mir sagen, wo das Rathaus ist?
B: Gehen Sie rechts um die Ecke und dann geradeaus!
A: Kann ich zu Fuß gehen oder muß ich die Straßenbahn nehmen?
B: Sie können zu Fuß gehen. Es ist nicht weit von hier. Nur fünf Minuten.
A: Danke sehr.
B: Bitte sehr. Auf Wiedersehen!
A: Auf Wiedersehen!

IDIOMS AND USEFUL EXPRESSIONS

Guten Abend!	Good evening.
Guten Tag!	Hello.
Guten Morgen!	Good morning.
Gute Nacht!	Good night.
Grüß Gott!	Hello. (in Southern Germany and Austria)
Wie ist Ihr Name?	What is your name?
Darf ich vorstellen?	May I introduce?
Darf ich bekannt machen?	
Sehr erfreut.	Very pleased to meet you.
Entschuldigen Sie!	Excuse me. Pardon me.
zu Fuß gehen	to walk
Danke sehr! (Danke schön!)	Thank you.
Bitte sehr! (Bitte schön!)	You are welcome.
Auf Wiedersehen!	Good-bye. Till we meet again.
Er ist Deutscher.	He is a German.
Sie ist Deutsche.	She is a German.
Sie sind Deutsche.	They are Germans.

LEKTION EINS

CLASSROOM EXPRESSIONS

alle	everybody, all
Wie bitte?	I beg your pardon?
noch einmal (nochmal)	once more
Sprechen Sie lauter!	Speak louder.
Fragen Sie!	Ask.
Antworten Sie!	Answer.
langsam	slowly
Machen Sie das Buch auf!	Open the book.
Seite . . .	page . . .
Lesen Sie!	Read.
Hören Sie zu!	Listen.
Ergänzen Sie!	Supplement.
richtig	correct, right
falsch	wrong

LEKTION EINS: GRAMMATIK (GRAMMAR)

A. The **NOUN** (das Substantiv) and
   the **DEFINITE ARTICLE** (der bestimmte Artikel)

1. All German nouns are capitalized.

2. The definite article has three forms.
   For the nominative singular, i.e. the subject case, they are:

der	**das**	**die**
(Masculine)	(Neuter)	(Feminine)

   These forms indicate the gender. Gender and sex do not necessarily coincide. Living beings as well as inanimate objects and abstract nouns show gender. The gender of a noun is generally unpredictable.

   THE DEFINITE ARTICLE MUST BE LEARNED WITH EVERY NOUN.

   der Herr   **das** Hotel   **die** Dame
   der Bahnhof   **das** Rathaus   **die** Bank

3. The plural form of the article is the same for all genders. However, the noun will usually have a different form of the plural. (In English: foot-feet, child-children, etc.)

   The definite article for all nouns in the nominative plural is:

   die

   Examples: SINGULAR: PLURAL:

   der Amerikaner   die Amerikaner
   der Student   die Studenten
   das Hotel   die Hotels
   die Minute   die Minuten
   die Amerikanerin   die Amerikanerinnen
   die Studentin   die Studentinnen

LEKTION EINS: GRAMMATIK (GRAMMAR)

B. The **VERB** (das Verb)

The **present tense** (das Präsens) of **sein** (to be):

SINGULAR	ich bin	I am
	Sie sind	you are*
	er, es, sie ist	he, it, she is
PLURAL	wir sind	we are
	Sie sind	you are*
	sie sind	they are

C. The **PERSONAL PRONOUN** (das Personalpronomen)

"Sie" (capitalized) is the polite form for English "you".*
As in English it is used to address one or more persons.
Its verb form is always identical with the third person plural "sie" = "they", e.g.:

Sie sind = you are
sie sind = they are

The first person singular "ich" is never capitalized, except at the beginning of a sentence.

---

* German also has familiar forms for the second person singular (du) and plural (ihr). They, together with their corresponding verb forms will be treated in lesson XV.

LEKTION EINS: ÜBUNGEN

A. ERGÄNZEN SIE DIE RICHTIGE FORM VON "SEIN":
1. Ich _bin_ Student.
2. Wir _sind_ Studenten.
3. Der Herr _ist_ Deutscher.
4. Die Dame _ist_ Amerikanerin.
5. _Sind_ Herr und Frau Müller Amerikaner?
6. _Ist_ Fräulein Huber Lehrerin? Nein, sie _ist_ Studentin.
7. _Ist_ der Herr Amerikaner? Nein, er _ist_ Deutscher.
8. _Sind_ Sie Amerikanerin? Nein, ich _bin_ Deutsche.
9. _Ist_ er Amerikaner? Nein, er _ist_ Deutscher.
10. _Ist_ die Dame Deutsche? Nein, sie _ist_ Amerikanerin.
11. Herr Huber und Herr Müller _sind_ Studenten.
12. _Sind_ Frau Huber und Fräulein Müller Amerikanerinnen?
  Nein, sie _sind_ Deutsche.

B. ERGÄNZEN SIE DEN BESTIMMTEN (definite) ARTIKEL:
Das ist _der_ Bahnhof.
Das ist _das_ Rathaus.
Das ist _die_ Hauptstraße.
Das ist _der_ Flughafen.
Das ist _das_ Kino.
Das ist _die_ Polizei.
Das ist _der_ Parkplatz.
Das ist _die_ Straßenbahn.
Das ist _der_ Karlsplatz.
Das ist _das_ Reisebüro.
Das ist _die_ Ludwigstraße.
Das ist _das_ Schloß.
Das ist _der_ Marienplatz.
Das ist _die_ Straßenbahnhaltestelle.
Das ist _das_ Hotel Regina.
Das ist _die_ Bank.
Das ist _der_ Park.
Das ist _die_ Paulskirche.

C. ERGÄNZEN SIE DIE PLURALFORM:
1. Herr Braun und Herr Müller sind _Amerikaner_. (Amerikaner)
2. Herr Braun und Herr Müller sind _Studenten_. (Student)
3. Frau Braun und Fräulein Meier sind _Amerikanerinnen_. (Amerikanerin)
4. Frau Braun und Fräulein Meier sind _Studentinnen_. (Studentin)
5. Der Herr und die Dame sind _Amerikaner_. (Amerikaner)
6. Der Bahnhof ist nur fünf _Minuten_ von hier. (Minute)
7. Nicht weit von hier sind zwei _Hotels_. (Hotel)

LEKTION EINS: WORTSCHATZ

DER Abend – evening
der Amerikaner (plural: die Amerikaner) – American (man)
der Flughafen – airport
der Herr – gentleman; Mr.
der Lehrer – (male) teacher
der Morgen – morning
der Name – name
der Norden – the north
der Osten – the east
der Park – park
der Parkplatz – parking lot
der Platz – square
der Student (plural: die Studenten) - (male) student
der Süden – the south
der Tag – day
der Westen – the west

　* Amerika – America (USA)
DAS Bild – picture
　* Deutschland – Germany
das Flugzeug – airplane
das Fräulein – Miss
das Hotel (plural: die Hotels) – hotel
das Kino – movies, motion pictures
das Rathaus – city hall
das Reisebüro – travel agency
　(compound: die Reise – travel
　das Büro – office)
das Schloß – castle

DIE Amerikanerin (plural: die Amerikanerinnen) – American (woman)
die Apotheke – pharmacy
die Bank – bank
die Dame – lady
die Deutsche – German (woman)
die Ecke – corner
die Frau – woman, wife; Mrs.
die Haltestelle – stop (of a public vehicle)
die Hauptstraße – main street
die Kirche – church
die Lehrerin (plural: Lehrerinnen) – (female) teacher
die Lektion – lesson
die Minute (plural: Minuten) – minute
die Nacht – night
die Polizei – police, police station, police force
die Straße – street
die Straßenbahn – streetcar
die Straßenbahnhaltestelle – streetcar stop
die Studentin (plural: Studentinnen) – (female) student
die Übung (plural: Übungen) – exercise

---

aus – from, out of
bitte – please; you are welcome; I beg your pardon?
dann – then
das – that
gehen – to go
gerade – straight

geradeaus – straight ahead
gut – good
hier – here
Ihr – your
im – in the
ja – yes
kommen – to come

LEKTION EINS: WORTSCHATZ

können (kann) – can, to be able to
liegt – is situated, is located
mein – my
mir – (to) me
muß – must, have to
nehmen – to take
nein – no
nicht – not
nördlich von – north of
nur – only
oder – or
östlich von – east of

rechts – to the right
sagen – to say, to tell
sein – to be
südlich von – south of
um – around
von – from, of
was? – what?
weit – far
westlich von – west of
wo? – where?
woher? – where from? from what place?
zählen – to count

* The names of most countries and states are neuter. Some exceptions are:

die Schweiz – Switzerland
die Sowjetunion – Soviet Union

die Tschechoslowakei – Czecho-Slovakia
die Türkei – Turkey

These exceptions are always used with the definite article.
Also the names of cities, towns and villages are neuter.

LEKTION ZWEI

1. Wo ist **der** Parkplatz?   **Er** ist da drüben.
   Wo ist der Flughafen?   Er ist weit von hier.
   Wo ist der Bahnhof?   Er ist nicht weit von hier.
   Wo ist der Park?   Er ist dort links.
   Wo ist der Marienplatz?   Er ist dort rechts.
   Wo ist der Karlsplatz?   Er ist dort drüben.

   Wo ist **das** Rathaus?   **Es** ist nicht weit von hier.
   Wo ist das Kino?   Es ist da drüben.
   Wo ist das Schloß?   Es ist weit von hier.
   Wo ist das Hotel Regina?   Es ist hier um die Ecke.
   Wo ist das Reisebüro?   Es ist rechts um die Ecke.
   Wo ist das Kino?   Es ist links um die Ecke.

   Wo ist **die** Paulskirche?   **Sie** ist dort drüben.
   Wo ist die Polizei?   Sie ist hier um die Ecke.
   Wo ist die Bank?   Sie ist links um die Ecke.
   Wo ist die Straßenbahnhaltestelle?   Sie ist gleich hier.
   Wo ist die Apotheke?   Sie ist dort.

2. KÖNNEN SIE MIR SAGEN, ... ?

   Können Sie mir sagen, wo der Bahnhof ist?
   Können Sie mir sagen, wo der Flughafen ist?
   Können Sie mir sagen, wo das Rathaus ist?
   Können Sie mir sagen, wo das Hotel Regina ist?
   Können Sie mir sagen, wo die Ludwigstraße ist?
   Können Sie mir sagen, wo die Paulskirche ist?

3. KÖNNEN

   Können Sie Deutsch sprechen?   Nein, ich kann nicht Deutsch sprechen.
   Kann Herr Müller Deutsch sprechen?   Ja, er kann ein bißchen Deutsch sprechen.
   Kann Frau Müller Deutsch verstehen?   Ja, sie kann ein bißchen Deutsch verstehen.
   Herr und Frau Müller, können Sie Deutsch verstehen?   Ja, wir können ein bißchen verstehen.
   Können Herr und Frau Müller Deutsch sprechen?   Nein, sie können nicht viel Deutsch sprechen.

MÜSSEN

Müssen Sie viel arbeiten? — Ja, ich muß viel arbeiten.
Muß Herr Müller viel arbeiten? — Ja, er muß viel arbeiten.
Muß Fräulein Meier auch viel arbeiten? — Ja, sie muß auch viel arbeiten.
Herr und Frau Müller, müssen Sie viel arbeiten? — Ja, wir müssen viel arbeiten.
Müssen Herr und Frau Müller viel arbeiten? — Ja, sie müssen viel arbeiten.

WOLLEN

Wollen Sie Deutsch lernen? — Ja, ich will Deutsch lernen.
Will Herr Müller Deutsch lernen? — Ja, er will Deutsch lernen.
Will Frau Müller Deutsch lernen? — Ja, sie will Deutsch lernen.
Herr und Frau Müller, was wollen Sie lernen? — Wir wollen Deutsch lernen.
Was wollen Herr und Frau Müller lernen? — Sie wollen Deutsch lernen.

WISSEN

Wissen Sie, was das ist? — Nein, ich weiß es nicht.
Weiß Herr Müller, was das ist? — Nein, er weiß es nicht.
Weiß Fräulein Meier, was das ist? — Nein, sie weiß es nicht.
Herr und Frau Huber, wissen Sie, was das ist? — Nein, wir wissen es nicht.
Wissen Herr und Frau Huber, was das ist? — Nein, sie wissen es nicht.

4. WIR ZÄHLEN:

	Wir wiederholen:	Wir zählen weiter:	
eins	sechs	elf	sechzehn
zwei	sieben	zwölf	siebzehn
drei	acht	dreizehn	achtzehn
vier	neun	vierzehn	neunzehn
fünf	zehn	fünfzehn	zwanzig

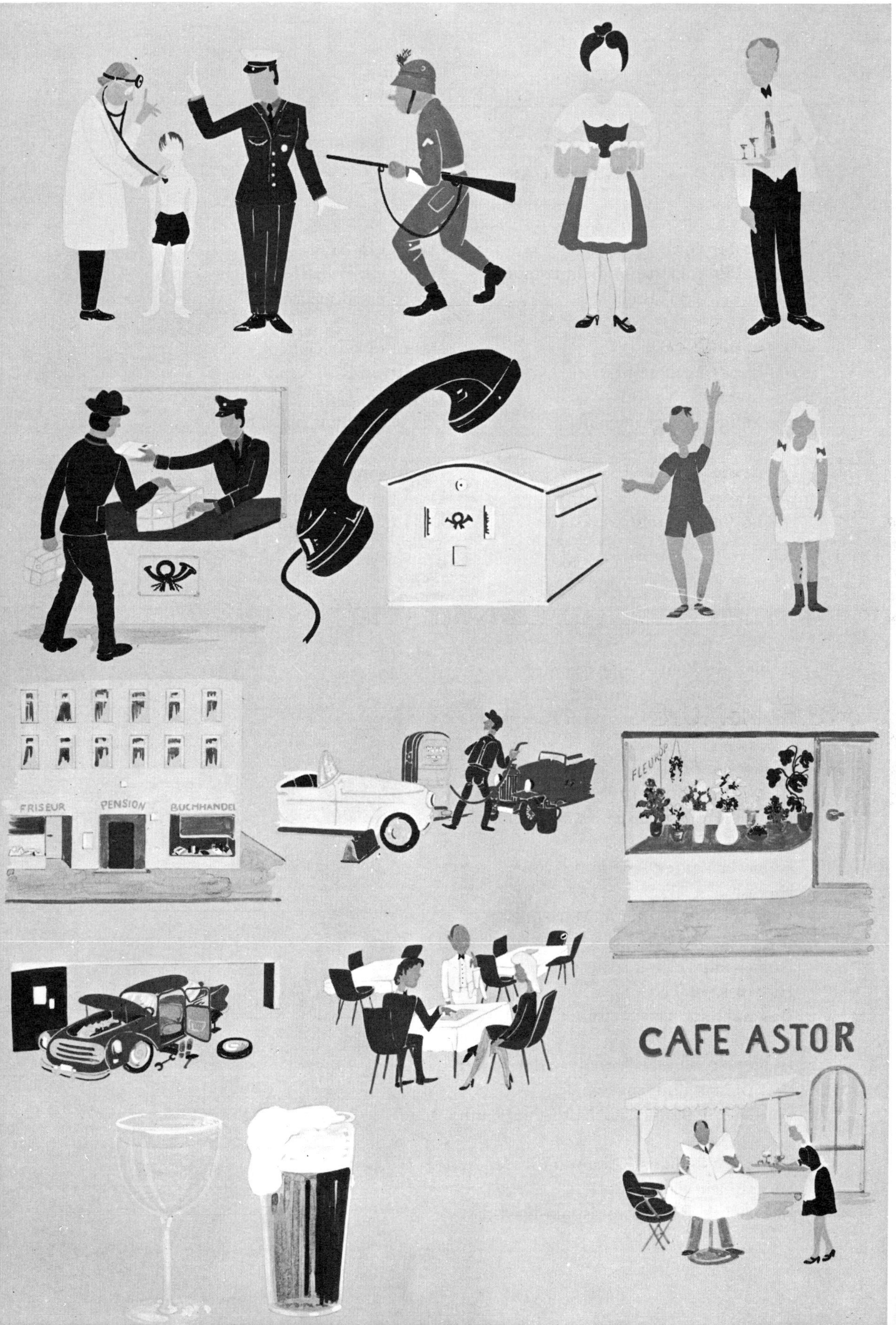
FRISEUR
PENSION
BUCHHANDEL
FLEUROP
CAFE ASTOR

LEKTION ZWEI

5. WER IST DAS?   WAS IST DAS?

Das ist **der** Arzt.   Das ist **ein** Arzt.
Das ist der Polizist (der Schutzmann).   Das ist ein Polizist (ein Schutzmann).
Das ist der Briefkasten.   Das ist ein Briefkasten.

Das ist **das** Telefon.   Das ist **ein** Telefon.
Das ist das Restaurant.   Das ist ein Restaurant.
Das ist das Café.   Das ist ein Café.
Das ist das Blumengeschäft.   Das ist ein Blumengeschäft.

Das ist **die** Tankstelle.   Das ist **eine** Tankstelle.
Das ist die Pension.   Das ist eine Pension.
Das ist die Reparaturwerkstätte.   Das ist eine Reparaturwerkstätte.

6. IST HIER _____ IN DER NÄHE?

Ist hier **ein** Polizist in der Nähe?
Hier ist **kein** Polizist in der Nähe.
Der nächste Polizist ist am Parkplatz.

Ist hier ein Briefkasten in der Nähe?
Hier ist kein Briefkasten in der Nähe.
Der nächste Briefkasten ist am Bahnhof.

Ist hier ein gut**er** Arzt in der Nähe?
Hier ist kein Arzt.
Der nächste Arzt ist am Marienplatz.

Ist hier **ein** Telefon in der Nähe?
Hier ist **kein** Telefon.
Das nächste Telefon ist am Bahnhof.

Ist hier ein Blumengeschäft in der Nähe?
Hier ist kein Blumengeschäft.
Das nächste Blumengeschäft ist am Rathaus.

Ist hier ein billig**es** Restaurant in der Nähe?
Hier ist kein Restaurant.
Das nächste Restaurant ist am Karlsplatz.

LEKTION ZWEI

Ist hier ein nettes Café in der Nähe?
Hier ist kein Café.
Das nächste Café ist am Schloß.

Ist hier **eine** Tankstelle in der Nähe?
Hier ist **keine** Tankstelle.
Die nächste Tankstelle ist am Frankfurter Ring.

Ist hier eine Reparaturwerkstätte in der Nähe?
Hier ist keine Reparaturwerkstätte.
Die nächste Reparaturwerkstätte ist am Flughafen.

Ist hier eine gut**e** Pension in der Nähe?
Hier ist keine Pension.
Die nächste Pension ist am Marienplatz.

7. KONVERSATION (im Restaurant):

   A: Guten Tag! Was darf ich bringen?
   B: Ich möchte ein Glas Bier, ein Helles.
   A: Und der Herr? (Und die Dame?)
   C: Bringen Sie mir bitte ein Viertel Weißwein!

   B: Fräulein! (Herr Ober!) Kann ich hier mal telefonieren?
   A: Ja, natürlich. Gehen Sie durch die Tür dort, dann rechts.
   B: Vielen Dank!
   A: Bitte schön!

   C: Fräulein! (Herr Ober!) Wir möchten bezahlen.

LEKTION ZWEI

IDIOMS AND USEFUL EXPRESSIONS

in der Nähe	around here, nearby, in the vicinity
Vielen Dank!	Thanks a lot. Many thanks.
Herr Ober!	Waiter. (when calling a waiter)
Fräulein!	Waitress. (when calling a waitress)
ein Helles	a light beer
ein Dunkles	a dark beer
ich möchte	I would like
wir möchten	we would like
Schönes Wochenende!	Have a nice weekend.
Danke, gleichfalls!	Thank you, the same to you.

CLASSROOM EXPRESSIONS

auf deutsch	in German
Lernen Sie auswendig!	Memorize.
Machen Sie das Buch zu!	Close the book.
Wir wiederholen.	We repeat.
Wir zählen weiter.	We continue counting.
Ist das klar?	Is that clear?

LEKTION ZWEI: GRAMMATIK

A. The **PERSONAL PRONOUN** (das Personalpronomen)

The third person singular of the personal pronoun (er, es, sie) must agree in gender with the noun referred to, even if that noun is not a living being:

Wo ist **der** Arzt?	**Er** ist dort.	**He** is there.
Wo ist **der** Parkplatz?	**Er** ist da drüben.	**It** is over there.
Wo ist **das** Rathaus?	**Es** ist da drüben.	**It** is over there.
Wo ist **die** Dame?	**Sie** ist dort.	**She** is there.
Wo ist **die** Kirche?	**Sie** ist da drüben.	**It** is over there.

B. The **MODAL AUXILIARY** (das Modalverb)

The **present tense** of

1. the modal auxiliaries:

    können — can, to be able to
    müssen — to have to, must
    wollen — to want to

2. and of

    wissen* — to know (a fact)

	KÖNNEN	MÜSSEN	WOLLEN	WISSEN
ich / er, es, sie	kann	muß	will	weiß
wir / Sie / sie	können	müssen	wollen	wissen

* The verb "wissen" is also conjugated like a modal auxiliary.

C. The **INDEFINITE ARTICLE** (der unbestimmte Artikel)

The forms of the indefinite article (a, an) and of its negation (not a, no, not any) for the nominative are:

	Masc.	Neut.	Fem.	Plural
a, an	**ein**	**ein**	**eine**	—
not a, no, not any	**kein**	**kein**	**keine**	**keine**

Note: There is no indefinite article in the plural.

LEKTION ZWEI: GRAMMATIK

D. **WORD ORDER** (die Wortstellung)

1. **In questions, the subject follows the verb** as in English, unless the interrogative is the subject:

   Was ist das?   Ist Ihr Name Huber?
   Wo ist der Bahnhof?   Können Sie mir sagen . . .?
   Wie ist Ihr Name?   Muß ich Deutsch sprechen?
   Wer weiß das?

2. An **infinitive** (= the basic form of a verb, e.g. "to take") **stands at the end** of a sentence:

   Muß ich die Straßenbahn **nehmen**?
   Sie müssen viel Deutsch **lernen.**

3. **In indirect questions,** the conjugated (= the finite) **verb** also stands **at the end:**

   Können Sie mir sagen, wo der Bahnhof **ist**?

LEKTION ZWEI: ÜBUNGEN

A. ERGÄNZEN SIE DAS PERSONALPRONOMEN (er, es oder sie):

Wo ist Herr Müller?	_Er_ ist nicht hier.
Wo ist Frau Müller?	_Sie_ ist hier.
✱ Wo ist Fräulein Müller?	_Es_ ist nicht hier. _generally Sie_
Wo ist der Student?	_Er_ ist hier.
Wo ist die Studentin?	_Sie_ ist nicht hier.
Wo ist der Lehrer?	_Er_ ist dort.
Wo ist die Lehrerin?	_Sie_ ist dort.
Wo ist der Parkplatz?	_Er_ ist da drüben.
Wo ist die Paulskirche?	_Sie_ ist dort drüben.
Wo ist das Rathaus?	_Es_ ist dort.
Wo ist der Flughafen?	_Er_ ist weit von hier.
Wo ist die Polizei?	_Sie_ ist rechts um die Ecke.
Wo ist der Bahnhof?	_Er_ ist nicht weit von hier.
Wo ist das Kino?	_Es_ ist da drüben.
Wo ist das Hotel Regina?	_Es_ ist gleich um die Ecke.
Wo ist die Bank?	_Sie_ ist links um die Ecke.
Wo ist der Karlsplatz?	_Er_ ist dort rechts.
Wo ist die Apotheke?	_Sie_ ist dort links.
Wo ist das Reisebüro?	_Es_ ist gleich hier.
Wo ist der Park?	_Er_ ist nicht weit von hier.
Wo ist die Straßenbahnhaltestelle?	_Sie_ ist gleich hier.
Wo ist die Post?	_Sie_ ist da drüben.

B. KÖNNEN SIE MIR SAGEN, WO...?

Beispiel: Wo **ist** der Bahnhof?
Können Sie mir sagen, wo der Bahnhof **ist**?

Wo ist der Flughafen? _Können Sie mir sagen, wo der Flughafen ist?_
Wo ist der Parkplatz? _Können Sie mir sagen, wo der Parkplatz ist?_
Wo ist die Paulskirche? _Können Sie mir sagen, wo die Paulskirche ist?_
Wo ist die Straßenbahnhaltestelle? _Können Sie mir sagen, wo die Straßenbahnhaltestelle ist?_
Wo ist die Post? _Können Sie mir sagen, wo die Post ist?_
Wo ist das Reisebüro? _Können Sie mir sagen, wo das Reisebüro ist?_
Wo ist die Hauptstraße? _Können Sie mir sagen, wo die Hauptstaße ist?_
Wo ist das Hotel Regina? _Können Sie mir sagen, wo das Hotel Regina ist?_

C. I. ERGÄNZEN SIE DIE RICHTIGE FORM VON "MÜSSEN":

1. _Muß_ ich die Straßenbahn nehmen?
2. _Müssen_ wir die Straßenbahn nehmen?
3. Herr Müller _muß_ viel arbeiten.

LEKTION ZWEI: ÜBUNGEN

    4. Frau Müller __muß__ auch viel arbeiten.
    5. Die Studentin __muß__ viel lernen.
    6. Die Studenten __müssen__ viel lernen.
    7. Er __muß__ viel lernen.
    8. __Müssen__ Sie viel lernen?
    9. __Muß__ die Dame arbeiten? Nein, sie __muß__ nicht arbeiten.
  10. Wir __müssen__ hier Deutsch sprechen.

II. ERGÄNZEN SIE DIE RICHTIGE FORM VON "KÖNNEN":
    1. __Kann__ ich zu Fuß gehen?
    2. Ja, Sie __können__ zu Fuß gehen.
    3. Herr Müller __kann__ Deutsch sprechen.
    4. Frau Müller __kann__ ein bißchen Deutsch verstehen.
    5. Fräulein Müller __kann__ nicht viel verstehen.
    6. __Können__ wir zu Fuß gehen?
    7. Herr und Frau Müller __können__ Deutsch sprechen.
    8. Er __kann__ nicht viel Deutsch sprechen.
    9. Die Studentin __kann__ ein bißchen verstehen.
  10. __Können__ Sie mir sagen, wo Herr Müller ist?

III. ERGÄNZEN SIE DIE RICHTIGE FORM VON "WOLLEN":
    1. Wir __wollen__ Deutsch lernen.
    2. Ich __will__ Deutsch lernen.
    3. Er __will__ Deutsch lernen.
    4. Die Dame __will__ auch Deutsch lernen.
    5. __Wollen__ Sie Deutsch lernen?
    6. __Will__ Fräulein Müller Deutsch lernen?
    7. Ja, sie __will__ Deutsch lernen.
    8. Ich __will__ die Straßenbahn nehmen.
    9. __Wollen__ Sie auch die Straßenbahn nehmen?
  10. Die Studentinnen __wollen__ nicht zu Fuß gehen.

IV. ERGÄNZEN SIE DIE RICHTIGE FORM VON "WISSEN":
    1. __Wissen__ Sie, was das ist?
    2. __Weiß__ Herr Huber es?
    3. Ich __weiß__ es nicht.
    4. Die Dame __weiß__ es.
    5. Wir __wissen__ es nicht.
    6. Herr und Frau Müller __wissen__ es auch nicht.
    7. __Weiß__ er es?
    8. __Weiß__ sie es? (= die Dame)
    9. __Wissen__ sie es? (= Herr und Frau Müller)
  10. Der Polizist __weiß__ es.

LEKTION ZWEI: ÜBUNGEN

D. ERGÄNZEN SIE: a. den unbestimmten Artikel (indefinite article):
                      b. das negative "kein", "keine":
                      c. den bestimmten Artikel (definite article):

1. a. Ist hier __ein__ Polizist in der Nähe?
   b. Nein, hier ist __kein__ Polizist in der Nähe.
   c. __Der__ nächste Polizist ist am Parkplatz.

2. a. Ist hier __ein__ Parkplatz in der Nähe?
   b. Nein, hier ist __kein__ Parkplatz in der Nähe.
   c. __Der__ nächste Parkplatz ist am Bahnhof.

3. a. Ist hier __ein__ Kino in der Nähe?
   b. Nein, hier ist __kein__ Kino in der Nähe.
   c. __Das__ nächste Kino ist am Marienplatz.

4. a. Ist hier __ein__ Telefon in der Nähe?
   b. Nein, hier ist __kein__ Telefon.
   c. __Das__ nächste ist am Bahnhof.

5. a. Ist hier __eine__ Apotheke in der Nähe?
   b. Nein, hier ist __keine__ Apotheke.
   c. __Die__ nächste ist am Karlsplatz.

6. a. Ist hier __eine__ Tankstelle in der Nähe?
   b. Nein, hier ist __keine__ Tankstelle in der Nähe.
   c. __Die__ nächste ist am Flughafen.

7. a. Ist hier __ein__ Briefkasten in der Nähe?
   b. Nein, hier ist __kein__ Briefkasten in der Nähe.
   c. __Der__ nächste Briefkasten ist am Bahnhof.

8. a. Ist hier __ein__ Blumengeschäft in der Nähe?
   b. Nein, hier ist __kein__ Blumengeschäft in der Nähe.
   c. __Das__ nächste ist am Marienplatz.

9. a. Ist hier __eine__ Straßenbahnhaltestelle in der Nähe?
   b. Nein, hier ist __keine__ Straßenbahnhaltestelle in der Nähe.
   c. __Die__ nächste Haltestelle ist am Karlsplatz.

10. a. Ist hier __ein__ guter Arzt in der Nähe?
    b. Nein, hier ist __kein__ Arzt in der Nähe.
    c. __Der__ nächste Arzt ist am Marienplatz.

LEKTION ZWEI: ÜBUNGEN

11. a. Ist hier __ein__ gutes Restaurant in der Nähe?
    b. Nein, hier ist __kein__ Restaurant in der Nähe.
    c. __Das__ nächste Restaurant ist am Flughafen.

12. a. Ist hier __ein__ nettes Café in der Nähe?
    b. Nein, hier ist __kein__ Café in der Nähe.
    c. __Das__ nächste Café ist am Rathaus.

13. a. Ist hier __ein__ billiges Hotel in der Nähe?
    b. Nein, hier ist __kein__ Hotel in der Nähe.
    c. __Das__ nächste Hotel ist am Bahnhof.

14. a. Ist hier __eine__ billige Pension in der Nähe?
    b. Nein, hier ist __keine__ Pension in der Nähe.
    c. __Die__ nächste Pension ist am Schloß.

15. a. Ist hier __eine__ gute Reparaturwerkstätte in der Nähe?
    b. Nein, hier ist __keine__ Reparaturwerkstätte in der Nähe.
    c. __Die__ nächste ist am Flughafen.

LEKTION ZWEI: WORTSCHATZ

DER Arzt – physician, doctor
der Briefkasten – mail box
der Polizist – policeman
der Rotwein – red wine
der Schutzmann – policeman
der Wein – wine
der Weißwein – white wine

DAS Bier – beer
das Blumengeschäft – florist
   (compound: die Blume – flower
   das Geschäft – store)
das Café – café
(das) Deutsch – German language
das Glas – glass
das Restaurant – restaurant
das Telefon – telephone
das Viertel – quarter
das Wochenende – weekend
   (compound: die Woche – week
   das Ende – end)

DIE Blume – flower
die Pension – boarding house, small hotel
die Post – post office
die Reparaturwerkstätte – repair shop
   (compound: die Reparatur – repair
   die Werkstätte – work shop, workroom)
die Tankstelle – filling station,
   service station
die Tür – door

---

am – at the
arbeiten – to work
auch – also, too
bezahlen – to pay
billig – cheap, inexpensive
bißchen = ein bißchen – a little
bringen – to bring
da – there
da drüben – over there
danken – to thank
dort – there
dort drüben – over there
durch – through
gleich – right away
immer – always
kein, keine – not a, no, not any

lernen – to learn
links – to the left
mal = einmal – once, just
müssen (muß) – to have to, must
nächste – next, nearest
natürlich – naturally, of course
nett – nice
rot – red
sprechen – to speak
telefonieren – to make a telephone call
verstehen – to understand
viel – much
weiß – white
wer? – who?
wiederholen – to repeat
wissen (weiß) – to know
wollen (will) – to want

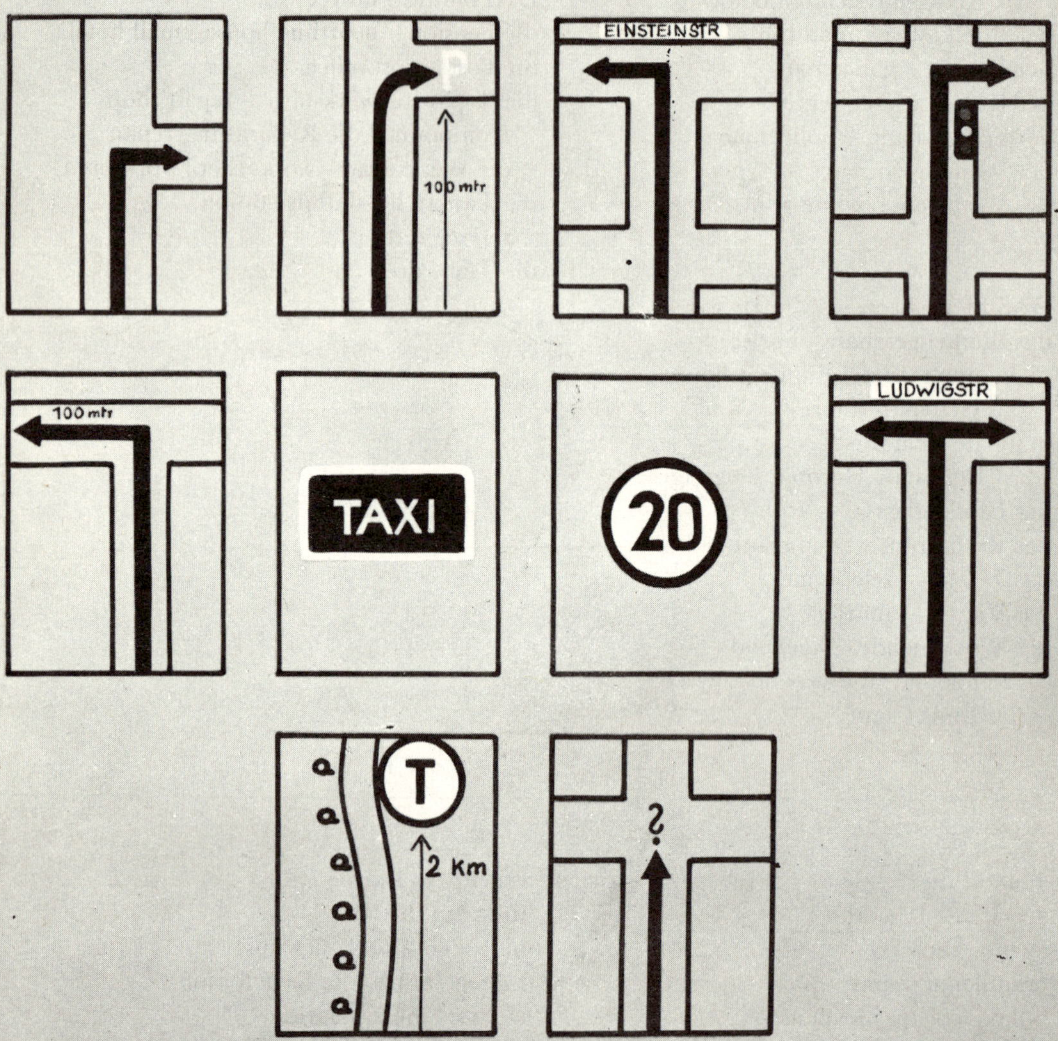

100 mtr
EINSTEINSTR
100 mtr
TAXI
20
LUDWIGSTR
T
2 Km
?

LEKTION DREI

1. a. Wie komme ich **zum** Marienplatz? b. Gehen Sie hier rechts um die Ecke!
   Wie komme ich zum Parkplatz?   Fahren Sie hundert Meter geradeaus!
                                     Dort ist der Parkplatz.

   Wie komme ich zum Flughafen?   Fahren Sie bis zur Einsteinstraße,
                                     dann links!

   Wie komme ich zum Bahnhof?   Gehen Sie immer geradeaus bis zur
                                     Verkehrsampel, dann rechts!

   Wie komme ich **zum** Kino?   Gehen Sie hier links um die Ecke,
                                     dann hundert Meter geradeaus!

   Wie komme ich zum Schloß?   Nehmen Sie ein Taxi!
   Wie komme ich zum Hotel Regina?   Nehmen Sie die Straßenbahn Linie 20!
                                     Das Hotel Regina ist weit von hier.

   Wie komme ich **zur** Ludwigstraße? Gehen Sie geradeaus! Die nächste
                                     Querstraße ist die Ludwigstraße.

   Wie komme ich zur Tankstelle?   Fahren Sie zwei Kilometer geradeaus,
                                     dann rechts!

   Wie komme ich zur Paulskirche?   Fahren Sie bis zur nächsten Kreuzung!
                                     Fragen Sie dort noch einmal!

2. DIE ZAHLEN

0	null						
1	eins	11	elf	21	einundzwanzig		
2	zwei	12	zwölf	22	zweiundzwanzig		
3	drei	13	dreizehn	23	dreiundzwanzig		
4	vier	14	vierzehn	24	vierundzwanzig	40	vierzig
5	fünf	15	fünfzehn	25	fünfundzwanzig	50	fünfzig
6	sechs	16	**sechzehn**	26	sechsundzwanzig	60	**sechzig**
7	sieben	17	**siebzehn**	27	siebenundzwanzig	70	**siebzig**
8	acht	18	achtzehn	28	achtundzwanzig	80	achtzig
9	neun	19	neunzehn	29	neunundzwanzig	90	neunzig
10	zehn	20	zwanzig	30	dreißig	100	hundert

101	hunderteins
102	hundertzwei
103	hundertdrei
170	hundertsiebzig
199	hundertneunundneunzig
	usw.
1000	tausend
1 000 000	eine Million
2 000 000	zwei Millionen

LEKTION DREI

3. WIEVIEL UHR IST ES? WIE SPÄT IST ES?

1.00: Es ist ein Uhr.
1.10: Es ist ein Uhr zehn. Es ist zehn (Minuten) nach eins.
1.15: Es ist (ein) Viertel nach eins. Es ist ein Uhr fünfzehn.
1.30: Es ist **halb zwei.** Es ist ein Uhr dreißig.
1.45: Es ist (ein) Viertel vor zwei. Es ist **dreiviertel zwei.** Es ist ein Uhr fünfundvierzig.
1.50: Es ist zehn (Minuten) vor zwei.
2.00: Es ist zwei Uhr.

4. WER IST DAS? WAS IST DAS?

Das ist der Kellner (der Herr Ober).
Das ist die Kellnerin (das Fräulein).
Das ist das Kind.
Das ist der Junge.
Das ist das Mädchen.
Das ist der Soldat.

Das ist das Glas Bier.
Das ist das Glas Weißwein (das Glas Rotwein).
Das ist die Tür.

5. ÜBEN SIE:

Ich **will** eine Flasche Wein trinken.	Ich **möchte** eine Flasche Wein trinken.
Der Soldat will ein Glas Bier trinken.	Der Soldat möchte ein Glas Bier trinken.
Der Junge will ein Glas Wasser trinken.	Der Junge möchte ein Glas Wasser trinken.
Das Kind will ein Glas Milch trinken.	Das Kind möchte ein Glas Milch trinken.
Das Mädchen will eine Tasse Kaffee haben.	Das Mädchen möchte eine Tasse Kaffee haben.
Die Dame will eine Zigarette rauchen.	Die Dame möchte eine Zigarette rauchen.
Der Herr will eine Zigarre rauchen.	Der Herr möchte eine Zigarre rauchen.
Der Student will eine Pfeife rauchen.	Der Student möchte eine Pfeife rauchen.

LEKTION DREI

Der Offizier will eine Zeitung kaufen.
Die Studentin will telefonieren.
Wir wollen am Fenster sitzen.
Herr und Frau Müller wollen nach Berlin fliegen.

Der Offizier möchte eine Zeitung kaufen.
Die Studentin möchte telefonieren.
Wir möchten am Fenster sitzen.
Herr und Frau Müller möchten nach Berlin fliegen.

Ich kann Sie nicht hören.
Der Gast kann die Toilette nicht finden.
Das kann nicht viel kosten.
Wir können hier Bier und Wein bestellen.
Der Herr und die Dame können das Hotel nicht finden.

Ich muß die Rechnung bezahlen.
Der Kellner muß die Speisekarte bringen.
Die Kellnerin muß viel arbeiten.
Wir müssen laut sprechen.
Der Herr und die Dame müssen ein Hotel suchen.

Ich **darf** nicht zu viel rauchen.
Das Kind darf kein Bier trinken.
Wir dürfen hier nur Deutsch sprechen.
Herr Müller, Sie dürfen hier nicht parken.
Die Studenten dürfen hier nur Deutsch sprechen.

Ich **soll** laut sprechen.
Der Herr soll die Rechnung bezahlen.
Wir sollen nicht zuviel rauchen.
Kinder sollen Milch trinken.

Was wollen Sie heute tun?
Was möchten Sie heute gerne tun?

6. KONVERSATION

A: Entschuldigen Sie bitte! Wohnt Herr Huber hier?
B: Ja, er wohnt hier, aber er ist nicht zu Hause.
A: Können Sie mir sagen, wann er nach Hause kommt?
B: Er arbeitet immer bis fünf Uhr. Er kommt in zwei Stunden nach Hause.
A: Danke schön!
B: Bitte!
C: Was tun wir jetzt?
D: Ich habe Hunger und Durst.
C: Ja, ich möchte auch etwas essen.
D: Gehen wir in ein Restaurant! Da drüben ist ein gutes Restaurant.
C: Ist es auch nicht zu teuer? Ich habe nicht viel Geld.
D: Nein, das ist ein billiges Lokal.
C: Gut, dann gehen wir!

IDIOMS AND USEFUL EXPRESSIONS

Wie komme ich zum (zur) ... ?	How do I get to (the) ... ?
Wieviel Uhr ist es? / Wie spät ist es?	What time is it?
Es ist ein Uhr. (Es ist eins.)	It is one o'clock.
nach Hause	home (= homewards)
zu Hause	at home
nach Berlin	to Berlin (= to a city)
nach Amerika	to America (= to a country)
immer geradeaus	straight ahead all the way

CLASSROOM EXPRESSIONS

Üben Sie!	Practise.
Buchstabieren Sie!	Spell.
die Hausaufgabe	homework, assignment

LEKTION DREI: GRAMMATIK

A. The **IMPERATIVE** (der Imperativ):

1. The imperative (command form) is formed by adding "Sie" to the infinitive:

	Entschuldigen Sie!	– Excuse.
	Gehen Sie!	– Go.
	Fahren Sie!	– Drive.
Exception:	**Seien** Sie!	– Be.

2. The imperative form for the first person plural adds "wir" to the infinitive:

Gehen wir!	– Let's go.
Trinken wir!	– Let's drink.
Fahren wir!	– Let's drive.

B. **MODAL AUXILIARIES:**

1. The **present tense** of

DÜRFEN
(to be allowed to, may)

SOLLEN
(to be supposed to, shall)

	DÜRFEN	SOLLEN
ich / er, es, sie	darf	soll
wir / Sie / sie	dürfen	sollen

2. The German equivalent of "I would (should) like" is:

ich / er, es, sie	möchte (gern)
wir / Sie / sie	möchten (gern)

29

LEKTION DREI: GRAMMATIK

C. The **CARDINAL NUMBERS** (die Kardinalzahlen):
   1. The numeral "eins" (with "s") is used only in:
      a) COUNTING for the following numbers: eins, hunderteins, zweihunderteins, dreihunderteins, vierhunderteins, etc.
      b) TELLING TIME, as the short form for "ein Uhr": Es ist halb eins; es ist dreiviertel eins; es ist eins, etc.
   2. When modifying a noun, the German for the number "one" is "ein". "ein" is declined like the indefinite article:

      ein Student – one student;   eine Stunde – one hour

D. The **PLURAL** (der Plural):

   The important plural forms given in the "Wortschatz" should be learned without detailed explanation. However, there are a few simple rules that may help you to remember the plural forms:

   1. Most nouns ending in -e in the singular, form their plural by adding -n.

SINGULAR	PLURAL
der Junge	die Jungen
die Dame	die Damen
die Flasche	die Flaschen
die Stunde	die Stunden
die Minute	die Minuten
die Straße	die Straßen
die Tasse	die Tassen
die Blume	die Blumen
die Zigarette	die Zigaretten

   2. Feminine nouns ending in -in, form their plural by adding -nen.

die Amerikanerin	die Amerikanerinnen
die Studentin	die Studentinnen

   3. Most masculine and neuter nouns ending in -el, -en, -er, and all nouns ending in -chen, -lein do not add a plural ending:

das Viertel	die Viertel
der Amerikaner	die Amerikaner
der Lehrer	die Lehrer
der Meter	die Meter
das Fenster	die Fenster
das Mädchen	die Mädchen
das Fräulein	die Fräulein

LEKTION DREI: ÜBUNGEN

1. ERGÄNZEN SIE "ZUM" oder "ZUR":

Entschuldigen Sie bitte!
Wie komme ich __zur__ Einsteinstraße?
Wie komme ich __zum__ Karlsplatz?
Wie komme ich __zur__ Paulskirche?
Wie komme ich __zum__ Flughafen?
Wie komme ich __zur__ Straßenbahnhaltestelle?
Wie komme ich __zum__ Hotel Regina?
Wie komme ich __zum__ Parkplatz?
Wie komme ich __zur__ Tankstelle?
Wie komme ich __zur__ Pension Aurora?
Wie komme ich __zur__ Reparaturwerkstätte?

2. ERGÄNZEN SIE "BIS ZUM" oder "BIS ZUR":

Fahren Sie __bis zur__ nächsten Kreuzung, dann links!
Fahren Sie __bis zum__ Rathaus, dann rechts!
Fahren Sie __bis zur__ Ludwigstraße, dann links!
Fahren Sie __bis zum__ Parkplatz, dann hundert Meter geradeaus!
Fahren Sie __bis zur__ nächsten Verkehrsampel, dann links!
Fahren Sie __bis zum__ Schloß, dann rechts um die Ecke!
Fahren Sie __bis zur__ Tankstelle, dann 4 Kilometer geradeaus!
Fahren Sie __bis zur__ nächsten Querstraße, dann rechts!

3. GEBEN SIE DEN IMPERATIV:

gehen: __Gehen Sie__ 200 Meter geradeaus, dann links!
nehmen: __Nehmen Sie__ die Straßenbahn Linie 20!
sprechen: __Sprechen Sie__ laut!
sagen: __Sagen Sie__ es noch einmal!
antworten: __Antworten Sie__ laut!
tun: __Tun Sie__ das nicht!

4. ANTWORTEN SIE:

a. Was wollen Sie trinken? (ein Glas Wein) __Ich will ein Glas Wein trinken!__
   Was wollen Sie rauchen? (eine Pfeife) __Ich will eine__
   Wo wollen Sie sitzen? (da drüben)
   Was müssen Sie tun? (viel lernen)

LEKTION DREI: ÜBUNGEN

    Was müssen Sie immer tun?   (wiederholen)
    Was müssen Sie bezahlen?   (die Rechnung)
    Was können Sie nicht finden?   (das Buch)
    Was können Sie hier bestellen?   (Bier und Wein)
    Was können Sie hier lernen?   (Deutsch)
    Was möchten Sie trinken?   (ein Glas Wasser)
    Was möchten Sie rauchen?   (eine Zigarette)
    Wo möchten Sie sitzen?   (da drüben)
    Wo dürfen Sie parken?   (am Parkplatz)
    Wo dürfen Sie nicht parken?   (am Karlsplatz)
    Dürfen Sie hier rauchen?   (nein)
    Wie sollen Sie sprechen?   (laut)
    Was sollen Sie wiederholen?   (die Lektion)

b.   Was will die Dame trinken?   (eine Flasche Wein)
    Was will der Soldat rauchen?   (eine Zigarre)
    Was will der Student tun?   (eine Zeitung kaufen)
    Was muß der Gast bezahlen?   (die Rechnung)
    Was muß der Kellner bringen?   (die Speisekarte)
    Was muß die Studentin tun?   (viel arbeiten)
    Was kann die Dame nicht finden?   (das Hotel Regina)
    Was kann der Gast nicht finden?   (das Telefon)
    Was kann das kosten?   (nicht viel)
    Was möchte das Mädchen haben?   (ein Glas Bier)
    Was möchte das Kind trinken?   (ein Glas Milch)
    Was möchte der Gast bestellen?   (eine Flasche Rotwein)
    Was darf das Mädchen trinken?   (eine Tasse Kaffee)
    Was darf das Kind trinken?   (ein Glas Milch)
    Was darf der Junge nicht tun?   (rauchen)
    Was soll der Student tun?   (die Aufgabe lernen)

c.   Was wollen wir haben?   (viel Geld)
    Was müssen wir tun?   (viel arbeiten)
    Was können wir hier lernen?   (Deutsch)
    Was möchten wir tun?   (nicht viel arbeiten)
    Wo wollen der Herr und die Dame sitzen?   (da drüben)
    Was müssen Herr und Frau Müller suchen?   (ein Hotel)
    Was können der Herr und die Dame nicht finden?   (die Pension Aurora)
    Was möchten die Studenten lernen?   (Deutsch)

LEKTION DREI: ÜBUNGEN

    Wo dürfen wir nicht parken?   (am Karlsplatz)
    Was dürfen der Junge und das
        Mädchen trinken?   (Milch)
    Was sollen Kinder nicht trinken?   (Bier)
    Was sollen Studenten immer tun?   (viel lernen)

d.   Kann ich hier mal telefonieren?   (ja)
    Muß ich die Straßenbahn nehmen?   (ja)
    Kann ich zu Fuß gehen?   (nein)
    Muß ich die Rechnung gleich
        bezahlen?   (ja)
    Darf ich rauchen?   (ja)
    Soll ich das auswendig lernen?   (ja)

5. ERGÄNZEN SIE DIE PLURALFORM:

    der Student: _Die Studenten_ müssen viel lernen.
    das Kind: Fragen Sie _die Kinder_ !
    keine Zigarette: Ich soll _keine Zigaretten_ rauchen.
    keine Blume: Er will _keine Blumen_ bringen.
    Studentin: Hier sind drei _Studentinnen_ .
    Tasse: Bringen Sie bitte zwei _Tassen_ Kaffee!
    Stunde: Er muß drei _Stunden_ arbeiten.

LEKTION DREI: WORTSCHATZ

DER Durst – thirst
der Gast – guest, customer
der Hunger – hunger
der Junge (pl. Jungen) – boy
der Kaffee – coffee
der Kellner – waiter
der Kilometer (pl. Kilometer) – kilometer
der Meter (pl. Meter) – meter
der Offizier – officer
der Soldat (pl. Soldaten) – soldier

DAS Buch (pl. Bücher) – book
das Fenster (pl. Fenster) – window
das Geld – money
das Kind (pl. Kinder) – child
das Lokal – place = restaurant, café, bar
das Mädchen (pl. Mädchen) – girl
das Taxi – cab, taxi
das Wasser – water

DIE Aufgabe – homework, assignment lesson
die Flasche (pl. Flaschen) – bottle
die Kellnerin – waitress
die Kreuzung – crossing, intersection
die Linie – line
die Milch – milk
die Pfeife – pipe
die Querstraße – crossroad
die Rechnung – bill, check
die Speisekarte – menu
die Stunde (pl. Stunden) – hour
die Tasse (pl. Tassen) – cup
die Toilette – toilet, WC
die Uhr – watch, clock
die Verkehrsampel – traffic light
    (comp.: der Verkehr – traffic
    die Ampel – hanging lamp)
die Zahl (pl. Zahlen) – figure, number
die Zeitung – newspaper
die Zigarre (pl. Zigarren) – cigar
die Zigarette (pl. Zigaretten) – cigarette

---

aber – but
antworten – to answer
bestellen – to order
bis – till, until
bis zum, bis zur – as far as
dürfen (darf) – to be allowed to, may
essen – to eat
etwas – something, some, a little
fahren – to drive, to ride
finden – to find
fliegen – to fly
fragen – to ask
geben – to give
gern, gerne – gladly
haben – to have
halb – half

heute – today
hören – to hear
in – in, into
jetzt – now
kaufen – to buy
kosten – to cost
laut – loud, loudly
möchten (möchte) – would like, should like
nach – after
parken – to park
rauchen – to smoke
sitzen – to be sitting, to sit
sollen – to be supposed to, shall
spät – late
suchen – to look for, to seek
teuer – expensive
trinken – to drink

LEKTION DREI: WORTSCHATZ

tun – to do
üben – to practice
usw. = und so weiter – etc., and so forth
wann? – when? what time?
wie? – how?

wieviel? – how much?
wohnen – to live, to dwell
zu – too
zum – to the (masc. and neut.)
zur – to the (fem.)

LEKTION VIER

1. **Wohnen Sie** in München?   Ja, **ich wohne** in München.
   Verstehen Sie Deutsch?   Ja, ich verstehe Deutsch.
   Trinken Sie Kaffee?   Ja, ich trinke Kaffee.
   Gehen Sie zum Bahnhof?   Ja, ich gehe zum Bahnhof.
   Rauchen Sie?   Nein, ich rauche nicht.
   Arbeiten Sie viel?   Ja, ich arbeite viel.

   Wir wohnen in München.
   Herr und Frau Müller wohnen in München.
   Wir verstehen Deutsch.
   Herr und Frau Müller verstehen Deutsch.
   Wir trinken Kaffee.
   Herr und Frau Müller trinken Kaffee.
   Wir gehen zum Bahnhof.
   Herr und Frau Müller gehen zum Bahnhof.
   Wir rauchen nicht.
   Herr und Frau Müller rauchen nicht.
   Wir arbeiten viel.
   Herr und Frau Müller arbeiten viel.

   Wohnt Herr Huber hier?   Ja, **er wohnt** hier.
   Wohnt das Mädchen hier?   Ja, **es wohnt** hier.
   Wohnt Frau Meier in Frankfurt?   Ja, **sie wohnt** in Frankfurt.
   Versteht Herr Müller Englisch?   Nein, er versteht kein Wort.
   Geht das Mädchen zum Bahnhof?   Ja, es geht zum Bahnhof.
   Trinkt die Dame Wein?   Ja, sie trinkt Wein.
   Raucht der Student?   Ja, er raucht.
   Arbeitet die Dame viel?   Ja, sie arbeitet viel.

   Wann kommen Sie nach Hause? – Ich komme um 8 Uhr nach Hause.
   Herr Huber kommt um fünf Uhr nach Hause.
   Der Offizier kauft eine Zeitung.
   Herr Müller, hören Sie die Musik? – Nein, ich höre die Musik nicht.
   Frankfurt liegt im Westen von Deutschland.
   Der Lehrer steht am Fenster.
   Frau Müller sitzt da drüben.
   Ich parke immer am Rathaus.
   Der Soldat bestellt ein Glas Bier.
   Der Kellner bringt die Rechnung.
   Die Kellnerin bringt die Speisekarte.
   Der Gast bezahlt die Rechnung.
   Die Dame sucht das Rathaus.
   Die Kinder lernen Deutsch.

LEKTION VIER

Herr Huber studiert Deutsch.
Der Lehrer fragt auf deutsch.
Was tut die Studentin? – Sie telefoniert.
Was tun wir immer? – Wir wiederholen immer.
Der Student antwort**et** auf deutsch.
Der Herr find**et** das Hotel nicht.
Das Mädchen arbeit**et** sehr viel.
Wieviel kost**et** die Zeitung? – Sie kost**et** dreißig Pfennig.

Haben Sie Hunger?   Ja, **ich habe** Hunger.
Haben Sie auch Hunger,
Herr und Frau Müller?   Ja, **wir haben** auch Hunger.

Haben der Junge und das
Mädchen Hunger?   Ja, **sie haben** Hunger.

Hat der Soldat Durst?   Ja, **er hat** Durst.
Hat das Kind Durst?   Ja, **es hat** Durst.
Hat die Dame Geld?   Ja, **sie hat** Geld.

2. Das ist **das** Taschentuch.   Ich habe **das** Taschentuch.
                                         Ich habe **ein** Taschentuch.
                                         Ich habe **kein** Taschentuch.

Das ist das Buch.   Ich habe das Buch.
                                         Ich habe ein Buch.
                                         Ich habe kein Buch.

Das ist das Feuerzeug.   Ich habe das Feuerzeug.
                                         Ich habe ein Feuerzeug.
                                         Ich habe kein Feuerzeug.

Das ist **die** Brille.   Ich habe **die** Brille.
                                         Ich habe **eine** Brille.
                                         Ich habe **keine** Brille.

Das ist die Uhr.   Ich habe die Uhr.
                                         Ich habe eine Uhr.
                                         Ich habe keine Uhr.

Das ist die Brieftasche.   Ich habe die Brieftasche.
                          Ich habe eine Brieftasche.
                          Ich habe keine Brieftasche.

Das ist die Handtasche.   Ich habe die Handtasche.
                          Ich habe eine Handtasche.
                          Ich habe keine Handtasche.

Das ist **der** Stadtplan.   Ich habe **den** Stadtplan.
                             Ich habe **einen** Stadtplan.
                             Ich habe **keinen** Stadtplan.

Das ist der Bleistift.   Ich habe den Bleistift.
                          Ich habe einen Bleistift.
                          Ich habe keinen Bleistift.

Das ist der Regenschirm.   Ich habe den Regenschirm.
Das ist der Ausweis.   Ich habe einen Ausweis.
Das ist der Führerschein.   Ich habe keinen Führerschein.
Das ist der Reisepaß.   Ich habe den Reisepaß.
Das ist der Kugelschreiber.   Ich habe einen Kugelschreiber.
Das ist der Schlüssel.   Ich habe keinen Schlüssel.
Das ist der Brief.   Ich habe den Brief.

WEN SUCHEN SIE?

Ich suche das Kind.
Ich suche das Mädchen.

Ich suche die Dame.
Ich suche die Kellnerin.
Ich suche die Studentin.

Ich suche die Kinder.
Ich suche die Studenten.
Ich suche die Damen.

Ich suche **den** Kellner.
Ich suche den Lehrer.
Ich suche den Offizier.

LEKTION VIER

Ich suche Herr**n** Braun.
Ich suche den Junge**n**.
Ich suche den Student**en**.
Ich suche den Soldat**en**.
Ich suche den Polizist**en**.

3. KONVERSATION

A: Kennen Sie den Herrn dort drüben?
B: Nein, ich kenne ihn leider nicht.
   Einen Augenblick. Hier kommt meine Schwester. Ich frage sie. –
   Meine Schwester sagt, das ist Herr Huber. Und die Dame in Blau ist seine Frau.
A: Wer ist die Dame dort?
B: Das ist Frau Dr. Jünger. Ihr Mann ist unser Hausarzt. Sie ist auch Ärztin.
A: Wo haben Herr und Frau Dr. Jünger ihre Praxis?
B: Sie haben ihre Praxis am Karlsplatz.
A: Oh, wie interessant! Vielen Dank!
B: Bitte sehr!

IDIOMS AND USEFUL EXPRESSIONS

einen Augenblick	just a moment
um ein Uhr, um zwei Uhr	at one o'clock, at two o'clock
Was ist der Unterschied zwischen . . . ?	What is the difference between . . . ?
Wie sagt man auf deutsch . . . ?	How does one say in German . . . ?
Beginnen Sie!	Begin.
Schreiben Sie!	Write.
Ich verstehe kein Wort.	I do not understand one word.
Haben Sie Feuer?	Do you have a light?
Haben Sie ein Streichholz?	Do you have a match?

LEKTION VIER: GRAMMATIK

A. The **PRESENT TENSE** (das Präsens):

1. To conjugate a verb in the present indicative we need the **stem of the infinitive** (basic form of the verb).
   The infinitive of all German verbs ends in **-en,** sometimes in **-n.**
   The stem is found by dropping the infinitive ending:

INFINITIVE	STEM
gehen	geh-
arbeiten	arbeit-
tun	tu-

2. a. The present tense of almost all verbs (with very few exceptions such as the modal auxiliaries, wissen, sein, haben) is formed by adding the following endings to the stem:

   ```
   ich ____ e
   er, es, sie ____ t
   wir ⎫
   Sie ⎬ ____ en
   sie ⎭
   ```

   Note: The infinitive form of all German verbs (except "sein")

   is always identical with the forms for:

(we)	wir ⎫	
(you)	Sie ⎬	gehen, finden, kommen, tun, können, wissen, etc.
(they)	sie ⎭	

The pattern for the present tense, therefore, is:

INFINITIVE	**gehen**	**suchen**	**kommen**	**tun**	**haben**
ich	geh**e**	such**e**	komm**e**	tu**e**	hab**e**
er, es, sie	geh**t**	such**t**	komm**t**	tu**t**	ha**t***
wir ⎫ Sie ⎬ sie ⎭	gehen	suchen	kommen	tun	haben

* The third person singular of "haben" drops the "b" of the stem.

LEKTION VIER: GRAMMATIK

b. Verbs the stem of which ends in **-t** or **-d** insert an "**e**" before a consonant ending.

er, es, sie antwort**et**, arbeit**et**, kost**et**, find**et**

3. There are neither progressive nor emphatic forms in German. For the English "he goes", "he is going", "he does go", German uses only one form: er geht. Emphasis is expressed by intonation:

Ich **will** Deutsch lernen – I do want to learn German.

4. Also for the corresponding usage in questions and negations German has only one form (never the helping verb "do"):

Verstehen Sie?	Do you understand?
Weiß er es?	Does he know it?
Ich verstehe Sie nicht.	I do not understand you.
Wissen Sie das nicht?	Don't you know that?

B. The **ACCUSATIVE** (der Akkusativ):

The accusative case is used as the direct object of transitive verbs, i.e. the objective case in English:

Ich nehme die Straßenbahn. – I take the streetcar.

1. The **article:**

Only in the accusative masculine, German has a special form for the definite article, the indefinite article and the negative "kein":
In neuter, feminine and plural, the same forms are used as for the nominative:

LEKTION VIER: GRAMMATIK

	Masculine	
Nom.	Hier ist	der Brief.
	Hier ist	ein Brief.
	Hier ist	kein Brief.
Acc.	Ich habe	**den** Brief.
	Ich habe	**einen** Brief.
	Ich habe	**keinen** Brief.

	Neuter		Feminine		Plural	
Nom. + Acc.	Hier ist Ich habe	das Buch. ein Buch. kein Buch.	Hier ist Ich habe	die Uhr. eine Uhr. keine Uhr.	Hier sind Ich habe	die Blumen. — Blumen. keine Blumen.

SUMMARY:

	Masculine	Neuter	Feminine	Plural
Nom.	der ein kein	das ein kein	die eine keine	die — keine
Acc.	den einen keinen			

2. The **interrogatives** are:

	Nom.	**wer?**	– who?
		was?	– what?
	Acc.	**wen?**	– whom?
		was?	– what?

3. The **noun** itself is generally not changed in the accusative.
   Only the so-called "weak" nouns (most of them denoting male living beings) add **-n** or **-en** in the accusative singular:

NOMINATIVE	ACCUSATIVE
der Herr	den Herr**n**
der Junge	den Junge**n**
der Student	den Studen**ten**
der Soldat	den Soldat**en**
der Polizist	den Polizist**en**

LEKTION VIER: GRAMMATIK

C. **COMPOUND NOUNS** (zusammengesetzte Substantive)

The gender of a compound noun is determined by its last component.
The two components are sometimes joined by an "s":

        der Verkehr – **die** Ampel   **die** Verkehrsampel
        die Reise   – **der** Paß   **der** Reisepaß
        die Reise   – **das** Büro   **das** Reisebüro

D. **WISSEN** and **KENNEN**

wissen = to know (a fact or location): Ich weiß, wo er wohnt.
kennen = to know (to be acquainted with): Ich kenne den Herrn nicht.

LEKTION VIER: ÜBUNGEN

I. ERGÄNZEN SIE DIE RICHTIGE VERBFORM:

a.
1. verstehen: _____ Sie Deutsch? Ja, ich _____ Deutsch.
2. trinken: _____ Sie Kaffee? Ja, ich _____ Kaffee.
3. gehen: _____ Sie zum Bahnhof? Ja, ich _____ zum Bahnhof.
4. fragen: Die Dame _____ den Polizisten.
5. sitzen: Herr Müller _____ da drüben.
6. stehen: Der Lehrer _____ am Fenster.
7. kommen: Wie _____ ich zum Bahnhof?
8. wiederholen: Wir _____ immer.
9. rauchen: Der Soldat _____ eine Pfeife.
10. bringen: Die Kellnerin _____ ein Glas Bier.
11. bestellen: Der Gast _____ eine Flasche Wein.
12. bezahlen: Er _____ die Rechnung.
13. sprechen: Herr und Frau Müller _____ gut Deutsch.
14. sprechen: Ich _____ nur ein bißchen Deutsch.
15. suchen: Was _____ Sie?
16. suchen: Was _____ sie? (= die Dame)
17. suchen: Was _____ sie? (= die Kinder)
18. nehmen: Wir _____ ein Taxi.
19. parken: Er _____ immer am Rathaus.
20. telefonieren: Die Studentin _____.
21. lernen: Wir _____ hier Deutsch.
22. studieren: Herr Huber _____ Deutsch.
23. hören: _____ Sie mich?
24. fahren: Ich _____ zur Reparaturwerkstätte.
25. finden: Der Herr und die Dame _____ das Hotel nicht.

b.
1. gehen: _____ Herr Braun zum Karlsplatz? Nein, er _____ nicht zum Karlsplatz.
2. rauchen: _____ er Zigaretten? Ja, er _____ Zigaretten.
3. telefonieren: _____ die Dame? Ja, sie _____.
4. kaufen: _____ die Dame die Zeitung? Ja, sie _____ die Zeitung.
5. tun: Was _____ der Junge?
   telefonieren: Er _____.
6. tun: Was _____ das Mädchen in München?
   studieren: Es _____ in München.
7. tun: Was _____ die Studentin?
   lernen: Sie _____ Deutsch.
8. antworten: Der Student _____ laut.

LEKTION VIER: ÜBUNGEN

   9. arbeiten: Der Mann _____ nicht sehr viel.
10. arbeiten: Das Mädchen _____ nicht.
11. finden: Der Herr _____ die Pension nicht.
12. finden: Der Soldat _____ die Kaserne nicht.
13. antworten: Die Studentin _____ auf deutsch.
14. finden: Er _____ das Restaurant nicht.
15. kosten: Was _____ das Buch? Es _____ acht Mark.

II. ERGÄNZEN SIE DIE RICHTIGE FORM VON "HABEN":

1. _____ Sie Hunger? Ja, ich _____ Hunger.
2. _____ der Junge Durst? Ja, er _____ Durst.
3. _____ das Kind Hunger? Ja, es _____ Hunger.
4. Ich _____ Hunger.
5. Er _____ Hunger.
6. Wir _____ kein Geld.
7. Herr und Frau Müller _____ viel Geld.
8. Ich _____ nicht viel Geld.
9. _____ die Dame Durst? Ja, sie _____ Durst.
10. _____ die Kinder Durst? Ja, sie _____ Durst.

III. ERGÄNZEN SIE: a. den BESTIMMTEN ARTIKEL
                        b. den UNBESTIMMTEN ARTIKEL
                        c. das negative KEIN:

1. a. Das ist das Taschentuch.   Ich habe _____ Taschentuch.
   b. Das ist _____ Taschentuch.   Ich habe _____ Taschentuch.
   c. Das ist _____ Taschentuch.   Ich habe _____ Taschentuch.

2. a. Das ist das Buch.   Ich habe _____ Buch.
   b. Das ist _____ Buch.   Ich habe _____ Buch.
   c. Das ist _____ Buch.   Ich habe _____ Buch.

3. a. Das ist die Brille.   Ich habe _____ Brille.
   b. Das ist _____ Brille.   Ich habe _____ Brille.
   c. Das ist _____ Brille.   Ich habe _____ Brille.

4. a. Das ist die Uhr.   Ich habe _____ Uhr.
   b. Das ist _____ Uhr.   Ich habe _____ Uhr.
   c. Das ist _____ Uhr.   Ich habe _____ Uhr.

LEKTION VIER: ÜBUNGEN

5. a. Das ist der Regenschirm. Ich habe _____ Regenschirm.
   b. Das ist _____ Regenschirm. Ich habe _____ Regenschirm.
   c. Das ist _____ Regenschirm. Ich habe _____ Regenschirm.

6. a. Das ist der Ausweis. Ich habe _____ Ausweis.
   b. Das ist _____ Ausweis. Ich habe _____ Ausweis.
   c. Das ist _____ Ausweis. Ich habe _____ Ausweis.

7. a. Das ist der Führerschein. Ich habe _____ Führerschein.
   b. Das ist _____ Führerschein. Ich habe _____ Führerschein.
   c. Das ist _____ Führerschein. Ich habe _____ Führerschein.

8. a. Das ist der Reisepaß. Ich habe _____ Reisepaß.
   b. Das ist _____ Reisepaß. Ich habe _____ Reisepaß.
   c. Das ist _____ Reisepaß. Ich habe _____ Reisepaß.

9. a. Das ist der Schlüssel. Ich habe _____ Schlüssel.
   b. Das ist _____ Schlüssel. Ich habe _____ Schlüssel.
   c. Das ist _____ Schlüssel. Ich habe _____ Schlüssel.

10. a. Das ist der Kugelschreiber. Ich habe _____ Kugelschreiber.
    b. Das ist _____ Kugelschreiber. Ich habe _____ Kugelschreiber.
    c. Das ist _____ Kugelschreiber. Ich habe _____ Kugelschreiber.

IV. ERGÄNZEN SIE DEN BESTIMMTEN ARTIKEL:

Was suchen Sie?

Ich suche _____ Bahnhof.
Ich suche _____ Reisebüro.
Ich suche _____ Schloß.
Ich suche _____ Ludwigstraße.
Ich suche _____ Flughafen.
Ich suche _____ Park.
Ich suche _____ Paulskirche.
Ich suche _____ Parkplatz.
Ich suche _____ Hotel Regina.
Ich suche _____ Karlsplatz.
Ich suche _____ Apotheke.
Ich suche _____ Post.
Ich suche _____ Kaserne.
Ich suche _____ Pension Aurora.
Ich suche _____ Café Astor.

LEKTION VIER: ÜBUNGEN

V. ERGÄNZEN SIE: 1. den BESTIMMTEN ARTIKEL SINGULAR
2. den UNBESTIMMTEN ARTIKEL SINGULAR

Wen suchen Sie?

Ich suche _____ Dame.   Ich suche _____ Mädchen.
Ich suche _____ Kind.   Ich suche _____ Studentin.
Ich suche _____ Lehrer.   Ich suche _____ Jungen.
Ich suche _____ Lehrerin.   Ich suche _____ Studenten.
Ich suche _____ Kellner.   Ich suche _____ Soldaten.
Ich suche _____ Kellnerin.   Ich suche _____ Herrn.
Ich suche _____ Arzt.   Ich suche _____ Polizisten.

VI. ERGÄNZEN SIE DIE RICHTIGE FORM:

1. Kennen Sie _____? (der Offizier)
2. Kennen Sie _____? (der Lehrer)
3. Kennen Sie _____? (die Dame)
4. Kennen Sie _____? (das Mädchen)
5. Kennen Sie _____? (der Junge)
6. Kennen Sie _____? (der Student)
7. Kennen Sie _____? (der Soldat)
8. Kennen Sie _____? (der Herr)
9. Kennen Sie _____? (der Polizist)
10. Kennen Sie _____? (der Amerikaner)
11. Kennen Sie _____? (Herr Huber)
12. Kennen Sie _____? (Herr Müller)

LEKTION VIER: WORTSCHATZ

DER Ausweis – identification card
der Augenblick – moment
der Bleistift – pencil
der Brief – letter
der Führerschein – driver's license
der Hausarzt – family doctor
   (comp.: das Haus – house
   der Arzt – doctor)
der Kugelschreiber – ball point pen
der Mann (pl. Männer) – man; husband
der Pfennig = German small coin
der Regenschirm – umbrella
   (comp.: der Regen – rain
   der Schirm – cover, screen)
der Reisepaß – passport
   (comp.: die Reise
   der Paß – pass(port))
der Schlüssel (pl. Schlüssel) – key
der Stadtplan – city map
   (comp.: die Stadt – city, town
   der Plan – map, plan)

DIE Ärztin – (woman) doctor
die Brieftasche – wallet, purse
die Brille – eye glasses
die Hand – hand
die Handtasche – handbag, pocket book
die Kaserne – barracks
die Mark (sing. and plur.) – German Mark = DM
die Musik – music
die Praxis – doctor's office, practice
die Schwester (pl. Schwestern) – sister
die Tasche – bag, pocket

(DAS) Englisch – English (language)
das Feuerzeug – lighter
das Streichholz (pl. Streichhölzer) – match
das Taschentuch – handkerchief
   (comp.: die Tasche – pocket, bag
   das Tuch – cloth)
das Wort (pl. Wörter) – word

---

beginnen – to begin, to start
blau – blue
deutsch (adj.) – German
ihn – him
ihr (poss.) – her; their
interessant – interesting
kennen – to know, to be acquainted with
leider – unfortunately
mich – me

schreiben – to write
sehr – very
sein (poss.) – his
sie – she, her; they, them
stehen – to stand, to be standing
studieren – to be at college, to study
unser – our
wen? – whom?

LEKTION FÜNF

1.
    Ich habe **ein** Auto.   Wir haben ein Auto.
    Es ist **mein** Auto.   Es ist **unser** Auto.

    Der Herr hat ein Auto.   Sie haben ein Auto, Herr M.
    Es ist **sein** Auto.   Es ist **Ihr** Auto.

    Das Mädchen hat ein Auto.   Herr und Frau Meier haben
    Es ist **sein** Auto.   ein Auto.
                                           Es ist **ihr** Auto.

    Die Dame hat ein Auto.
    Es ist **ihr** Auto.

Das ist **das** Buch.
Das ist **ein** Buch.

Wo ist **mein** Buch?   Ich finde **mein** Buch nicht.
Wo ist das Feuerzeug?   Der Herr findet **sein** Feuerzeug nicht.
Wo ist das Taschentuch?   Die Dame findet **ihr** Taschentuch nicht.
Wo ist das Klassenzimmer?   Wir finden **unser** Klassenzimmer nicht.
Wo ist das Geld?   Finden Sie **Ihr** Geld nicht, Herr X.?
Wo ist das Hotel?   Die Damen finden **ihr** Hotel nicht.

Das ist **die** Brieftasche.
Das ist **eine** Brieftasche.

Wo ist **meine** Brieftasche?   Ich suche **meine** Brieftasche.
Wo ist die Uhr?   Der Herr sucht **seine** Uhr.
Wo ist die Brille?   Die Dame sucht **ihre** Brille.
Wo ist die Pension?   Wir suchen **unsere** Pension.
Wo ist die Pfeife?   Suchen Sie **Ihre** Pfeife, Herr M.?
Wo ist die Lehrerin?   Die Schüler suchen **ihre** Lehrerin.

Wo sind **die** Zigaretten?
Wo sind **meine** Zigaretten?

                                   Ich suche **meine** Zigaretten.
                                   Der Herr sucht **seine** Zigaretten.
                                   Die Dame sucht **ihre** Zigaretten.
                                   Wir suchen **unsere** Zigaretten.
                                   Suchen Sie **Ihre** Zigaretten, Herr M.?
                                   Die Damen suchen **ihre** Zigaretten.

LEKTION FÜNF

Wo ist **der** Stadtplan?   Ich suche **den** Stadtplan.
Wo ist **ein** Stadtplan?   Ich suche **einen** Stadtplan.
Wo ist mein Stadtplan?   Ich suche **meinen** Stadtplan.
Wo ist der Führerschein?   Der Herr sucht **seinen** Führerschein.
Wo ist der Regenschirm?   Die Dame sucht **ihren** Regenschirm.
Wo ist der Schlüssel?   Wir suchen **unseren** Schlüssel.
Wo ist der Ausweis?   Suchen Sie **Ihren** Ausweis, Herr M.?
Wo ist der Reisepaß?   Herr und Frau Meier suchen **ihren** Reisepaß.

2. Verstehen Sie **mich**?   Ja, ich verstehe **Sie**.
Kennen Sie den Herrn?   Ja, ich kenne **ihn**.
Haben Sie das Geld?   Ja, ich habe **es**.
Suchen Sie die Dame?   Ja, ich suche **sie**.
Hören Sie **uns**?   Ja, ich höre **Sie**.
Kennen Sie die Studentinnen?   Ja, ich kenne **sie**.

Suchen Sie **das** Kind?   Ja, ich suche **es**.
Suchen Sie das Rathaus?   Ja, ich suche **es**.
Suchen Sie das Reisebüro?   Ja, ich suche **es**.

Kennen Sie **die** Dame?   Ja, ich kenne **sie**.
Haben Sie die Zeitung?   Ja, ich habe **sie**.
Hören Sie die Musik?   Ja, ich höre **sie**.

Kennen Sie **den** Studenten?   Ja, ich kenne **ihn**.
Haben Sie den Schlüssel?   Ja, ich habe **ihn**.
Finden Sie den Brief nicht?   Nein, ich finde **ihn** nicht.

3. Gehen Sie rechts **um den** Parkplatz!
Gehen Sie rechts um das Rathaus!
Gehen Sie rechts um die Ecke!

Gehen Sie **durch den** Park, dann links!
Gehen Sie durch das Rathaus, dann links!
Gehen Sie durch die Tür dort, dann links!

Vorsicht! Fahren Sie nicht **gegen den** Baum!
Vorsicht! Fahren Sie nicht gegen das Haus!
Vorsicht! Fahren Sie nicht gegen die Straßenbahn!

LEKTION FÜNF

Das Buch ist **für meinen** Sohn.
Die Blumen sind für das Mädchen.
Er arbeitet für die amerikanische Regierung.

Wir fliegen **ohne unseren** Sohn nach Berlin.
Wir fliegen ohne unser Kind nach Berlin.
Sie fliegen ohne ihre Tochter nach Frankfurt.

FÜR WEN IST DER BRIEF?

Ist der Brief für **mich**?	Ja, er ist für **Sie**!
Ist der Brief für Herrn Braun?	Ja, er ist für **ihn**.
Ist der Brief für das Mädchen?	Ja, er ist für **es**.
Ist der Brief für die Dame?	Ja, er ist für **sie**.
Ist der Brief für **Sie,** Herr und Frau Müller?	Ja, er ist für **uns**.
Ist der Brief für Herrn und Frau Müller?	Ja, er ist für **sie**.

4. BEISPIELE FÜR DIE FREIE KONVERSATION

I. Dame: Wo wohnen Sie?
   Herr: Wir wohnen in München.
   Dame: Ist Ihre Familie auch hier in Deutschland?
   Herr: Ja, meine Frau ist hier und meine Tochter auch. Unser Sohn ist in Amerika. Er ist Student.
   Dame: Sind Sie Offizier?
   Herr: Ja, ich bin Offizier in der Luftwaffe (Armee, Marine).
   Dame: Gefällt Ihnen München?
   Herr: Ja, es gefällt mir sehr gut.

II. Herr: Wo wohnen Sie?
    Dame: Ich wohne in Frankfurt.
    Herr: Ist Ihre Familie auch hier in Deutschland?
    Dame: Ja, mein Mann und meine Tochter sind hier. Unser Sohn ist Soldat in der Armee. Er ist in England.
    Herr: Ist Ihr Mann Offizier?
    Dame: Nein, er ist Zivilangestellter. Er arbeitet für die amerikanische Regierung.
    Herr: Gefällt Ihnen Frankfurt?
    Dame: Ja, es gefällt mir sehr gut.

LEKTION FÜNF

III. A: Wo wohnen Sie?
Student(in): Ich wohne in München.
A: Wohnen Sie zu Hause?
St: Nein, ich wohne im Studentenheim (Studentinnenheim).
A: Ist Ihre Familie auch hier in Deutschland?
St: Nein, mein Vater und meine Mutter sind in Frankreich.
A: Was tun Ihre Eltern in Frankreich?
St: Mein Vater arbeitet am amerikanischen Konsulat. Er ist Diplomat.
A: Und was tun Sie hier?
St: Ich studiere an der Universität Maryland. Mein Bruder und meine Schwester sind auch Studenten.
A: Gefällt Ihnen München?
St: Ja, es gefällt mir sehr gut.

IV. FÜR FREIE KONVERSATION

Sind Sie verheiratet?
Haben Sie Kinder?
Haben Sie einen Bruder?   Ich habe zwei Brüder.
Haben Sie eine Schwester?   Ich habe zwei Schwestern.
Haben Sie Geschwister?   Ich habe einen Bruder und zwei Schwestern.
Haben Sie einen Sohn?   Wir haben zwei Söhne.
Haben Sie eine Tochter?   Wir haben drei Töchter.
Was sind Sie von Beruf?

5. KONVERSATION

A: Verzeihung! Hält der Bus Nummer 7 hier?
B: Nein, er hält nicht hier. Das hier ist die Straßenbahnhaltestelle. Die Busse halten da drüben am Kino.
A: Besten Dank.

IM BUS

A: Bitte, fährt der Bus direkt zum Karlsplatz?
Schaffner: Nein, Sie müssen am Goetheplatz umsteigen. Die Busse Nummer 8 und 9 fahren zum Karlsplatz.

LEKTION FÜNF

IDIOMS AND USEFUL EXPRESSIONS

Gefällt Ihnen das?	Do you like that?
Es gefällt mir (sehr gut).	I like it (very much).
in der Armee	in the Army
in der Luftwaffe	in the Air Force
in der Marine	in the Navy
Ich studiere an der Universität X.	I attend the university of X.
Was suchen Sie?	What are you looking for?
Wen suchen Sie?	Whom are you looking for?
Vorsicht!	Look out! Watch it!
Warum?	Why?
Besten Dank!	Thanks a lot.
Was ist er von Beruf?	What is his occupation?
Verzeihung!	Excuse me. Pardon me.

WORTSCHATZ FÜR DIE FREIE KONVERSATION

a. DIE FAMILIE und DIE VERWANDTEN (= the relatives)

der Großvater – grandfather
die Großmutter – grandmother
der Onkel – uncle
die Tante – aunt
der Vetter – male cousin
die Kusine – female cousin

der Schwager – brother-in-law
die Schwägerin – sister-in-law
der Schwiegervater – father-in-law
die Schwiegermutter – mother-in-law
die Schwiegereltern – parents-in-law

b. DER BERUF (= profession)

businessman – der Geschäftsmann
chemist – der Chemiker
dentist – der Zahnarzt, der Dentist
engineer – der Ingenieur

interpreter – der Dolmetscher
lawyer – der Rechtsanwalt
librarian – der Bibliothekar
minister – der Geistliche, der Pfarrer

c. STUDIENFÄCHER (= academic subjects)

art history – die Kunstgeschichte
biology – die Biologie
chemistry – die Chemie
history – die Geschichte
mathematics – die Mathematik
medicine – die Medizin

natural sciences – die Naturwissenschaften
philosophy – die Philosophie
physics – die Physik
psychology – die Psychologie
sociology – die Soziologie
speech – die Spracherziehung

LEKTION FÜNF: GRAMMATIK

A. The **POSSESSIVE ADJECTIVE** (das Possessivpronomen):

mein	– my	**unser**	– our
sein	– his	**Ihr**	– your (sing. & plur.)
sein	– its	**ihr**	– their
ihr	– her		

The possessive adjectives take the same endings as "ein" and "kein".

Therefore, they are also called **"ein"-words.**

Note: "Ihr" meaning "your" is capitalized and is used for singular and plural, as in English.

SUMMARY:

Case	Masculine	Neuter	Feminine	Plural
Nom.	**Das ist ...** ein Brief kein Brief mein Brief sein Brief ihr Brief unser Brief Ihr Brief ihr Brief	**Das ist ...** **Ich habe ...** ein Buch kein Buch mein Buch sein Buch ihr Buch unser Buch Ihr Buch ihr Buch	**Das ist ...** **Ich habe ...** eine Uhr keine Uhr meine Uhr seine Uhr ihre Uhr unsere Uhr Ihre Uhr ihre Uhr	**Das sind ...** **Ich habe ...** — Briefe keine Briefe meine Briefe seine Briefe ihre Briefe unsere Briefe Ihre Briefe ihre Briefe
Acc.	**Ich habe ...** einen Brief keinen Brief meinen Brief seinen Brief ihren Brief unseren Brief Ihren Brief ihren Brief			

LEKTION FÜNF: GRAMMATIK

B. The **PERSONAL PRONOUN**:

Nominative	Accusative
ich – I	**mich** – me
er – he	**ihn** – him
es – it	**es** – it
sie – she	**sie** – her
wir – we	**uns** – us
Sie – you	**Sie** – you
sie – they	**sie** – them

The personal pronoun must agree in gender with the noun referred to, also in the accusative:

Nominative	Accusative
Wo ist **der** Bahnhof?	Haben Sie **den** Ausweis?
Er ist dort.	Ich habe **ihn.**
It is there.	I have **it.**
Wo ist **das** Hotel?	Finden Sie **das** Hotel nicht?
Es ist dort.	Ich finde **es** nicht.
It is there.	I don't find **it.**
Wo ist **die** Pension?	Finden Sie **die** Pension nicht?
Sie ist hier.	Ich finde **sie** nicht.
It is here.	I don't find **it.**

Note: "sie" with a small "s" can mean: she, her, they, them, and, as shown above: "it".

C. The **ACCUSATIVE** (cont'd, see page 41 f.):

The accusative case is used after the following prepositions:

durch	–	through
für	–	for
gegen	–	against
ohne	–	without
um	–	around

Er geht **durch den** Park.
Das Buch ist **für den** Jungen.
Vorsicht! Fahren Sie nicht **gegen den** Baum!
Wir fliegen **ohne unseren** Sohn nach Berlin.
Gehen Sie rechts **um die** Ecke!

LEKTION FÜNF: ÜBUNGEN

I. GEBEN SIE DAS DEUTSCHE POSSESSIVPRONOMEN:

1. Das ist (my) Auto.　　　　　　　　Ich suche (my) Auto.
   Das ist (his) Auto.　　　　　　　　Er sucht (his) Auto.
   Das ist (her) Auto.　　　　　　　　Sie sucht (her) Auto.
   Das ist (our) Auto.　　　　　　　　Wir suchen (our) Auto.
   Das ist (your) Auto.　　　　　　　Suchen Sie (your) Auto?
   Das ist (their) Auto.　　　　　　　Sie suchen (their) Auto.

2. Frau Huber ist (my) Lehrerin.　　　Kennen Sie (my) Lehrerin?
   Frau Huber ist (his) Lehrerin.　　　Kennen Sie (his) Lehrerin?
   Frau Huber ist (her) Lehrerin.　　　Kennen Sie (her) Lehrerin?
   Frau Huber ist (our) Lehrerin.　　　Kennen Sie (our) Lehrerin?
   Frau Huber ist (your) Lehrerin.　　Kennen Sie (your) Lehrerin?
   Frau Huber ist (their) Lehrerin.　　Kennen Sie (their) Lehrerin?

3. Das ist (my) Reisepaß.　　　　　　Ich suche (my) Reisepaß.
   Das ist (his) Reisepaß.　　　　　　Er sucht (his) Reisepaß.
   Das ist (her) Reisepaß.　　　　　　Sie sucht (her) Reisepaß.
   Das ist (our) Reisepaß.　　　　　　Wir suchen (our) Reisepaß.
   Das ist (your) Reisepaß.　　　　　Suchen Sie (your) Reisepaß?
   Das ist (their) Reisepaß.　　　　　Sie suchen (their) Reisepaß.

4. Wo ist (my) Brille?　　　　　　　Ich suche (my) Brille.
   Wo ist (our) Klassenzimmer?　　　Wir suchen (our) Klassenzimmer.
   Wo ist (your) Frau?　　　　　　　Ich suche (your) Frau.
   Wo ist (my) Schlüssel?　　　　　　Ich suche (my) Schlüssel.
   Wo ist (her) Reisepaß?　　　　　　Sie sucht (her) Reisepaß.
   Wo ist (their) Stadtplan?　　　　　Sie suchen (their) Stadtplan.
   Wo ist (my) Brieftasche?　　　　　Ich suche (my) Brieftasche.
   Wo ist (your) Mann?　　　　　　　Ich suche (your) Mann.
   Wo ist (his) Kugelschreiber?　　　Er sucht (his) Kugelschreiber.
   Wo ist (her) Buch?　　　　　　　　Sie sucht (her) Buch.
   Wo ist (my) Ausweis?　　　　　　　Ich suche (my) Ausweis.
   Wo ist (her) Regenschirm?　　　　Sie sucht (her) Regenschirm.
   Wo ist (my) Handtasche?　　　　　Ich suche (my) Handtasche.
   Wo ist (our) Lehrer?　　　　　　　Wir suchen (our) Lehrer.
   Wo ist (her) Kind?　　　　　　　　Sie sucht (her) Kind.
   Wo ist (my) Zeitung?　　　　　　　Ich suche (my) Zeitung.
   Wo ist (their) Hotel?　　　　　　　Sie suchen (their) Hotel.

LEKTION FÜNF: ÜBUNGEN

5. NOMINATIV oder AKKUSATIV?

1. Fragen Sie (your) Lehrer!
2. (Our) Lehrer ist Deutscher.
3. (My) Mann sucht (his) Schlüssel.
4. Hat sie (her) Reisepaß?
5. Ist das (her) Führerschein?
6. Er findet (his) Ausweis nicht.
7. Kennen Sie (her) Mann?
8. (Her) Mann ist Arzt.
9. (Their) Junge ist Student.
10. Kennen Sie (their) Jungen?
11. (Our) Hotel ist billig.
12. Wir suchen (our) Hotel.
13. Sie können (my) Auto nehmen.
14. Suchen Sie (your) Regenschirm?
15. (Your) Regenschirm steht da drüben.

II. GEBEN SIE DAS DEUTSCHE PERSONALPRONOMEN:

1. a. 1. Verstehen Sie (me)?   Ja, ich verstehe (you).
   2. Verstehen Sie (us)?   Ja, ich verstehe (you).
   3. Kennen Sie Herrn Müller?   Ja, ich kenne (him).
   4. Kennen Sie Frau Müller?   Ja, ich kenne (her).
   5. Kennen Sie Herrn und Frau Müller?   Ja, ich kenne (them).
   6. Kennen Sie das Mädchen?   Ja, ich kenne (her!).

b. 1. Haben Sie das Buch?   Ja, ich habe (it).
   2. Haben Sie die Brieftasche?   Ja, ich habe (it).
   3. Haben Sie den Ausweis?   Ja, ich habe (it).
   4. Haben Sie das Geld?   Ja, ich habe (it).
   5. Haben Sie die Brille?   Ja, ich habe (it).
   6. Haben Sie den Bleistift?   Ja, ich habe (it).
   7. Haben Sie den Schlüssel?   Ja, ich habe (it).
   8. Haben Sie den Regenschirm?   Ja, ich habe (it).
   9. Haben Sie den Stadtplan?   Ja, ich habe (it).
   10. Haben Sie den Führerschein? Ja, ich habe (it).

LEKTION FÜNF: ÜBUNGEN

2. ANTWORTEN SIE MIT DEM PERSONALPRONOMEN:

1. Kennen Sie meinen Bruder? Ja, ich kenne _____.
2. Kennen Sie meine Frau? Ja, ich kenne _____.
3. Kennen Sie unsere Tochter? Ja, ich kenne _____.
4. Kennen Sie seinen Sohn? Ja, ich kenne _____.
5. Kennen Sie ihren Mann? Ja, ich kenne _____.
6. Suchen Sie (us)? Ja, ich suche _____.
7. Haben Sie Ihren Führerschein? Ja, ich habe _____.
8. Haben Sie meinen Reisepaß? Ja, ich habe _____.
9. Haben Sie Ihre Uhr? Ja, ich habe _____.
10. Haben Sie Ihre Handtasche? Ja, ich habe _____.
11. Kennen Sie unseren Sohn? Ja, ich kenne _____.
12. Kennen Sie meinen Mann? Ja, ich kenne _____.
13. Ist Ihr Mann auch Offizier? Ja, _____ ist Offizier.
14. Können Sie Ihren Bleistift nicht finden? Nein, ich kann _____ nicht finden.
15. Können Sie Ihre Brille nicht finden? Nein, ich kann _____ nicht finden.
16. Können Sie Ihr Hotel nicht finden? Nein, ich kann _____ nicht finden.
17. Kennen Sie den Herrn und die Dame da drüben? Ja, ich kenne _____.
18. Ist Ihre Familie auch hier in Deutschland? Ja, _____ ist auch hier.
19. Ist Ihr Sohn Soldat? Ja, _____ ist Soldat.
20. Wissen Sie, wo mein Kugelschreiber ist? Ja, _____ ist hier.

III. PRÄPOSITIONEN (AKKUSATIV)

1. ERGÄNZEN SIE DEN BESTIMMTEN ARTIKEL:

Gehen Sie rechts um _____ Ecke!
Gehen Sie rechts um _____ Parkplatz!
Gehen Sie rechts um _____ Bahnhof!
Gehen Sie rechts um _____ Kirche!
Gehen Sie rechts um _____ Schloß!

LEKTION FÜNF: ÜBUNGEN

Gehen Sie durch _____ Tür, dann links!
Gehen Sie durch _____ Bahnhof, dann links!
Gehen Sie durch _____ Park, dann links!
Gehen Sie durch _____ Rathaus, dann links!

Vorsicht! Fahren Sie nicht gegen _____ Baum!
Vorsicht! Fahren Sie nicht gegen _____ Haus!
Vorsicht! Fahren Sie nicht gegen _____ Straßenbahn!
Vorsicht! Fahren Sie nicht gegen _____ Auto!

2. ERGÄNZEN SIE DIE RICHTIGE FORM:

Ist der Brief für _____? (mein Sohn)
Der Reisepaß ist für _____. (ein Student)
Das Buch ist für _____. (ein Herr)
Die Blumen sind für _____. (ein Mädchen)
Er arbeitet für _____. (die amerikanische Regierung)
Die Brille ist für _____. (eine Dame)

Wir fahren ohne _____ nach Heidelberg. (unser Sohn)
Er fliegt ohne _____ nach Deutschland. (sein Vater)
Sie fliegen ohne _____ nach Berlin. (ihre Tochter)
Sie geht ohne _____ in die Stadt. (ihr Bruder)
Wir fahren ohne _____. (unsere Eltern)
Herr und Frau Müller fliegen ohne _____ nach Berlin. (ihr Kind)

IV. ERGÄNZEN SIE DEN PLURAL:

1. Bruder: Ich habe drei _____.
2. kein Kind: Wir haben _____.
3. meine Schwester: _____ kommen heute.
4. sein Schlüssel: Er sucht _____.
5. unser Sohn: Kennen Sie _____?
6. ihre Tochter: Kennen Sie _____?
7. die Dame: Kennen Sie _____?
8. das Mädchen: Kennen Sie _____?

LEKTION FÜNF: WORTSCHATZ

DER Baum – tree
der Bruder (pl. Brüder) – brother
der Bus (pl. Busse) – bus
der Diplomat – diplomat
   (Acc. Diplomat**en**)
der Schaffner – conductor
der Schüler – pupil, student
der Sohn (pl. Söhne) – son
der Vater – father
der Zivilangestellte – civilian
   employee
   (ein Zivilangestell**ter**)

DIE Armee – Army
die Familie – family
die Luftwaffe – Air Force
die Marine – Navy
die Mutter – mother
die Nummer – number
die Regierung – government
die Schülerin – girl pupil, girl student
die Stadt – city, town
die Tochter (pl. Töchter) – daughter
die Universität – university
die Verzeihung – pardon, foregiveness

DAS Auto (pl. Autos) – car
das Beispiel – example
   England – England
   Frankreich – France
das Haus – house
das Klassenzimmer – classroom
   (comp.: die Klasse – class
   das Zimmer – room)
das Konsulat – consulate
   München – Munich
das Studentenheim – men's dormitory
   (comp.: der Student
   das Heim – home)
das Studentinnenheim – women's dormitory

die Eltern – parents (plural only)
die Geschwister – brother(s)
   and sister(s)

---

amerikanisch – American (adj.)
direkt – directly
frei – free
für – for
gefallen (gefällt) – to please, to like
gegen – against

halten (hält) – to stop
ohne – without
umsteigen – to transfer
verheiratet – married
warum? – why?

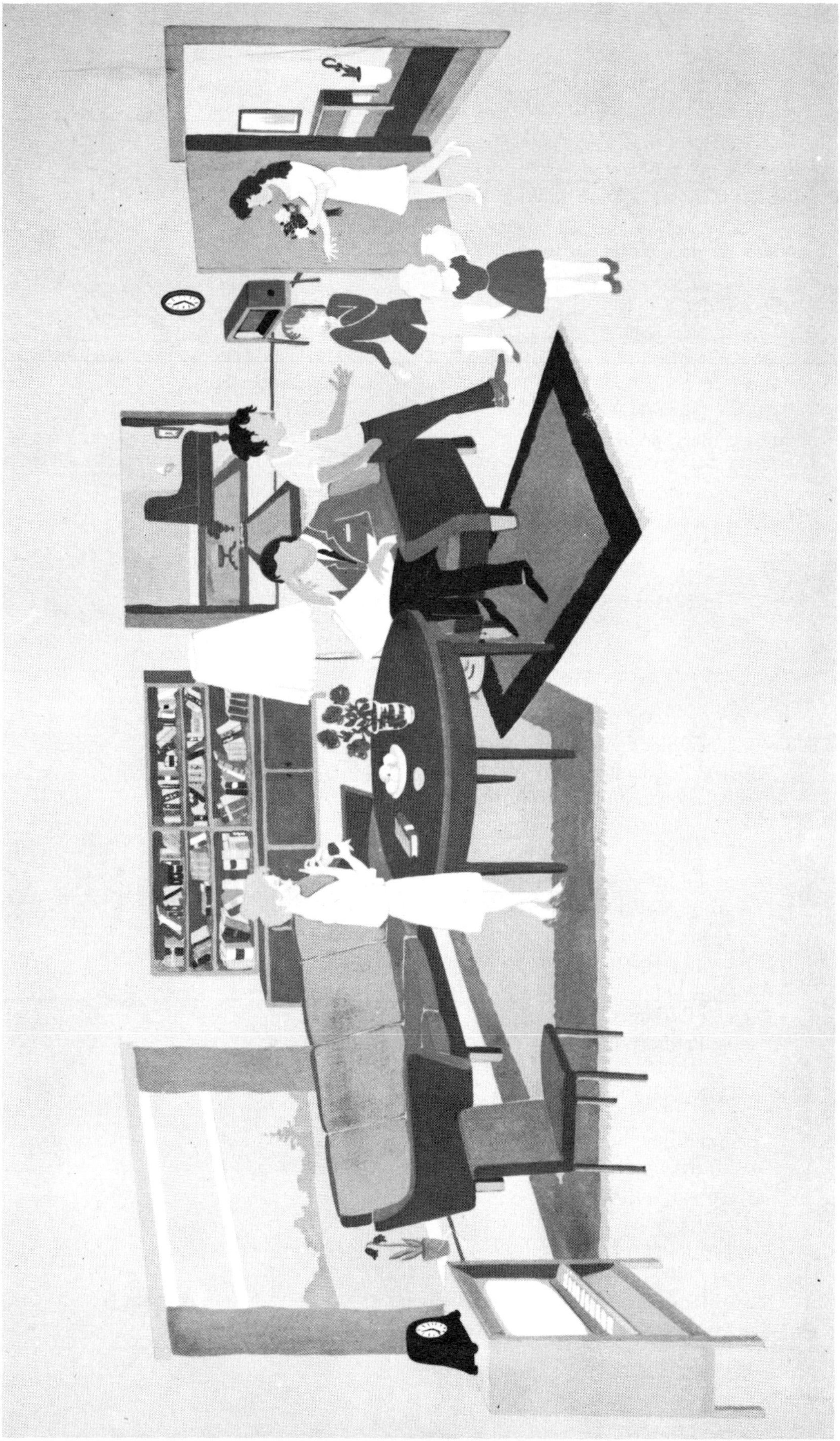

LEKTION SECHS

1. WER IST DAS?   WAS IST DAS?

   a. **Das ist das Wohnzimmer.**

   Das ist der Vater.
   Das ist der Tisch.
   Das ist der Stuhl.
   Das ist der Sessel.
   Das ist der Fernseher.
   Das ist der Teppich.
   Das ist der Bücherschrank.
   Das ist der Vorhang.
   Das ist der Spiegel.

   Das ist das Radio.
   Das ist das Klavier.
   Das ist das Fenster.
   Das ist das Sofa.

   Das ist die Mutter.
   Das ist die Lampe.
   Das ist die Vase.

   Das ist der große Junge.
   Das ist der kleine Junge.
   Das ist das große Mädchen.
   Das ist das kleine Mädchen.
   Das ist der große Teppich.
   Das ist der kleine Teppich.

   b. Wir sehen hier das Wohnzimmer.
   Wieviele Personen sind im Wohnzimmer?
   Sechs Personen sind im Wohnzimmer.
   Der Mann im Sessel ist der Vater.
   Die Dame links ist die Mutter.
   Der große Junge heißt Paul.
   Das große Mädchen rechts heißt Eva.
   Der kleine Junge heißt Peter.
   Das kleine Mädchen vorne rechts heißt Barbara.
   Aber nur Paul und Barbara sind Geschwister.
   Peter ist Barbaras Freund.
   Eva ist Pauls Freundin.

2. WAS TUN DIE PERSONEN IM WOHNZIMMER?

   Der Vater liest die Zeitung.
   Die Mutter nimmt eine Zigarette.
   Paul spricht mit Peter.
   Peter ißt gerade einen Apfel.
   Eva kommt gerade durch die Tür. Sie hat Blumen für die Vase.
   Barbara hilft Eva. Sie trägt eine Vase.
   Sie bringt frisches Wasser für die Blumen.
   Die Mutter trägt ein schönes Kleid.

3. SPRECHEN

    Sprechen Sie Deutsch?
    Ja, ich spreche Deutsch.
    Ja, wir sprechen Deutsch.
    Meine Eltern sprechen Deutsch.

    Aber:
    Der Herr **spricht** Deutsch.
    Das Kind spricht Deutsch.
    Die Dame spricht Deutsch.

    ESSEN

    Wann essen Sie?
    Ich esse um 12 Uhr.
    Wir essen heute um 1 Uhr.
    Die Studenten essen um 12 Uhr.

    Aber:
    Der Junge **ißt** einen Apfel.
    Das Kind ißt sehr viel.
    Die Dame ißt nicht viel.

    LESEN

    Lesen Sie die Zeitung?
    Ja, ich lese die Zeitung.
    Ja, wir lesen die Zeitung.
    Peter und Paul lesen die Zeitung.

    Aber:
    Der Vater **liest** die Zeitung.
    Das Kind liest keine Zeitung.
    Die Mutter liest ein Buch.

    NEHMEN

    Nehmen Sie ein Taxi?
    Ich nehme ein Taxi.
    Wir nehmen ein Taxi.
    Die Damen nehmen ein Taxi.

    Aber:
    Der Herr **nimmt** ein Taxi.
    Das Kind nimmt Medizin.
    Die Mutter nimmt eine Zigarette.

    SEHEN

    Sehen Sie das Fernsehprogramm?
    Ich sehe das Fernsehprogramm.
    Wir sehen das Fernsehprogramm.
    Die Eltern sehen es auch.

    Aber:
    Der Vater **sieht** das Programm.
    Das Kind sieht das Programm.
    Die Familie sieht das Programm.

    HELFEN

    Helfen Sie Paul?
    Ich helfe Paul.
    Wir helfen Paul.
    Peter und Eva helfen Paul.

    Aber:
    Der Junge **hilft** Eva nicht.
    Das Mädchen hilft Eva.
    Barbara hilft Eva.

    TRAGEN

    Was tragen Sie da?
    Ich trage ein Radio.
    Wir tragen das Sofa.
    Die Jungen tragen den Tisch.

    Aber:
    Der Vater **trägt** eine Brille.
    Das Kind trägt eine Vase.
    Die Mutter trägt keine Brille.

FAHREN

Wohin fahren Sie?
Ich fahre zum Bahnhof.
Wir fahren zur Bank.
Meine Eltern fahren nach Berlin.

Aber:
Der Bus **fährt** zum Bahnhof.
Das Mädchen fährt nach Hause.
Die Dame fährt zum Hotel.

HALTEN

Halten die Busse hier?
Ja, die Busse halten hier.
Die Taxis halten hier.

Aber:
Der Bus **hält** nicht hier.
Das Taxi hält dort.
Die Straßenbahn hält hier.

GEFALLEN

Gefallen die Blumen Eva?
Ja, sie gefallen Eva.

Aber:
Der Regenschirm **gefällt** Eva.
Gefällt Ihnen München?
Ja, es gefällt mir.

LEKTION SECHS: GRAMMATIK / ÜBUNGEN

STRONG VERBS (die starken Verben)

Like English, German has verbs that change their stem vowel. These verbs are called strong verbs. In the present tense, some strong verbs have a vowel change in the third person singular:

a. Stem vowel **E** changes to **I** or **IE**:

essen:	ich esse	er, es, sie **ißt**
helfen:	ich helfe	er, es, sie **hilft**
nehmen:	ich nehme	er, es, sie **nimmt**
sprechen:	ich spreche	er, es, sie **spricht**
lesen:	ich lese	er, es, sie **liest**
sehen:	ich sehe	er, es, sie **sieht**

b. Stem vowel "**A**" changes to "**Ä**":

tragen:	ich trage	er, es, sie **trägt**
fahren:	ich fahre	er, es, sie **fährt**
halten:	ich halte	er, es, sie **hält***
gefallen:	ich gefalle	er, es, sie **gefällt**

* If the stem ends in "**t**" the ending is dropped.

ÜBUNGEN

ERGÄNZEN SIE DIE RICHTIGE VERBFORM:

A.
1. lesen: Der Vater _____ die Zeitung.
2. nehmen: Die Mutter _____ eine Zigarette.
3. sprechen: Paul _____ mit Peter.
4. essen: Peter _____ einen Apfel.
5. helfen: Barbara _____ Eva.
6. tragen: Die Mutter _____ ein schönes Kleid.
7. tragen: Barbara _____ eine Vase.
8. halten: Die Straßenbahn _____ da drüben.
9. gefallen: Das Bild _____ Eva.
10. fahren: Der Bus _____ zum Marienplatz.
11. sehen: Der Vater _____ das Fernsehprogramm.
12. sprechen: Herr Müller _____ gut Deutsch.

LEKTION SECHS: ÜBUNGEN

B. 1. nehmen: Ich _____ die Straßenbahn.
 2. nehmen: Der Herr _____ ein Taxi.
 3. nehmen: Wir _____ ein Taxi.
 4. nehmen: Der Herr und die Dame _____ den Bus.

 5. lesen: Ich _____ eine deutsche Zeitung.
 6. lesen: _____ Sie eine deutsche Zeitung?
 7. lesen: Was _____ er?
 8. lesen: Das Mädchen _____ ein gutes Buch.

 9. sprechen: _____ Sie Deutsch?
 10. sprechen: Ich _____ ein bißchen Deutsch.
 11. sprechen: Unsere zwei Söhne _____ Deutsch.
 12. sprechen: Der Student _____ Deutsch.

 13. essen: Ich _____ nicht viel.
 14. essen: Unser Sohn _____ sehr viel.
 15. essen: Das Kind _____ einen Apfel.
 16. essen: Wir _____ heute um 12 Uhr.

 17. helfen: Barbara und Peter _____ Eva.
 18. helfen: _____ Sie mir, bitte!
 19. helfen: Wer _____ Eva?
 20. helfen: _____ Barbara Eva?

 21. tragen: Was _____ Barbara?
 22. tragen: Unser Lehrer _____ eine Brille.
 23. tragen: _____ Sie auch eine Brille?
 24. tragen: Ich _____ das Radio.

 25. halten: Die Busse _____ da drüben.
 26. halten: Der Bus _____ hier nicht.
 27. halten: _____ die Straßenbahn hier?

 28. fahren: Wir _____ jetzt zum Reisebüro.
 29. fahren: _____ Sie zum Bahnhof?
 30. fahren: Der Bus _____ nicht zum Karlsplatz.

 31. sehen: _____ Sie die Dame da drüben?
 32. sehen: _____ Eva heute das Fernsehprogramm?
 33. sehen: Die Familie _____ heute das Programm.
 34. sehen: Wir _____ heute das Fernsehprogramm.

 35. gefallen: Das Buch _____ Eva.
 36. gefallen: Die Vorhänge _____ Paul nicht.
 37. gefallen: _____ Ihnen München?
 38. gefallen: Heidelberg _____ Eva sehr gut.

LEKTION SECHS: WORTSCHATZ

DER Apfel – apple
der Bücherschrank – bookcase
  (comp.: die Bücher – books
  der Schrank – closet, case)
der Fernseher – TV-set
der Freund (pl. Freunde) –
  (male) friend
der Sessel (pl. Sessel) – easy chair
der Spiegel – mirror
der Stuhl – chair
der Teppich (pl. Teppiche) –
  rug, carpet
der Tisch – table
der Vorhang (pl. Vorhänge) –
  curtain, drape

DAS Fernsehprogramm – TV program
das Klavier – piano
das Kleid – dress
das Programm – program
das Radio – radio
das Sofa – sofa
das Wohnzimmer – living room
das Zimmer (pl. Zimmer) – room

DIE Freundin (pl. Freundinnen) –
  girl friend
die Lampe (pl. Lampen) –
  lamp
die Medizin – medicine
die Person (pl. Personen) –
  person
die Vase (pl. Vasen) – vase

---

frisch – fresh
gerade – just
groß – big, large, tall
heißen – to be called
  (er heißt – his name is)
helfen (hilft) – to help
klein – little, small
lesen (liest) – to read

mit – with
schön – beautiful
sehen (sieht) – to see
tragen (trägt) – to carry, to wear
viele – many
vorne – in front, in the foreground
wie viele? – how many?
wohin? – where (to)? to what place?

WIEDERHOLUNGS-ÜBUNGEN

I. ERGÄNZEN SIE DIE RICHTIGE FORM VON "HABEN" ODER "SEIN":

1. Ich _____ Amerikaner.
2. Wir _____ Amerikaner.
3. Wir _____ Hunger.
4. Der Junge _____ Durst.
5. Er _____ nicht zu Hause.
6. Die Kinder _____ im Wohnzimmer.
7. Herr und Frau Müller _____ drei Kinder.
8. Ich _____ kein Geld.
9. Die Dame _____ Amerikanerin.
10. Wer _____ der Herr im Sessel?
11. _____ Sie Deutscher?
12. _____ Sie Durst?

II. ERGÄNZEN SIE DIE RICHTIGE FORM:

können: Herr Huber _____ nicht Deutsch sprechen.
          Wir _____ leider nicht kommen.
          Ich _____ ein bißchen Deutsch verstehen.

müssen: Eva _____ heute arbeiten.
          Der Junge _____ viel lernen.
          Wir _____ viel lernen.

wollen: Ich _____ Deutsch lernen.
          Herr und Frau Müller _____ ein Auto kaufen.
          Der Herr _____ nach Berlin fliegen.

dürfen: Das Kind _____ kein Bier trinken.
          _____ ich vorstellen?
          Sie _____ hier nicht rauchen.

sollen: Wir _____ immer wiederholen.
          Barbara _____ Eva helfen.
          Ich _____ nicht so viel rauchen.

wissen: Ich _____ es nicht.
          _____ Sie es?
          _____ er es?
          Wir _____ es auch nicht.

"möchte": _____ Sie ein Glas Wasser?
          Ich _____ eine Flasche Wein.
          Wir _____ das Haus sehen.
          Die Damen _____ am Fenster sitzen.

WIEDERHOLUNGS-ÜBUNGEN

III. ERGÄNZEN SIE DIE RICHTIGE VERBFORM:

sagen:	Was _____ er?
bezahlen:	Wer _____ die Rechnung?
lernen:	Wir _____ Deutsch sprechen.
arbeiten:	Mein Freund _____ sehr viel.
telefonieren:	Die Dame _____ gerade.
verstehen:	Ich _____ ein bißchen Deutsch.
gehen:	Die Kinder _____ nach Hause.
antworten:	Die Studentin _____ nicht laut.
bestellen:	Der Gast _____ ein Glas Rotwein.
heißen:	Wie _____ der Junge?
sprechen:	_____ Peter gut Deutsch?
hören:	Wir _____ die Musik nicht.
fahren:	Der Bus _____ nicht zum Marienplatz.
lesen:	Paul _____ gerade ein sehr gutes Buch.
schreiben:	Wann _____ Sie die Hausaufgabe?
kennen:	_____ Sie den Herrn dort drüben?
essen:	Er _____ nicht viel.
essen:	Ich _____ um 12 Uhr.
kosten:	Wieviel _____ das?
finden:	Die Dame _____ ihren Ausweis nicht.
fliegen:	Wann _____ Ihre Eltern nach Berlin?
tragen:	Das kleine Mädchen _____ eine Vase.
sehen:	Eva _____ heute das Fernsehprogramm nicht.
rauchen:	Ich _____ keine Zigaretten.
nehmen:	Der Herr _____ ein Taxi.
kaufen:	Herr und Frau Müller _____ ein Auto.
helfen:	Eva und Barbara _____ Frau Müller.
helfen:	Peter _____ Eva.
suchen:	Was _____ Sie?
halten:	_____ die Straßenbahn Linie 7 hier?
wohnen:	Wo _____ er?
gefallen:	_____ Ihnen Frankfurt?
sehen:	_____ Sie die Dame dort drüben?
nehmen:	_____ Eva und Peter ein Taxi?

WIEDERHOLUNGS-ÜBUNGEN

IV. ERGÄNZEN SIE DEN IMPERATIV:

nehmen: _____ ein Taxi!
bezahlen: _____ die Rechnung!
parken: _____ nicht am Karlsplatz!
fragen: _____ die Dame!
lernen: _____ die Lektion gut!

V. ERGÄNZEN SIE "ZUM" ODER "ZUR":

Wie komme ich _____ Post?
Wie komme ich _____ Rathaus?
Wie komme ich _____ Hauptstraße?
Wie komme ich _____ Café Astor?
Wie komme ich _____ Bahnhof?

Ergänzen Sie "BIS ZUM" oder "BIS ZUR":

Gehen Sie _____ Tankstelle, dann rechts!
Gehen Sie _____ Ludwigstraße, dann links!
Fahren Sie _____ nächsten Verkehrsampel, dann rechts!
Fahren Sie _____ Hotel Regina, dann links!
Fahren Sie _____ Park, dann vier Kilometer links!

VI. ERGÄNZEN SIE DEN BESTIMMTEN ARTIKEL: ERGÄNZEN SIE DAS PERSONALPRONOMEN:

Wo ist _____ Polizist?   _____ ist dort drüben.
Wo ist _____ Bank?   _____ ist dort drüben.
Wo ist _____ Reisebüro?   _____ ist dort drüben.
Wo ist _____ Park?   _____ ist dort drüben.
Wo ist _____ Paulskirche?   _____ ist dort drüben.
Wo ist _____ Rathaus?   _____ ist dort drüben.
Wo ist _____ Post?   _____ ist dort drüben.
Wo ist _____ Karlsplatz?   _____ ist dort drüben.

GEBEN SIE: a. DEN BESTIMMTEN ARTIKEL
             b. DEN UNBESTIMMTEN ARTIKEL

Das ist _____ Tisch.   Das ist _____ Bild.
Das ist _____ Radio.   Das ist _____ Vorhang.
Das ist _____ Teppich.   Das ist _____ Spiegel.
Das ist _____ Stuhl.   Das ist _____ Regenschirm.

WIEDERHOLUNGS-ÜBUNGEN

Das ist _____ Lampe.
Das ist _____ Sessel.
Das ist _____ Klavier.
Das ist _____ Zeitung.
Das ist _____ Brieftasche.
Das ist _____ Fernseher.
Das ist _____ Sofa.
Das ist _____ Vase.

Das ist _____ Brille.
Das ist _____ Stadtplan.
Das ist _____ Uhr.
Das ist _____ Feuerzeug.
Das ist _____ Buch.
Das ist _____ Pfeife.
Das ist _____ Bücherschrank.
Das ist _____ Handtasche.

ERGÄNZEN SIE DEN BESTIMMTEN ARTIKEL:

Kaufen Sie _____ Tisch?
Kaufen Sie _____ Radio?
Kaufen Sie _____ Teppich?
Kaufen Sie _____ Stuhl?
Kaufen Sie _____ Lampe?
Kaufen Sie _____ Sessel?
Kaufen Sie _____ Klavier?
Kaufen Sie _____ Zeitung?
Kaufen Sie _____ Brieftasche?
Kaufen Sie _____ Spiegel?
Kaufen Sie _____ Vase?
Kaufen Sie _____ Bild?
Kaufen Sie _____ Fernseher?
Kaufen Sie _____ Sofa?
Kaufen Sie _____ Bücherschrank?
Kaufen Sie _____ Vorhang?
Kaufen Sie _____ Regenschirm?
Kaufen Sie _____ Brille?
Kaufen Sie _____ Stadtplan?
Kaufen Sie _____ Uhr?
Kaufen Sie _____ Feuerzeug?
Kaufen Sie _____ Buch?
Kaufen Sie _____ Pfeife?

ERGÄNZEN SIE DAS PERSONALPRONOMEN:

Ich kaufe _____ .
Ich kaufe _____ .
Ich kaufe _____ .
Ich kaufe _____ .
Ich kaufe _____ .
Ich kaufe _____ .
Ich kaufe _____ .
Ich kaufe _____ .
Ich kaufe _____ .
Ich kaufe _____ .
Ich kaufe _____ .
Ich kaufe _____ .
Ich kaufe _____ .
Ich kaufe _____ .
Ich kaufe _____ .
Ich kaufe _____ .
Ich kaufe _____ .
Ich kaufe _____ .
Ich kaufe _____ .
Ich kaufe _____ .
Ich kaufe _____ .
Ich kaufe _____ .
Ich kaufe _____ .

ERGÄNZEN SIE DIE RICHTIGE FORM:

der Junge: Ich kenne _____
der Herr: Ich kenne _____
der Student: Ich kenne _____
der Soldat: Ich kenne _____
kein Polizist: Ich kenne _____
kein Diplomat: Ich kenne _____

WIEDERHOLUNGS-ÜBUNGEN

ERGÄNZEN SIE DAS PERSONALPRONOMEN:

Verstehen Sie (me)?
Verstehen Sie (us)?
Kennen Sie (him)?
Ich kenne (her) nicht.
Suchen Sie (it)?
Kennen Sie (them)?

ERGÄNZEN SIE DIE RICHTIGE FORM:

die Ecke:	Gehen Sie links um _____ !
das Schloß:	Gehen Sie rechts um _____ !
der Bahnhof:	Gehen Sie rechts um _____ !
der Park:	Er geht immer durch _____ .
die Tür:	Gehen Sie durch _____ , dann rechts!
das Haus:	Vorsicht! Fahren Sie nicht gegen _____ !
der Baum:	Vorsicht! Fahren Sie nicht gegen _____ !
der Herr:	Der Brief ist für _____ dort.
die Dame:	Der Brief ist für _____ dort.
ihr Sohn:	Herr und Frau Müller kommen ohne _____ .
sein Bruder:	Paul fährt ohne _____ nach Berlin.

VII. NOMINATIV oder AKKUSATIV? Ergänzen Sie den bestimmten Artikel:

_____ Herr im Sessel ist _____ Vater.
_____ Dame links ist _____ Mutter.
Ich kenne _____ Dame, aber nicht _____ Herrn.
Suchen Sie _____ Schlüssel?
Heute schreibe ich _____ Brief.
_____ Apfel ist sehr gut.
Essen Sie _____ Apfel nicht?
Ich suche _____ Ludwigstraße.
Wo ist _____ Karlsplatz?
Ich kann _____ Stadtplan nicht finden.

VIII. GEBEN SIE DAS POSSESSIVPRONOMEN:

Ist das (your) Auto?
Kennen Sie (his) Lehrerin?
Ich suche (my) Reisepaß.

WIEDERHOLUNGS-ÜBUNGEN

Kennen Sie (her) Bruder?
(Their) Sohn ist Soldat.
(Our) Lehrer ist Deutscher.
Kennen Sie (our) Lehrer?
Sie können (my) Buch haben.
(Her) Mann ist Diplomat.
(His) Frau ist Lehrerin.
Darf ich (your) Regenschirm nehmen?
Ich suche (my) Führerschein.

IX. ERGÄNZEN SIE DAS FRAGEWORT:

(Who) ist der Herr da drüben?
(What) ist das?
(What) suchen Sie?
(Whom) suchen Sie?
(Where) ist das Schloß?
(Where) gehen Sie?
(Who) bezahlt die Rechnung?
(How much) kostet das?
(How many) Personen sind im Wohnzimmer?
(When) kommt Herr Huber nach Hause?

X. ERGÄNZEN SIE DEN PLURAL:

Bruder:	Ich habe zwei _____.
seine Schwester:	_____ wohnen in Amerika.
ihr Sohn:	Kennen Sie _____?
unsere Tochter:	_____ sind Studentinnen.
Minute:	Das Schloß ist 20 _____ von hier.
keine Zigarette:	Er raucht _____.
ihre Freundin:	Kennen Sie _____?
die Dame:	Kennen Sie _____?
kein Buch:	Er liest _____.
Kind:	Wir haben drei _____.
Tasse:	Bitte, bringen Sie uns zwei _____ Kaffee!
mein Schlüssel:	Ich finde _____ nicht.
Kilometer:	Fahren Sie drei _____ geradeaus.
das Mädchen:	Kennen Sie _____ dort?
Student:	Paul und Peter sind _____.
Amerikanerin:	Die Damen dort sind _____.

LEKTION SIEBEN

1. WAS IST IM ZIMMER?

   Vorne links steht ein neuer Fernseher.
   Rechts davon steht ein breites Sofa.
   Ein großer, runder Tisch steht auch im Zimmer.
   Daneben steht ein bequemer Sessel.
   Hinten steht ein altes Klavier.
   Hinten rechts steht ein kleines Radio.
   Darüber hängt eine schöne Uhr.
   Hinten links steht ein moderner Bücherschrank.
   Eine moderne Lampe ist auch im Zimmer.
   Im Zimmer liegen auch ein großer und ein kleiner Teppich.
   Der große Teppich ist ein echter Perserteppich.

2. WAS FÜR EIN ... ?   WAS FÜR EINEN ... ?

   Der Fernseher ist neu.
   Was für ein Fernseher ist das?   Was für einen Fernseher haben Sie?
   Das ist **ein neuer** Fernseher.   Ich habe **einen neuen** Fernseher.

   Der Teppich ist echt.
   Das ist **ein echter** Teppich.   Wir haben **einen echten** Teppich.

   Der Sessel ist bequem.
   Das ist **ein bequemer** Sessel.   Wir kaufen **einen bequemen** Sessel.

   Der Bücherschrank ist modern.
   Das ist **ein moderner** Bücher-   Ich habe **einen modernen** Bücherschrank.   schrank.

   Der Tisch ist groß und rund.
   Das ist **ein großer, runder**   Wir möchten **einen großen, runden**
   Tisch.   Tisch.

   Der Arzt ist gut.
   Er ist **ein guter** Arzt.   Wir suchen **einen guten** Arzt.

WAS FÜR EIN . . . ?

Das Sofa ist breit.
Was für ein Sofa ist es?
Es ist **ein breites** Sofa.
Ich habe **ein breites** Sofa.

Das Klavier ist alt und schön.
Es ist **ein altes, schönes** Klavier.

Das Radio ist klein.
Ich habe **ein kleines** Radio.

Das Fernsehprogramm ist interessant.
Es ist **ein interessantes** Fernsehprogramm.

Das Kleid ist schön.
Die Dame trägt **ein schönes** Kleid.

WAS FÜR EINE . . . ?

Die Lampe ist modern.
Was für eine Lampe ist das?
Das ist **eine moderne** Lampe.
Was für eine Lampe haben Sie?
Ich habe **eine moderne** Lampe.

Die Dame ist jung.
Das ist **eine junge** Dame.

Die Brille ist neu.
Ich habe **eine neue** Brille.

Die Klasse ist gut.
Das ist **eine gute** Klasse.

3. WELCHER . . . ?

Der große Junge heißt Paul.
Welcher Junge heißt Peter?
Der kleine Junge heißt Peter.

WELCHEN . . . ?

Kennen Sie **den großen** Jungen?
Welchen Jungen kennen Sie?
Ich kenne den großen Jungen.
Kennen Sie den kleinen Jungen?

LEKTION SIEBEN

WELCHES ...?

Welches Mädchen heißt Barbara?
Das kleine Mädchen heißt Barbara.
Kennen Sie **das kleine** Mädchen?

WELCHE ...?

Welche Dame heißt Eva?
Die junge Dame heißt Eva.
Kennen Sie **die junge** Dame?

Welche Dame ist die Mutter?
Die andere Dame ist die Mutter.
Kennen Sie die andere Dame?

4. Haben Sie ein neues Radio? — Nein, ich habe ein altes Radio.
   Ist die Lehrerin eine junge Dame? — Nein, sie ist eine alte Dame.
   Ist das ein billiges Lokal? — Nein, das ist ein teueres Lokal.
   Möchten Sie einen kleinen Bücherschrank? — Nein, ich möchte einen großen Bücherschrank.
   Ist Herr Müller ein armer Mann? — Nein, er ist ein reicher Mann.
   Ist München eine häßliche Stadt? — Nein, München ist eine schöne Stadt.
   Ist "D" eine gute Note? — Nein, "D" ist eine schlechte Note.

5. Der Kaffee ist nicht heiß, sondern kalt.
   Die Pension ist leider nicht sauber, sondern sehr schmutzig.
   Die Straßen sind heute nicht trocken, sondern naß.
   Der Stuhl ist nicht weich, sondern hart.
   Er kommt heute nicht früh nach Hause, sondern sehr spät.
   Peter ist nicht gesund, er ist sehr krank.
   Er spricht nicht laut. Er spricht sehr leise.
   Der Apfel ist nicht süß. Er ist sauer.
   Die Flasche ist nicht voll. Sie ist leer.
   Die Bank ist nicht weit von hier. Sie ist ganz nahe.
   Das Sofa ist nicht schmal. Es ist breit.

LEKTION SIEBEN

6. **KONVERSATION**

   A: Wo sind Sie gestern abend gewesen?
   B: Wir sind in die Stadt gefahren.
   A: Haben Sie dort gegessen?
   B: Ja, wir sind in ein Restaurant gegangen. Dort haben wir ein Glas Bier getrunken und etwas gegessen.
   A: Sind Sie lange dort geblieben?
   B: Wir sind nur eine Stunde geblieben. Dann sind wir wieder nach Hause gefahren.

   IDIOMS AND USEFUL EXPRESSIONS

gestern abend	last night
in die Stadt gehen	to go downtown
Ich gehe in die Stadt.	I am going downtown.
was für ein . . . was für eine . . .	what kind of, what sort of

LEKTION SIEBEN: GRAMMATIK

A. The **ADJECTIVE** (das Adjektiv):

1. Adjectives in a predicate position, i.e. adjectives FOLLOWING the noun, or adjectives used as adverbs have no ending:

    Der Tisch ist rund.   Die Tische sind rund.
    Das Radio ist alt.   Die Radios sind alt.
    Die Lampe ist neu.   Die Lampen sind neu.

    Sprechen Sie laut!

2. Adjectives in a descriptive position, i.e. adjectives PRECEDING the noun,

    MUST ALWAYS TAKE AN ENDING.

    a. If an **"ein"-word,** i.e. ein, kein, or a possessive – precedes the descriptive adjective, the adjective endings in the singular are:

	Masc.	Neut.	Fem.
Nom.	-er	-es	-e
Acc.	-en		

    Das ist ein neu**er** Fernseher.
    Ich kaufe einen neu**en** Fernseher.

    Das ist ein klein**es** Radio.
    Ich kaufe ein klein**es** Radio.

    Das ist eine schön**e** Lampe.
    Ich kaufe eine schön**e** Lampe.

    b. If the **definite article** precedes the descriptive adjective, the adjective endings in the singular are as follows:

	Masc.	Neut.	Fem.
Nom.	-e	-e	-e
Acc.	-en		

    Der groß**e** Junge heißt Paul.
    Ich kenne den groß**en** Jungen.

    Das klein**e** Mädchen heißt Barbara.
    Ich kenne das klein**e** Mädchen.

    Die jung**e** Dame heißt Eva.
    Ich kenne die jung**e** Dame.

LEKTION SIEBEN: GRAMMATIK

SUMMARY:

Case	Masculine	Neuter	Feminine
Nom.	der rund**e** Tisch ein rund**er** Tisch kein rund**er** Tisch mein rund**er** Tisch sein rund**er** Tisch ihr rund**er** Tisch unser rund**er** Tisch Ihr rund**er** Tisch ihr rund**er** Tisch	das klein**e** Radio ein klein**es** Radio kein klein**es** Radio mein klein**es** Radio sein klein**es** Radio ihr klein**es** Radio unser klein**es** Radio Ihr klein**es** Radio ihr klein**es** Radio	die alt**e** Uhr eine alt**e** Uhr keine alt**e** Uhr meine alt**e** Uhr seine alt**e** Uhr ihre alt**e** Uhr unsere alt**e** Uhr Ihre alt**e** Uhr ihre alt**e** Uhr
Acc.	den rund**en** Tisch einen rund**en** Tisch keinen rund**en** Tisch meinen rund**en** Tisch seinen rund**en** Tisch ihren rund**en** Tisch unseren rund**en** Tisch Ihren rund**en** Tisch ihren rund**en** Tisch		

B. **WORD ORDER IN MAIN CLAUSES:**

> VERB SECOND ELEMENT

i.e. the conjugated (finite) verb is the second element. The first element of speech may consist of several words:

Der Fernseher	**steht** vorne links.
Vorne links	**steht** der Fernseher.
Ein großer und ein kleiner Teppich	**liegen** im Wohnzimmer.
Im Wohnzimmer	**liegen** ein großer und ein kleiner Teppich.
Ich	**muß** heute viel arbeiten.
Heute	**muß** ich viel arbeiten.

C. **COMPOUNDS WITH "DA-":**

An English preposition + "it" is rendered in German by "da-" + preposition:

from it, of it	– davon
with it	– damit
for it	– dafür
next to it, beside it	– daneben
over it, above it	– da**r**über*

* If the preposition begins with a vowel an "r" is inserted between "da-" and preposition.

LEKTION SIEBEN: ÜBUNGEN

1. FRAGEN UND ANTWORTEN SIE:

BEISPIEL: **Der** Teppich ist echt.
Was für ein Teppich ist das?   Das ist ein echter Teppich.
Was für einen Teppich haben Sie?   Ich habe einen echten Teppich.

                                        Der Arzt ist gut.
Was für ein . . . . ?   Das ist ein _____ Arzt.
Was für einen . . . . . . ?   Wir suchen _____ Arzt.

                                        Der Fernseher ist neu.
Was für ein . . . . ?   Das ist _____ Fernseher.
Was für einen . . . . . . ?   Wir haben _____ Fernseher.

                                        Der Sessel ist bequem.
Was für ein . . . . ?   Das ist _____ Sessel.
Was für einen . . . . . . ?   Wir haben _____ Sessel.

                                        Der Bücherschrank ist modern.
Was für ein . . . . ?   Das ist _____ Bücherschrank.
Was für einen . . . . . . ?   Wir kaufen _____ Bücherschrank.

                                        Der Tisch ist groß und rund.
Was für ein . . . . ?   Das ist _____ Tisch.
Was für einen . . . . . . ?   Wir möchten _____ Tisch.

                                        Das Sofa ist breit.
Was für ein . . . . ?   Das ist _____ Sofa.
Was für ein . . . . ?   Ich kaufe _____ Sofa.

                                        Das Fernsehprogramm ist interessant.
Was für ein . . . . ?   Das ist _____ Fernsehprogramm.
Was für ein . . . . ?   Er sieht _____ Fernsehprogramm.

                                        Die Brille ist neu.
Was für eine . . . . . . ?   Das ist _____ Brille.
Was für eine . . . . . . ?   Er trägt _____ Brille.

                                        Die Klasse ist gut.
Was für eine . . . . . . ?   Das ist _____ Klasse.
Was für eine . . . . . . ?   Der Lehrer möchte _____ Klasse.

LEKTION SIEBEN: ÜBUNGEN

2. ERGÄNZEN SIE DAS ADJEKTIV:

Der Junge ist klein.

Das ist ein _____ Junge.	Haben Sie einen _____ Jungen?
Das ist kein _____ Junge.	Haben Sie keinen _____ Jungen?
Das ist mein _____ Junge.	Kennen Sie meinen _____ Jungen?
Das ist sein _____ Junge.	Kennen Sie seinen _____ Jungen?
Das ist ihr _____ Junge.	Kennen Sie ihren _____ Jungen?
Das ist unser _____ Junge.	Kennen Sie unseren _____ Jungen?
Ist das Ihr _____ Junge?	Ich kenne Ihren _____ Jungen.
Das ist ihr _____ Junge.	Kennen Sie ihren _____ Jungen?

Das Auto ist alt.

Das ist ein _____ Auto.	Möchten Sie ein _____ Auto?
Das ist mein _____ Auto.	Möchten Sie mein _____ Auto?
Das ist sein _____ Auto.	Möchten Sie sein _____ Auto?

Die Praxis ist neu.

Das ist ihre _____ Praxis.	Kennen Sie ihre _____ Praxis?
Das ist unsere _____ Praxis.	Kennen Sie unsere _____ Praxis?
Ist das Ihre _____ Praxis?	Ich kenne Ihre _____ Praxis.

3. ERGÄNZEN SIE DIE RICHTIGE ADJEKTIVFORM:

groß:	Der _____ Junge heißt Paul.	Kennen Sie den _____ Jungen?
klein:	Der _____ Junge ist Peter.	Kennen Sie den _____ Jungen?
groß:	Das _____ Mädchen ist Eva.	Kennen Sie das _____ Mädchen?
klein:	Das _____ Mädchen ist Barbara.	Kennen Sie das _____ Mädchen?
jung:	Die _____ Dame heißt Eva.	Kennen Sie die _____ Dame?
ander-:	Die _____ Dame ist die Mutter.	Kennen Sie die _____ Dame?
nächst-:	Der _____ Schutzmann ist am Karlsplatz.	
nächst-:	Das _____ Telefon ist am Bahnhof.	
nächst-:	Die _____ Querstraße ist die Ludwigstraße.	
neu:	Das _____ Radio ist sehr gut.	
neu:	Die _____ Lampe ist sehr schön.	
alt:	Ist dies das _____ Rathaus?	
echt:	Ist dies der _____ Teppich?	
jung:	Wer ist der _____ Herr da drüben?	

LEKTION SIEBEN: ÜBUNGEN

4. ANTWORTEN SIE a. NEGATIV b. POSITIV (= mit dem Gegenteil):

BEISPIELE: Ist das ein billiges Lokal?   a. Nein, das ist **kein** billiges Lokal.
                                            b. Das ist ein teueres Lokal.

             Ist die Flasche leer?   a. Nein, sie ist **nicht** leer.
                                            b. Sie ist voll.

Ist das ein neuer Fernseher?
Ist Barbara eine gute Studentin?
Haben Sie ein kleines Zimmer?
Ist sie eine reiche Frau?
Haben Sie einen großen Teppich?
Ist Ihr Freund krank?
Spricht der Lehrer leise?
Ist der Sessel hart?
Kommen Sie heute früh nach Hause?
Ist der Apfel sauer?
Ist die Ludwigstraße weit von hier?
Ist das Sofa schmal?
Ist "B" eine schlechte Note?
Sind die Straßen naß?
Ist Ihr Haus alt?
Ist das ein billiges Restaurant?
Ist das Fenster schmutzig?
Ist das Bild häßlich?

5. ERGÄNZEN SIE:

   1. Ist dies (your new) Regenschirm?
   2. (The new) Auto ist sehr schön.
   3. Ich lese (a German) Zeitung.
   4. Das Wasser ist sehr (cold).
   5. (The poor) Mädchen ist sehr (sick).
   6. (The round) Tisch gefällt mir nicht.
   7. Wir möchten (an interesting) Fernsehprogramm sehen.
   8. (The nearest) Apotheke ist am Bahnhof.
   9. (Our little) Radio ist sehr gut.
   10. Ich kenne (her big) Bruder nicht.
   11. Wir wollen (a big and wide) Sofa kaufen.
   12. Ist der Kaffee (hot)?
   13. Sie hat (an expensive) Uhr.
   14. Bringen Sie mir (a clean) Glas!

LEKTION SIEBEN: ÜBUNGEN

15. (Her blue) Kleid ist sehr schön.
16. Ich möchte (the white) Kleid haben.
17. Wer ist (the old) Herr da drüben?
18. Dies ist (my new, modern) Bücherschrank.
19. Ich kann (the sour) Wein nicht trinken.
20. Der Apfel ist (sweet).
21. Haben Sie (an American) Zeitung?
22. Wir möchten (a not too expensive) Zimmer.
23. Das Fenster ist sehr (dirty).
24. (The expensive) Restaurant ist immer (empty).
25. Ist die Straße (wet) oder (dry)?
26. Das ist (an ugly) Bild.
27. Ist Peter wieder (well)?
28. Sie spricht zu (softly).

6. BEGINNEN SIE MIT DEM FETTGEDRUCKTEN (= bold type) AUSDRUCK:

1. Das Radio steht **hinten rechts.**
2. Ein großes Sofa steht **im Zimmer.**
3. Ein gutes Restaurant ist **in der Nähe.**
4. Ein Polizist ist **am Parkplatz da drüben.**
5. Ich suche **den kleinen Jungen,** nicht den großen.
6. Wir wollen **am Fenster** sitzen.
7. Ich will **sein altes Auto** nicht haben.
8. Ich muß auch **einen neuen Regenschirm** kaufen.

LEKTION SIEBEN: WORTSCHATZ

DER Ausdruck – expression
der Perserteppich – Persian rug

DAS Gegenteil – opposite

DIE Klasse – class
die Note (pl. Noten) – grade (in school work)

alt – old
ander- – other, different
arm – poor
bequem – comfortable
bleiben – to remain, to stay
breit – broad
daneben – next to it, beside it
darüber – over it, above it
davon – from it, of it
dies – this
echt – genuine, real
früh – early
ganz – quite
gestern – yesterday
gesund – well, healthy, in good health
hängen – to hang, to be hanging
hart – hard
häßlich – ugly
heiß – hot
hinten – in the back, in the rear
jung – young
kalt – cold

krank – sick, ill
lang, lange – long, a long time
leer – empty
leise – soft(ly), in a low voice
modern – modern
nahe – near, nearby, close
naß – wet
neu – new
reich – rich, wealthy
rund – round
sauber – clean
sauer – sour
schlecht – bad (in quality)
schmal – narrow
schmutzig – dirty
sondern – but (= on the contrary)
süß – sweet
trocken – dry
voll – full
weich – soft (= not hard)
welcher (Acc. welchen), welches, welche – which
wieder – again

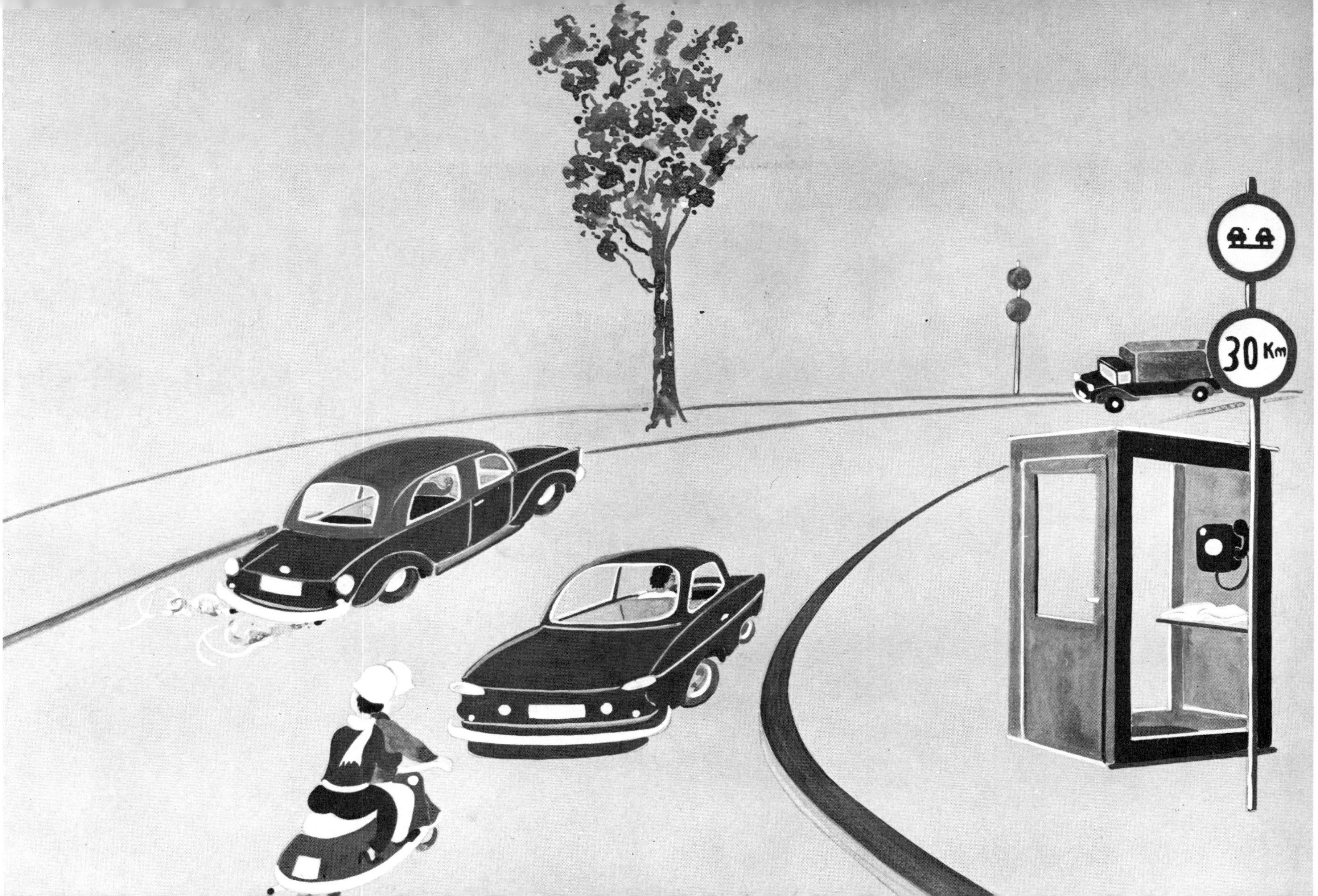
30 Km

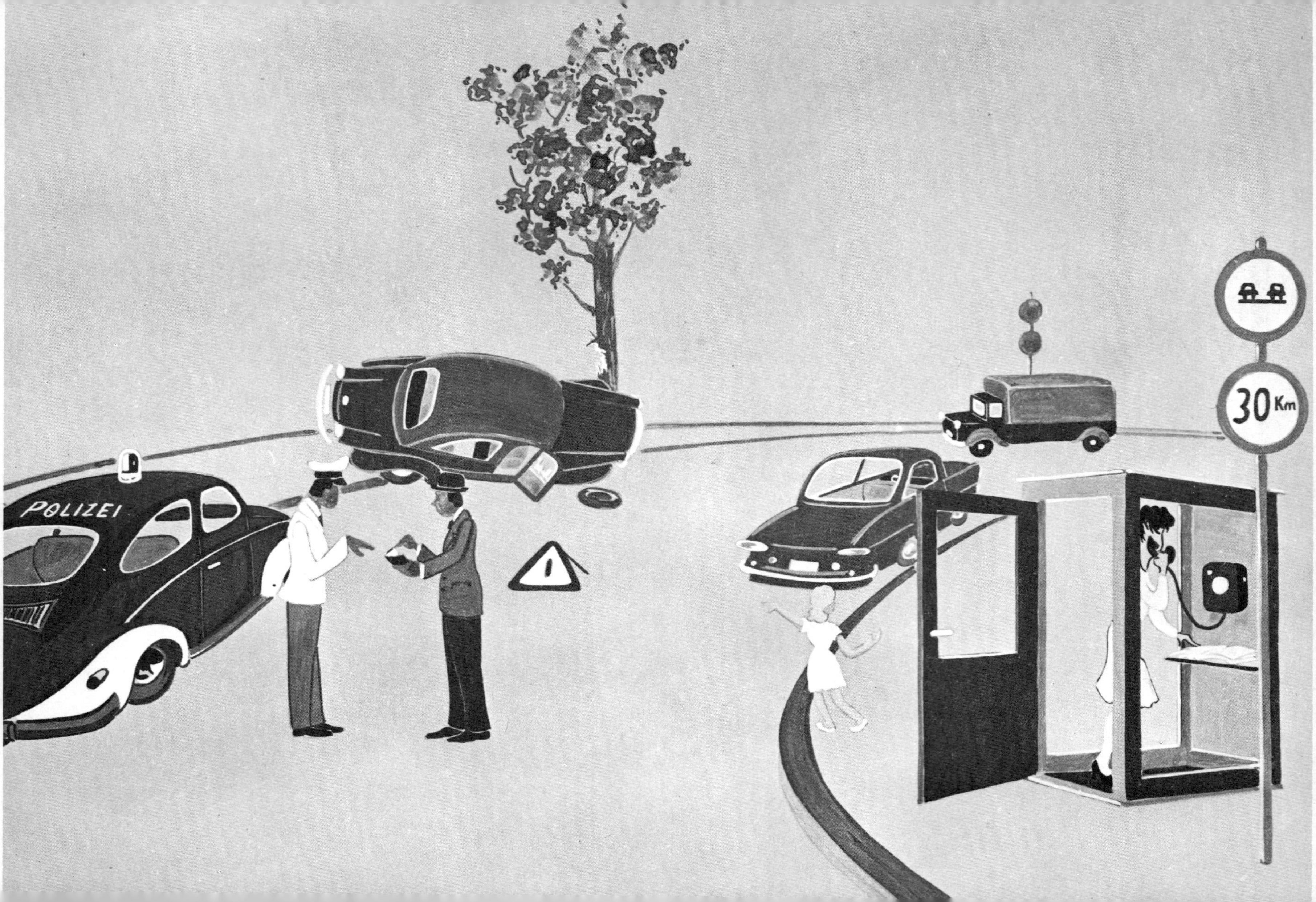
POLIZEI
30 Km

LEKTION ACHT

1. BILD I:

   Hier darf man nicht überholen.
   Man darf nicht mehr als dreißig Kilometer pro Stunde fahren.
   Das ist eine gefährliche Kurve.
   Der junge Mann beachtet die Verkehrszeichen nicht.
   Er sieht nicht, daß das eine gefährliche Kurve ist.
   Er fährt nicht langsam, sondern er fährt sehr schnell.
   Er fährt mindestens achtzig Kilometer.
   Er will das andere Auto überholen.
   Hoffentlich passiert kein Unfall.

2. BILD II.

   Leider ist jetzt ein Unfall passiert.
   Der junge Mann hat das andere Auto überholt.
   Er ist mehr als dreißig Kilometer gefahren.
   Er hat die Verkehrszeichen nicht beachtet.
   Er ist mindestens achtzig Kilometer gefahren.
   Er ist gegen einen Baum gefahren.
   Das andere Auto hat gehalten.
   Die Dame ist in die Telefonzelle gegangen.
   Sie hat telefoniert.
   Sie hat die Funkstreife gerufen.
   Die Funkstreife ist sehr schnell gekommen.
   Der Polizist hat den jungen Mann gefragt:
   "Wie schnell sind Sie gefahren?"
   Der junge Mann hat geantwortet:
   "Ich bin ganz langsam gefahren, vielleicht achtzig Kilometer."
   Der Polizist hat gesagt: "Ja, haben Sie denn das Schild nicht
   gesehen? Sie dürfen hier nur 30 Kilometer fahren."
   Der junge Mann hat geantwortet: "Nein, leider habe ich das
   Schild nicht gesehen. Ich habe gerade das andere Auto überholt."
   Da hat der Polizist gerufen: "Überholen ist hier auch verboten!"
   Da hat der junge Mann gesagt: "Das habe ich nicht gewußt.
   Entschuldigen Sie!"
   Da ist der Polizist böse geworden.
   Er hat gesagt: "Kommen Sie mit zur Polizeiwache!"

3. ÜBEN SIE:

A. I. a. Der Polizist hat den jungen Mann **gefragt.**
Peter hat das **gesagt.**
Sie haben viel **gelernt.**
Wir haben die Lektion **geübt.**
Die Dame hat kein Geld **gehabt.**
Wir haben ein neues Auto **gekauft.**
Ich habe am Rathaus **geparkt.**
Der Herr hat eine Pfeife **geraucht.**
Ich habe mein Buch **gesucht.**
Der Herr und die Dame haben im Hotel Regina **gewohnt.**
Der Kellner hat das Geld **gezählt.**
Der Junge hat die Musik nicht **gehört.**

b. Das Feuerzeug hat vierzig Mark **gekostet.**
Ich habe sehr viel **gearbeitet.**
Er hat nicht laut **geantwortet.**

c. Der junge Mann hat die Verkehrszeichen nicht **beachtet.**
Ich habe ein Glas Bier **bestellt.**
Mein Freund hat die Rechnung **bezahlt.**
Die Dame hat **telefoniert.**
Er hat in Heidelberg **studiert.**
Der Student hat die Lektion **wiederholt.**
Der junge Mann hat das andere Auto **überholt.**

II. Das habe ich nicht **gewußt.**
Die Kellnerin hat die Speisekarte **gebracht.**
Ich habe seinen Bruder gut **gekannt.**

III. Das andere Auto hat **gehalten.**
Die Dame hat die Funkstreife **gerufen.**
Ich habe das Schild nicht **gesehen.**
Das habe ich nicht **getan.**
Eva hat Barbara **geholfen.**
Ich habe ein Taxi **genommen.**
Wir haben nur Deutsch **gesprochen.**
Wir haben die Haltestelle nicht **gefunden.**
Ich habe die Zeitung **gelesen.**

LEKTION ACHT

Wir haben am Fenster **gesessen**.
Der Junge hat einen Apfel **gegessen**.
Links hat ein Sofa **gestanden**.
Das Mädchen hat die Vase **getragen**.
Ich habe den Brief **geschrieben**.
Wir haben ein Glas Bier **getrunken**.
Heidelberg hat mir gut **gefallen**.
Im Wohnzimmer hat ein schönes Bild **gehangen**.
Ich habe Sie nicht **verstanden**.
Die Deutschstunde hat um acht Uhr **begonnen**.
Haben Sie eine Rechnung **bekommen**?

B. Ich **bin** zu Hause **gewesen**.
Wir **sind** eine Stunde dort **geblieben**.
Er **ist** krank **geworden**.
Die Dame **ist** in die Telefonzelle **gegangen**.
Herr und Frau Müller **sind** nicht **gekommen**.
Wir **sind** in die Stadt **gefahren**.
Mein Freund **ist** nach Hamburg **geflogen**.
Ein Unfall **ist** hier **passiert**.

4. DIE WOCHENTAGE   DIE MONATE   DIE JAHRESZEITEN

der Sonntag   der Januar   der Frühling
 ,, Montag   ,, Februar   ,, Sommer
 ,, Dienstag   ,, März   ,, Herbst
 ,, Mittwoch   ,, April   ,, Winter
 ,, Donnerstag   ,, Mai
 ,, Freitag   ,, Juni   **Wichtig:**
 ,, Samstag   ,, Juli
    (Sonnabend)   ,, August   **am** Montag
                      ,, September   **im** Januar
                      ,, Oktober   **im** Frühling
                      ,, November
                      ,, Dezember

LEKTION ACHT

5. **FÜR DIE FREIE KONVERSATION**

   Wann sind Sie nach Deutschland gekommen?
   Ich bin im Mai 19 . . nach Deutschland gekommen.
   Wo sind Sie vorher gewesen?
   Ich bin in Italien (Frankreich, England) gewesen.
   Wo sind Sie zur Schule gegangen?
   Ich bin in X. zur Schule gegangen.
   Wie lange bleiben Sie noch in Deutschland?
   Ich bleibe wahrscheinlich bis Juli 19 . . in Deutschland.

6. **KONVERSATION**

   A: Guten Tag! Wie geht es Ihnen?
   B: Danke, mir geht's gut. Und Ihnen?
   A: Danke, auch gut. Gehört der schöne Hund Ihnen?
   B: Nein, er gehört meiner Schwester.
   A: Wie geht's Ihrer Schwester? Ich habe sie seit einem Monat nicht gesehen.
   B: Es geht ihr leider nicht so gut. Sie ist gestern mit ihrem Mann in die Stadt gefahren und da ist ihnen ein kleiner Unfall passiert.
   A: Oh, das tut mir leid. Ist es schlimm gewesen?
   B: Nein, nicht sehr schlimm. Ihrem Mann und dem Auto ist nicht viel passiert, aber sie hat einen kleinen Schock bekommen.
   A: Ist sie im Krankenhaus?
   B: Nein, sie ist zu Hause, aber sie muß im Bett bleiben.
   A: Grüßen Sie sie von mir! Und gute Besserung!
   B: Vielen Dank! Auf Wiedersehen!

IDIOMS AND USEFUL EXPRESSIONS

Wie geht es Ihnen?	How are you?
Mir geht's gut. Und Ihnen?	I am fine. And you?
Das tut mir leid.	I am sorry.
Gute Besserung!	I hope you (he, she, they) will be better soon.
am Montag	on Monday
im Januar (im Winter)	in January (in winter)
man sagt	one says, people say
Grüßen Sie sie (ihn) von mir!	My best regards to her (him).
Beschreiben Sie das Bild!	Describe the picture.
Wie ist meine Aussprache?	How is my pronunciation?

LEKTION ACHT: GRAMMATIK

VERBS

A. The **PAST PARTICIPLE** (das Partizip Perfekt)

For certain tenses (in this lesson for the "present perfect") a past participle is needed. Here are the rules on how to form the past participle:

   I.   WEAK VERBS: (schwache Verben)
        They are also called "regular verbs" (regelmäßige Verben).

        a. The past participle of weak verbs is formed by prefixing ge- to the stem and adding the ending -t:

GE- stem **-T**	**ge**kauf**t** **ge**such**t** **ge**hör**t** **ge**wohn**t**

        b. If the stem of a weak verb ends in -d or -t, the ending -et is added to the stem:

GE- stem **-ET**	**ge**antwort**et** **ge**arbeit**et** **ge**kost**et**

        c. Verbs with an inseparable unaccented prefix (i.e. be-, emp-, ent-, er-, ge-, ver-, wider-, zer-) never take the prefix "ge-". Weak verbs of this group only add -t or -et (as explained under b):

stem – **(E)T**	bestell**t** bezahl**t** beacht**et** entschuldig**t**

        This also goes for a few other verbs, such as

                überhol**t**
                wiederhol**t**

        Verbs ending in -ieren (e.g. telefonieren, studieren, passieren) also never take the prefix ge-. They add the ending -t:

                telefonier**t**
                studier**t**
                passier**t**

LEKTION ACHT: GRAMMATIK

II. IRREGULAR VERBS (unregelmäßige Verben):

Irregular verbs (only a very small number) change their stem as do the strong verbs. However, they form the past participle by adding the regular ending -t to the changed stem:

GE- (changed) stem -T	**gebracht** from: bringen
	gekannt from: kennen
	gewußt from: wissen

III. STRONG VERBS (starke Verben):

The past participle of strong verbs is formed by prefixing ge- to the stem which is frequently changed and by adding the ending -en (for a few verbs only -n):

GE- (changed) stem -EN	**gefahren** from: fahren
	gelesen from: lesen
	geblieben from: bleiben
	getrunken from: trinken
	getan from: tun
	verstanden from: verstehen (see I/c)

B. The **PRESENT PERFECT** (das Perfekt):

1. The present perfect tense of most German verbs, i.e. of all verbs taking a direct object (= transitive verbs) is formed by the present tense of:

HABEN + PAST PARTICIPLE

    ich habe ... gesagt, beachtet, studiert, gelesen, getan, gebracht
er, es, sie hat ... gesagt, beachtet, studiert, gelesen, getan, gebracht
      wir ⎫
      Sie ⎬ haben ... gesagt, beachtet, studiert, gelesen, getan, gebracht
      sie ⎭

LEKTION ACHT: GRAMMATIK

2. Intransitive verbs denoting a change of position or condition, and the verbs "sein" and "bleiben" form the present perfect with the auxiliary

> SEIN + PAST PARTICIPLE

ich bin ... gefahren, gegangen, gekommen, gewesen, geblieben
er, es, sie ist ... gefahren, gegangen, gekommen, gewesen, geblieben
wir ⎫
Sie ⎬ sind ... gefahren, gegangen, gekommen, gewesen, geblieben
sie ⎭

Some other verbs of this group that have occurred so far:

fliegen: Ich **bin** nach Berlin geflogen.
werden: Der Polizist **ist** böse geworden.
passieren: Ein Unfall **ist** hier passiert.

3. Usage of the present perfect:

The German present perfect tense is used in informal everyday language to tell events that happened in the past. In English, the simple past tense is frequently the equivalent:

Ich bin gestern in die Stadt gegangen. – I went downtown yesterday.
Wo sind Sie gewesen? – { Where have you been?
{ Where were you?

C. The present tense of the verb **WERDEN** – to become, to get:

ich werde
er, es, sie **wird**
wir ⎫
Sie ⎬ werden
sie ⎭

93

LEKTION ACHT: GRAMMATIK
SUMMARY OF VERBS (Lessons 1-8)

STRONG:

INFINITIVE	THIRD PERS. SING.*		PAST PARTICIPLE**
beginnen			begonnen
bekommen			bekommen
beschreiben			beschrieben
bleiben		ist	geblieben
essen	ißt		gegessen
fahren	fährt	ist	gefahren
finden			gefunden
fliegen		ist	geflogen
gefallen	gefällt		gefallen
gehen		ist	gegangen
hängen			gehangen
halten	hält		gehalten
heißen			geheißen
helfen	hilft		geholfen
kommen		ist	gekommen
lesen	liest		gelesen
liegen			gelegen
nehmen	nimmt		genommen
rufen			gerufen
schreiben			geschrieben
sehen	sieht		gesehen
sein	ist	ist	gewesen
sitzen			gesessen
sprechen	spricht		gesprochen
stehen			gestanden
tragen	trägt		getragen
trinken			getrunken
tun			getan
verstehen			verstanden
werden	wird	ist	geworden

IRREGULAR:

bringen			gebracht
kennen			gekannt
wissen	weiß		gewußt

* The third person singular is given only if there is a vowel change.
** "ist" is given only if the verb takes the auxiliary "SEIN" in the present perfect tense. If no auxiliary is given, the verb automatically takes "HABEN".

LEKTION ACHT: GRAMMATIK

WEAK (REGULAR):

antworten	danken	haben	passieren (ist!)	üben
arbeiten	entschuldigen	hören	rauchen	überholen
beachten	ergänzen	kaufen	sagen	vorstellen
bestellen	fragen	kosten	studieren	wiederholen
bezahlen	gehören	lernen	suchen	wohnen
buchstabieren	grüßen	parken	telefonieren	zählen

D. **WORD ORDER.** These are the basic rules:

1. In main clauses:

a. VERB SECOND ELEMENT *

    Der Herr und die Dame **suchen** eine Pension.
    Das Klavier **steht** hinten rechts.
    Hinten rechts **steht** das Klavier.
    Man **darf** hier nicht überholen.
    Hier **darf** man nicht überholen.

b. If AUXILIARY + MAIN VERB, the MAIN VERB is at the END **

    Das Kind **will** ein Glas Milch **trinken.**
    Ich **habe** ein neues Auto **gekauft.**

---

* Verb = the conjungated (finite) verb.
** Main verb = non-finite forms, such as infinitives and past participles.

LEKTION ACHT: GRAMMATIK

2. In questions, unless the interrogative or an interrogative phrase is the subject:

> VERB   PRECEDES   SUBJECT   *

Wann kommt Ihr Freund?
Kommt Ihr Freund heute?
Ist Ihr Freund nach Berlin gefahren?
Wer hat meine Brieftasche gesehen?
Was für ein Hotel ist das?

3. In dependent clauses:

> VERB at the END   *

Können Sie mir sagen, wo der Bahnhof **ist**?
Er sieht nicht, daß das eine gefährliche Kurve **ist.**

4.
> TIME   BEFORE   PLACE

Er ist **heute** nicht **hier.** – He is not here today.
Ich bin **gestern in die Stadt** gegangen. – I went downtown yesterday.

---

* Verb = the conjugated (finite) verb.

LEKTION ACHT: ÜBUNGEN

SETZEN SIE INS (= change to) PERFEKT:

A.
1. Der Polizist fragt den jungen Mann.
2. Peter sagt das.
3. Sie lernen viel.
4. Er dankt mir nicht.
5. Die Dame hat kein Geld.
6. Wir kaufen ein neues Auto.
7. Ich parke am Rathaus.
8. Der Herr raucht eine Pfeife.
9. Ich suche mein Buch.
10. Der Herr und die Dame wohnen im Hotel Regina.
11. Der Kellner zählt das Geld.
12. Der Junge hört die Musik nicht.
13. Das Feuerzeug kostet 40 Mark.
14. Ich arbeite sehr viel.
15. Er antwortet nicht laut.
16. Der junge Mann beachtet die Verkehrszeichen nicht.
17. Ich bestelle ein Glas Bier.
18. Mein Freund bezahlt die Rechnung.
19. Die Dame telefoniert.
20. Er studiert in Heidelberg.
21. Der Student wiederholt die Lektion.
22. Der junge Mann überholt das kleine Auto.
23. Das weiß ich nicht.
24. Die Kellnerin bringt die Speisekarte.
25. Ich kenne seinen Bruder gut.
26. Das andere Auto hält.
27. Die Dame ruft die Funkstreife.
28. Ich sehe das Schild nicht.
29. Das tue ich nicht.
30. Eva hilft Barbara.
31. Ich nehme ein Taxi.
32. Wir sprechen nur Deutsch.
33. Wir finden die Haltestelle nicht.
34. Ich lese die Zeitung.
35. Wir sitzen am Fenster.
36. Der Junge ißt einen Apfel.
37. Links steht ein Sofa.
38. Das Mädchen trägt die Vase.
39. Ich schreibe den Brief.
40. Wir trinken ein Glas Bier.
41. Heidelberg gefällt mir gut.

LEKTION ACHT: ÜBUNGEN

    42. Im Wohnzimmer hängt ein schönes Bild.
    43. Ich verstehe Sie nicht.
    44. Die Deutschstunde beginnt um acht Uhr.
    45. Bekommen Sie eine Rechnung?

B. 46. Ich bin zu Hause.
    47. Wir bleiben eine Stunde dort.
    48. Er wird krank.
    49. Die Dame geht in die Telefonzelle.
    50. Herr und Frau Müller kommen nicht.
    51. Wir fahren in die Stadt.
    52. Mein Freund fliegt nach Hamburg.
    53. Hier passieren oft Unfälle.

C. 1. Wo parken Sie?
    2. Wissen Sie das?
    3. Wie lange bleiben Sie dort?
    4. Wieviel kostet das Bild?
    5. Studiert er in München?
    6. Wer sagt das?
    7. Gefällt Ihnen Frankfurt?
    8. Beginnt die Klasse um zehn Uhr?
    9. Wohnen Sie im Hotel Regina?
    10. Verstehen Sie das?
    11. Wir trinken nicht viel.
    12. Warum kommt er nicht?
    13. Bezahlen Sie die Rechnung?
    14. Nimmt Ihre Frau ein Taxi?
    15. Ich finde die Pension nicht.
    16. Er liest die Zeitung nicht.
    17. Der Bus fährt direkt zum Marienplatz.
    18. Er ruft das Taxi, aber das Taxi hält nicht.
    19. Sind Sie zu Hause?
    20. Wer hilft Eva?
    21. Sehen Sie das Schild nicht?
    22. Die Dame bestellt ein Glas Wein.
    23. Ich rauche zu viel.
    24. Hören Sie das nicht?
    25. Warum schreiben Sie die Lektion nicht?
    26. Wir sprechen mit Peter.
    27. Herr und Frau Müller suchen ein billiges Hotel.
    28. Was tun Sie am Sonntag?
    29. Geht Eva in die Stadt?
    30. Wann bringt er das Radio?

LEKTION ACHT: WORTSCHATZ

DER Frühling – spring
der Herbst – fall, autumn
der Hund – dog
der Monat (pl. Monate) – month
der Schock – shock
der Sommer – summer
der Unfall (pl. Unfälle) – accident
der Winter – winter
der Wochentag (pl. Wochentage) –
    day of the week

DAS Bett – bed
    Italien – Italy
das Jahr (pl. Jahre) – year
das Krankenhaus – hospital
das Schild (pl. Schilder) – sign
das Verkehrszeichen
    (pl. Verkehrszeichen) – traffic sign
    (comp.: der Verkehr – traffic
    das Zeichen – sign)

DIE Aussprache – pronunciation
die Besserung – improvement
die Deutschstunde – German class
die Funkstreife – radio patrol
die Jahreszeit (pl. Jahreszeiten) –
    season
die Kurve – curve
die Polizeiwache – police station
die Schule – school
die Telefonzelle – telephone booth
die Woche (pl. Wochen) – week
die Zeit – time

---

als – than
beachten – to observe, to watch
bekommen (hat bekommen) –
    to receive, to get
beschreiben (hat beschrieben) –
    to describe
böse – angry, mad
daß – that (conjunction)
denn = for emphasis, here: but
gefährlich – dangerous
gehören – to belong to
grüßen – to greet, to say hello,
    to give regards
hoffentlich – it is to be hoped, let
    us hope, hopefully, I hope
ja = for emphasis, here: well
man – one (i.e. people, they)
mehr – more
mindestens – at least
mit – with; along

noch – still
    (wie lange noch – how much longer)
oft – often
passieren (ist passiert) – to happen
pro – per
rufen (hat gerufen) – to call
schlimm – bad, serious
schnell – fast, quick(ly)
seit – since
üben – to practice, to drill
überholen – to pass
verboten – forbidden, prohibited
vielleicht – perhaps
vorher – before(hand)
wahrscheinlich – probably
werden (ist geworden) – to become, to get
wichtig – important

1. **WEM GEHÖRT DAS?**

Gehört der schöne Hund **Ihnen,** Herr Braun?	Ja, er gehört **mir.**
Gehört das Auto **Ihnen,** Herr und Frau Braun?	Ja, es gehört **uns.**
Gehört der Führerschein **dem** Arzt?	Ja, er gehört **ihm.**
Gehört das Buch **dem** Mädchen?	Ja, es gehört **ihm.**
Gehört die Uhr **der** Dame?	Ja, sie gehört **ihr.**
Gehört der Hund Her**rn** und Frau Müller?	Ja, er gehört **ihnen.**

WIE GEHT ES IHNEN?

Wie geht es **Ihnen,** Herr Müller?	Es geht **mir** gut.
Wie geht es **Ihnen,** Herr und Frau Müller?	Es geht **uns** gut.
Wie geht es **dem** Her**rn**?	Es geht **ihm** gut.
Wie geht es **dem** Kind?	Es geht **ihm** gut.
Wie geht es **der** Dame?	Es geht **ihr** gut.
Wie geht es Her**rn** und Frau Braun?	Es geht **ihnen** gut.

WEM GEHÖRT DAS AUTO?

Es gehört **dem** Student**en**.
Es gehört **dem** Junge**n**.
Es gehört **dem** Her**rn**.
Es gehört **dem** Soldat**en**.
Es gehört **dem** Polizist**en**.
Es gehört **dem** Diplomat**en**.
Es gehört **einem** Amerikaner.
Es gehört **einem** Mädchen.
Es gehört **einer** Studentin.

WEM IST EIN UNFALL PASSIERT?

Meinem Sohn ist ein Unfall passiert.
Meiner Tochter ist ein Unfall passiert.
Seinem Bruder ist ein Unfall passiert.
Seiner Schwester ist ein Unfall passiert.
Ihrem Mann ist ein Unfall passiert.
Ihrer Freundin ist ein Unfall passiert.

LEKTION NEUN

2. Sie ist **mit** ihrem Mann in die Stadt gefahren.
Sie ist mit ihrem Kind nach Berlin geflogen.
Ich bin mit meiner Frau in die Stadt gegangen.

Wir haben den Stadtplan **von** einem Schutzmann bekommen.
Ich habe das von einem Mädchen gehört.
Er hat das Buch von einer jung**en** Dame bekommen.

Ich habe in Berlin **bei** meinem Sohn gewohnt.
Meine Frau hat bei ihrer Schwester gewohnt.
Das Hotel ist gleich **beim** Bahnhof.
Das Hotel ist gleich beim Rathaus.
Das Hotel ist gleich bei der Bank.

Er ist gerade **aus** dem Park gekommen.
Er ist gerade aus dem Rathaus gekommen.
Er ist gerade aus der Paulskirche gekommen.

Ich wohne **seit** einem Monat in München.
Ich wohne seit einem Jahr in München.
Ich wohne seit einer Woche in München.

Wie komme ich **zum** Flughafen?
Wie komme ich zum Rathaus?
Wie komme ich **zur** Polizeiwache?
Fahren Sie **bis zur** nächst**en** Querstraße!

Die nächste Polizeiwache ist gleich **nach** der Kreuzung.
Ich habe die Rechnung nach einem Monat bezahlt.
Ich habe die Rechnung nach einem Jahr bezahlt.
Ich habe die Rechnung nach einer Woche bezahlt.

Die Pension ist **gegenüber** dem Bahnhof.
Die Pension ist gegenüber dem Café Astor.
Die Pension ist gegenüber der Bushaltestelle.

LEKTION NEUN

MIT WEM?   VON WEM?   BEI WEM?

Gehen Sie mit Paul in die Stadt?   Ja, ich gehe mit ihm.
Gehen Sie mit dem Kind in die Stadt? Ja, ich gehe mit ihm.
Gehen Sie mit Eva in die Stadt?   Ja, ich gehe mit ihr.

Sprechen Sie von mir?   Ja, wir sprechen von Ihnen.
Sprechen Sie von uns?   Ja, wir sprechen von Ihnen.
Sprechen Sie von Paul und Eva?   Ja, wir sprechen von ihnen.

Wohnt er bei seiner Tochter?   Ja, er wohnt bei ihr.
Wohnt er bei Ihnen, Herr Braun?   Ja, er wohnt bei mir.
Wohnt er bei Müllers?   Ja, er wohnt bei ihnen.

3. DER WIEVIELTE IST HEUTE? WELCHES DATUM IST HEUTE?
   AM WIEVIELTEN . . . ?

Heute ist der 3. Mai.   = Heute ist der dritte Mai.
Morgen ist der 4. Mai.   = Morgen ist der vierte Mai.
Sein Geburtstag ist am 17. Mai.   = Sein Geburtstag ist am siebzehnten Mai.
Mein Freund kommt am   = Mein Freund kommt am
25. Juni nach München.   fünfundzwanzigsten Juni nach München.

4. Das ist mein erster Unfall.
   Das ist ihr zweites Auto.
   Die Skiabteilung ist im vierten Stock.

5. BILD: DAS WARENHAUS

Robert hat Ferien. Er will ins Gebirge fahren und Ski laufen lernen.
Er fährt nicht allein, sondern mit seiner hübschen Freundin Elisabeth.
Robert ist Anfänger und er braucht ein Paar Skier und Skistiefel.
Elisabeth braucht einen neuen schicken Anorak und eine neue Skihose.

Deshalb sind sie heute nachmittag mit dem Bus zum Warenhaus gefahren.
Das Warenhaus ist gleich beim Bahnhof, gegenüber der Bushaltestelle.
Die Skiabteilung ist im ersten Stock. Man kann mit der Rolltreppe
oder mit dem Fahrstuhl fahren.

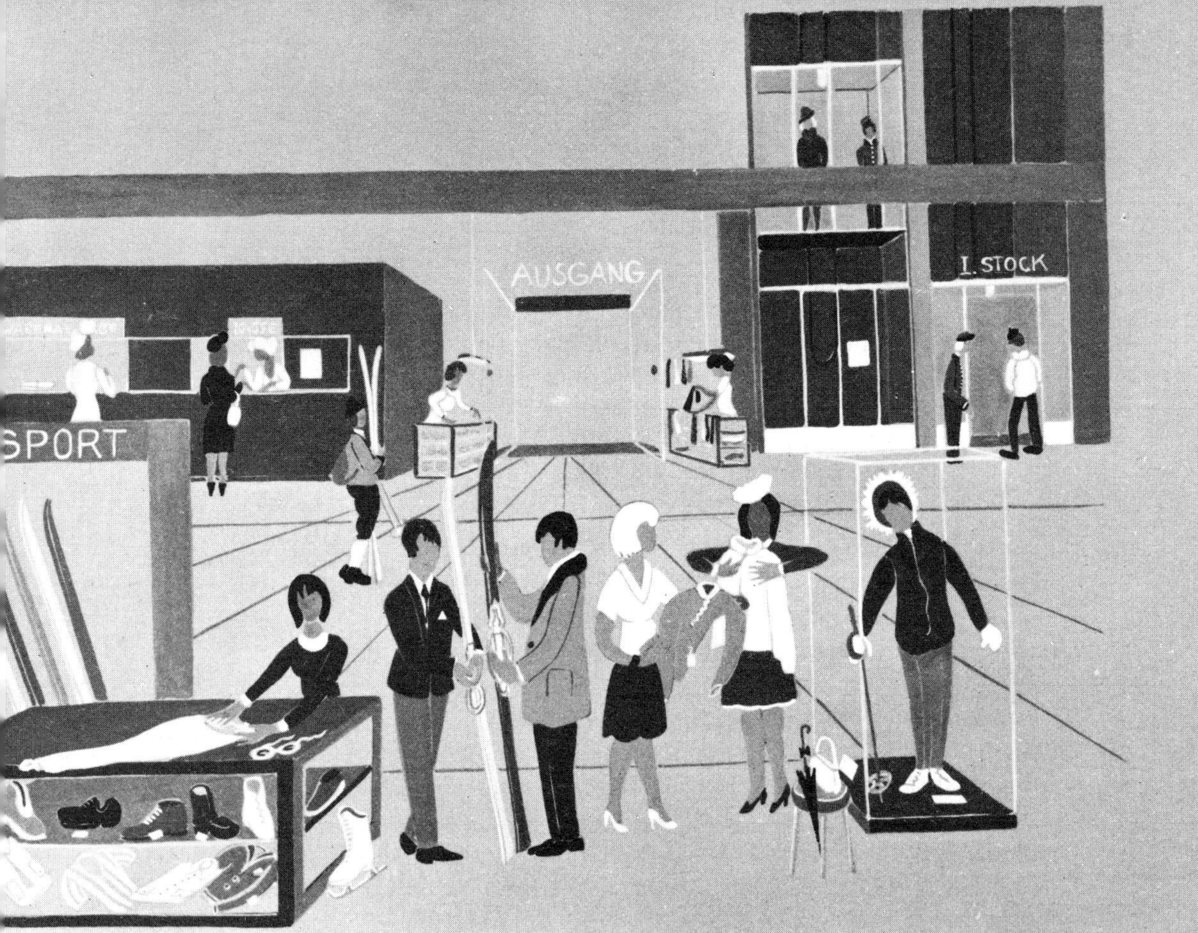
AUSGANG
I. STOCK
SPORT

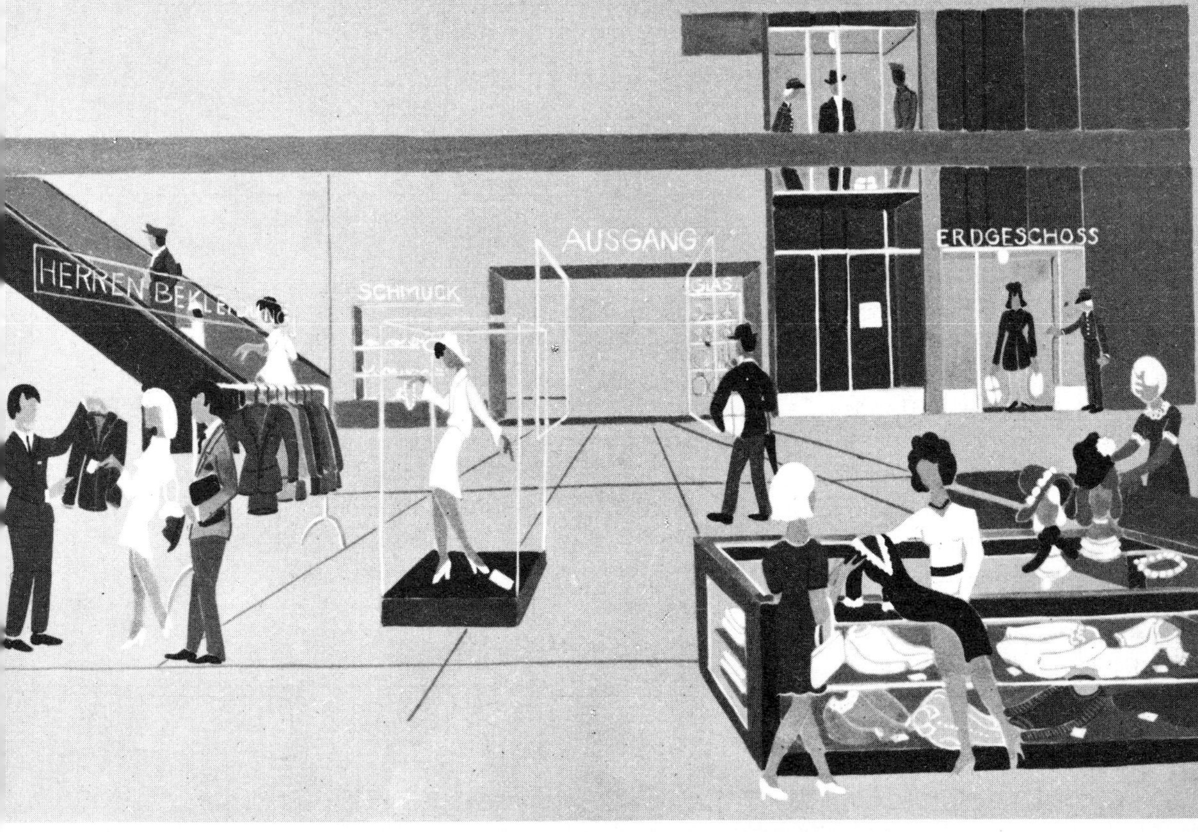
AUSGANG
ERDGESCHOSS
HERREN
SCHMUCK

LEKTION NEUN

KONVERSATION (Im ersten Stock)

Verkäufer:	Guten Tag! Was darf es sein?
Robert:	Wir hätten gern einen Anorak und eine Skihose für die Dame und für mich ein Paar Skier mit Sicherheitsbindung.
Verkäufer:	Diese Skier hier kann ich Ihnen sehr empfehlen. Sie sind gut und preiswert.
Robert:	Die gefallen mir sehr gut. Zeigen Sie mir bitte auch Skistiefel, Größe 42!
Elisabeth:	Darf ich mal einen Anorak probieren?
Verkäuferin:	Ja, natürlich. Bitte sehr! Dieser rote Anorak ist sehr schick, und ich glaube, er steht Ihnen sehr gut.
Elisabeth:	Nein, ich mag diese Farbe nicht gern. Ich glaube, Grün steht mir besser. Haben Sie keinen grünen?
Verkäuferin:	Doch, hier bitte.
Elisabeth:	Ja, der gefällt mir. Er paßt mir auch sehr gut. Den nehme ich. Und jetzt noch eine schöne Skihose.
Verkäuferin:	Welche Farbe?
Elisabeth:	Grau oder ein helles Gelb, bitte. Ja, die gefällt mir. Die nehme ich.
Verkäuferin:	Ich danke Ihnen vielmals. Die Kasse ist dort drüben beim Ausgang.

Robert und Elisabeth können nicht alles tragen. Robert gibt dem Verkäufer seine Adresse, und der Verkäufer schickt ihm die Sachen nach Hause.

IDIOMS AND USEFUL EXPRESSIONS

Der wievielte ist heute? Welches Datum ist heute?	What is the date today?
am wievielten . . . ?	when? (= asking for the date)
Ich wohne seit einem Jahr in . . .	I have been living for one year in . . .
Was darf es sein?	May I help you? (used by sales persons)
. . . hätte gern . . . hätten gern	. . . would like (to have)
im ersten Stock	on the **2nd** floor
im Erdgeschoß, (im Parterre)	on the ground floor, 1st floor
heute nachmittag	this afternoon
vorgestern	day before yesterday
übermorgen	day after tomorrow

LEKTION NEUN: GRAMMATIK

A. The **DATIVE CASE** (der Dativ):

   I. The dative is used

      1. to express the indirect object of a verb (in English anwering to the question: to whom?):

         Gehört der Hund **Ihnen?**   – Does the dog belong **to you**?
         Ihrem Mann ist nicht viel passiert.   – Nothing much happened **to her husband.**

         Wem gehört das?   – **To whom** does this belong?

      2. after the following prepositions as the object of the preposition:

aus	– out of
bei	– near; with (at the place of)
gegenüber	– opposite, across from
mit	– with
nach	– after
seit	– since
von	– from; of (= about)
zu	– to. towards

         Er kommt **aus dem** Park.
         Das Warenhaus ist **bei der** Bank.
         Das Hotel ist **gegenüber dem** Bahnhof.
         Er fährt **mit seiner** Freundin.
         Die Bank ist **nach der** Kreuzung.
         Ich habe sie **seit einem** Monat nicht gesehen.
         Der Brief ist **von meinem** Vater.
         Wie komme ich **zur** (= **zu der**) Bank?

Some of these prepositions may be contracted with the definite article:

      beim = bei dem   zum = zu dem
      vom = von dem   zur = zu der

The contractions "am" (= an dem) und "im" (= in dem) can only be used in answer to the question "wo" (= where? in what place?):

      Der Briefkasten ist **am** Bahnhof?   (Wo ist er?)
      Der Bus hält **am** Kino.   (Wo hält er?)
      Ist sie **im** Krankenhaus?   (Wo ist sie?)

LEKTION NEUN: GRAMMATIK

II. The dative has special forms for:

1. the **definite article and the "ein"-words** (= ein, kein and the possessives):

Masculine	Neuter	Feminine
dem	dem	der
ein**em**	ein**em**	ein**er**
kein**em**	kein**em**	kein**er**
mein**em**	mein**em**	mein**er**
sein**em**	sein**em**	sein**er**
ihr**em**	ihr**em**	ihr**er**
unser**em**	unser**em**	unser**er**
Ihr**em**	Ihr**em**	Ihr**er**
ihr**em**	ihr**em**	ihr**er**

2. the **personal pronouns:**

mir	– to me (me)	**uns**	– to us (us)
ihm	– to him (him)	**Ihnen**	– to you (you)
ihm	– to it (it)	**ihnen**	– to them (them)
ihr	– to her (her)		

III. **The noun itself does not change in the dative** – except for the weak

masculine nouns. These nouns retain the accusative ending -(e)n also in the dative:

                         Das Auto gehört dem Junge**n.**
                         Das Auto gehört dem Herr**n.**
                         Das Auto gehört dem Student**en.**
                         Das Auto gehört dem Soldat**en.**
                         Das Auto gehört dem Polizist**en.**
                         Das Auto gehört dem Diplomat**en.**

IV. The **descriptive adjective** takes the ending **-en** in the dative case of all genders:

Dem jung**en** Mann ist ein Unfall passiert.
Er hat das Buch von einem jung**en** Mädchen bekommen.
Er fährt mit seiner hübsch**en** Freundin Elisabeth.

LEKTION NEUN: GRAMMATIK

SUMMARY OF CASES THAT HAVE OCCURRED SO FAR:

Case	Masculine	Neuter	Feminine	Plural
Nom.	der ein kein mein sein ihr unser Ihr ihr	das ein kein mein sein ihr unser Ihr ihr	die eine keine meine seine ihre unsere Ihre ihre	die ——— keine meine seine ihre unsere Ihre ihre
Acc.	den einen keinen meinen seinen ihren unseren Ihren ihren			
Dat.	dem einem keinem meinem seinem ihrem unserem Ihrem ihrem	dem einem keinem meinem seinem ihrem unserem Ihrem ihrem	der einer keiner meiner seiner ihrer unserer Ihrer ihrer	*

* The dative plural forms will be explained in lesson XIII.

LEKTION NEUN: GRAMMATIK

SUMMARY OF PERSONAL PRONOUNS:

Nom.	Acc.	Dat.
ich	mich	mir
er	ihn	ihm
es	es	ihm
sie	sie	ihr
wir	uns	uns
Sie	Sie	Ihnen
sie	sie	ihnen

B. The **ORDINAL NUMBERS** (die Ordinalzahlen):

1. The ordinal numbers are declined like descriptive adjectives.

> Das ist der erst**e** Stock.
> Die Skiabteilung ist im zweit**en** Stock.
> Das ist sein dritt**er** Unfall.

2. The ordinal numbers are formed by adding

> **-t** to the cardinal numbers up to nineteen, and
> **-st** to the cardinal numbers from twenty upwards.

NOTE the irregular forms: der erste, der dritte, der siebte, der achte.

der, das, die **erste**	elfte	einundzwanzigste
zweite	zwölfte	zweiundzwanzigste
dritte	dreizehnte	dreiundzwanzigste
vierte	vierzehnte	etc.
fünfte	fünfzehnte	
sechste	sechzehnte	dreißigste
siebte	siebzehnte	fünfzigste
achte	achtzehnte	hundertste
neunte	neunzehnte	tausendste
zehnte	zwanzig**ste**	etc.

3. In dates, ordinal numbers are written with a period after the number:
   Heute ist der 3. Mai = Heute ist der dritte Mai.
   Er kommt am 5. Juni = Er kommt am fünften Juni.
   Morgen ist sein 70. Geburtstag = Morgen ist sein siebzigster Geburtstag.

LEKTION NEUN: ÜBUNGEN

I. 1. ERGÄNZEN SIE   a. den BESTIMMTEN ARTIKEL
                        b. den UNBESTIMMTEN ARTIKEL

Der Führerschein gehört _____ Arzt.
Der Reisepaß gehört _____ Amerikaner.
Das Buch gehört _____ Mädchen.
Der Bleistift gehört _____ Kind.
Die Uhr gehört _____ Dame.
Der Ausweis gehört _____ Amerikanerin.
Der Stadtplan gehört _____ Studentin.
Der Schlüssel gehört _____ Ärztin.

Das Auto gehört _____. (Student)
Das Auto gehört _____. (Soldat)
Das Auto gehört _____. (Junge)
Das Auto gehört _____. (Herr)
Das Auto gehört _____. (Polizist)
Das Auto gehört _____. (Diplomat)

2. FRAGEN SIE UND ANTWORTEN SIE MIT DEM PERSONALPRONOMEN:

Herr Braun, gehört das Buch _____?   Ja, es gehört _____.
Frau Braun, gehört die Brille _____?   Ja, sie gehört _____.
Herr und Frau Müller,
    gehört das Haus _____?   Ja, es gehört _____.
    gehört das Auto _____?   Ja, es gehört _____.

3. FRAGEN SIE MIT DEM   ANTWORTEN SIE MIT DEM
   BESTIMMTEN ARTIKEL   PERSONALPRONOMEN

Gehört der Hund _____ Arzt?   Ja, er gehört _____.
Gehört der Ausweis _____ Mann?   Ja, er gehört _____.
Gehört das Buch _____ Mädchen?   Ja, es gehört _____.
Gehört die Uhr _____ Dame?   Ja, sie gehört _____.
Gehört das Radio _____ Studentin?   Ja, es gehört _____.
Gehört der Hund _____ Herrn
    und _____ Dame?   Ja, er gehört _____.

LEKTION NEUN: ÜBUNGEN

4. ERGÄNZEN SIE DAS POSSESSIVPRONOMEN:

Gehört die Uhr (your) Sohn?   Ja, sie gehört (my) Sohn.
Gehört die Brille (your) Mann?   Ja, sie gehört (my) Mann.
Gehört das Klavier (your) Tochter?   Ja, es gehört (my) Tochter.
Gehört das Buch (his) Bruder?   Ja, es gehört (his) Bruder.
Gehört der Hund (her) Schwester?   Ja, er gehört (her) Schwester.
Herr und Frau Müller,
   gehört das Auto (your) Sohn?   Ja, es gehört (our) Sohn.
   gehört das Auto (your) Tochter?   Ja, es gehört (our) Tochter.
Gehört das Auto (their) Tochter?   Nein, es gehört (their) Sohn.

5. ERGÄNZEN SIE DIE RICHTIGE FORM:

das Auto: _____ ist nicht viel passiert.
mein Mann: _____ ist nicht viel passiert.
sein Bruder: _____ ist nicht viel passiert.
der Junge: _____ ist nicht viel passiert.
die Studentin: _____ ist nicht viel passiert.
ihr Kind: _____ ist nicht viel passiert.
meine Schwester: _____ ist nicht viel passiert.
ich: _____ ist nicht viel passiert.
er: _____ ist nicht viel passiert.
wir: _____ ist nicht viel passiert.
sie (= die Dame): _____ ist nicht viel passiert.
sie (= Herr und Frau Braun): _____ ist nicht viel passiert.

6. a. ERGÄNZEN SIE DIE RICHTIGE FORM: b. ANTWORTEN SIE MIT DEM PERSONALPRONOMEN:

Wie geht es _____? (Ihr Mann)   Es geht _____ gut.
Wie geht es _____? (Ihr Bruder)   Es geht _____ gut.
Wie geht es _____? (Ihre Schwester)   Es geht _____ gut.
Wie geht es _____? (Ihr Vater)   Es geht _____ gut.
Wie geht es _____? (seine Tochter)   Es geht _____ gut.
Wie geht es _____? (seine Frau)   Es geht _____ gut.
Wie geht es _____? (ihr Bruder und
  ihre Schwester)   Es geht _____ nicht gut.
Wie geht es _____? (Sie und Ihre
  Frau)   Es geht _____ nicht gut.

LEKTION NEUN: ÜBUNGEN

II. PRÄPOSITIONEN MIT DEM DATIV

1. ERGÄNZEN SIE DIE RICHTIGE FORM:

a. meine Frau: Ich bin mit _____ in die Stadt gegangen.
   unser Lehrer: Wir haben mit _____ gesprochen.
   seine hübsche Freundin: Er ist mit _____ in ein Café gegangen.
   unser altes Auto: Wir sind mit _____ gefahren.
   ein Taxi: Sie ist mit _____ gekommen.

b. eine alte Dame: Er hat das Geld von _____ bekommen.
   ein alter Herr: Ich habe das Auto von _____ gekauft.
   ein kleines Mädchen: Ich habe es von _____ gehört.

c. mein Sohn: Ich habe in Berlin bei _____ gewohnt.
   unsere Tochter: Meine Frau hat bei _____ gewohnt.
   eine Freundin: Barbara hat bei _____ gewohnt.
   der Karlsplatz: Das Hotel Regina ist gleich bei _____.
   die Paulskirche: Die Pension ist gleich bei _____.

d. der Park: Er ist gerade aus _____ gekommen.
   das Kino: Er ist gerade aus _____ gekommen.
   ein Blumengeschäft: Er ist gerade aus _____ gekommen.

e. eine Woche: Ich wohne seit _____ in München.
   ein Jahr: Meine Eltern wohnen seit _____ in Köln.
   ein Monat: Meine Freundin wohnt seit _____ hier.

f. das Rathaus: Wie komme ich zu _____ ?
   die nächste Apotheke: Wie komme ich zu _____ ?
   der Frankfurter Ring: Wie komme ich zu _____ ?

g. die nächste Kreuzung: Die Polizeiwache ist gleich nach _____.
   ein Jahr: Er hat die Rechnung nach _____ bezahlt.
   ein Monat: Er hat die Rechnung nach _____ bezahlt.
   eine Woche: Er hat die Rechnung nach _____ bezahlt.

h. die Bushaltestelle: Das Warenhaus ist gegenüber _____.
   das Café Astor: Das Warenhaus ist gegenüber _____.
   der Bahnhof: Das Warenhaus ist gegenüber _____.

LEKTION NEUN: ÜBUNGEN

2. ANTWORTEN SIE MIT DEM PERSONALPRONOMEN:

Gehen Sie mit Frau Braun in die Stadt?   Ja, ich gehe mit _____.
Gehen Sie mit Herrn Braun in die Stadt?   Ja, ich gehe mit _____.
Gehen Sie mit mir in die Stadt?   Ja, ich gehe mit _____.
Gehen Sie mit Herrn und Frau Braun?   Ja, ich gehe mit _____.

Sprechen Sie von mir?   Ja, wir sprechen von _____.
Sprechen Sie von Herrn Müller?   Ja, wir sprechen von _____.
Sprechen Sie von der Dame?   Ja, wir sprechen von _____.

Wohnt er bei Ihnen, Herr Müller?   Er wohnt nicht bei _____.
Wohnt er bei Müllers?   Er wohnt bei _____.

III. LESEN SIE LAUT:

1. Montag ist der 5. Juni.
2. Morgen ist der 1. April.
3. Sein Geburtstag ist am 17. November.
4. Mein Geburtstag ist am 23. März.
5. Der 3. August ist ein Donnerstag.
6. Ich bekomme mein Geld am 31. Juli.
7. Wir sind am 22. Oktober 1967 nach Deutschland gekommen.

LEKTION NEUN: WORTSCHATZ

DER Anfänger (pl. Anfänger) – beginner
der Anorak – parka, ski jacket
der Ausgang – exit
der Fahrstuhl – elevator
der Geburtstag – birthday
der Nachmittag – afternoon
der Ski, der Schi (pl. Skier, Schier) – ski
der Skistiefel (pl. Skistiefel) – ski boot
der Stiefel (pl. Stiefel) – boot
der Stock – floor, story
der Verkäufer (pl. Verkäufer) – salesman

DAS Datum – date
das Erdgeschoß – ground floor
das Gebirge – mountains, mountain range
das Paar – pair
das Parterre – ground floor
das Warenhaus – department store

DIE Abteilung – department, section
die Adresse – address
die Farbe (pl. Farben) – color
die Größe – size
die Hose – pants, trousers, slacks
die Kasse – cash register, cashier's desk
die Rolltreppe – escalator
die Sache (pl. Sachen) – thing, matter, item
die Sicherheitsbindung – safety binding
(comp.: die Sicherheit – safety
die Bindung – binding)
die Skiabteilung – ski department
die Skihose – ski pants
die Verkäuferin – saleswoman

die Ferien (pl. only) – vacation

allein – alone
alles – everything
bei – near, at the place of
besser – better
brauchen – to need
deshalb – therefore
dieser, dieses, diese – this
doch – oh yes
empfehlen (er empfiehlt, hat empfohlen) – to recommend
geben (er gibt, hat gegeben) – to give
gegenüber – across from, opposite
gelb – yellow
glauben – to believe, to think
grau – grey
grün – green
hübsch – pretty
ins (= in das) – into (here: to)

laufen (er läuft, ist gelaufen) – to run
mag: ich mag – I like
morgen – tomorrow
nachmittag – in the afternoon
passen – to fit, to suit
preiswert – reasonable (in price)
probieren – to try, to try on
schick – chic, stylish, fashionable
schicken – to send
Ski laufen – to ski
stehen (with Dat.) – to look nice on someone, to be becoming
übermorgen – day after tomorrow
vielmals – very much
vorgestern – day before yesterday
wem? – to whom? (whom?)
zeigen – to show

LEKTION NEUN: WORTSCHATZ

ADDITIONAL VOCABULARY FOR "WARENHAUS"-BILD

DER Anzug – (men's) suit
der Fahrstuhlführer – elevator man
der Handschuh (pl. Handschuhe) – glove
der Hut – hat
der Mantel – overcoat
der Pelz – fur
der Preis – price
der Pullover – sweater, pullover
der Rock – skirt
der Schlittschuh (pl. Schlittschuhe) – skate
der Schmuck – jewelry
der Schuh (pl. Schuhe) – shoe
der Skistock (pl. Skistöcke) – ski pole
der Sport – sport
der Strumpf (pl. Strümpfe) – stocking

DAS Hemd – shirt
das Kostüm – (women's) suit
das Nachthemd – nightgown
das Paket (pl. Pakete) – package
das Preisschild – price tag

DIE Bluse – blouse
die Halskette – necklace
 (comp.: der Hals – neck
 die Kette – chain
die Jacke – jacket
die Krawatte – tie

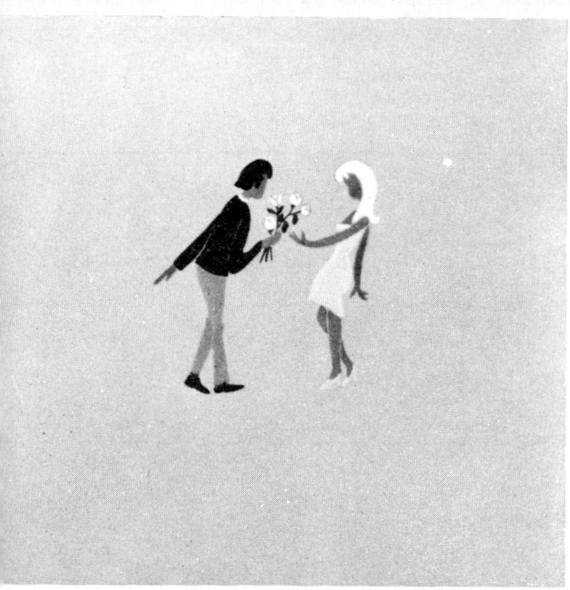

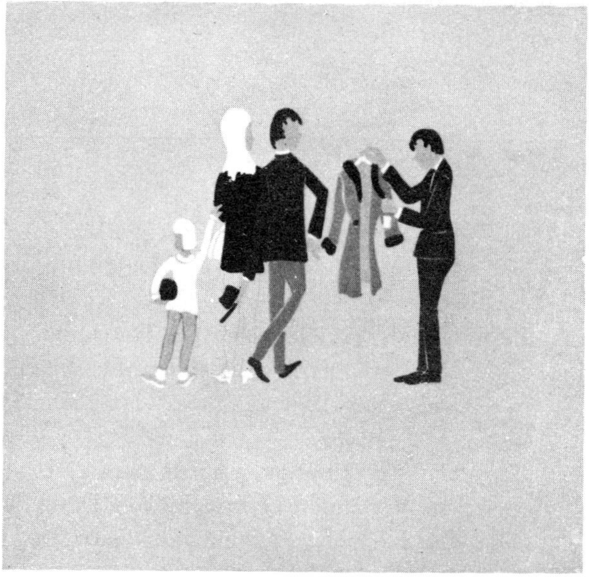

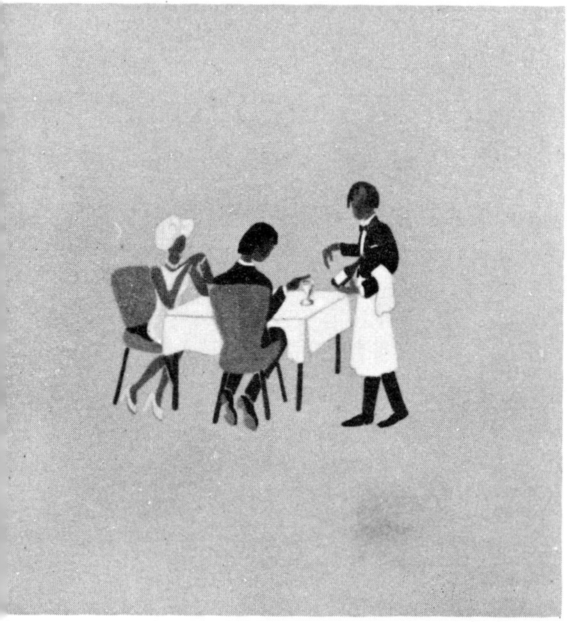

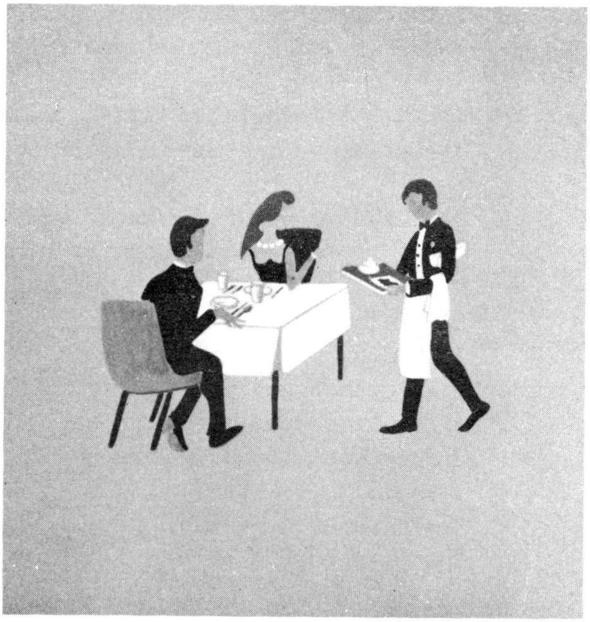

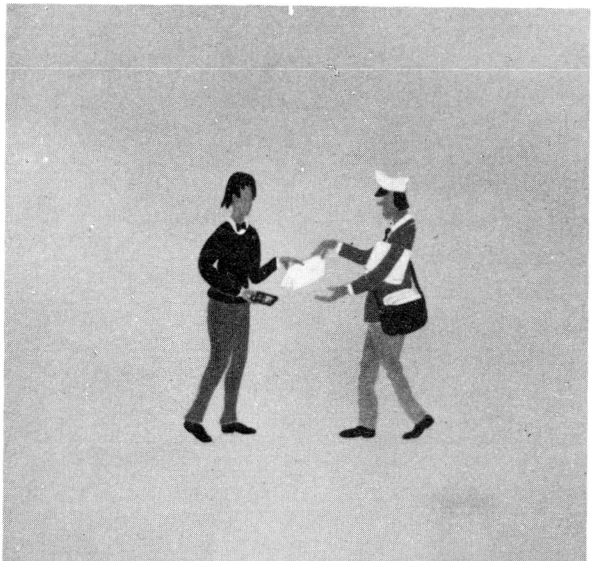

LEKTION ZEHN

1. Der Herr **gibt dem** Verkäufer seine Adresse.
   Der junge Mann gibt **der** Dame Blumen.

   Der Verkäufer **zeigt dem** Herrn den Mantel.
   Die Verkäuferin zeigt **dem** Mädchen einen Anorak.
   Die Verkäuferin zeigt **der** Dame eine Skihose.

   Der Verkäufer **empfiehlt dem** Herrn ein Paar Skier.
   Die Verkäuferin empfiehlt **der** Dame den roten Anorak.
   Der Kellner empfiehlt **dem** Herrn und **der** Dame den Wein.

   Der Verkäufer **schickt dem** Herrn die Skistiefel.
   Der junge Mann schickt **seiner** Freundin Blumen.

   Der Kellner **bringt dem** Gast das Essen.
   Die Kellnerin bringt **der** Dame ein Viertel Weißwein.

   Der Zeitungsverkäufer **verkauft dem** Herrn eine Zeitung.

Hat er **Ihnen** das Bild gezeigt?	Ja, er hat **mir** das Bild gezeigt.
Hat er Herrn Braun das Bild gezeigt?	Ja, er hat **ihm** das Bild gezeigt.
Hat er dem Kind das Bild gezeigt?	Ja, er hat **ihm** das Bild gezeigt.
Hat er Frau Braun das Bild gezeigt?	Ja, er hat **ihr** das Bild gezeigt.
Hat er **Ihnen** das Bild gezeigt, Herr und Frau Müller?	Ja, er hat **uns** das Bild gezeigt.
Hat er dem Herrn und der Dame das Bild gezeigt?	Ja, er hat **ihnen** das Bild gezeigt.

2. Der Lehrer **hilft dem** Jungen.
   Die Mutter hilft dem Kind.
   Der Schutzmann hilft der Dame.

   Das Bild **gefällt dem** Herrn nicht.
   Das Kleid gefällt dem Mädchen nicht.
   Die Skihose gefällt der Dame nicht.

   Der rote Anorak **steht dem** Jungen gut.
   Der grüne Anorak steht dem Mädchen besser.
   Der graue Anorak steht der Dame gut.

LEKTION ZEHN

Die Skihose **paßt dem** Herrn nicht.
Die Skihose paßt dem Kind nicht.
Die Skihose paßt der Dame nicht.

Hilft er **Ihnen**?	Ja, er hilft **mir**.
Hilft er dem Jungen?	Ja, er hilft **ihm**.
Hilft er dem Kind?	Ja, er hilft **ihm**.
Hilft er der Dame?	Ja, er hilft **ihr**.
Hilft er **Ihnen**, Herr und Frau Braun?	Ja, er hilft **uns**.
Hilft er dem Jungen und dem Mädchen?	Ja, er hilft **ihnen**.

3. **Welcher** Anorak ist besser?　　　　**Welchen** Anorak möchten Sie?
　　Dieser oder　　　　　　　　　　　　　**Diesen** oder
　　　　der da?　　　　　　　　　　　　　　　**den** da?

Welcher Hund gefällt Ihnen besser?　　Welchen Hund nehmen Sie?
　　Dieser oder　　　　　　　　　　　　　　Diesen hier oder
　　　　der da?　　　　　　　　　　　　　　　　den dort?

　　　　　　　　　　Welches Auto gehört Ihnen?
　　　　　　　　　　　　Dieses hier oder
　　　　　　　　　　　　　　das dort?

　　　　　　　　　　Welches Radio möchten Sie kaufen?
　　　　　　　　　　　　Dieses hier oder
　　　　　　　　　　　　　　das dort?

　　　　　　　　　　Welche Lampe gefällt Ihnen besser?
　　　　　　　　　　　　Diese hier oder
　　　　　　　　　　　　　　die da?

　　　　　　　　　　Welche Brille möchten Sie haben?
　　　　　　　　　　　　Diese hier oder
　　　　　　　　　　　　　　die dort?

　　　　　　　　　　Mit **welchem** Bus muß ich fahren?
　　　　　　　　　　Mit　**diesem** hier oder
　　　　　　　　　　mit　　**dem** dort drüben?

　　　　　　　　　　Mit **welcher** Straßenbahn muß ich fahren?
　　　　　　　　　　Mit　**dieser** hier oder
　　　　　　　　　　mit　　**der** dort drüben?

LEKTION ZEHN

4. **JA oder DOCH?**

Haben Sie einen Bruder?	Ja, ich habe einen Bruder.
Haben Sie **keinen** Bruder?	**Doch,** ich habe einen Bruder.
Haben Sie ein Auto?	Ja, ich habe ein Auto.
Haben Sie **kein** Auto?	**Doch,** ich habe ein Auto.
Haben Sie eine Schwester?	Ja, ich habe eine Schwester.
Haben Sie **keine** Schwester?	**Doch,** ich habe eine Schwester.
Haben Sie das Buch **nicht** gelesen?	**Doch,** ich habe es gelesen.
Haben Sie das Schild **nicht** gesehen?	**Doch,** ich habe es gesehen.
Kennen Sie die Dame **nicht?**	**Doch,** ich kenne sie gut.

5. **MÖGEN**

   Ich **mag** kein Bier.
   Er mag Kaffee sehr gerne.
   Das Kind mag Milch gerne.
   Die Dame mag diese Farbe nicht.
   Wir **mögen** Wein sehr gern.
   Sie mögen Wein auch gerne, nicht wahr?
   Der Herr und die Dame mögen keinen Kaffee.
   Ich mag jetzt nicht arbeiten.
   Die Kinder mögen nicht lernen.

6. **KONVERSATION**

   A: Guten Morgen, Herr Schneider. Gut, daß ich Sie treffe.
      Ich habe Sie gestern sprechen wollen, aber ich habe Sie
      im Büro nicht erreichen können.

   B: Ja, gestern bin ich den ganzen Tag in der Stadt gewesen.
      Ich habe so viel erledigen müssen.

   A: Haben Sie unsere Karten für die Oper bekommen können?

   B: Ja, ich habe alle vier Karten bekommen. Aber es ist nicht
      leicht gewesen.

   A: Sie haben anstehen müssen, nicht wahr?

   B: Ja, das auch. Aber zuerst habe ich eine halbe Stunde
      keinen Parkplatz finden können.

   A: Das kenne ich. Der Verkehr in der Innenstadt ist immer schrecklich.

IDIOMS AND USEFUL EXPRESSIONS

nicht wahr?	don't you, haven't you, isn't it so, etc.
den ganzen Tag	all day long

LEKTION ZEHN: GRAMMATIK

A. The **DATIVE** (continued)

1. The dative is used, like in English, as indirect object with verbs requiring both a direct and an indirect object. English frequently uses "to" to express the indirect object. This "to" is not translated in German:

   Zeigen Sie mir ein Paar Skistiefel! – Show me a pair of ski boots.
   Ich zeige es Ihnen. – I'll show it to you.
   Robert gibt dem Verkäufer seine Adresse. – Robert gives his address to the salesman.
   Der Verkäufer schickt ihm die Sachen. – The salesman sends the things to him.

2. The dative is used after certain verbs which, in English, take a direct object:

antworten:	Der Verkäufer antwortet **der** Dame.
danken:	Ich danke **Ihnen** vielmals.
gefallen:	Der Anorak gefällt **mir.**
helfen:	Die Mutter hilft **dem** Kind.
passen:	Die Skihose paßt **mir** gut.
* **stehen:**	Der Anorak steht **dem** Mädchen gut.

   * "stehen" takes the dative only in the meaning of "to be becoming, to look nice on".

3. Word order:

   If a sentence has a direct and an indirect object the word order is as follows:

   If the direct object is a   If the direct object is a

   NOUN   PRONOUN

   | Ind. Obj. → Dir. Obj. | | Dir. Obj. → Ind. Obj. |

   Er schickt dem Herrn **die Sachen**   Er schickt **sie** dem Herrn.
   Er schickt ihm **die Sachen.**   Er schickt **sie** ihm.
   Ich zeige Ihnen **das Bild.**   Ich zeige **es** Ihnen.

119

LEKTION ZEHN: GRAMMATIK

B. "DER"-WORDS:

1. **dieser, dieses, diese** (this) and **welcher, welches, welche** (which) are declined like the definite article DER. Therefore, they are called "der"-words.

DECLENSION of DER-WORDS that have occurred so far:

Case	Masc.	Neut.	Fem.	Plural
Nom.	d**er** dies**er** welch**er**	d**as** dies**es** welch**es**	d**ie** dies**e** welch**e**	d**ie** dies**e** welch**e**
Acc.	d**en** dies**en** welch**en**			
Dat.	d**em** dies**em** welch**em**	d**em** dies**em** welch**em**	d**er** dies**er** welch**er**	*

* will be explained in lesson XIII.

Dies**er** Hund gehört meiner Schwester.
Welch**en** Hund möchten Sie haben?
Ich fahre mit dies**em** Bus.
Welch**em** Herrn gehört das rote Auto?
Ich habe das Buch von dies**em** Herrn bekommen.

Welch**es** Auto gehört Ihnen?
Muß ich mit dies**em** Taxi fahren?

Welch**e** Größe bitte?
Ich nehme dies**e** Skihose.
Ich habe mit dies**er** Verkäuferin gesprochen.

Ich nehme dies**e** Skier und dies**e** Skistiefel.

LEKTION ZEHN: GRAMMATIK

2. **Adjectives following a "der"-word** take the same endings as after the definite article:

Der rot**e** Anorak ist sehr schick.
Dieser rot**e** Anorak ist sehr schick.
Darf ich diesen rot**en** Anorak probieren?
Welcher klein**e** Junge hat das gesagt?
Fahren wir mit diesem alt**en** Auto?
Ich habe dieser jung**en** Dame das Geld gegeben.

3. "dieser" and "der" may be used without a noun as demonstrative pronouns (this one, that one), and "welcher" as interrogative pronoun (which one):

Welcher Anorak gefällt Ihnen? **Dieser** gefällt mir. **Den** will ich.
Welchen möchten Sie? **Diesen** oder **den** da?
Welches Buch möchten Sie haben? **Dieses** gefällt mir. **Das** will ich.
Welche Skihose gefällt Ihnen? **Diese** gefällt mir. **Die** nehme ich.
Welche Skier gefallen Ihnen? **Diese** gefallen mir. **Die** nehme ich.

C. The word **"DOCH"**:

"yes" in answer to a negative question is rendered by DOCH instead of "ja":

Haben Sie **keinen** grünen Anorak?   — **Doch,** hier bitte.
Kennen Sie die Dame **nicht?**   — **Doch,** ich kenne sie gut.

D. **MODAL AUXILIARIES** (continued):

1. There are six modal auxiliaries in German. Up to now the following five have occurred:

dürfen (darf)   — to be allowed to, may
können (kann)   — to be able to, can
müssen (muß)   — to have to, must
sollen (soll)   — to be supposed to, shall
wollen (will)   — to want to

LEKTION ZEHN: GRAMMATIK

2. The last one is:

mögen (mag) — to like, to feel like

Present tense:

$$\left.\begin{array}{r}\text{ich}\\ \text{er, es, sie}\end{array}\right\} \text{mag}$$

$$\left.\begin{array}{r}\text{wir}\\ \text{Sie}\\ \text{sie}\end{array}\right\} \text{mögen}$$

Er mag nicht arbeiten.	— He does not like to work.
Ich mag jetzt nicht arbeiten.	— I don't feel like working now.

"mögen" in the meaning "to like" is also used as a main verb (without the infinitiv of another verb), especially in connection with food and drinks:

Er mag kein Bier.	— He does not like beer.
Mögen Sie Wein?	— Do you like wine?

LEKTION ZEHN: ÜBUNGEN

I. ANTWORTEN SIE MIT EINEM GANZEN SATZ:

a. 1. Wem zeigt die Verkäuferin einen Anorak? (die Dame)
    2. Wem zeigt die Verkäuferin einen Anorak? (diese Dame)
    3. Wem zeigt der Verkäufer den Ausgang? (der Herr)
    4. Wem zeigt der Verkäufer den Mantel? (dieser Herr)
    5. Wem empfiehlt die Verkäuferin ein Paar Skier? (das Mädchen)
    6. Wem empfiehlt die Verkäuferin den Anorak? (dieses Mädchen)
    7. Wem empfiehlt der Kellner den Wein? (der Herr)
    8. Wem gibt der Herr seine Adresse? (der Verkäufer)
    9. Wem gibt der Verkäufer die Rechnung? (diese Dame)
    10. Wem kauft Herr Müller ein neues Auto? (seine Tochter)
    11. Wem kauft Frau Müller einen Bücherschrank? (ihr Sohn)
    12. Wem schickt der junge Mann Blumen? (seine Freundin)
    13. Wem verkauft der Zeitungsverkäufer die Zeitung? (ein Herr)
    14. Wem bringt die Kellnerin die Speisekarte? (der Gast)
    15. Wem bringt der Kellner das Essen? (die Dame)

b. 1. Wem hilft der Polizist? (diese junge Dame)
    2. Wem hilft der Lehrer? (der Student)
    3. Wem hilft die Mutter? (das kleine Kind)
    4. Wem dankt das Kind? (die Mutter)
    5. Wem antwortet der Student? (sein Lehrer)
    6. Wem gefällt München nicht? (dieser Amerikaner)
    7. Wem gefällt Frankfurt nicht? (dieser Soldat)
    8. Wem gefällt der Junge? (die hübsche Studentin)
    9. Wem gefällt das Mädchen? (der nette Junge)
    10. Wem dankt Barbara für die Blumen? (ihr Freund)
    11. Wem steht der rote Anorak gut? (die hübsche Dame)
    12. Wem steht der weiße Anorak gut? (das große Mädchen)
    13. Wem steht der braune Anorak gut? (das kleine Kind)
    14. Wem paßt die Skihose nicht? (die alte Dame)
    15. Wem passen die Skistiefel nicht? (dieser alte Herr)
    16. Wem paßt der Anorak nicht? (der kleine Junge)
    17. Wem paßt das Kleid nicht? (das kleine Mädchen)

II. ERGÄNZEN SIE:

Beispiel:
Welches Auto gefällt Ihnen besser?   **Dieses** oder **das?**
_____ Anorak ist besser?   _____ oder ____ da?
_____ Anorak möchten Sie haben?   _____ oder ____ da?
_____ Hund gefällt Ihnen besser?   _____ oder ____ da?

LEKTION ZEHN: ÜBUNGEN

_____ Hund möchten Sie kaufen? _____ oder ____ da?
_____ Lampe möchten Sie kaufen? _____ oder ____ da?
_____ Brille steht mir besser? _____ oder ____ da?
_____ Radio möchten Sie? _____ oder ____ da?
Mit _____ Bus muß ich fahren? Mit _____ oder mit ____ dort?
Mit _____ Straßenbahn muß ich fahren? Mit _____ oder mit ____ dort?

III. ANTWORTEN SIE AFFIRMATIV MIT "JA" ODER "DOCH":

Haben Sie einen Bruder?
Haben Sie keinen Bruder?
Haben Sie ein Auto?
Haben Sie kein Auto?
Haben Sie eine Schwester?
Haben Sie keine Schwester?
Haben Sie das Schild nicht gesehen?
Haben Sie das Hotel gefunden?
Haben Sie das nicht gelernt?
Kennen Sie den Herrn nicht?

IV. ERGÄNZEN SIE DIE RICHTIGE FORM:

1. können: _____ er gut Deutsch sprechen?
2. können: _____ Sie mir sagen, wo das Hotel Regina ist?
3. müssen: _____ ich die Straßenbahn nehmen?
4. müssen: _____ Sie viel arbeiten?
5. wollen: Ich _____ am Fenster sitzen.
6. wollen: _____ wir mit dem Bus fahren?
7. sollen: _____ ich ein Taxi nehmen?
8. sollen: _____ wir die Straßenbahn nehmen?
9. dürfen: _____ wir hier bleiben?
10. dürfen: Man _____ hier nicht parken.
11. dürfen: Peter _____ nicht ins Kino gehen.
12. dürfen: Das _____ Sie nicht tun.
13. mögen: Ich _____ jetzt nicht arbeiten.
14. mögen: _____ Sie diesen Wein nicht?
15. mögen: Peter _____ keine Milch.
16. mögen: Wir _____ kein Bier.

LEKTION ZEHN: WORTSCHATZ

DER Satz (pl. Sätze) – sentence
der Verkehr – traffic

DAS Büro – office
das Essen – food (= dinner, luncheon, a meal)

DIE Innenstadt – city, downtown section
die Karte (pl. Karten) – ticket, card
die Oper (pl. Opern) – opera

---

alle – all
anstehen – to stand in line
braun – brown
erledigen – to get done, to take care of
erreichen – to reach
ganz – whole, all

ins – in das
leicht – easy
schrecklich – terrible
treffen (er trifft, hat getroffen) – to meet
verkaufen – to sell
zuerst – first, at first

WIEDERHOLUNGS-ÜBUNGEN

I. ERGÄNZEN SIE DIE RICHTIGE VERBFORM IM PRÄSENS:

a. haben: Ich _____ am 21. März Geburtstag.
   haben: Peter _____ heute keine Zeit.
   sein: Morgen _____ wir den ganzen Tag zu Hause.
   sein: Der Verkehr in der Innenstadt _____ immer schrecklich.
   sein: Seine Eltern _____ jetzt in Frankfurt.
   sein: Ich _____ wieder gesund.
   tun: Was _____ der Herr im Sessel?
   heißen: Der kleine Junge _____ Peter.
   brauchen: Wir _____ ein neues Auto.
   glauben: Ich _____, ich nehme diesen Mantel.
   passen: Die Stiefel _____ mir nicht.
   probieren: Elisabeth _____ das grüne Kleid.
   schicken: Der Verkäufer _____ Robert alles nach Hause.
   zeigen: Die Verkäuferin _____ dem Herrn den Ausgang.
   kennen: _____ Sie meine Frau?
   arbeiten: Er _____ sehr viel.
   kosten: Die Hose _____ 50 Mark.
   kosten: Die Skier _____ 360 Mark.
   antworten: Warum _____ Paul nicht?
   fahren: Mein Vater _____ morgen nach Berlin.
   gefallen: Das Bild _____ mir sehr gut.
   halten: Wo _____ der Bus zum Marienplatz?
   tragen: Wer _____ das Radio?
   sehen: Er _____ nicht gut.
   gehen: Elisabeth _____ morgen Ski laufen.
   helfen: Wer _____ mir?
   beachten: Der junge Mann _____ die Verkehrszeichen nicht.
   finden: Wir _____ unser Hotel nicht.
   finden: Der Herr _____ seinen Autoschlüssel nicht.
   nehmen: Meine Geschwister _____ Deutschstunden.
   nehmen: Die Dame _____ ein Taxi.
   sprechen: Eva _____ gut Deutsch.
   geben: Warum _____ er Ihnen das Buch nicht?
   lesen: _____ Barbara keine Zeitung?
   essen: Er _____ gerade.
   empfehlen: Der Verkäufer _____ diese Skier hier.
   laufen: Robert _____ nicht sehr gut Ski.
   werden: Trinken Sie Ihren Kaffee! Er _____ kalt.

b. dürfen: Ich _____ nicht zu viel trinken.
   dürfen: Die Kinder _____ heute das Fernsehprogramm sehen.

WIEDERHOLUNGS-ÜBUNGEN

können:	_____ ich Sie morgen im Büro erreichen?
können:	_____ Sie mir die Pension empfehlen?
mögen:	Unsere kleine Tochter _____ keine Milch.
mögen:	Die Studenten _____ nicht immer arbeiten.
müssen:	Herr Braun, Sie _____ mein neues Haus sehen.
müssen:	Ich _____ jetzt nach Hause gehen.
sollen:	Was _____ ich tun?
sollen:	_____ wir die Straßenbahn nehmen?
wollen:	Meine Schwester _____ nicht hier bleiben.
wollen:	Alle Studenten _____ eine gute Note bekommen.
wissen:	_____ Sie, wo Herr Huber wohnt?
wissen:	Unsere Lehrerin _____ es auch nicht.
"möchte":	_____ Sie eine Tasse Kaffee?

II. GEBEN SIE DEN IMPERATIV:

fahren:	Vorsicht! _____ nicht so schnell!
geben:	_____ mir Ihre Adresse!
beachten:	_____ die Verkehrszeichen!
fragen:	_____ einen Polizisten!
lesen:	_____ das bitte!

III. SETZEN SIE INS PERFEKT:

1. Wir haben leider nicht viel Zeit.
2. Ich bekomme eine gute Note.
3. Er zeigt mir den Brief nicht.
4. Schreiben Sie den Brief?
5. Wie lange bleiben Sie in Berlin?
6. Meine Frau glaubt das nicht.
7. Elisabeth braucht einen neuen Anorak.
8. Essen Sie im Hotel?
9. Paul fährt ins Gebirge.
10. Die Skihose paßt ihr nicht.
11. Finden Sie Ihren Autoschlüssel nicht?
12. Meine Schwester geht ins Kino.
13. Diese Skier kosten 250 Mark.
14. Hilft er Ihnen?
15. Warum kommen Paul und Eva nicht?

WIEDERHOLUNGS-ÜBUNGEN

16. Weiß er das nicht?
17. Ich bringe meiner Freundin Blumen.
18. Bezahlt Ihr Vater die Rechnung?
19. Fliegen Ihre Eltern nach Berlin?
20. Herr Müller verkauft sein Auto.
21. Lesen Sie dieses Buch?
22. Wir nehmen die Straßenbahn.
23. Elisabeth probiert das Kleid.
24. Ich sehe das Fernsehprogramm nicht.
25. Wir sind zu Hause.
26. Warum spricht er nicht mit Herrn Huber?
27. Wir wiederholen die Lektion.
28. Was trinken Sie?
29. Was tut er in Berlin?
30. Ich verstehe kein Wort.
31. Arbeiten Sie heute nicht?
32. Das Warenhaus schickt uns die Sachen.
33. Er gibt mir das Geld nicht.
34. Mein Freund empfiehlt dieses Hotel.
35. Wir laufen am Sonntag Ski.
36. Hier passieren viele Unfälle.
37. Das Programm gefällt mir nicht.

IV. ERGÄNZEN SIE DEN NOMINATIV, AKKUSATIV, ODER DATIV:

a.
Ihre Frau: Wie geht es _____?
der Polizist: Ich habe _____ gefragt.
sein Sohn: Er hat _____ ein neues Auto gekauft.
ein neuer Fernseher: Ich habe _____ gekauft.
der Ausgang: Ich kann _____ nicht finden.
unser Hausarzt: Der Herr dort drüben ist _____.
ein Polizist: Rufen Sie _____!
mein Freund: _____ ist ein Unfall passiert.
die Pension: Er hat mir _____ empfohlen.
mein Mann: Er hat _____ das Hotel empfohlen.
seine Freundin: Robert schickt _____ Blumen.
der Gast: Die Kellnerin bringt _____ ein Glas Bier.
der Brief: Ich habe _____ nicht bekommen.
meine Mutter: Ich habe _____ einen Brief geschrieben.
dieser Soldat: Kennen Sie _____?
welcher Junge: _____ haben Sie das Buch gegeben?
welcher Student: _____ haben Sie gefragt?

WIEDERHOLUNGS-ÜBUNGEN

ihre Kinder:	Kennen Sie _____ ?
ein Diplomat:	Das Haus dort gehört _____ .
Ihr Bleistift:	Ist das _____ ?
der Kugelschreiber:	Haben Sie _____ gefunden?
das Bild:	Gefällt Ihnen _____ ?
ihre Freundin:	Hat Eva _____ geantwortet?
dieses junge Mädchen:	Das weiße Kleid steht _____ gut.
der kleine Junge:	Die Skihose paßt _____ nicht.
mein alter Fernseher:	Ich habe _____ verkauft.
die alte Dame:	Peter hat _____ geholfen.
ein hübsches Mädchen:	Das schicke Auto dort gehört _____ .
der Schutzmann:	Was haben Sie _____ geantwortet?
kein Reisepaß:	Haben Sie _____ ?
der alte Herr:	_____ gefällt das Bild sehr gut.

b. 1. Ist dies (your new) Auto?
2. Möchten Sie (a blue) Anorak?
3. Haben Sie (this American) Zeitung gelesen?
4. Kennen Sie (her little) Sohn?
5. Ich habe (no big) Bücherschrank.
6. Wie heißt (the pretty) Mädchen dort?
7. Suchen Sie (your) Brieftasche?
8. Gehört das Auto (their) Tochter?
9. Frankfurt gefällt (my) Frau nicht.
10. (To her) Bruder ist ein Unfall passiert.
11. Er sucht (his) Schlüssel.
12. Kennen Sie (his) Frau?
13. Ein Freund hat (my) Sohn das Hotel empfohlen.
14. Eva hat (her) Mutter (a new) Kleid gekauft.
15. Peter hat (his) Freundin Blumen gebracht.
16. Wie geht es (his) Schwester?
17. (The tall) Herr dort drüben ist (our) Lehrer.
18. Hat Paul (his) Vater (a) Brief geschrieben?
19. Warum helfen Sie (the old) Dame nicht?
20. Die Verkäuferin zeigt (the) Herrn (the) Ausgang.

V. PRÄPOSITIONEN. ERGÄNZEN SIE DEN AKKUSATIV ODER DATIV:

a. unsere Lehrerin: Wir haben mit _____ gesprochen.
   ein deutscher Soldat: Der Reisepaß ist für _____ .
   sein Vater: Er fährt ohne _____ nach Amerika.

WIEDERHOLUNGS-ÜBUNGEN

ein reicher Mann:	Sie ist mit _____ verheiratet.
die Straßenbahn:	Wir sind mit _____ gefahren.
ihr Junge:	Sie hat von _____ einen Brief bekommen.
ein kleiner Park:	Ich bin durch _____ gegangen.
eine junge Dame:	Die Blumen sind für _____.
welcher Student:	Von _____ haben Sie das Buch bekommen?
die Bank:	Das Kino ist gegenüber _____.
Ihre Schwester:	Fahren Sie ohne _____?
dieser Herr:	Ist der Mantel für _____?
ihr Bruder:	Frau Huber hat bei _____ gewohnt.
die Apotheke:	Das Hotel Aurora ist gleich bei _____.
ein Baum:	Er ist gegen _____ gefahren.
das Schloß:	Die Kirche ist bei _____.
ein Monat:	Meine Eltern wohnen seit _____ hier.
die nächste Polizeiwache:	Wie komme ich zu _____?
der Flughafen:	Fahren Sie jetzt zu _____?
die Einsteinstraße:	Fahren Sie bis zu _____!
das Reisebüro:	Die Pension ist nach _____.
die Tankstelle:	Fahren Sie nach _____ links!
ein Jahr:	Nach _____ hat er mir geschrieben.
die Paulskirche:	Er ist gerade aus _____ gekommen.
das alte Rathaus:	Fahren Sie links um _____, dann rechts!
diese Skier:	Was haben Sie für _____ bezahlt?

b. ERGÄNZEN SIE DIE DEUTSCHE PRÄPOSITION:

1. Gehen Sie links (around) die Ecke!
2. Frau Müller ist (without) ihren Mann nach London geflogen.
3. (After) einem Jahr hat er mir geschrieben.
4. Ich bin (with) meiner Schwester ins Kino gegangen.
5. Er hat in Berlin (with) seinem Bruder gewohnt.
6. Das Hotel ist gleich (near) der Paulskirche.
7. Das Warenhaus ist (across from) dem Bahnhof.
8. Der Polizist ist gerade (out of) der Polizeiwache gekommen.
9. Er ist (against) ein Haus gefahren.
10. Sind die Blumen (for) mich?
11. Gehen Sie (through) den Park, dann links!
12. Fahren Sie jetzt (to the) Bahnhof?
13. Ich habe meinen Bruder (since) einem Jahr nicht gesehen.
14. Er hat das Haus (from) einem reichen Mann gekauft.

WIEDERHOLUNGS-ÜBUNGEN

VI. ERGÄNZEN SIE DAS PERSONALPRONOMEN:

1. Helfen Sie (me)!
2. Kennen Sie (him)?
3. Gefällt (you) München?
4. Haben Sie (her) geantwortet?
5. Bringen Sie (us) bitte eine Flasche Wein!
6. Warum haben Sie (them) keinen Brief geschrieben?
7. Haben Sie (her) verstanden?
8. Haben Sie (them) gefragt?
9. Wie geht es (you)?
10. Ist (you) ein Unfall passiert?
11. Ich verstehe (you) nicht.
12. Nehmen Sie diesen Anorak? Ja, ich nehme (it).
13. Können Sie den Schlüssel nicht finden? Nein, ich kann (it) nicht finden.
14. Haben Sie (him) das Buch gezeigt?
15. Hat er (you) gedankt?
16. Paßt Ihnen die Skihose? Ja, (it) paßt mir.
17. Haben Sie die Lektion wiederholt? Ja, ich habe (it) wiederholt.
18. Wer hat (you) dieses schmutzige Hotel empfohlen?
19. Hören Sie die Musik? Ja, ich höre (it).
20. Haben Sie (to her) Blumen geschickt?
21. Kaufen Sie das alte Auto? Ja, ich kaufe (it).
22. Ist das Buch für (you)?
23. Fährt Peter mit (you)?
24. Wohnt Eva bei (her)?
25. Haben Sie einen Brief von (them) bekommen?
26. Suchen Sie (me)?
27. Fliegen Sie ohne (her)?

VII. ERGÄNZEN SIE DAS DEMONSTRATIVPRONOMEN:

Welches Haus gehört Herrn Müller?	(This one) gehört ihm.
Welchen Mantel nehmen Sie?	Ich nehme (this one).
Welche Lampe gefällt Ihnen?	(That one) dort gefällt mir.
Welcher Hund gehört Ihrem Bruder?	(That one) da drüben gehört ihm.
Welche Skier nehmen Sie?	Ich nehme (these) hier.

WIEDERHOLUNGS-ÜBUNGEN

VIII.   ERGÄNZEN SIE DAS FRAGEWORT:

1. Von (whom) haben Sie das gehört?
2. (Whom) haben Sie gefragt?
3. (Who) hat das gesagt?
4. Mit (whom) sind Sie ins Gebirge gefahren?
5. (What) haben Sie geschrieben?
6. (To whom) ist der Unfall passiert?
7. (Who) hat Ihnen geholfen?
8. (Whom) haben Sie geholfen?
9. (Who) ist der alte Herr da drüben?
10. (Where) arbeitet er?
11. (Where) fahren Sie übermorgen?
12. (Why) haben Sie mich nicht gefragt?
13. (How) alt ist Ihre Freundin?
14. (How much) haben Sie dafür bezahlt?
15. (How many) Kinder haben Sie?
16. (When) kommt Ihre Frau nach Deutschland?
17. (Which) Anorak nehmen Sie?
18. (Which) Straßenbahn fährt zum Karlsplatz?
19. Mit (which) Bus sind Sie gekommen?
20. (Which) Buch lesen Sie gerade?
21. Mit (which) Verkäuferin haben Sie gesprochen?
22. (Which) Wort verstehen Sie nicht?

IX.   LESEN SIE LAUT:

1. Heute ist der 17. November.
2. Der 1. Mai ist ein Sonntag.
3. Mein Freund kommt am 23. Juni nach München.
4. Am 3. August ist sein 70. Geburtstag.
5. Morgen hat mein Vater seinen 50. Geburtstag.
6. Der 7. Dezember ist ein Dienstag.
7. Wir fahren am 8. Februar nach Hause.

WIEDERHOLUNGS-ÜBUNGEN

X. ERGÄNZEN SIE DIE PLURALFORM:

Oper:	Ich habe in Berlin zwei _____ gehört.
die Karte:	Haben Sie _____ bekommen?
die Sache:	Das Warenhaus schickt uns _____ morgen.
diese Farbe:	_____ sind sehr schön.
Unfall:	Meine Frau hat schon zwei _____ gehabt.
das Schild:	Er hat _____ nicht gesehen.
Jahr:	Peter ist zwölf _____ alt.
Monat:	Wir haben zwei _____ in Bonn gewohnt.
Woche:	Er ist drei _____ dort geblieben.
Bruder:	Herr Huber hat zwei _____.
meine Schwester:	_____ sind auch nach Köln geflogen.
Kind:	Wir haben drei _____.
Sohn:	Müllers haben drei _____.
welches Buch:	_____ haben Sie gekauft?
diese Dame:	_____ sind keine Amerikanerinnen.
die Verkäuferin:	_____ sind sehr nett gewesen.
der Schlüssel:	_____ passen nicht.

XI. BEGINNEN SIE MIT DEM FETTGEDRUCKTEN AUSDRUCK:

1. Gestern ist **ihm** ein Unfall passiert.
2. Die Verkäuferin hat **diesen Mantel** empfohlen.
3. Er hat **mir** die Adresse nicht gegeben.
4. Ich bin **mit meinem Bruder** nach Berlin geflogen.
5. Er hat **am 20. Mai** Geburtstag.

LEKTION ELF

Gestern haben Robert und Elisabeth nicht alles erledigen können. Sie haben heute noch einmal in die Stadt fahren müssen. Für eine Reise braucht man vor allen Dingen Geld. Deshalb sind sie zuerst zur Bank gegangen, denn Robert hat einen Reisescheck einlösen wollen. Er hat auch seine Dollars in Mark umwechseln müssen.

Dann haben sie ihre Fahrkarten am Bahnhof holen müssen.
Später sind sie noch einmal zum Warenhaus gegangen, denn Elisabeth hat einen Schal umtauschen wollen. Aber Elisabeth hat den Schal einmal getragen. Deshalb hat die Verkäuferin ihn nicht umtauschen dürfen.

Jetzt haben sie alles für ihre Reise. Sie haben nichts vergessen.
Alles, was sie jetzt noch brauchen, sind Sonne und Schnee im Gebirge.

ÜBEN SIE:

Ich habe Sie gestern sprechen wollen.
Der Herr hat einen Reisescheck einlösen wollen.
Die Dame hat einen Schal umtauschen wollen.
Er hat seine Dollars in Mark umwechseln wollen.

Ich habe Sie nicht erreichen können.
Ich habe die Karten für die Oper bekommen können.
Wir haben keinen Parkplatz finden können.
Robert und Elisabeth haben nicht alles erledigen können.

Wir haben anstehen müssen.
Wir haben noch einmal in die Stadt fahren müssen.
Sie haben ihre Fahrkarten am Bahnhof holen müssen.
Er hat lange einen Parkplatz suchen müssen.

Die Verkäuferin hat den Schal nicht umtauschen dürfen.
Das Mädchen hat in die Oper gehen dürfen.
Ich habe am Rathaus nicht parken dürfen.
Peter hat das Fernsehprogramm nicht sehen dürfen.

Ich habe mein Auto reparieren lassen.
Ich habe mein Auto waschen lassen.
Ich habe das Öl wechseln lassen.
Er hat Eva Blumen schicken lassen.

LEKTION ELF

KONVERSATION

A: Entschuldigen Sie bitte, daß wir so spät kommen. Aber wir haben vier Stunden bis hierher gebraucht.
B: Haben Sie denn nicht die Autobahn genommen?
A: Doch, aber da war sehr starker Verkehr und auch eine Umleitung.
B: Ach, du liebe Zeit! Wieso eine Umleitung? Was war denn los?
A: Eine Baustelle. Wir mußten dann die Nebenstraßen nehmen.
B: War da auch viel Verkehr?
A: Der Verkehr war nicht so schlimm. Aber zwei Lastwagen waren zusammengestoßen und blockierten eine Stunde lang den ganzen Verkehr.
B: Ja, ja! Die Leute fahren nicht vorsichtig genug, nicht wahr? Einige fahren wie verrückt. Die Hauptsache ist, Sie sind hier.

IDIOMS AND USEFUL EXPRESSIONS

Ach, du liebe Zeit!	– Heavens. My goodness.
Was war denn los?	– What was the matter? / What happened?
Was ist los?	– What is the matter?
Wir haben vier Stunden bis hierher gebraucht.	– It took us four hours to get here.
vor allen Dingen	– above all

LEKTION ELF: GRAMMATIK

A. The **PRESENT PERFECT OF MODAL AUXILIARIES:**

Modal auxiliaries usually modify another verb which then stands in the infinitive:

Ich **muß** viel **arbeiten.**
Kann ich Ihnen **helfen?**

When modifying another verb, the present perfect of modal auxiliaries is formed by the present tense of "haben" and two infinitives, the so-called "double infinitive". The infinitive of the modified verb is followed by the infinitive of the modal auxiliary.

PRESENT PERFECT of MODAL AUXILIARIES: HABEN + DOUBLE INFINITIVE

Ich habe Sie nicht **erreichen können.**   — I have not been able to reach you.
Sie haben in die Stadt **fahren müssen.**   — They had to go downtown.
Sie hat einen Schal **umtauschen wollen.**   — She wanted to exchange a scarf.
Die Verkäuferin hat den Schal nicht **umtauschen dürfen.**   — The saleslady was not allowed to exchange the scarf.

B. **NICHT WAHR?**

"nicht wahr?" placed at the end of a statement, is the equivalent of those rhetorical questions following a statement in English:

Sie haben anstehen müssen, nicht wahr?   — You had to stand in line, didn't you?

Sie sind in der Stadt gewesen, nicht wahr?   — You were downtown, weren't you?

Sie haben das nicht gewußt, nicht wahr?   — You did not know that, did you?

Das ist sehr schön, nicht wahr?   — That's very nice, isn't it?

C. **LASSEN + INFINITIVE**

To express English "to have something done", German uses "lassen + infinitive". The tenses are formed as with modal auxiliaries:

Ich lasse mein Auto waschen.   — I have my car washed.
Ich habe mein Auto waschen lassen.   — I (have) had my car washed.

LEKTION ELF: ÜBUNGEN

A. MODALVERBEN. SETZEN SIE (change to) INS PERFEKT:

1. Ich will Sie sprechen.
2. Ich kann Sie im Büro nicht erreichen.
3. Ich muß so viel erledigen.
4. Können Sie Karten für die Oper bekommen?
5. Müssen Sie anstehen?
6. Er kann keinen Parkplatz finden.
7. Elisabeth und Robert können nicht alles erledigen.
8. Wir wollen einen Reisescheck einlösen.
9. Er muß seine Dollars in Mark umwechseln.
10. Die Studenten müssen ihre Fahrkarten am Bahnhof holen.
11. Elisabeth will einen Schal umtauschen.
12. Die Verkäuferin darf den Schal nicht umtauschen.
13. Die Dame will viel erledigen.
14. Wir müssen die Straßenbahn nehmen.
15. Der junge Mann kann seine Rechnung nicht bezahlen.
16. Die Kinder dürfen das Fernsehprogramm nicht sehen.
17. Wir dürfen im Kino nicht rauchen.
18. Er läßt sein Auto reparieren.
19. Ich lasse das Öl wechseln.
20. Er läßt ihr Blumen schicken.

B. ÜBERSETZEN SIE INS DEUTSCHE:

I. 1. Six persons are in the living room.
2. Mother is taking a cigarette.
3. Father is reading the newspaper.
4. Paul is talking to Peter.
5. Peter is eating an apple.
6. Eva is just coming through the door.
7. The little girl is helping Eva.
8. She is carrying a vase.
9. She is bringing fresh water for the flowers.
10. Mother is wearing a beautiful dress.
11. I am coming.
12. Are you reading an interesting book?
13. Is he working?
14. What is he doing?
15. Where are you going?

LEKTION ELF: ÜBUNGEN

II.
1. Go straight ahead, then to the left.
2. Take a taxi.
3. Write the letter.
4. Call the police.
5. Read the book.
6. Let's go to a restaurant.
7. Let's walk.
8. Let's drink a glass of beer.
9. Let's stay here.
10. Don't drive too fast.

III.
1. Can I walk or do I have to take the streetcar?
2. You cannot walk. You must take a streetcar or a taxi.
3. Is he able to do that?
4. I am not supposed to smoke so much.
5. He wants to learn German.
6. Do you want to buy this car?
7. May I see the picture?
8. The little girl is not allowed to see the TV program.
9. Can you tell me where the station is?
10. One is supposed to drive slowly.
11. Shall we study the new lesson for tomorrow?
12. Don't you want to come with us?
13. Which dress would you like to have?
14. We would like to stay, but we cannot.
15. Do you know the word? No, I don't know it.

IV.
1. This is a comfortable easy-chair.
2. He has a beautiful old piano.
3. Would you like a small or a large bookcase?
4. We bought a large round table.
5. He is not a poor man. He is very rich.
6. Is this your new umbrella?
7. Do you know our little son?
8. Do you have an empty bottle?
9. I saw her yesterday with a young man.
10. The saleslady recommended the parka to the young lady.

V.
1. Does this book belong to the young lady? Yes, it belongs to her.
2. Which car belongs to his brother?
3. What happened to the child?
4. What happened to your mother?
5. How is your father? He is fine.

LEKTION ELF: ÜBUNGEN

6. Is he helping his son? Yes, he is helping him.
7. The green ski pants look nice on the young girl.
8. I thank you.
9. Did you give your address to the salesman or to the saleslady?
10. She showed the exit to the gentleman.

VI.
1. When did he bring the flowers?
2. Did you walk downtown?
3. What did you do on Sunday?
4. When did you come to Germany?
5. Why didn't you write the letter?
6. We were looking for an inexpensive hotel.
7. Did they talk to Peter?
8. Did you hear that?
9. What did you order?
10. Who helped you?
11. Was she at home yesterday?
12. Did she pay the bill?
13. Why didn't he come?
14. Did the class begin at eight o'clock?
15. Did you like Berlin?
16. Where did they live?
17. Did he know that?
18. Who said that?
19. We stayed there only an hour.
20. Did you find your pencil?

VII.
1. Yesterday I was not able to get everything done.
2. Robert first had to go to the bank.
3. Then they had to get their tickets at the station.
4. I wanted to talk to you yesterday.
5. I could not reach you.
6. He was not able to get the tickets for the opera.
7. Could you find a parking lot?
8. Did you have to work yesterday?
9. His wife had to cash a traveler's check.
10. He had to change his dollars to marks.
11. The lady wanted to exchange a scarf.
12. The saleslady was not allowed to exchange it.
13. He had his car repaired yesterday.
14. We had the oil changed.
15. Did you have your car washed?

LEKTION ELF: WORTSCHATZ

DER Dollar (pl. Dollars) – dollar
der Lastwagen (pl. Lastwagen) – truck
der Reisescheck (pl. Reisechecks) –
   traveler's check
   (comp.: die Reise – travel
   der Scheck – check)
der Schal (pl. Schals) – scarf
der Scheck (pl. Schecks) – check
der Schnee – snow

DAS Ding (pl. Dinge) – thing
das Öl – oil

DIE Autobahn – German highway
die Baustelle – construction site
die Fahrkarte (pl. Fahrkarten) –
   ticket (for trains, busses etc.)
die Hauptsache – main thing
die Leute (plural) – people, persons
die Nebenstraße (pl. Nebenstraßen) –
   secondary road
die Sonne – sun
die Umleitung – detour

---

blockieren – to block, to hold up
brauchen – (in expressions of time)
   to take
denn (conjunction) – for, because
denn – as fillword not to be
   translated
einige – some (plural)
einlösen – to cash
genug – enough
hierher – (to) here
holen – to fetch, to go and get
lassen (läßt), gelassen – to let, to leave
   ich habe mein Auto
   waschen lassen – I had my
   car washed
nichts – nothing
reparieren – to repair

später – later
stark – strong, (here:) heavy
stoßen (stößt), gestoßen – to push
übersetzen – to translate
umtauschen – to exchange (goods)
umwechseln – to exchange (money)
vergessen (vergißt), vergessen – to forget
verrückt – mad, crazy
vorsichtig – careful, cautious
waschen (wäscht), gewaschen – to wash
wechseln (ich wechsle) – to change
wie – (here:) like
wieso? – how come?
zusammen – together
zusammenstoßen (stößt zusammen),
   ist zusammengestoßen – to collide

LEKTION ZWÖLF

Gestern passierte am Bismarckplatz ein Unfall. Ein junger Mann überholte ein anderes Auto. Er fuhr sehr schnell, mindestens achtzig Kilometer. Er beachtete die Verkehrszeichen nicht. Er fuhr gegen einen Baum. Das andere Auto hielt. Eine Dame ging in eine Telefonzelle. Sie telefonierte. Sie rief die Funkstreife. Die Funkstreife kam sehr schnell. Der Polizist fragte den jungen Mann sehr viel. Er wollte seinen Führerschein sehen. Aber der junge Mann hatte keinen Führerschein. Das war für den Schutzmann zu viel. Er wurde böse und brachte den jungen Mann zur Polizeiwache.

ÜBEN SIE:

I. Der Schutzmann fragte den jungen Mann.
Herr Huber sagte das.
Wir kauften ein neues Auto.
Ich parkte am Rathaus.
Der Herr rauchte eine Pfeife.
Ich suchte mein Buch.
Der Herr und die Dame wohnten im Hotel Regina.
Die Skihose paßte der Dame nicht.
Der Verkäufer schickte uns die Sachen.
Ich bestellte ein Glas Bier.
Mein Freund bezahlte die Rechnung.
Ich erledigte gestern viel.
Elisabeth probierte einen Anorak.
Wir wiederholten die Lektion.
Der junge Mann beachtete die Verkehrszeichen nicht.
Das Feuerzeug kostete vierzig Mark.
Wir arbeiteten sehr viel.
Er antwortete nicht laut.
Ich wußte das nicht.
Die Kellnerin brachte die Speisekarte.
Ich kannte seinen Bruder gut.
Die Dame hatte kein Geld.
Der Polizist wollte den Führerschein sehen.
Ich konnte Sie nicht erreichen.
Die Kinder durften das Fernsehprogramm nicht sehen.
Wir mußten die Rechnung bezahlen.
Ich sollte ihn gestern treffen.
Er mochte den saueren Wein nicht.

LEKTION ZWÖLF

II. Das andere Auto hielt.
Die Dame rief die Funkstreife.
Ich sah das Schild nicht.
Peter tat das nicht.
Barbara half Eva.
Ich nahm ein Taxi.
Wir sprachen nur Deutsch.
Wir fanden die Haltestelle nicht.
Ich las die Zeitung.
Wir saßen am Fenster.
Der Junge aß einen Apfel.
Links stand ein Sofa.
Das Mädchen trug die Vase.
Ich schrieb einen Brief.
Wir tranken ein Glas Bier.
Frankfurt gefiel uns gut.
Ein schönes Bild hing im Wohnzimmer.
Ich verstand den Mann nicht.
Der Verkäufer empfahl mir diese Skier.
Ich gab ihm das Geld.
Der rote Anorak stand der Dame gut.
Ich traf gestern meinen Freund.
Die Studenten vergaßen ihr Buch.
Herr und Frau Müller waren nicht zu Hause.
Die Dame ging in die Telefonzelle.
Wir blieben eine Stunde dort.
Die Funkstreife kam sehr schnell.
Der Polizist wurde böse.
Wir fuhren in die Stadt.
Die Klasse begann um neun Uhr.
Ich bekam einen Schock.

III. Er vergaß, die Rechnung zu bezahlen.
Elisabeth versprach zu kommen.
Ich versuchte, Sie zu erreichen.
Der Verkäufer empfahl mir, dieses Auto zu kaufen.

LEKTION ZWÖLF

AUS BAYERNS GESCHICHTE

Bayern wurde im Jahre 1806 durch Napoleon ein Königreich. Der erste König war Max I. (= der Erste) Joseph.

Sein Sohn, **König Ludwig I.**, regierte von 1825 – (= bis) 1848. Er machte München durch wichtige Bauten, Kirchen und Straßen berühmt, z.B. (= zum Beispiel) die Ludwigstraße mit der Ludwigskirche, die Alte Pinakothek, die Universität und die Bauten am Königsplatz. König Ludwig liebte schöne Frauen. Seine Künstler malten für ihn die schönsten Frauen Münchens. Diese Bilder hängen jetzt im Schloß Nymphenburg. Auch eine "spanische" Tänzerin, Lola Montez, gefiel dem König sehr gut, zu gut. Sie hatte großen Einfluß auf den König, aber die Münchner Bürger haßten sie. Im Jahre 1848 war in ganz Deutschland und auch in München eine Revolution. Ludwig dankte ab. Seine Freundin Lola mußte aus München fliehen. Sie ging später nach Amerika und starb in New York.

Ludwigs Sohn, **König Maximilian II.** (= der Zweite), übernahm die Regierung. Als er 1864 starb, wurde sein achtzehnjähriger Sohn Ludwig König von Bayern.

Dies war der romantische **König Ludwig II.** Er liebte vor allen Dingen Wagners Opern und holte den Komponisten nach München. Nur mit Hilfe Ludwigs konnte Richard Wagner seine Opern "Die Meistersinger" und "Der Ring des Nibelungen" vollenden. Ludwig II. baute die berühmten Schlösser Neuschwanstein, Linderhof und Herrenchiemsee. Aber für diese Schlösser brauchte der König zu viel Geld. Die Regierung wollte ihn deshalb zwingen abzudanken. Nachts brachte man den König gegen seinen Willen in das Schloß Berg am Starnberger See. Einen Tag später ertrank der König zusammen mit seinem Arzt im See (1886). Niemand weiß genau, was wirklich passierte. Das Volk hatte ihn sehr geliebt. Er war wie ein Märchenkönig.

Nach dem ersten Weltkrieg wurde das Königreich Bayern im Jahre 1918 eine Republik.

LEKTION ZWÖLF: GRAMMATIK

A. The **PAST TENSE** (das Imperfekt):

The English past tense is formed by adding -ed or -d to the regular verbs, i.e. I worked, he looked, we liked etc. Irregular verbs add no ending, i.e. I knew, she went, you bought, we brought etc.

German has two sets of endings to form the past tense (= second principal part):

I. The **weak endings**:

$$\left.\begin{array}{l}\text{ich}\\ \text{er, es, sie}\end{array}\right\} \text{-te (-ete)*}$$

$$\left.\begin{array}{l}\text{wir}\\ \text{Sie}\\ \text{sie}\end{array}\right\} \text{-ten (-eten)}$$

* "e" is inserted before the ending if the stem of the verb ends in -t or -d.

These weak endings are added:

1. to the unchanged stem of weak (= regular) verbs.
2. to the changed stem of irregular verbs.**
3. to the stem of modal auxiliaries without "Umlaut".

** the vowel is the same as for the past participle.

1.

INFINITIVE:	kaufen	suchen	studieren	arbeiten
ich / er, es, sie	kauf**te**	such**te**	studier**te**	arbeit**ete**
wir / Sie / sie	kauf**ten**	such**ten**	studier**ten**	arbeit**eten**

144

LEKTION ZWÖLF: GRAMMATIK

2.
INFINITIVE:	bringen	kennen	wissen	haben
ich / er, es, sie	brach**te**	kann**te**	wuß**te**	hat**te***
wir / Sie / sie	brach**ten**	kann**ten**	wuß**ten**	hat**ten**

3.
INF.:	dürfen	können	mögen	müssen	sollen	wollen
ich / er, es, sie	durf**te**	konn**te**	moch**te***	muß**te**	soll**te**	woll**te**
wir / Sie / sie	durf**ten**	konn**ten**	moch**ten**	muß**ten**	soll**ten**	woll**ten**

* Notice the changed stem of "haben" and "mögen".

IMPORTANT: Watch the English meaning of the past tense of modal auxiliaries:

ich durfte	–	I was allowed to
ich konnte	–	I was able to, I could
ich mochte	–	I liked
ich mußte	–	I had to
ich sollte	–	I was supposed to
ich wollte	–	I wanted to

LEKTION ZWÖLF: GRAMMATIK

II. The **strong endings**:

```
ich    ⎫
er, es, sie ⎬ — —

wir    ⎫
Sie    ⎬ — en
sie    ⎭
```

They are added to the second principal part of strong verbs:

INF.:	kommen	fahren	bleiben	sehen	tun	sein	werden
ich / er, es, sie	kam	fuhr	blieb	sah	tat	war	wurde*
wir / Sie / sie	kam**en**	fuhr**en**	blieb**en**	sah**en**	tat**en**	war**en**	wurd**en**

* Notice the irregular form of "werden".

III. **Usage of the past tense:** For most practical purposes, the past tense and the present perfect may be used interchangeably. The present perfect is preferred in conversational German. There is no difference in meaning between the two tenses, e.g.

Wir gingen in die Stadt.
Wir sind in die Stadt gegangen. } – We went downtown.

Ich las das Buch.
Ich habe das Buch gelesen. } – I (have) read the book.

The past tense is used most often in the written language for narrations, reports, historical descriptions, etc.

LEKTION ZWÖLF: GRAMMATIK

IV. 1. **Principal parts of strong verbs used in lessons 1–12.**

INFINITIVE	PAST	PAST PARTICIPLE	ENGLISH
beginnen	begann	begonnen	begin, start
bleiben	blieb	ist geblieben	stay, remain
empfehlen (empfiehlt) *	empfahl	empfohlen	recommend
essen (ißt)	aß	gegessen	eat
fahren (fährt)	fuhr	ist gefahren	drive, ride, go
finden	fand	gefunden	find
fliegen	flog	ist geflogen	fly
fliehen	floh	ist geflohen	flee
geben (gibt)	gab	gegeben	give
gefallen (gefällt)	gefiel	gefallen	like, be pleasing
gehen	ging	ist gegangen	go
hängen	hing	gehangen	hang
halten (hält)	hielt	gehalten	stop, hold
heißen	hieß	geheißen	be called
helfen (hilft)	half	geholfen	help
kommen	kam	ist gekommen	come
bekommen**	bekam	bekommen	receive, get
lassen (läßt)	ließ	gelassen	let, leave
laufen (läuft)	lief	ist gelaufen	run
lesen (liest)	las	gelesen	read
liegen	lag	gelegen	lie, be located
nehmen (nimmt)	nahm	genommen	take
rufen	rief	gerufen	call
schreiben	schrieb	geschrieben	write
beschreiben**	beschrieb	beschrieben	describe
sehen (sieht)	sah	gesehen	see
sein (ist)	war	ist gewesen	be
sitzen	saß	gesessen	sit
sprechen (spricht)	sprach	gesprochen	speak
versprechen (verspricht)	versprach	versprochen	promise
stehen	stand	gestanden	stand
verstehen	verstand	verstanden	understand
sterben (stirbt)	starb	ist gestorben	die
steigen**	stieg	ist gestiegen	climb
stoßen (stößt)	stieß	gestoßen	push
tragen (trägt)	trug	getragen	carry, wear
treffen (trifft)	traf	getroffen	met, hit
trinken	trank	getrunken	drink
ertrinken	ertrank	ist ertrunken	drown

147

LEKTION ZWÖLF: GRAMMATIK

tun	tat	getan	do
vergessen (vergißt)	vergaß	vergessen	forget
waschen (wäscht)	wusch	gewaschen	wash
werden (wird)	wurde	ist geworden	become
zwingen	zwang	gezwungen	force, compel

* In parentheses, the 3rd person singular of the present tense is given only if there is a vowel or consonant change.

** Verbs with prefixes have the same vowel change as have the simple verbs. Similarly: umsteigen, stieg ... um, ist umgestiegen = to transfer; zusammenstoßen (stößt zusammen), stieß ... zusammen, ist zusammengestoßen = to collide.

2. **Principal parts of irregular verbs used in lessons 1–12:**

INFINITIVE	PAST	PAST PARTICIPLE	ENGLISH
bringen	brachte	gebracht	bring
haben (hat)	hatte	gehabt	have
kennen	kannte	gekannt	know (persons, places, things)
wissen (weiß)	wußte	gewußt	know (facts)

3. **Principal parts of all modal auxiliaries**

INFINITIVE	PAST	DOUBLE INFINITIVE (instead of past part. if modifying a verb)	ENGLISH
dürfen (darf)	durfte	infinitive + dürfen	may, be allowed to
können (kann)	konnte	infinitive + können	can, be able to
mögen (mag)	mochte	infinitive + mögen	like
müssen (muß)	mußte	infinitive + müssen	must, have to
sollen (soll)	sollte	infinitive + sollen	be supposed to
wollen (will)	wollte	infinitive + wollen	want to

Note: "lassen" when modifying another verb:

lassen (läßt)	ließ	infinitive + lassen	to have something done

LEKTION ZWÖLF: GRAMMATIK/ÜBUNGEN

B. The **INFINITIVE WITH "ZU"**: In general, the infinitive with "zu" is used in German the same way as in English. Infinitives used with modal auxiliaries never take "zu". The infinitive with "zu" stands at the end of the clause:

      Er vergaß, die Rechnung zu bezahlen.   – He forgot to pay the bill.
But: Er wollte die Rechnung bezahlen.   – He wanted to pay the bill.

With certain prefixes (called "separable prefixes") "zu" goes between prefix and infinitive:

      Ich vergaß, den Scheck einzulösen.   – I forgot to cash the check.
      Sie zwangen den König abzudanken.   – They forced the king to abdicate.

ÜBUNGEN

I. ERGÄNZEN SIE DAS VERB IM IMPERFEKT:

haben:	Ich _____ Hunger.	
wollen:	Der Herr _____ ein Buch kaufen.	
lieben:	Der junge Mann _____ ein hübsches Mädchen.	
geben:	Der Verkäufer _____ dem Herrn die Rechnung.	
sagen:	Die Dame _____ etwas auf deutsch.	
helfen:	Der Polizist _____ der alten Frau.	
müssen:	Wir _____ einen Parkplatz suchen.	
gehen:	Ich _____ gestern in die Stadt.	
fahren:	Der Mann _____ gegen eine Telefonzelle.	
sein:	Wo _____ Sie gestern?	
studieren:	Mein Bruder _____ in Heidelberg.	
fliehen:	Viele Leute _____ aus Rußland.	
bekommen:	Wir _____ einen Brief von ihm.	
schreiben:	Das Mädchen _____ einen langen Brief.	
gefallen:	Die Geschichte _____ mir gut.	
kosten:	Das Zimmer _____ zwanzig Mark pro Tag.	
stehen:	Ein Mann _____ an der Ecke.	
kommen:	Mein Freund _____ nicht.	
sitzen:	Viele Leute _____ im Restaurant.	
dürfen:	Im Krankenhaus _____ ich natürlich nicht rauchen.	
treffen:	Wir _____ unseren Freund gestern.	
vergessen:	Ich _____ meinen Schlüssel.	
suchen:	Wir _____ einen Parkplatz.	
beachten:	Er _____ mich nicht.	

LEKTION ZWÖLF: ÜBUNGEN

bleiben: Meine Eltern _____ nicht lange hier.
beginnen: Die Ferien _____ am 24. Juli.
sprechen: Der Kellner _____ nicht Englisch.
arbeiten: Ich _____ den ganzen Tag.
versprechen: Er _____, um acht Uhr zu kommen.
rufen: Die Dame _____ die Polizei.
sehen: Wir _____ ihr neues Haus.
versuchen: Meine Geschwister _____, mich zu erreichen.
finden: Seine Mutter _____ ihre Brille nicht.
empfehlen: Die Kellnerin _____ uns diesen Wein.
bringen: Der Kellner _____ uns die Rechnung.
halten: Der Bus _____ am Bahnhof.
wissen: Der Student _____ die Antwort nicht.
trinken: Das Kind _____ ein Glas Milch.
erreichen: Meine Freundin _____ mich gestern nicht.
essen: Wir _____ bei unserer Freundin.
laufen: Ich _____ schnell zum Briefkasten.
sterben: Sein Vater _____ im Mai.
tragen: Peter _____ ein großes Radio.
können: Ich _____ der Dame leider nicht helfen.
stoßen: Sein Auto _____ gegen ein Haus.
antworten: Die Kinder _____ nicht.
fliegen: Sein Sohn _____ nach Berlin.
werden: Unsere kleine Tochter _____ gestern krank.
steigen: Wir _____ durch ein Fenster.
lesen: Mein Vater _____ ein deutsches Buch.
sollen: Ich _____ die Karten gestern holen.
kennen: Wir _____ seinen Bruder gut.
tun: Vorgestern _____ wir nichts.
bezahlen: Seine Eltern _____ die Rechnung.
nehmen: Er _____ das Geld nicht.
mögen: Wir _____ den Wein nicht.

II. ÜBERSETZEN SIE a. mit dem PERFEKT; b. mit dem IMPERFEKT:

1. The policeman asked the young man.
2. They learned a lot.
3. The lady had no money.
4. I was looking for my book.
5. My parents lived at the hotel near the station.
6. The lamp was (= cost) seventy marks.
7. I worked very much.

LEKTION ZWÖLF: ÜBUNGEN

8. He did not answer.
9. I ordered a glass of beer.
10. The other car stopped.
11. The lady called the radio patrol.
12. I did not see the sign.
13. He did not do that.
14. Barbara helped Eva.
15. We took a taxi.
16. They spoke only German.
17. We did not find the bus stop.
18. I read the paper.
19. We were sitting near the window.
20. They did not know that.
21. The boy was eating an apple.
22. My friend flew to New York yesterday.
23. The girl was carrying a vase.
24. I didn't understand him.
25. The waitress brought the menu.
26. I was at home.
27. The lady went into the telephone booth.
28. They didn't come.
29. We went downtown.
30. We did not drink very much.
31. He promised to come.
32. I forgot to pay the bill.
33. She promised to come at eight o'clock.
34. I had to transfer at Karlsplatz.
35. He could not get the tickets.
36. We wanted to stay at home.
37. The little girl was not allowed to go downtown.
38. Didn't you have to work yesterday?

LEKTION ZWÖLF: WORTSCHATZ

DER Bau (pl. Bauten) – building
der Bürger (pl. Bürger) – citizen
der Einfluß – influence
der Komponist (Acc. & Dat.: Komponisten) – composer
der König – king
der Krieg – war
der Künstler (pl. Künstler) – artist
der See – lake
der Weltkrieg – world war
der Wille (Acc. & Dat.: Willen) – will

Bayern – Bavaria
das Königreich – kingdom
das Märchen – fairy tale
das Reich – empire, realm
Rußland – Russia
das Volk – nation, people

DIE Antwort – answer
die Geschichte – history, story
die Hilfe – help
die Pinakothek – name of Munich picture gallery
die Republik – republic
die Revolution – revolution
die Tänzerin – (woman) dancer
die Welt – world

---

abdanken – to abdicate
als (conjunction) – when
auf – on
bauen – to build
berühmt – famous
bis – until
ertrinken, ertrank, ist ertrunken – to drown
fliehen, floh, ist geflohen – to flee
genau – exactly
hassen – to hate
-jährig – -years old
lieben – to love
machen – to make
malen – to paint
nachts – by night, in the night

niemand – nobody, no one
regieren – to reign, to rule
romantisch – romantic
spanisch – Spanish
sterben (stirbt), starb, ist gestorben – to die
übernehmen (übernimmt), übernahm, übernommen – to take over
versprechen (verspricht), versprach, versprochen – to promise
versuchen – to try
vollenden – to accomplish, to finish
wirklich – really, actually
zwingen, zwang, gezwungen – to force, to compel

München, Königsplatz

Lola Montez

König Ludwig II. von Bayern

Schloß Neuschwanstein

Albrecht Dürer, Apostel

Berlin, Brandenburger Tor

Heidelberg, Alte Brücke und Schloß

Wassily Kandinsky, Durchgehende Linie

Franz Marc, Blaues Pferd I

Paul Klee, Der goldene Fisch

Romantische Straße

Würzburg, Residenz

Rothenburg, Stadtmauer

Dinkelsbühl, Hezelhof

Wieskirche

Der junge Mozart

Salzburg, Mozarthaus

Wien, Schloß Schönbrunn

LEKTION DREIZEHN

ÜBEN SIE:

I. Das sind moderne Häuser.
Das sind bequeme Stühle.
Meine Freundin hat viele hübsche Kleider.
Herr Huber hat zwei große Hunde.
Ich habe diese Woche zwei interessante Bücher gelesen.
Eva hat mehrere deutsche Freundinnen.
Wir haben mehrere alte Städte gesehen.
In dieser Straße sind einige nette Lokale.
Wir sahen viele schöne Frauen, hübsche Mädchen und elegante Männer.

II.

    a. Wir müssen die neuen Wörter lernen.
       Diese abstrakten Bilder gefallen mir nicht.
       Eva hat ihre eleganten Kleider in Paris machen lassen.
       Wir haben unsere modernen Vorhänge im Warenhaus gekauft.
       Seine neuen Bücher haben zweihundert Mark gekostet.
       Ich habe meine alten Skier verkauft.

    b. Nicht alle, aber die meisten Studenten haben die Lektion gelernt.
       Nicht alle, aber die meisten Leute müssen arbeiten.
       Nicht alle, aber die meisten amerikanischen Autos sind sehr groß.
       Ich habe nicht alle, aber die meisten berühmten Schlösser gesehen.
       Herr Müller liest keine amerikanischen Zeitungen.
       Wir haben keine anderen Karten bekommen.

III. Das Haus gehört seinen Eltern.
Meinen Geschwistern geht es gut.
Den Kindern ist nichts passiert.
Robert zeigt den Amerikanern die Stadt.
Wir haben mit den Leuten gesprochen.
Wir haben bei unseren deutschen Freunden gewohnt.
Mein Freund ist vor drei Tagen nach Amerika geflogen.
Seine Frau ist vor zwei Monaten gestorben.
Nach vielen Jahren habe ich ihn wieder getroffen.

LEKTION DREIZEHN

EINKÄUFE IN DER STADT

Vor ein paar Tagen habe ich mit meinen deutschen Freunden Eva und Peter Einkäufe gemacht. Eva und Peter wollten einige Weihnachtsgeschenke kaufen, und ich mußte ein paar Andenken für meine Freunde in Amerika besorgen. Wir sahen herrliche Dinge in den Schaufenstern. Aber die meisten Geschäfte waren überfüllt, und wir mußten überall ziemlich lange warten.

Aber schließlich bekamen wir doch alles was wir brauchten. Eva kaufte ein Paar elegante Handschuhe, Peter zwei interessante Bücher: den Roman "Das Schloß" von Franz Kafka und "Blauer Reiter" mit vielen farbigen Bildern von Kandinsky, Marc und Klee. Ich kaufte zwei Dirndlkleider für die Kinder meiner Freundin und für meine Tante zwei Schallplatten mit Liedern von Franz Schubert.

Ich wollte meinen Freunden in Amerika auch ein paar Ansichtskarten schreiben. Die Briefmarken mußten wir auf der Post holen. Auch da waren sehr viele Leute und wir mußten anstehen.

Jetzt waren wir schon drei Stunden in der Stadt und hatten Hunger und Durst. Aber in den meisten Lokalen waren alle Tische besetzt. In einem kleinen, einfachen Restaurant fanden wir schließlich drei freie Plätze. Dort schmeckte uns das Essen besonders gut. Wir aßen Forellen mit Kartoffeln, heißer Butter und grünem Salat. Wir blieben zwei Stunden, denn wir hatten mit den Leuten an unserem Tisch, zwei Damen und zwei Herren, eine sehr nette und interessante Unterhaltung.

ANMERKUNGEN

Franz SCHUBERT (1797–1818), österreichischer Komponist, lebte in Wien. Wichtigste Werke: "Lieder" und Symphonien (z.B. "die Unvollendete").

Franz KAFKA (1883–1924), österreichischer Schriftsteller, lebte in Prag. Berühmteste Werke: die Romane "Das Schloß", "Der Prozeß", "Amerika".

"BLAUER REITER": Gruppe von expressionistischen und abstrakten Malern (1912). Die wichtigste Sammlung ist in der "Städtischen Galerie" in München. Zu dieser Gruppe gehörten z.B.:

Wassily KANDINSKY (1866–1944), russischer Maler, lebte in Moskau, München und Paris.

Franz MARC (1880–1916), deutscher Maler, lebte in München. Berühmt durch seine Tierbilder, z.B. "Turm der blauen Pferde", "Rote Pferde", "Tiger".

Paul KLEE (1879–1940), deutscher Maler, lebte in Bern, München und Locarno.

LEKTION DREIZEHN

KONVERSATION (am Telefon)

Frau Huber:	Guten Tag, Herr Müller! Hier ist Frau Huber. Hoffentlich störe ich Sie nicht.
Herr Müller:	Nein, nein, durchaus nicht.
Frau Huber:	Ich möchte Sie etwas fragen. Haben Sie und Ihre Frau am Sonntag etwas vor?
Herr Müller:	Nein, wir haben nichts vor.
Frau Huber:	Mein Mann und ich wollen Ski laufen gehen. Wir haben noch zwei Plätze im Wagen frei. Wollen Sie mitkommen?
Herr Müller:	Ja, vielen Dank. Wir kommen gerne mit. Um wieviel Uhr wollen Sie fahren?
Frau Huber:	Ich denke, um sieben Uhr. Ist Ihnen das recht?
Herr Müller:	Ja, das paßt uns sehr gut.
Frau Huber:	Also, wir holen Sie um sieben Uhr ab.
Herr Müller:	Vielen Dank! Auf Wiedersehen bis Sonntag!

IDIOMS AND USEFUL EXPRESSIONS

auf der Post	—	at the post office
das sind	—	these are, those are
die meisten	—	most
Einkäufe machen	—	to go shopping
Ist Ihnen das recht?	—	Is that all right with you?
vor (with Dat.)	—	ago
vor drei Jahren	—	three years ago

LEKTION DREIZEHN: GRAMMATIK

A. The **PLURAL** (der Plural)

Most nouns change in the plural. The plural forms of nouns, as well as of "der-" and "ein-" words are alike for nominative and accusative. These are the most common ways to form the plural:

I. Nominative and Accusative:

As listed in dictionaries:	Nom. and Acc. Plural:
der Amerikaner, –	die Amerikaner
der Apfel, ¨	die **Ä**pfel
der Freund, –e	die Freund**e**
der Sohn, ¨e	die S**ö**hn**e**
das Kind, –er	die Kind**er**
das Buch, ¨er	die B**ü**ch**er**
die Dame, –n	die Dame**n**
die Rechnung, –en	die Rechnung**en**
die Freundin, –nen	die Freundin**nen**
das Auto, –s	die Auto**s**

II. Dative plural:

1. In the dative plural, all nouns (except those ending in -s) must have the case ending **-N:** = den Kinder**n**

2. The dative plural of "der" – and "ein" – words is:

    den,   dies**en,** welch**en,** all**en,**
              kein**en,** mein**en,** sein**en,**
              ihr**en,** unser**en,** Ihr**en**

III. The plural adjective endings are:

1. if PRECEDED by a "der-" or "ein-" word:

    Nom.
    Acc. } **-en**
    Dat.

2. if NOT PRECEDED by a "der-" or "ein-" word:

    Nom.
    Acc. } **-e**
    Dat.   **-en**

LEKTION DREIZEHN: GRAMMATIK

Examples:

1. Die meist**en** Geschäfte waren überfüllt.
   All**e** gut**en** Lokale hier sind teuer.
   Ich habe ihr**e** neu**en** Vorhänge gesehen.
   Ich habe mit mein**en** deutsch**en** Freund**en** gegessen.

2. Hier sind drei frei**e** Plätze.
   Wir sahen herrlich**e** Dinge.
   Ich kaufte ein Buch mit viel**en** farbig**en** Bilder**n**.

Generally, the plural form that a noun takes is unpredictable. PREDICTABLE are:

Masc. and fem. nouns ending in -e always add -n in the plural:

| der Junge, -n | – die Jungen |
| die Tasse, -n | – die Tassen |

Neuter nouns ending in -chen and -lein take no ending:

| das Mädchen, - | – die Mädchen |
| das Fräulein, - | – die Fräulein |

Fem. nouns ending in -in add -nen:

| die Freundin, -nen | – die Freundinnen |

Fem. nouns ending in -ung, -heit, -keit, -schaft, -ion, -tät add -en:

die Rechnung, -en	– die Rechnungen
die Einheit, -en (unit)	– die Einheiten
die Schwierigkeit, -en (difficulty)	– die Schwierigkeiten
die Mannschaft, -en (team, crew)	– die Mannschaften
die Lektion, -en	– die Lektionen
die Universität, -en	– die Universitäten

LEKTION DREIZEHN: GRAMMATIK

SUMMARY: (Plural of articles, "der-" and "ein-" words, adjectives and nouns)

1.

Nom. + Acc.	DIE	neu**en**	Vorhänge,	Bücher,	Schallplatten,	Autos
	diese	neu**en**	Vorhänge,	Bücher,	Schallplatten,	Autos
	welche	neu**en**	Vorhänge,	Bücher,	Schallplatten,	Autos
	*alle	neu**en**	Vorhänge,	Bücher,	Schallplatten,	Autos
	keine	neu**en**	Vorhänge,	Bücher,	Schallplatten,	Autos
	meine etc.	neu**en**	Vorhänge,	Bücher,	Schallplatten,	Autos
Dat.	DEN	neu**en**	Vorhänge**n**,	Büche**rn**,	Schallplatten,	Autos
	diesen	neu**en**	Vorhänge**n**,	Büche**rn**,	Schallplatten,	Autos
	welchen	neu**en**	Vorhänge**n**,	Büche**rn**,	Schallplatten,	Autos
	allen	neu**en**	Vorhänge**n**,	Büche**rn**,	Schallplatten,	Autos
	keinen	neu**en**	Vorhänge**n**,	Büche**rn**,	Schallplatten,	Autos
	meinen etc.	neu**en**	Vorhänge**n**,	Büche**rn**,	Schallplatten,	Autos

2.

Nom. Acc.	neu**e**	Vorhänge,	Bücher,	Schallplatten,	Autos
Dat.	neu**en**	Vorhänge**n**,	Büche**rn**,	Schallplatten,	Autos

* "alle" is the plural form of "jeder, jedes, jede" = each, every

B. **STRONG ADJECTIVE ENDINGS:**

The adjective endings of an unpreceded descriptive adjective are called strong endings.

If there is no article, "der"- or "ein"- word to show the gender, case and number of the noun modified, the adjective takes over the function of showing gender, case and number, by using the ending of "der"- words:

    d**er** Verkehr   di**e** Plätze
    stark**er** Verkehr   frei**e** Plätze

The adjective endings used after "ein"- words in the

    Nom.   Masc.   ein neu**er** Fernseher
    Nom./Acc. Neut.   ein alt**es** Radio

are also **strong** endings because the "ein"- word does not show gender or case of the following noun (cf. page 78).

LEKTION DREIZEHN: GRAMMATIK

Das ist ein neu**er** Fernseher.
Da war stark**er** Verkehr.
Heiß**er** Kaffee ist gut.
Ich trinke schwarz**en** Kaffee.

Hinten steht ein alt**es** Klavier.
Sie bringt frisch**es** Wasser.

Ich trinke kalt**e** Milch.

Wir aßen Forellen mit heiß**er** Butter und
grün**em** Salat.

SUMMARY OF STRONG ENDINGS:

Case	Masculine	Neuter	Feminine	Plural
Nom.	**-er**	**-es**	**-e**	**-e**
Acc.	**-en**			
Dat.	**-em**	**-em**	**-er**	**-en**

LEKTION DREIZEHN: ÜBUNGEN

A. LESEN SIE DIE PLURAL-FORM:

der Freund, –e	das Wort, ̈er	das Lokal, –e
der Platz, ̈e	das Jahr, –e	die Stunde, –n
der Tag, –e	das Bett, –en	die Woche, –n
die Stadt, ̈e	das Fenster, –	das Geschäft, –e
der Mann, ̈er	das Zimmer, –	die Studentin, –nen
die Frau, –en	der Schlüssel, –	das Auto, –s
das Bild, –er	der Monat, –e	das Büro, –s
das Haus, ̈er	der Offizier, –e	der Herr, –en
das Kind, –er	der Vorhang, ̈e	der Junge, –n
das Lied, –er	das Geschenk, –e	der Student, –en

B. ERGÄNZEN SIE DEN PLURAL:

a. das Zimmer: _____ in unserer Schule sind sehr groß.
    das Kleid: _____ in diesem Schaufenster gefallen mir nicht.
    die Dame: Kennen Sie _____ dort drüben?
    der Herr: Sehen Sie _____ dort drüben?
    dieses Bild: Gefallen Ihnen _____?
    welches Buch: _____ haben Sie gelesen?
    dieser Platz: Sind _____ frei?
    mein Bruder: _____ sind in Amerika.
    sein Freund: Kennen Sie _____?
    ihr Kind: Haben Sie _____ gesehen?
    unser Geschenk: _____ waren sehr schön.
    Ihre Tochter: Wohnen _____ zu Hause?
    seine Oper: _____ sind sehr berühmt.
    jeder Tisch: _____ (!) waren besetzt.

b. meine Geschwister: Ich bin mit _____ nach Italien gefahren.
    unser Freund: Wir sind mit _____ in die Stadt gegangen.
    die Dame: Haben Sie mit _____ gesprochen?
    meine Freundin: Ich habe von _____ viele Geschenke bekommen.
    die Stadt: In _____ ist viel Verkehr.
    ihr Kind: Sie ist mit _____ nach Berlin geflogen.
    der Mann: Haben Sie mit _____ gesprochen?
    das Mädchen: Dirndlkleider stehen _____ sehr gut.
    meine Eltern: Das Auto gehört _____.
    Tag: Ich habe ihn vor drei _____ getroffen.
    Monat: Er ist vor zwei _____ nach Amerika geflogen.
    Jahr: Vor zwei _____ hat er mir einen Brief geschrieben.
    Woche: Wir sind vor zwei _____ nach Wiesbaden gekommen.

LEKTION DREIZEHN: ÜBUNGEN

   c. welches berühmte Schloß: _____ haben Sie gesehen?
       welche berühmte Kirche: _____ haben Sie gesehen?
       meine deutsche Freundin: Kennen Sie _____?
       dieses moderne Haus: _____ gefallen mir gut.
       das neue Auto: _____ sind schön, aber nicht billig.
       jeder gute Platz: _____ waren schon besetzt.
       diese schöne Blume: Von wem haben Sie _____ bekommen?
       dieser elegante Schuh: _____ waren nicht billig.

   d. (ein) herrliches Geschenk: Ich habe _____ bekommen.
       (ein) schönes Kleid: Meine Freundin hat _____.
       (ein) guter Freund: Ich habe viele _____.
       (ein) abstraktes Bild: Kandinsky malte _____.
       (ein) neues Auto: _____ sind nicht billig.
       (ein) gutes Lokal: Ich kenne einige _____ hier.
       (ein) farbiges Bild: Ich möchte ein Buch mit _____.
       (ein) deutsches Lied: Ich habe eine Schallplatte mit _____.

C. ÜBERSETZEN SIE:

   a. 1. The officers over there are Americans.
       2. I would like to have these apples.
       3. We stayed in Heidelberg (for) several days.
       4. I forgot my keys.
       5. Some students stayed there (for) three months.
       6. These books are very interesting.
       7. Which houses belong to him?
       8. Some people drive like mad.
       9. I bought two newspapers.
     10. We have to learn many words.

   b. 1. I saw him in Berlin two years ago.
       2. We met his wife three months ago.
       3. She bought her car five days ago.
       4. I went downtown with my friends.
       5. She went to London with her daughters.
       6. I saw her with two men.
       7. She is living with her parents.
       8. We would like to have a room with two beds.
       9. These beautiful houses belong to his parents.
     10. I would like to have a book with pictures.

LEKTION DREIZEHN: ÜBUNGEN/WORTSCHATZ

   c.
1. Which good shops can you recommend?
2. Which famous churches did you see in Germany?
3. These beautiful pictures are very famous.
4. They went downtown with their three little children.
5. We saw the famous castles.
6. Ludwig II built three famous castles.
7. The king loved beautiful women.
8. We saw many German towns.
9. I have many good friends.
10. New cars are expensive.

WORTSCHATZ

DER Einkauf, ⸚e – purchase
der Maler, - – painter
der Platz, ⸚e – seat
der Prozeß, -sse – trial
der Reiter, - – horseman, rider
der Roman, -e – novel
der Salat, -e – salad
  grüner Salat – lettuce
der Schriftsteller, - – writer
der Tiger, - – tiger
der Turm, ⸚e – tower

DAS Andenken, - – souvenir
das Dirndlkleid, -er – Bavarian dress
das Geschenk, -e – present, gift
das Lied, -er – song
das Pferd, -e – horse
  Prag – Prague
das Schaufenster, - – display window
das Tier, -e – animal
das Weihnachtsgeschenk, -e – Christmas present
  (comp.: Weihnachten – Christmas
  das Geschenk – present)
das Werk, -e – (creative) work
  Wien – Vienna

DIE Anmerkung, -en – footnote
die Ansichtskarte, -n – picture postcard
  (comp.: die Ansicht – view
  die Karte – (post)card
die Briefmarke, -n – postal stamp
die Butter – butter
die Forelle, -n – trout
die Galerie, -n – gallery
die Gruppe, -n – group
die Kartoffel, -n – potato
die Sammlung, -en – collection
die Schallplatte, -n – record
die Symphonie, -n – symphony
die Tante, -n – aunt
die Unterhaltung, -en – conversation

LEKTION DREIZEHN: WORTSCHATZ

abholen – to pick up
abstrakt – abstract
also – (here:) well then
besetzt – occupied, taken
besonders – especially
besorgen – to buy, to get, to acquire
denken, dachte, gedacht – to think
doch – (here:) after all
durchaus nicht – not at all
einfach – simple
elegant – elegant
expressionistisch – expressionistic
farbig – colored
frei – vacant, free
herrlich – magnificent, wonderful
jeder, jedes, jede – each, every
leben – to live, to be alive

mehrere – several
meist– : die meisten – most
mitkommen – to come along
paar: ein paar – a few, a couple of
österreichisch – Austrian (adj.)
russisch – Russian (adj.)
schließlich – finally, in the end
schmecken – to taste
schon – already
städtisch – municipal
stören – to disturb
überall – everywhere
überfüllt – (over)crowded
unvollendet – unfinished
vorhaben – to have planned
warten – to wait
ziemlich – rather

BAHNSTEIG 3
WEST-AUSGANG
ZU DEN ZÜGEN
WECHSELSTUBE
ERFRISCHUNGSRAUM
FAHRKARTEN
DEVISEN
KASSE

LEKTION VIERZEHN

BILD: DER BAHNHOF

I. Der Zug auf Gleis Eins fährt gerade ab. Auf Gleis Zwei kommt ein Schnellzug an. Der D-Zug auf Gleis Drei ist gerade abgefahren. Eine Dame geht in die leere Telefonzelle. Die Dame in der Telefonzelle ruft wahrscheinlich ihre Freundin an.

II. Auf Bahnsteig III gehen die Reisenden zum Zug nach Rom. Eine Dame mit einem schwarzen Pudel steigt gerade ein. Sie sieht sehr elegant aus. Sie nimmt den Pudel nach Rom mit. Der Herr mit der braunen Aktentasche steigt in den Kurswagen nach Venedig ein. Der Kurswagen fährt bis Venedig durch, und der Herr muß nicht umsteigen. Eine Dame winkt aus dem Zug. Der Herr mit dem Regenschirm holt jemand ab, wahrscheinlich seine Frau. Die Dame an der Sperre hat ziemlich viel Gepäck: drei Koffer, einen kleinen Handkoffer und eine Hutschachtel. Sie braucht einen Gepäckträger.

III. Ein Herr sieht auf dem Fahrplan nach, wann die Züge abfahren und ankommen. Im Hintergrund sind die Fahrkartenschalter und die Gepäckaufbewahrung. Einige Leute holen gerade ihr Gepäck ab. Im Vordergrund links ist die Auskunft, und rechts ist eine Wechselstube. Einige Leute, wahrscheinlich Ausländer, gehen in die Wechselstube. Der Herr in der Wechselstube löst einen Reisescheck ein. Eine Dame kommt gerade aus der Wechselstube. Sie hat ihre Reiseschecks schon eingelöst. Ein anderer Herr in der Wechselstube wechselt Dollars in Mark um.

ÜBEN SIE:

Der D-Zug fährt um drei Uhr ab.	Der D-Zug fuhr um drei Uhr ab.
Der Personenzug kommt auf Gleis Zwei an.	Der Personenzug kam auf Gleis Zwei an.
Eine elegante Dame steigt ein.	Eine elegante Dame stieg ein.
Viele Leute steigen aus.	Viele Leute stiegen aus.
Ich steige am Karlsplatz um.	Ich stieg am Karlsplatz um.
Der Reisende löst einen Scheck ein.	Der Reisende löste einen Scheck ein.
Der Herr wechselt Dollars um.	Der Herr wechselte Dollars um.
Die Dame ruft ihre Freundin an.	Die Dame rief ihre Freundin an.
Der Herr holt seine Frau ab.	Der Herr holte seine Frau ab.
Die Dame nimmt den Hund nach Rom mit.	Die Dame nahm den Hund nach Rom mit.
Der Herr sieht die Züge auf dem Fahrplan nach.	Der Herr sah die Züge auf dem Fahrplan nach.
Wir haben am Sonntag nichts vor.	Wir hatten am Sonntag nichts vor.
Viele Leute stehen an der Kasse an.	Viele Leute standen an der Kasse an.
Das Mädchen sieht hübsch aus.	Das Mädchen sah hübsch aus.

LEKTION VIERZEHN

Der D-Zug ist um drei Uhr abgefahren.
Der Personenzug ist auf Gleis Zwei angekommen.
Eine elegante Dame ist eingestiegen.
Viele Leute sind ausgestiegen.
Ich bin am Karlsplatz umgestiegen.
Der Reisende hat einen Scheck eingelöst.
Der Herr hat Dollars umgewechselt.
Die Dame hat ihre Freundin angerufen.
Der Herr hat seine Frau abgeholt.
Die Dame hat den Hund nach Rom mitgenommen.
Der Herr hat die Züge auf dem Fahrplan nachgesehen.
Wir haben am Sonntag nichts vorgehabt.
Viele Leute haben an der Kasse angestanden.
Das Mädchen hat hübsch ausgesehen.

Holen Sie mich bitte um vier Uhr ab!
Kommen Sie mit!
Steigen Sie schnell ein!
Steigen Sie in Frankfurt um!
Nehmen Sie Ihr Buch mit!
Rufen Sie mich morgen an!

KONVERSATION

A: Bist du fertig? Wir haben nicht mehr viel Zeit. Das Theater fängt um acht Uhr an.
B: Ich bin in fünf Minuten fertig. Hast du die Karten?
A: Die Karten? Nein, die hab' ich dir gegeben. Ich glaube, du hast sie in deine Handtasche gesteckt.
B: Einen Augenblick! Nein, in der Handtasche sind sie nicht. Liegen sie nicht auf dem Schreibtisch?
A: Ich hab' sie bestimmt nicht auf den Schreibtisch gelegt. Nein, hier sind sie auch nicht. Ich hab' sie doch hoffentlich nicht verloren?
B: Sieh doch mal in der Schublade nach oder dort neben dem Radio!
A: Richtig, hier sind sie ja. Aber jetzt beeile dich, bitte! Wir müssen gehen. Es ist höchste Zeit.

LEKTION VIERZEHN: GRAMMATIK

IDIOMS AND USEFUL EXPRESSIONS

einmal Frankfurt, einfach	a one-way ticket to Frankfurt
eine Rückfahrkarte nach Hamburg	a round-trip ticket to Hamburg
einmal Hamburg, hin und zurück	
erster (zweiter) Klasse	first (second) class
die Abfahrt	departure
die Ankunft	arrival
das Schließfach, ¨er	locker
in München	at Munich
ich hab' = ich habe	(The ending -e of the first person singular is often dropped in colloquial speech.)
Es ist höchste Zeit.	It is high time.
Hier sind sie ja.	Well, here they are.

GRAMMATIK

A. INSEPARABLE AND SEPARABLE PREFIXES. (Untrennbare und trennbare Vorsilben).

I. As explained on page 92 (A, 1, c) the following prefixes are **inseparable,** i.e. they are not separated from the verb:

be-	er-	ver-
emp-	ge-	wider-
ent-		zer-

INFINITIVE	PRESENT	PAST	PRESENT PERFECT
bestellen:	er bestellt	bestellte	hat bestellt
empfehlen:	er empfiehlt	empfahl	hat empfohlen
entschuldigen:	er entschuldigt	entschuldigte	hat entschuldigt
erreichen:	er erreicht	erreichte	hat erreicht
gefallen:	er gefällt	gefiel	hat gefallen
vergessen:	er vergißt	vergaß	hat vergessen
* widersprechen:	er widerspricht	widersprach	hat widersprochen
** zerstören:	er zerstört	zerstörte	hat zerstört

* widersprechen – to contradict;   ** zerstören – to destroy

LEKTION VIERZEHN: GRAMMATIK

IMPORTANT: The past participle of verbs with inseparable prefixes does not take the "ge-" prefix.

There are a few prefixes such as über-, voll-, wieder- which are usually inseparable. The verbs that have occurred so far (überholen, übersetzen, übernehmen, vollenden, wiederholen) fall into this category.

II. Other prefixes are **separable.** Separable prefixes are separated from the verb and are placed at the end of the main clause:

        a. in the present tense
        b. in the past tense
        c. in the imperative

The past participle of separable verbs: the separable prefix precedes the past participle; prefix and past participle are written in one word.

INFINITIVE	PRESENT	PAST	PRESENT PERFECT
ankommen:	er kommt ... an	kam ... an	ist angekommen
abfahren:	er fährt ... ab	fuhr ... ab	ist abgefahren
anrufen:	er ruft ... an	rief ... an	hat angerufen
einsteigen:	er steigt ... ein	stieg ... ein	ist eingestiegen

IMPERATIVE: Rufen Sie mich **an**! Steigen Sie **ein**! Holen Sie mich **ab**!

In dependent clauses the prefix is not separated:

Der Herr sieht nach, wann die Züge ankommen und abfahren.
Können Sie mir sagen, wann der Zug abfährt?

B. The verb **"TO LIKE"**:

In German, the English verb "to like" is rendered by:

1. VERB + GERN(E) to express "to like to do something":

    Ich trinke gern Bier.   I like to drink beer.
    Hören Sie gerne Radio?   Do you like to listen to the radio?
    Er liest gerne.   He likes to read.

LEKTION VIERZEHN: GRAMMATIK / ÜBUNGEN

2. **GEFALLEN** (with Dative) to express "to be pleasing":

Gefällt Ihnen München?	Do you like Munich?
Der Anorak gefällt mir.	I like the parka.
Das Buch gefällt mir nicht.	I don't like the book.

3. **MÖGEN** to express "to be fond of":

Mögen Sie Musik?	Do you like music?
Ich mag das Bild nicht.	I don't like the picture.
Sie mag diese Farbe nicht.	She doesn't like this color.

ÜBUNGEN

A. ERGÄNZEN SIE DAS VERB:
    a. im PRÄSENS
    b. im IMPERFEKT
    c. im PERFEKT

abfahren:	Der Zug auf Gleis Eins _____ gerade _____.
ankommen:	Der Schnellzug aus Frankfurt _____ gerade _____.
anrufen:	Die Dame _____ ihre Freundin _____.
einsteigen:	Der Herr _____ in den Kurswagen _____.
aussteigen:	Nicht viele Leute _____ _____.
umsteigen:	Ich _____ in Frankfurt _____.
durchfahren:	Der Kurswagen _____ bis Köln _____.
abholen:	Mein Freund _____ mich _____.
nachsehen:	Der Herr _____ auf dem Fahrplan _____.
anstehen:	Die Leute _____ an der Auskunft _____.
einlösen:	Der Ausländer _____ einen Reisescheck _____.
umwechseln:	Der Amerikaner _____ seine Dollars _____.
vorstellen:	Er _____ mich _____.
vorhaben:	Was _____ Sie am Sonntag _____?
mitkommen:	_____ Ihr Freund _____?
mitnehmen:	Die Dame _____ ihren Pudel nach Rom _____.
umtauschen:	Eva _____ den Schal nicht _____.
aussehen:	Er _____ krank _____.

LEKTION VIERZEHN: ÜBUNGEN

B. GEBEN SIE DEN IMPERATIV:

anrufen: _____ mich morgen _____!
einsteigen: _____ bitte schnell _____!
aussteigen: _____ am Karlsplatz _____!
umsteigen: _____ am Marienplatz _____!
abholen: _____ mich um acht Uhr _____!
nachsehen: _____ bitte auf dem Fahrplan _____!
einlösen: _____ den Scheck morgen _____!
umwechseln: _____ Ihre Dollars dort drüben _____!
vorstellen: _____ mich bitte Ihrer Freundin _____!
mitnehmen: _____ Ihre Koffer _____!

C. ÜBERSETZEN SIE:

1. The train is departing.
2. When does the train arrive?
3. He is picking up his wife.
4. The lady is calling up her friend.
5. The young lady is just getting on.
6. She is taking her poodle along to Rome.
7. Many people are getting off.
8. Some people are standing in line.
9. Are you coming along?
10. Have you anything planned for Sunday?
11. You look healthy.
12. This boarding house looks dirty.

D. ÜBERSETZEN SIE: a. ins IMPERFEKT
b. ins PERFEKT

1. The gentleman picked up his wife.
2. The young lady called up her brother.
3. The foreigner cashed his check.
4. When did the train for Frankfurt depart?
5. Did you pick up your friend?
6. Where did you transfer?
7. The train departed at three o'clock.
8. The express train arrived at eight o'clock.
9. Did you check the oil?
10. Someone called you up.
11. We had nothing planned.
12. She looked healthy.

LEKTION VIERZEHN: ÜBUNGEN

E. ÜBERSETZEN SIE:

1. Please pick me up at five o'clock.
2. Please introduce me to your friend.
3. Please cash this check for me.
4. Get off in Munich.
5. Transfer at the railroad station.
6. Get in quickly.
7. Please call me up tomorrow.
8. Come along.

F. AUF DEUTSCH, BITTE:

1. He likes to smoke a pipe.
2. They like to drive to the mountains.
3. Ladies like to go shopping.
4. Do you like to read novels?
5. Do you like Heidelberg?
6. I like this picture.
7. Do you like German songs?
8. Do you like milk?
9. I like trout.
10. Do you like my friend? Yes, I like him.

LEKTION VIERZEHN: WORTSCHATZ

DER Ausländer, - – foreigner
der Bahnsteig, -e – platform
der D-Zug, ˮe – express train
der Fahrkartenschalter, - – ticket window
der Fahrplan, ˮe – timetable, schedule
der Gepäckträger, - – porter
der Handkoffer, - – (small) suit case
der Hintergrund – background
der Koffer, - – trunk, suitcase
der Kurswagen, - – through coach
der Personenzug, ˮe – local train
der Pudel, - – poodle
der Reisende (adj. ending) – traveler
der Schalter, - – ticket window, bank window
der Schnellzug, ˮe – express train
der Schreibtisch, -e – desk
der Vordergrund – foreground
der Wagen, - – car
der Zug, ˮe – train

DAS Gepäck – luggage, baggage
das Gleis, -e – track
das Portemonnaie, -s – purse, wallet, money bag
das Schließfach, ˮer – locker
das Theater, - – theater
    Venedig – Venice

DIE Abfahrt, -en – departure
die Aktentasche, -n – briefcase
die Ankunft, ˮe – arrival
die Auskunft, ˮe – information
die Gepäckaufbewahrung – baggage claim
die Hutschachtel, -n – hat box (comp.: der Hut die Schachtel)
die Rückfahrkarte, -n – round trip ticket
die Schachtel, -n – box
die Schublade, -n – drawer
die Sperre, -n – gate (at railroad station)
die Wechselstube, -n – exchange office

LEKTION VIERZEHN: WORTSCHATZ

**abfahren* (ist) – to depart
anfangen (fängt an), fing an, angefangen
  – to begin, to start
ankommen (ist) – to arrive
anrufen – to call up
aussehen – to look (like)
aussteigen (ist) – to get off, out
beeilen: sich beeilen – to hurry
bestimmt – surely, certainly
einsteigen (ist) – to get in, on
fertig – finished, ready
hin – there(to), to that place

jemand – someone, somebody
legen – to lay, to put
mißverstehen – to misunderstand
nachsehen – to look up, to check
reisen (ist gereist) – to travel
schwarz – black
stecken – to stick, to put
verlieren, verlor, verloren – to lose
widersprechen – to contradict
winken – to wave
zurück – back; hin und zurück – to and fro

---

* From now on, separable prefixes will be in bold type. Since the principal parts of verbs with prefixes are the same as those of the simple verb they will not be given with verbs already known; only the auxiliary "ist" is given if the verb is conjugated with "sein".

HAUS zu verkaufen

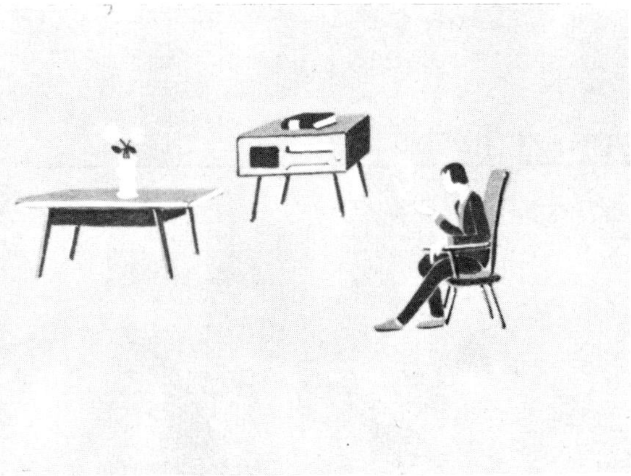

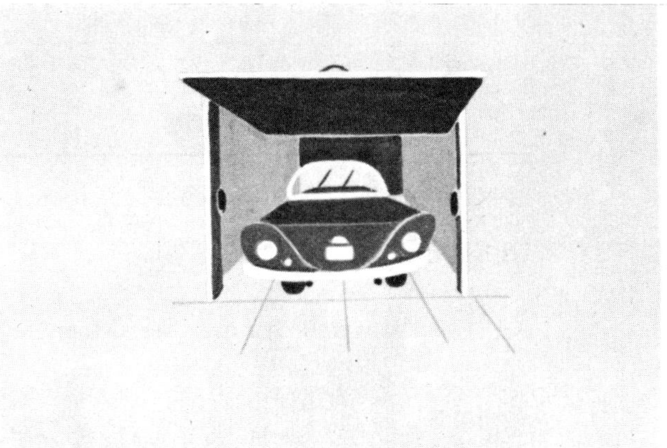

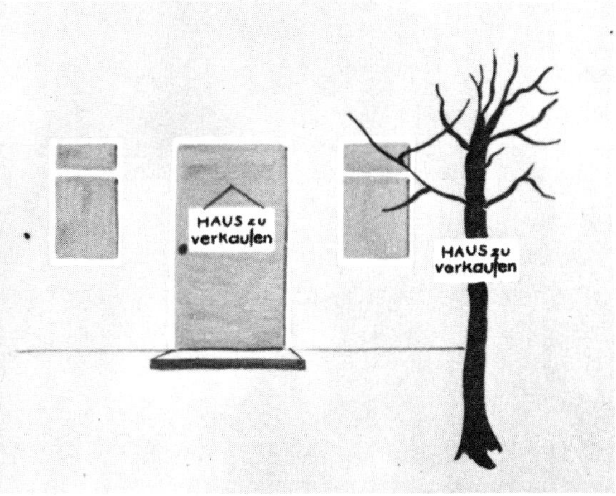
HAUS zu verkaufen
HAUS zu verkaufen

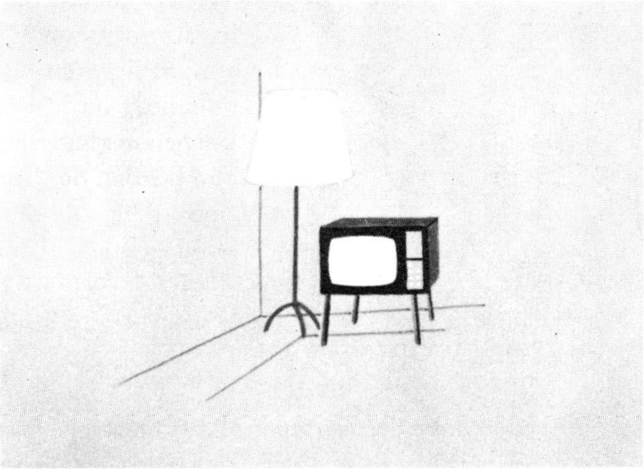

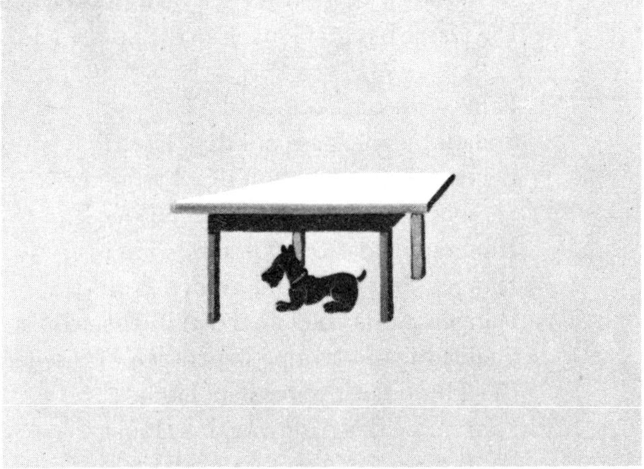

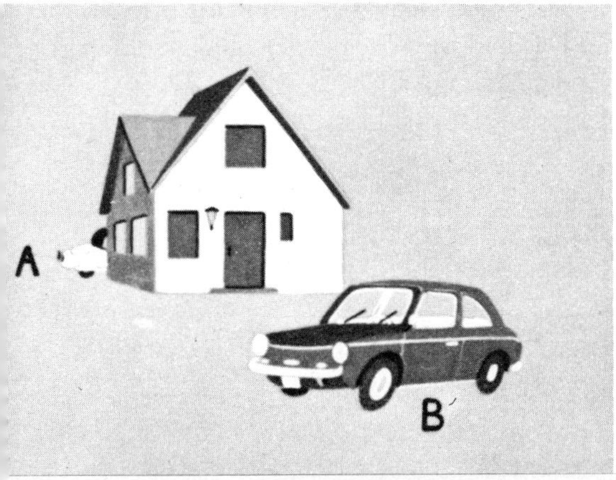
A
B

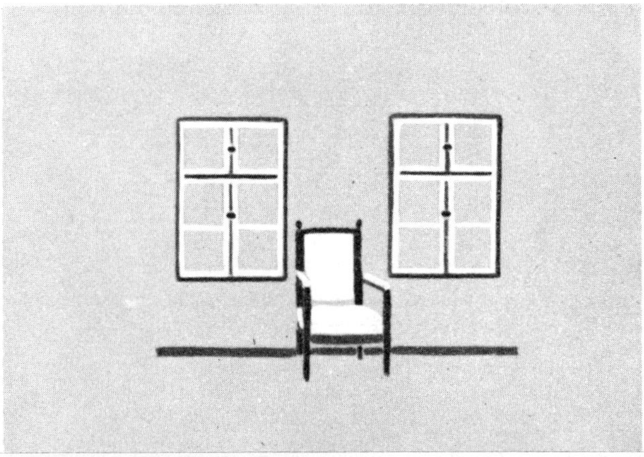

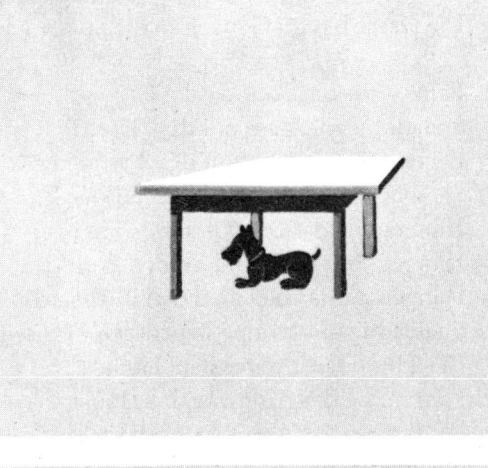

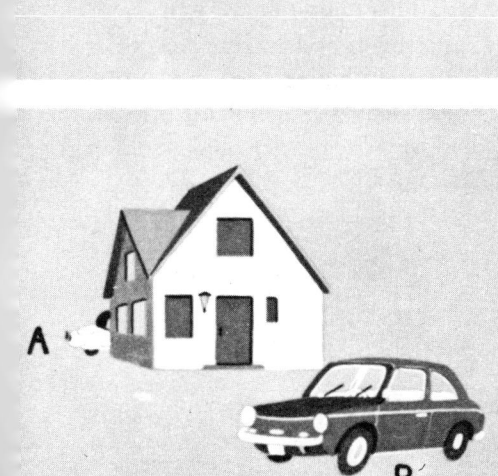

LEKTION FÜNFZEHN

ÜBEN SIE:

A. 1. An welchem Fluß (See, Meer) liegt ... ?

> Heidelberg liegt am Neckar.
> Köln liegt am Rhein.
> Frankfurt liegt am Main.
> Konstanz liegt am Bodensee.
> Genua liegt am Mittelmeer.
> München liegt an der Isar.
> Berlin liegt an der Spree.
> Hamburg liegt an der Elbe.
> Wien liegt an der Donau.

2. WOHIN ... ? WO ... ?

Ich habe die Karten in die Handtasche gesteckt. Die Karten sind in der Handtasche.
Die Dame ist in die Telefonzelle gegangen. Die Dame ist in der Telefonzelle.
Ich habe die Karten auf den Schreibtisch gelegt. Die Karten liegen auf dem Schreibtisch.
Die Dame hat ihr Gepäck an die Sperre gestellt. Das Gepäck steht an der Sperre.

Fahren Sie das Auto in die Garage! Das Auto steht in der Garage.
Stellen Sie die Vase auf den Tisch! Die Vase steht auf dem Tisch.
Legen Sie das Buch auf den Fernseher! Das Buch liegt auf dem Fernseher.
Sie setzt sich auf den Stuhl. Er sitzt auf dem Stuhl.
Hängen Sie das Schild an die Tür! Das Schild hängt an der Tür.
Hängen Sie das Schild an den Baum! Das Schild hängt am Baum.
Hängen Sie das Bild über den Bücherschrank! Das Bild hängt über dem Bücherschrank.
Stellen Sie die Lampe neben den Fernseher! Die Lampe steht neben dem Fernseher.
Der Hund läuft unter den Tisch. Der Hund liegt unter dem Tisch.
Fahren Sie das Auto vor das Haus! Das Auto steht vor dem Haus.
Fahren Sie das Auto hinter das Haus! Das Auto steht hinter dem Haus.
Stellen Sie den Stuhl zwischen die Fenster! Der Stuhl steht zwischen den Fenstern.
 Das Bad ist zwischen der Küche und dem Schlafzimmer.

LEKTION FÜNFZEHN

B. Bist du zu Hause?   Seid ihr zu Hause?
Bist du gestern zu Hause gewesen?   Seid ihr gestern zu Hause gewesen?
Hast du am Sonntag etwas vor?   Habt ihr am Sonntag etwas vor?
Hast du das Buch gelesen?   Habt ihr das Buch gelesen?
Gehst du in den Garten?   Geht ihr in den Garten?
Arbeitest du morgen?   Arbeitet ihr morgen?
Kannst du mir das Geld geben?   Könnt ihr mir das Geld geben?
Willst du mitkommen?   Wollt ihr mitkommen?
Mußt du heute viel arbeiten?   Müßt ihr heute viel arbeiten?
Du darfst das nicht essen.   Ihr dürft das nicht essen.
Magst du Kuchen?   Mögt ihr Kuchen?
Du sollst das nicht sagen.   Ihr sollt das nicht sagen.
Liest du gerne?   Lest ihr gerne?
Nimmst du den Hund mit?   Nehmt ihr den Hund mit?
Du fährst zu schnell.   Ihr fahrt zu schnell.
Warst du gestern im Kino?   Wart ihr gestern im Kino?

Ich habe dich nicht gesehen.   Ich habe euch nicht gesehen.
Ist dir das recht?   Ist euch das recht?

Hast du deine Eltern gefragt?   Habt ihr euere Eltern gefragt?

Geh nicht zu schnell!   Geht nicht zu schnell!
Komm bitte mit!   Kommt bitte mit!
Warte einen Augenblick!   Wartet einen Augenblick!
Hilf mir!   Helft mir!
Sieh mal her!   Seht mal her!
Trag bitte den Koffer!   Tragt bitte den Koffer!
Sei still!   Seid still!

ÜBER ALLEN GIPFELN IST RUH.

Auf einem Berg im Thüringer Wald bei Ilmenau, einem kleinen Städtchen an der Ilm, stand eine Jagdhütte. Auf diesen Berg stieg vor fast zweihundert Jahren ein junger Mann. Sein Sinn war rastlos und seine Seele traurig, denn eine schöne Frau hatte Unruhe in sein Herz gebracht. Aber in der Stille und Schönheit der Natur fand er seine Ruhe wieder. Er schrieb an die Wand der Jagdhütte die Verse:

LEKTION FÜNFZEHN

Über allen Gipfeln
Ist Ruh,
In allen Wipfeln
Spürest du
Kaum einen Hauch;
Die Vögelein schweigen im Walde.
Warte nur, balde
Ruhest du auch.

Ungefähr fünfzig Jahre später stieg derselbe Mann am Tag vor seinem letzten Geburtstag noch einmal auf diesen Berg. An der Wand war noch immer sein Gedicht. In diesen fünfzig Jahren waren viele Menschen auf den Berg gestiegen, hatten die kleine Jagdhütte besucht und das Gedicht bewundert, denn sein Verfasser war inzwischen in der ganzen Welt berühmt geworden als der größte deutsche Dichter: Johann Wolfgang Goethe.*

---

* Johann Wolfgang von GOETHE (1749–1832), Deutschlands größter Dichter, lebte in Frankfurt und Weimar. Berühmtestes Werk: "Faust".

Goethe in seinem letzten Lebensjahr

LEKTION FÜNFZEHN: GRAMMATIK

A. **PREPOSITIONS WITH ACCUSATIVE OR DATIVE.**

The following nine prepositions take either the accusative or the dative:

an	—	at
auf	—	on (on top of)
hinter	—	behind
in	—	in, into
neben	—	beside, next to
über	—	over, above, across
unter	—	under
vor	—	in front of, before
zwischen	—	between

With **verbs of motion** in answer to the question

WOHIN? (whereto? to what place?)

they take the

ACCUSATIVE

Hängen Sie das Bild **an die** Wand!
Er stieg **auf den** Berg.
Die Dame geht **in die** Telefonzelle.
Hast du die Karten **ins** Portemonnaie gesteckt?
Ich habe die Karten **neben das** Radio gelegt.
Hängen Sie die Uhr **über das** Sofa!
Fahren Sie das Auto **vor das** Haus!
Stellen Sie den Fernseher **zwischen das** Sofa und **den** Tisch!

With **verbs of rest** in answer to the question

WO? (where? in what place?)

they take the

DATIVE

Das Kino ist **am** Bahnhof.
Die Dame steht **an der** Sperre.
Die Hütte steht **auf dem** Berg.
In einem einfachen Restaurant fanden wir drei Plätze.
Liegen die Karten **neben dem** Radio?
Die Uhr hängt **über dem** Sofa.
Das Auto steht **vor dem** Haus.
Die Apotheke ist **zwischen dem** Kino und **der** Polizei.

LEKTION FÜNFZEHN: GRAMMATIK

Verbs of **motion** answering the question WOHIN?:

gehen	–	to go
fahren	–	to drive, to ride
hängen	–	to hang, to put
legen	–	to lay, to put
stellen	–	to place, to put (upright)
stecken	–	to stick, to put

Contractions:
ans – an das
aufs – auf das
ins – in das

Verbs of **rest** answering the question WO?:

sein	–	to be
sitzen	–	to be sitting
hängen	–	to be hanging
liegen	–	to lie, to be located
stehen	–	to stand
finden	–	to find

Contractions:
am – an dem
im – in dem

B. The **FAMILIAR FORMS OF ADDRESS.**

I. For expressing English "you" and "your", German uses besides the formal forms "Sie" and "Ihr", also familiar forms. They are used among members of a family, among close friends and classmates, towards children and animals, and towards God.

SUMMARY of personal pronouns and possessive adjectives with their familiar forms:

	Personal Pronouns			Possessives
	NOM.	ACC.	DAT.	
	ich	mich	mir	mein
Familiar singular:	**du**	**dich**	**dir**	**dein**
	er	ihn	ihm	sein
	es	es	ihm	sein
	sie	sie	ihr	ihr
	wir	uns	uns	unser
Familiar plural:	**ihr**	**euch**	**euch**	**euer**
	sie	sie	ihnen	ihr
Formal sing. + pl.:	Sie*	Sie	Ihnen	Ihr

* From now on the formal "Sie" will be placed after the third person plural.

180

LEKTION FÜNFZEHN: GRAMMATIK

II. **Verb endings.**

  Present tense: The familiar singular is formed by adding **-(e)st** to the infinitive stem. Verbs with vowel change add this ending to the changed stem: er nimmt – du nimmst. The familiar plural adds **-(e)t** to the infinitive stem: nehmen – ihr nehmt.

  Past tense: The same endings are added to the past form of the verb.

  FAMILIAR SINGULAR: -(e)st   FAMILIAR PLURAL: -(e)t

	PRESENT	PAST		PRESENT	PAST
* du	bi**st**	du war**st**	* ihr	**seid**	ihr wart
* du	ha**st**	du hatt**est**	ihr	hab**t**	ihr hatt**et**
du	geh**st**	du ging**st**	ihr	geh**t**	ihr ging**t**
du	find**est**	du fand**est**	ihr	find**et**	ihr fand**et**
du	arbeit**est**	du arbeitet**est**	ihr	arbeit**et**	ihr arbeitet**et**
du	gib**st**	du gab**st**	ihr	geb**t**	ihr gab**t**
du	nimm**st**	du nahm**st**	ihr	nehm**t**	ihr nahm**t**
* du	wir**st**	du wurd**est**	ihr	werd**et**	ihr wurd**et**
du	fähr**st**	du fuhr**st**	ihr	fahr**t**	ihr fuhr**t**
du	hält**st**	du hielt**est**	ihr	halt**et**	ihr hielt**et**
** du	wei**ßt**	du wuß**test**	ihr	wiß**t**	ihr wuß**tet**
du	mag**st**	du mocht**est**	ihr	mög**t**	ihr mocht**et**
** du	muß**t**	du muß**test**	ihr	müß**t**	ihr muß**tet**

* Notice the irregular forms of "sein", "haben" and "werden".
** Verbs the stem of which ends in -s or -ß drop the "s" of the ending -st: du weißt, du mußt, du liest, du löst ein.

III. **Imperative:** (**Note:** Familiar imperative forms never use personal pronouns.)

  1. FAMILIAR SINGULAR:

a. Stem of the infinitive:	b. Verbs with stem ending in -d or -t usually add -e:	c. Verbs with vowel change "e" to "i"(ie):	d. Special forms:
geh!*	halte!	gib!	**sei!**
sag!	warte!	nimm!	werde!
fahr!	arbeite!	sprich!	wechsle!
komm!	beachte!	lies!	

* More formal German may use an imperative form familiar singular ending in -e (gehe!) except for verbs with vowel change e > i, ie. In colloquial language the form without -e is commonly used.

181

LEKTION FÜNFZEHN: GRAMMATIK

2. **FAMILIAR PLURAL**: The present tense form is used for all verbs.

geht!	haltet!	gebt!	**seid!**
sagt!	wartet!	nehmt!	werdet!
fahrt!	arbeitet!	sprecht!	wechselt!
kommt!	beachtet!	lest!	

SUMMARY OF VERB FORMS:

Infinitive: sagen   arbeiten   haben   geben   dürfen   werden   sein

a. PRESENT TENSE

ich sage	arbeite	habe	gebe	darf	werde	bin
du sagst	arbeitest	hast	gibst	darfst	wirst	bist
er, es, sie sagt	arbeitet	hat	gibt	darf	wird	ist
wir sagen	arbeiten	haben	geben	dürfen	werden	sind
ihr sagt	arbeitet	habt	gebt	dürft	werdet	seid
sie) / Sie) sagen	arbeiten	haben	geben	dürfen	werden	sind

b. PAST TENSE

ich sagte	arbeitete	hatte	gab	durfte	wurde	war
du sagtest	arbeitetest	hattest	gabst	durftest	wurdest	warst
er, es, sie sagte	arbeitete	hatte	gab	durfte	wurde	war
wir sagten	arbeiteten	hatten	gaben	durften	wurden	waren
ihr sagtet	arbeitetet	hattet	gabt	durftet	wurdet	wart
sie) / Sie) sagten	arbeiteten	hatten	gaben	durften	wurden	waren

c. IMPERATIVE: Formal.: sagen Sie!   arbeiten Sie!   geben Sie!   seien Sie!
            Fam. sing. sag!   arbeite!   gib!   sei!
            Fam. plur. sagt!   arbeitet!   gebt!   seid!

LEKTION FÜNFZEHN: GRAMMATIK

C. The **PAST PERFECT TENSE** (das Plusquamperfekt)

German past perfect corresponds exactly to the English past perfect tense, in form as well as in usage. It is formed by the past tense of the auxiliary verbs "haben" and "sein" plus the past participle.

```
HATTE
       + PAST PARTICIPLE
WAR
```

Viele Leute **hatten** die Jagdhütte **besucht.**
   Many people had visited the hunting lodge.
Sie **waren** auf den Berg **gestiegen.**
   They had climbed the mountain.

D. **DIMINUTIVES.**

German has two diminutive suffixes **-chen** and **-lein** which can be attached to many nouns in order to express smallness, familiarity and fondness (cf. booklet, kitchenette, daddy):

      das Städtchen   also: das Mädchen
      das Stühlchen
      das Zimmerchen

      das Tischlein   das Fräulein
      das Vögelein

NOTE: Diminutives are always neuter.
They usually take "Umlaut": a > ä, o > ö, u > ü, au > äu.

LEKTION FÜNFZEHN: ÜBUNGEN

A. I. ERGÄNZEN SIE (Akkusativ oder Dativ?)

1. Die Dame steht (at the gate).
2. Ich habe die Karten (on the table) gelegt.
3. Liegt die Karte nicht (on the table)?
4. Wir sind gestern (downtown) gegangen.
5. (Downtown) haben wir Herrn Huber getroffen.
6. Ich fahre mal (behind the city hall) und suche einen Parkplatz.
7. Leider habe ich (behind the city hall) keinen Parkplatz gefunden.
8. Ich saß im Theater (behind him).
9. Ich konnte nicht viel sehen, denn eine Dame mit einem großen Hut saß (in front of me).
10. Hast du den Wagen (in front of the house) gefahren?
11. Ich habe das Buch (into the bookcase) gestellt.
12. Mein Freund stand (next to me).
13. Unser Hund liegt immer (under the table).
14. Kommen Sie schnell (under my umbrella), es beginnt zu regnen.
15. (Over her bed) hängt ein herrliches Bild.
16. Sie will es jetzt (over her bookcase) hängen.
17. Hier dürfen Sie nicht (across the street) gehen.
18. Die Apotheke ist (between the hotel and a boarding house).
19. Er schrieb das Gedicht (on the wall).
20. Fünfzig Jahre später war es immer noch (on the wall).

II. ERGÄNZEN SIE: (Akkusativ oder Dativ?)

1. Er kommt (from a small town).
2. Wir sind (through the park) gegangen.
3. Morgen wollen wir (to the opera) gehen.
4. (From whom) haben Sie das Geld bekommen?
5. Dieser Brief ist (for your brother).
6. Ich habe ihn (a week ago) gesehen.
7. (In the foreground) ist die Auskunft.
8. Eine Dame kam (out of the exchange office).
9. Die Dame (in the train) winkt (with her handkerchief).
10. Der Herr ist (into the through coach) gestiegen.
11. Er ist (without his father) nach Italien gefahren.
12. Fahren Sie hier rechts (around the corner)!
13. Die Reparaturwerkstätte ist (at the corner).
14. Ich habe in Berlin (with my sister) gewohnt.
15. (In the hotels) waren alle Zimmer besetzt.
16. Wie komme ich (to the castle)?

LEKTION FÜNFZEHN: ÜBUNGEN

17. Waren Sie (in the castle)?
18. Natürlich sind wir (into the castle) gegangen.
19. Er hat die Züge (on the timetable) nachgesehen.
20. Die Jagdhütte steht (on a mountain).

III. ÜBERSETZEN SIE:

1. Where do you live? I live downtown.
2. Where are you going? I am going downtown.
3. The nearest mailbox is at the station.
4. The florist is at the corner.
5. The ski department is on (!) the second floor.
6. We were sitting near the window.
7. Are you going to the movies?
8. They are going to the mountains.
9. We had a lot of snow and sun in the mountains.
10. The police station is between the hotel and the city hall.
11. Let's go into the living room.
12. Let's go into the garden.
13. The new picture is hanging over the radio.
14. I lost my purse in a store.
15. Did you put the newspaper on the table?
16. Did you put the book in the bookcase?
17. It is not in the bookcase.
18. The bathroom is next to the kitchen.
19. She went into her bedroom.
20. Where shall I hang the picture? Hang it over the piano.

B. SETZEN SIE a. in die DU-FORM; b. in die IHR-FORM:

I.
1. Sind Sie gestern zu Hause gewesen?
2. Haben Sie den Schlüssel verloren?
3. Können Sie mir das Geld morgen geben?
4. Wollen Sie mitkommen?
5. Müssen Sie heute viel arbeiten?
6. Sie dürfen hier nicht rauchen.
7. Sie gehen morgen in die Oper, nicht wahr?
8. Sie arbeiten zu viel, Sie werden krank.
9. Lesen Sie die Frankfurter Zeitung?
10. Nehmen Sie ein Taxi?

LEKTION FÜNFZEHN: ÜBUNGEN

II.
1. Gehen Sie nicht so schnell!
2. Arbeiten Sie nicht zu viel!
3. Fahren Sie langsam!
4. Seien Sie still bitte!
5. Lesen Sie den Brief!
6. Helfen Sie mir!
7. Sprechen Sie mit Peter!
8. Nehmen Sie die Straßenbahn!

III.
1. Ich habe Sie nicht verstanden.
2. Ist Ihnen das recht?
3. Ich habe Sie nicht erreichen können.
4. Einen Augenblick! Ich helfe Ihnen.
5. Hoffentlich störe ich Sie nicht.
6. Wie geht es Ihnen?

IV. SETZEN SIE IN DIE DU-FORM:

1. Sind Sie mit Ihrem Bruder in die Stadt gegangen?
2. Haben Sie mit Ihrer Mutter gesprochen?
3. Haben Sie Ihre Eltern gesehen?
4. Haben Sie ein schönes Geschenk von Ihren Eltern bekommen?
5. Sind Sie morgen bei Ihrer Schwester?

LEKTION FÜNFZEHN: WORTSCHATZ

DER Berg, -e – mountain
der Bodensee – Lake Constance
der Dichter,- – poet
der Fluß, ⸚sse – river
der Garten, ⸚ – garden
der Gipfel,- – mountain top
der Hauch – breeze
der Kuchen,- – cake
der Mensch, -en, -en – man,
   human being; (die Menschen – people)
der Rhein – Rhine
der Sinn, -e – mind, sense
der Verfasser,- – author
der Vers, -e – verse (die Verse – poem)
der Vogel, ⸚ – bird
der Wald, ⸚er – forest, wood
der Wipfel,- – tree top

DAS Bad, ⸚er – bath, bathroom
das Badezimmer,- – bathroom
das Gedicht, -e – poem
das Herz, -en (Dat.: dem Herzen – heart)
das Meer, -e – sea
das Mittelmeer – Mediterranean Sea
das Schlafzimmer,- – bedroom
   Thüringen – Thuringia
das Vögelein,- – little bird

DIE Donau – Danube
die Garage, -n – garage
die Jagdhütte,-n – hunting lodge
   (comp.: die Jagd – hunt, hunting
   die Hütte – hut, lodge, cottage)
die Küche,-n – kitchen
die Natur – nature
die Ruhe – rest, peace, quiet
die Schönheit, -en – beauty
die Seele, -n – soul
die Stille – quiet, quietness, peace,
   tranquillity
die Unruhe – restlessness, unrest
die Wand, ⸚e – wall

---

bald (balde = poetical) – soon
besuchen – to visit
bewundern – to admire
derselbe, dasselbe, dieselbe – the same
fast – almost
hängen (transitive) – to hang
hersehen – to look here
inzwischen – meanwhile
kaum – hardly, scarcely
letzt- – last
rastlos – restless

regnen – to rain
ruhen – to rest
schlafen (schläft), schlief,
   geschlafen – to sleep
schweigen, schwieg, geschwiegen – to be silent
spüren – to feel
steigen, stieg, ist gestiegen – to climb
stellen – to place (upright), to put
still – quiet, calm
traurig – sad
ungefähr – approximately

WIEDERHOLUNGS-ÜBUNGEN

A. MODAL AUXILIARIES

   I. Übersetzen Sie:

   1. I cannot stay.
   2. I must take a taxi.
   3. She wants to walk.
   4. We have to look for a hotel.
   5. May I read the letter?
   6. He is not able to do that.
   7. Are we supposed to learn that for tomorrow?
   8. Do you like wine?
   9. Would you like a cup of coffee?
   10. I am having my car washed.

   II. Setzen Sie a. ins IMPERFEKT, b. ins PERFEKT:

   1. Ich kann vier Karten bekommen.
   2. Wir dürfen sein Auto nehmen.
   3. Ich muß einen Brief schreiben.
   4. Er will ins Kino gehen.
   5. Ich soll an der Tankstelle warten.
   6. Wir mögen nicht zu Hause bleiben.
   7. Ich lasse das Öl wechseln.

   III. Übersetzen Sie: a. IMPERFEKT, b. PERFEKT:

   1. I was able to get the tickets.
   2. We had to stand in line.
   3. They had to write a few picture postcards.
   4. I had to show my driver's license to the policeman.
   5. They were not allowed to see their child in the hospital.
   6. We were not able to understand him.
   7. They had to wait for an hour.
   8. I wanted to buy Christmas presents.
   9. He did not like to go to the movies.
   10. She had her car repaired.

B. SETZEN SIE a. ins IMPERFEKT, b. ins PERFEKT:

   I. 1. Sie dankt mir nicht.
      2. Er beachtet die Verkehrszeichen nicht.

WIEDERHOLUNGS-ÜBUNGEN

    3. Das Buch kostet fünfzig Mark.
    4. Wir gehen zu Fuß.
    5. Er ist krank.
    6. Sein Vater hat keine Zeit.
    7. Ich weiß es nicht.
    8. Paul bringt die Blumen.

II. Übersetzen Sie, a. IMPERFEKT, b. PERFEKT:

1. My wife needed a new umbrella.
2. The child did not believe it.
3. We worked all day long.
4. I didn't reach him.
5. The lady made a telephone call.
6. The young man passed the other car.
7. He became ill.
8. She went home.
9. He slept all day long.
10. I got the book from a friend.
11. The children drank milk.
12. Who said that?
13. We bought a new car.
14. She brought the menu.
15. I parked my car at the city hall.
16. He smoked a pipe.
17. My friend paid the bill.
18. Two trucks blocked the entire traffic.
19. I visited my friend.
20. The bus didn't stop.
21. I was at home.
22. Did you know her brother?
23. I didn't know the word.
24. He lost his passport.
25. The accident happened over there.

C. PLURAL.

  I. 1. Two men had to carry the piano.
      2. Do you see those trees? – Which trees?
      3. His two sons are doctors.
      4. They have no children.

WIEDERHOLUNGS-ÜBUNGEN

     5. Her dresses are very modern.
     6. We only stayed two hours.
     7. We had to take the secondary roads.
     8. These ladies are Americans.
     9. We saw many towns.
    10. All trains were crowded.
    11. The doors and windows are too small.
    12. I saw two operas.

II. 1. Did you talk with the girl? (with the girls)
     2. The famous artist came with his daughter. (with his daughters)
     3. He went to Paris with his son. (with his sons)
     4. We talked with an American. (with two Americans)
     5. What happened to the child? (to the children)
     6. How is your sister? How are your sisters?
     7. The dress looks nice on the young lady.
     8. Bavarian dresses look nice on young ladies.
     9. I helped my friend. (my friends)
    10. I thanked the gentleman. (the gentlemen)
    11. He got the present from his father and his mother.
    12. He got the present from his parents.
    13. She showed her new dress to her girl friend. (to her girl friends)
    14. The waiter recommended the wine to the guest. (to the guests)
    15. I met him one year ago. (three years ago)
    16. He flew to America one month ago. (five months ago)
    17. I saw her with a man. (with two men)

III. 1. We saw a beautiful picture.
     2. We saw the beautiful picture.
     3. We saw beautiful pictures.
     4. We saw the beautiful pictures.
     5. This is a new house.
     6. I saw the new house.
     7. New houses are expensive.
     8. Not all new houses are interesting.
     9. This is a comfortable easy-chair.
    10. Where did you buy this comfortable easy-chair?
    11. These are comfortable easy-chairs.
    12. Where did you buy these comfortable easy-chairs?
    13. This is an expensive vase.
    14. Did you see the expensive vase?
    15. We saw expensive vases.
    16. Did you see the expensive vases?

WIEDERHOLUNGS-ÜBUNGEN

17. I went to Paris with a good friend. (with good friends)
18. I saw him with a young lady. (with two young ladies)
19. I don't like large rooms.
20. His German friends live in Bonn.
21. I bought new wine-glasses.
22. We sold our old chairs.
23. Which famous castles did you see?
24. They have three little boys.
25. Did you give anything to these poor children?

D. SEPARABLE PREFIXES

I. Ergänzen Sie die Verbform im PRÄSENS, IMPERFEKT, PERFEKT:

ankommen: Der Zug _____ um acht Uhr _____.
aussteigen: Wir _____ am Karlsplatz _____.
aussehen: Eva _____ elegant _____.
mitnehmen: Ich _____ meine Skier nicht _____.
anrufen: Paul _____ mich heute _____.

Geben Sie den IMPERATIV:

abholen: _____ mich um sechs Uhr _____!
umsteigen: _____ in Stuttgart _____!
nachsehen: _____ das Wort _____!

II. Übersetzen Sie:

1. I have to look up the word.
2. Do you want to come along?
3. Where do you cash your checks?
4. Did you exchange your marks?
5. The train from Paris was just arriving.
6. Nobody got off.
7. We were standing in line for two hours.
8. I called you up yesterday.
9. Where did you transfer?
10. How did she look?
11. Call me up tomorrow.
12. Get in.

E. PRÄPOSITIONEN

1. She was sitting in the garden.
2. The theater is around the corner to the right.
3. I put the letter under the book.

WIEDERHOLUNGS-ÜBUNGEN

4. Where did you put the vase? – I put it on the radio.
5. He was standing in front of the police station.
6. They came without their little dog.
7. From whom did you get this interesting book? From your teacher?
8. For whom is this Christmas present? For your father?
9. The picture is now hanging over the bookcase.
10. After one month he sent the bill.
11. I haven't seen Eva for (= since) one year.
12. The florist is opposite the church.
13. There was heavy traffic on the Autobahn.
14. Frankfurt is situated on the Main.
15. Hang the sign on the door.
16. He came to Germany five years ago.
17. I could not reach you in your office.
18. We went downtown because (= denn) we wanted to go to the movies.
19. We walked through the small town.
20. I don't know why, but he is always against me.
21. I was waiting at the corner.
22. Is your car behind the house or in front of the house?
23. With whom did you go the movies?
24. I found the letter between two books.
25. He was sitting next to me.

F. SAGEN SIE DIESE SÄTZE   a. in der "Sie"-Form;
                                        b. in der "Du"-Form (fam. sing.);
                                        c. in der "Ihr"-Form (fam. plural):

1. Are you alone?
2. Have you seen the castle? (Perfekt)
3. Were you at home? (Imperfekt)
4. Did you have enough money? (Imperfekt)
5. Are you taking this taxi?
6. Can you come?
7. Do you want to come along?
8. Why couldn't you stay?
9. Shall I send the money to you?
10. I didn't see you.
11. Is this your house?
12. Did you go to Berlin with your parents?
13. Please, be quiet.
14. Read that.
15. Stop here, please.

LEKTION SECHZEHN

ÜBEN SIE:

A. Ich **werde** morgen wahrscheinlich ins Theater **gehen.**
Mein Bruder wird wahrscheinlich schon heute kommen.
Es wird bald schneien.
Du wirst Peter wahrscheinlich dort treffen.
Ihr werdet ihn wahrscheinlich dort treffen.
Eva und Peter werden wahrscheinlich nicht nach Paris fahren dürfen.
Sie werden vielleicht zehn Minuten warten müssen.
Sie werden Herrn Müller wahrscheinlich im Büro erreichen können.
Das Mädchen wird es wahrscheinlich schon wissen.
Barbara wird schon schlafen.

B. Möchten **Sie sich** setzen? **Ich** möchte **mich** setzen.
Möchtest **du dich** setzen, Peter? Ich möchte mich setzen.
Möchte **der Herr sich** setzen? **Er** möchte **sich** setzen.
Möchte **das Kind sich** setzen? **Es** möchte **sich** setzen.
Möchte **die Dame sich** setzen? **Sie** möchte **sich** setzen.
Möchten **Sie sich** setzen, meine Herren? **Wir** möchten **uns** setzen.
Möchtet **ihr euch** setzen, Kinder? Wir möchten uns setzen.
Möchten **die Kinder** sich setzen? **Sie** möchten **sich** setzen.

Ich muß mich beeilen. **Ich** kaufe **mir** ein neues Auto.
Du mußt dich beeilen. **Du** kaufst **dir** ein neues Auto.
Er muß sich beeilen. Er kauft sich ein neues Auto.
Sie muß sich beeilen. Sie kauft sich ein neues Auto.

Wir müssen uns beeilen. Wir kaufen uns ein neues Auto.
Ihr müßt euch beeilen. Ihr kauft euch ein neues Auto.
Sie müssen sich beeilen. Sie kaufen sich ein neues Auto.

Ich darf mich nicht verspäten.
Er fürchtet sich nicht.
Ich freue mich.
Wir haben uns nicht verlobt.
Wir haben uns erkundigt.
Das Kind hat sich erkältet.
Mein Vater hat sich gut erholt.
Sie können sich hier waschen.
Ich muß mich rasieren.
Er kann sich dort umziehen.
Er kann sich dort ausziehen.
Sie können sich hier anziehen.

LEKTION SECHZEHN

Setzen Sie sich, bitte!
Setz dich, bitte!
Setzt euch, bitte!
Erkundigen Sie sich im Reisebüro!
Erholen Sie sich gut!
Beeilen Sie sich!
Erkälten Sie sich nicht!
Verspäten Sie sich nicht!
Ziehen Sie sich dort um!
Ziehen Sie sich dort an!
Ziehen Sie sich dort aus!

KONVERSATION

A: Sagen Sie mal, stimmt das? Ich habe gehört, Sie haben sich verlobt?
B: Ja, das stimmt. Ich habe mich gerade im Reisebüro erkundigt, wie wir am besten nach Athen kommen. Wir wollen unsere Hochzeitsreise nach Griechenland machen.
A: Meinen herzlichsten Glückwunsch! Wann wird denn die Hochzeit sein?
B: Wir werden wahrscheinlich Ende des Monats heiraten.
A: Und wann wollen Sie nach Griechenland reisen?
B: Sofort nach der Hochzeit setzen wir uns ins Flugzeug und fliegen direkt nach Athen.
A: Freuen Sie sich schon auf den Flug?
B: Nein, im Gegenteil. Ich fürchte mich sogar ein bißchen. Das letzte Mal hatten wir schlechtes Wetter und ich bin luftkrank geworden.
A: Ich hoffe, Sie werden dieses Mal einen schönen Flug haben.
B: Vielen, vielen Dank. Aber jetzt muß ich mich beeilen, denn heute abend wollen wir ins Kino gehen. Ich muß mich noch umziehen und ich möchte mich nicht verspäten. Auf Wiedersehen!
A: Auf Wiedersehen! Ich wünsche Ihnen eine gute Reise, gutes Wetter und viel Vergnügen.

LEKTION SECHZEHN: GRAMMATIK

IDIOMS AND USEFUL EXPRESSIONS

Sagen Sie mal!	Say.
Stimmt das?	Is it true?
Ich **mache** eine Reise.	I take a trip.
Meinen herzlichsten Glückwunsch!	My heartfelt (most cordial) congratulations.
im Gegenteil	on the contrary
heute abend	tonight
Gute Reise!	Have a good trip.
Viel Vergnügen!	Have a good time.
Ich bin erkältet.	I have a cold.
Ich habe mich verspätet.	I am late.
einmal, zweimal, dreimal etc.	once, twice, three times etc.

GRAMMATIK

A. The **FUTURE TENSE** (das Futur)

In German, the future tense is less frequently used than in English. German often uses the present tense with a time element denoting the future (später, um 7 Uhr, nächste Woche) to express actions taking place in the future (1).

The future tense is often used to express uncertainty or probability of a present action (2).

1. Ich gehe morgen in die Stadt.   I'll go downtown tomorrow.
   Er wird heiraten.   He will get married.
   Es wird schneien.   It is going to snow.
2. Du wirst müde sein.   You are probably tired.

The future tense is formed by the present tense of:

WERDEN + INFINITIVE

ich	werde	wahrscheinlich Ende des Monats heiraten.
du	wirst	wahrscheinlich Ende des Monats heiraten.
er, es, sie	wird	wahrscheinlich Ende des Monats heiraten.
wir	werden	wahrscheinlich Ende des Monats heiraten.
ihr	werdet	wahrscheinlich Ende des Monats heiraten.
sie / Sie	werden	wahrscheinlich Ende des Monats heiraten.

LEKTION SECHZEHN: GRAMMATIK

B. The **REFLEXIVE PRONOUN** (das Reflexivpronomen)

1. If the object pronoun is identical with the subject (cf. **I** wash **myself; we** enjoy **ourselves**) the object pronoun is called reflexive pronoun. The reflexive pronoun in German is the same as the personal pronoun for the first and second persons singular and plural.
    The only real German reflexive pronoun is used for the third person singular and plural and for the formal "Sie". This is for the accusative and dative the invariable form: SICH.

Personal Pron.	Reflexive Pron.	
Nom.	Acc.	Dat.
ich	mich	mir
du	dich	dir
er, es, sie	sich	sich
wir	uns	uns
ihr	euch	euch
sie, Sie	sich	sich

ich beeile mich	ich kaufe **mir** ein Auto*
du beeilst dich	du kaufst **dir** ein Auto*
er, es, sie beeilt sich	er, es, sie kauft sich ein Auto
wir beeilen uns	wir kaufen uns ein Auto
ihr beeilt euch	ihr kauft euch ein Auto
sie, Sie beeilen sich	sie, Sie kaufen sich ein Auto

* The statement "Ich kaufe ein Auto" does not say for whom I am buying the car. I can buy the car for my son: "Ich kaufe mein**em** Sohn ein Auto".
If, however, the action is performed by the subject for his own benefit or interest, the reflexive pronoun is used as the normal indirect object:

Ich kaufe mir ein Auto. – I'm going to buy myself a car.
Er kauft sich ein Auto. – He is going to buy himself a car.

LEKTION SECHZEHN: GRAMMATIK

IMPERATIVE:

    beeil dich!   kauf dir ein Auto!
    beeilt euch!   kauft euch ein Auto!
    beeilen Sie sich!   kaufen Sie sich ein Auto!

2. Certain verbs (frequently not reflexive in English) must always be used with reflexive pronouns:

sich beeilen:	Ich muß mich beeilen.	I must hurry.
sich erholen:	Haben Sie sich erholt?	Did you get a rest?
sich erkälten:	Ich habe mich erkältet.	I caught a cold.
sich erkundigen:	Ich will mich erkundigen.	I want to inquire.
sich verspäten:	Verspäten Sie sich nicht!	Don't be late.

3. Some transitive verbs can be both, non-reflexive and reflexive.
They are used reflexively if the action is directed back upon the subject, e.g.

Er rasiert sich.	He is shaving (himself, not someone else).
Sie zieht sich an.	She dresses (herself, not her baby).
Sie waschen sich.	They wash (themselves, not their shirts).

Note: Ich wasche **mir die** Hände. – I am washing my hands.
       Er wäscht **sich die** Hände. – He is washing his hands. **etc.**

LEKTION SECHZEHN: ÜBUNGEN

A. SETZEN SIE INS FUTUR:

1. Peter geht morgen ins Theater.
2. Meine Geschwister machen eine Reise nach London.
3. Die Hochzeit ist im April.
4. Du bist müde.
5. Ihr habt Hunger.
6. Eva schläft schon.
7. Seine Mutter weiß es schon.
8. Es regnet.
9. Es schneit.
10. Sie können das nicht tragen.
11. Du mußt nicht lange warten.
12. Ihr könnt ihn nicht sprechen.
13. Er will nicht mitkommen.
14. Sie müssen einen Arzt holen.
15. Ich bleibe nicht lange dort.

B. ERGÄNZEN SIE DAS REFLEXIVPRONOMEN:

1. Ich bin müde, ich muß _____ setzen.
2. Ein Herr setzte _____ an unseren Tisch.
3. Entschuldigen Sie bitte! Wir haben _____ leider verspätet.
4. Du mußt _____ beeilen.
5. Habt ihr _____ erkundigt?
6. Meine Eltern haben _____ gut erholt.
7. Wollen Sie _____ nicht setzen?
8. Das kleine Mädchen fürchtet _____ vor jedem Hund.
9. Meine Freundin hat _____ vor drei Wochen verlobt.
10. Du kannst _____ dort umziehen.
11. Ich habe _____ gestern erkältet.
12. Meine Schwester freut _____ auf den Flug.
13. Du mußt _____ ein bißchen moderner anziehen.
14. Ihr könnt _____ da drüben ausziehen.
15. Ziehen Sie _____ dort drüben um!
16. Die Kinder können _____ dort waschen.
17. Hast du _____ schon gewaschen?
18. Wo haben Sie _____ umgezogen?
19. Mein Bruder muß _____ jeden Tag zweimal rasieren.
20. Er hat _____ ein neues Auto gekauft.
21. Ich kaufe _____ zwei Schallplatten.
22. Setz _____ bitte!

LEKTION SECHZEHN: ÜBUNGEN

23. Fürchte ——————— nicht!
24. Erkundigt ——————— bitte!
25. Erkälten Sie ——————— nicht!

C. ÜBERSETZEN SIE:

a. 1. Why don't you sit down?
    2. You can't go into the bathroom. Peter is washing and shaving.
    3. We have to hurry.
    4. She is not afraid.
    5. We got engaged in February.
    6. Did you inquire at the travel agency?
    7. I got a good rest in the mountains.
    8. He recovered from his shock very quickly.
    9. One moment, my sister is just changing her clothes.
    10. The children can undress over there.
    11. Are you looking forward to your vacation?
    12. I am sorry, I am late.
    13. I bought (myself) this record.
    14. Did you buy (yourself) a new car?
    15. Sit down, please!
    16. Hurry up.
    17. Don't catch cold.
    18. Get a good rest.
    19. Don't be late.
    20. Don't be afraid.

b. 1. We'll probably stay in Germany until May.
    2. Perhaps I will go home next year.
    3. We are going to meet him in Athens.
    4. They are going to fly to Greece.
    5. What are you going to do?
    6. How long will he stay here?
    7. Are you going to buy a new car?
    8. Will we have enough money?
    9. I'll cash my check tomorrow.
    10. I'll call you up tomorrow or the day after tomorrow.
    11. They will get engaged in summer.
    12. You will have to wait.
    13. I won't be able to come.
    14. He will not be allowed to go to Garmisch.
    15. They will be asleep.

LEKTION SECHZEHN: WORTSCHATZ

DER Flug, ¨e – flight
der Glückwunsch, ¨e – congratulation
   (comp.: das Glück
     der Wunsch)
der Wunsch, ¨e – wish

DAS Ende, -n – end
das Glück – happiness, fortune, luck
    Griechenland – Greece
das Mal, -e – time
   das letzte Mal – the last time
das Vergnügen – pleasure
das Wetter – weather

DIE Hochzeit, -en – wedding
die Hochzeitsreise, -n – wedding trip,
   honey-moon trip
die Luft. ¨e – air

---

   am besten – best, in the best way
*s. **an**ziehen – to dress, to get dressed
 s. **aus**ziehen – to undress, to get
   undressed
 s. erholen – to recover, to get a rest,
   to recuperate
 s. erkälten – to catch cold
 s. erkundigen – to inquire
 s. freuen – to be happy, to be glad
 s. freuen auf (with Acc.) – to look
   forward to
 s. fürchten – to be afraid
 s. fürchten vor (with Dat.) – to be
   afraid of
   heiraten – to marry, to get married

   herzlich – cordial, heartfelt
   hoffen – to hope
   luftkrank – airsick
   müde – tired
 s. rasieren – to shave
   schneien – to snow
 s. setzen – to sit down
   sofort – immediately
   sogar – even
   stimmen – to be correct, be right
 s. **um**ziehen – to change clothes
 s. verloben – to get engaged
 s. verspäten – to be late
   wünschen – to wish

---

* An "s." in front of a verb stands for "sich" and indicates that the verb is reflexive. The basic verb for "anziehen, ausziehen, umziehen" is the strong verb **ziehen**, zog, gezogen – to pull, to draw.

LEKTION SIEBZEHN

ÜBEN SIE:

A. 1. Die Kirche ist in der Nähe **des** Schloss**es**.
   Sein Haus ist in der Nähe eines Waldes.
   Die Post ist in der Nähe des Rathauses.
   Das Hotel ist in der Nähe **des** Bahnhof**s**.
   Ich wohne in der Nähe meines Freundes.
   Das Kino ist in der Nähe **der** Apotheke.
   Sie wohnen in der Nähe ihrer Eltern.

   2. Das ist der Schreibtisch meines Sohnes.
   Das ist das Auto unseres Bürgermeisters.
   Das ist das Haus ihrer Freundin.
   Das ist das Gepäck meiner Eltern.
   Das ist der Koffer dieses Herrn.
   Er ist der Sohn eines amerikanisch**en** Diplomaten.
   Das ist das Schlafzimmer meiner klein**en** Geschwister.

B. 1. Heidelberg ist nicht **so** groß **wie** München.
   Heidelberg ist **kleiner als** München.
   München ist größer als Heidelberg.
   Die Pension ist billiger als das Hotel.
   Das Hotel ist teurer als die Pension.
   In Rom ist es wärmer als in München.
   In München ist es kälter als in Rom.
   Ich trinke Wein lieber als Bier.
   Peter ist sein **jüngerer** Bruder.
   Eva ist seine **ältere** Schwester.

   2. Der Weg war kürzer als ich dachte.
   Der Weg war länger als ich dachte.
   Der Film war interessanter als ich dachte.
   Das Essen war besser als ich dachte.
   Es kostete weniger als ich dachte.
   Die Rechnung war höher als ich dachte.
   Das Blumengeschäft war näher als ich dachte.

   1. Der näch**ste** Briefkasten ist am Bahnhof.
   Dies ist das billigste Hotel.
   Dies ist das schönste Bild.
   Eva ist das hübscheste Mädchen.
   In Heidelberg ist die älteste Universität Deutschlands.

LEKTION SIEBZEHN

Rhein-Main ist der größte Flughafen Deutschlands.
Herr Huber hat das meiste Geld.
Die Zugspitze ist der höchste Berg Deutschlands.
Das ist der beste Platz.
Das ist der kürzeste Weg.
Das sind die neuesten Schallplatten.
Sein ältester Bruder ist Offizier in der Luftwaffe.

2. Im Frühling ist die Natur **am schönsten.**
   Der Verkehr ist um 17 Uhr am schlimmsten.
   Peter spricht Deutsch am besten.
   Vor einem Examen arbeite ich am meisten.
   Ich trinke Tee am liebsten.

Berlin-Schöneberg, Rathaus

LEKTION SIEBZEHN

BERLIN

Von 1871–1945 war Berlin die Hauptstadt des Deutschen Reiches. Am Ende des Zweiten Weltkrieges (1945) besetzten amerikanische, englische, französische und sowjetische Truppen Berlin. Aber das war nicht das erste Mal, daß fremde Truppen die Stadt besetzten. Schon während des Siebenjährigen Krieges (1756–1763) waren österreichische und russische Truppen in Berlin,* und im Jahre 1806 französische Truppen.**

Heute ist die Stadt durch die "Mauer" in Ostberlin und Westberlin geteilt.

Berlins interessanteste Zeit war die erste Hälfte dieses Jahrhunderts. Damals war es der Mittelpunkt des kulturellen Lebens in Deutschland. Berlin hatte die besten Theater und sogar drei Opernhäuser.

Am schlimmsten war das Leben der Berliner bei Kriegsende und zur Zeit der "Luftbrücke" (1948/9). Damals konnten die westlichen Alliierten Berlin nur durch die Luft mit Lebensmitteln versorgen. Manchmal landete fast jede Minute ein Flugzeug (am 16. April 1949 beinahe 1400 Flugzeuge). Das Symbol für diese "Luftbrücke", das Luftbrücken-Denkmal, steht am Ausgang des Flughafens Tempelhof.

Trotz der "Mauer" und trotz der politischen Schwierigkeiten führen die Westberliner fast ein normales Leben. Der Sitz des Bürgermeisters von Westberlin befindet sich im Schöneberger Rathaus. Vom Balkon dieses Rathauses sprach der Präsident der Vereinigten Staaten, John F. Kennedy, seine berühmten Worte: "Ich bin ein Berliner".

Westberlin ist größer und hat mehr Einwohner als Ostberlin. Die Freie Universität Berlin und das berühmte Museum Dahlem befinden sich in Westberlin. Bekannte moderne Gebäude in Westberlin sind die "Kongreßhalle" und die "Philharmonie". Das Wahrzeichen Westberlins ist eine Ruine: der Turm der Kaiser-Wilhelm-Gedächtniskirche im Zentrum der Stadt. Hier ist auch der Kurfürstendamm, die bekannteste Straße Westberlins, berühmt wegen der vielen eleganten Geschäfte, Restaurants und Cafés. Die Berliner nennen ihn den "Ku-Damm" und gehen hier am liebsten spazieren.

Heute ist Bonn die provisorische Hauptstadt der Bundesrepublik, aber Berlin ist noch immer die größte deutsche Stadt.

---

*   Damals war "Friedrich der Große" König von Preußen.
** unter Napoleon Bonaparte.

LEKTION SIEBZEHN: GRAMMATIK

A. The **GENITIVE CASE** (der Genitiv)

The phrases "the office of my friend" or "my friend's office" express the relationship of two nouns by means of the preposition "of" or by an "s". – The possessive case or genitive is used to express this relationship. The genitive case answers to the question "whose?", in German: WESSEN?

In German, the genitive has special forms:

1. The **genitive form of "der"- and "ein"- words** is for:

   Masc. and Neut.: **des,** dieses, eines, keines, meines, etc.
   Fem. and Plur.: **der,** dieser, einer, keiner, meiner, etc.

2. **Nouns**

   a. Masc. and neuter nouns take in the singular the case ending
      -es for nouns consisting of one syllable
      -s for nouns consisting of more than one syllable.

      am Ende **des** Krieg**es**
      die Mutter mein**es** Freund**es**
      am Ausgang des Flughafen**s**
      die erste Hälfte dies**es** Jahrhundert**s**

   b. Weak nouns like "Junge", "Herr", "Präsident", only add (e)n as in the accusative and dative.

      der Regenschirm dieses Herr**n**
      die Worte des Präsident**en**

   c. Feminine nouns (except proper names) and plural forms take no case ending.

      Eva**s** Auto*
      das Haus seiner Schwester
      das Auto ihrer Eltern

* With proper names only (including feminine names) which, contrary to English, add **-s** without apostrophe, the genitive form may precede the noun to which it is related. In all other cases the genitive follows the thing or person possessed:

       my friend's office   } – das Büro meines Freundes
       the office of my friend }

LEKTION SIEBZEHN: GRAMMATIK

3. The **adjective ending** in the genitive case is: **-en**

   In the feminine singular and in the plural, the adjective takes the ending **-er** **if not preceded** by a "der"- or "ein"- word:

   > die Hauptstadt des Deutsch**en** Reiches
   > der Turm der neu**en** Kirche
   > das Haus meiner deutsch**en** Freunde

   > Er ist der Sohn reich**er** Leute.

4. **Prepositions:** The most important prepositions followed by the genitive are:

   > **trotz** — in spite of
   > **während** — during
   > **wegen** — because of

   > trotz der "Mauer"
   > während des Krieges
   > wegen des schlechten Wetters

LEKTION SIEBZEHN: GRAMMATIK

SUMMARY: DECLENSION OF ARTICLES, "DER"- AND "EIN"- WORDS, ADJECTIVES AND NOUNS

A. DER-WORDS: der, das, die; dieser; jeder (pl. alle); welcher

CASE	MASCULINE	NEUTER	FEMININE	PLURAL
NOM.	der gute Arzt Junge	das neue Haus	die junge Frau	die netten Leute
ACC.	den guten Arzt Jungen	dem neuen Haus	der jungen Frau	den netten Leuten
DAT.	dem guten Arzt Jungen	des neuen Hauses	der jungen Frau	der netten Leute
GEN.	des guten Arztes Jungen			

B. EIN-WORDS: ein, kein, mein, dein, sein, ihr, unser, euer, ihr, Ihr

	MASCULINE	NEUTER	FEMININE	PLURAL
NOM.	ein guter Arzt Junge	ein neues Haus	eine junge Frau	seine netten Freunde
ACC.	einen guten Arzt Jungen	einem neuen Haus	einer jungen Frau	seinen netten Freunden
DAT.	einem guten Arzt Jungen	eines neuen Hauses	einer jungen Frau	seiner netten Freunde
GEN.	eines guten Arztes Jungen			

C. STRONG ADJECTIVE ENDINGS (not preceded by a "der"- or "ein"-word)

	MASCULINE	NEUTER	FEMININE	PLURAL
NOM.	heißer Kaffee	warmes Wasser	frische Milch	nette Leute
ACC.	heißen Kaffee	warmem Wasser	frischer Milch	netten Leuten
DAT.	heißem Kaffee	warmen Wassers	frischer Milch	netter Leute
GEN.	heißen Kaffees			

LEKTION SIEBZEHN: GRAMMATIK

B. **COMPARISON OF ADJECTIVES AND ADVERBS.**

English has two forms for the comparative (nicer, more beautiful) and also for the superlative (nicest, most beautiful). The English forms with "more" and "most" do not exist in German.

The German comparative is formed by adding **-er**
the superlative is formed by adding **-(e)st**
to the adjective, i.e. the undeclined positive form:

Positive	Comparative	Descriptive superlative	Adverbial + predicative superlative	Rules
schön schnell langsam teuer	schön**er** schneller langsam**er** teuerer	schön**st**- schnellst- langsam**st**- teuerst-	**am** schön**sten** am schnellsten am langsamsten am teuersten	samples of normal regular forms
lang jung warm	l**ä**nger j**ü**nger w**ä**rmer	l**ä**ngst- j**ü**ngst- w**ä**rmst-	am l**ä**ngsten am j**ü**ngsten am w**ä**rmsten	most one-syll. adjectives (a few with more) change a, o, u (not au) to ä, ö, ü
gesund alt laut heiß hübsch kurz	gesünder älter lauter heißer hübscher kürzer	gesünd**est**- ältest- lautest- heißest- hübschest- kürzest-	am gesünd**esten** am ältesten am lautesten am heißesten am hübschesten am kürzesten	adjectives ending in d, t; s, ß, sch, z, add -est in the superlative
gut groß hoch* nahe viel gern	besser größer hö**h**er näher **mehr** **lieber**	best- größt- höchst- nächst- meist-	am besten am größten am höchsten am nächsten am meisten am **liebsten**	these are the only irregular forms "gern" is adverb

* "hoch" drops the "c" when taking an ending: der ho**h**e Turm

LEKTION SIEBZEHN: GRAMMATIK

I. The **comparative** (der Komparativ) is used:

1. as adverb
   or in a predicate position without adjective endings, e.g.

   > Sprechen Sie lauter!
   > Das Haus ist schöner

2. in a descriptive position with adjective endings (as in the positive: meine klein**e** Schwester), e.g.

   > meine junger**e** Schwester
   > Kennen Sie meinen älter**en** Bruder?

Note: the comparative forms "mehr" and "weniger" (= less) take no ending:

> Er hat mehr Zeit als ich.
> Ich habe weniger Geld als er.

II. The **superlative** (der Superlativ):

1. The descriptive superlative also takes adjective endings (as in the positive: der hoh**e** Berg), e.g.

   > der höchst**e** Berg
   > mein ältest**er** Bruder

2. The adverbial and predicative superlative has the special form:

   > **am** . . . . -(e)sten
   >
   > Um fünf Uhr ist der Verkehr **am** schlimm**sten**
   > Er fährt am schnellsten.
   > Er spricht am laut**e**sten.

III. Notice the meaning of **"gern, lieber, am liebsten"**:

Ich trinke gern Tee.	– I like to drink tea.
Ich trinke lieber Kaffee.	– I prefer to drink coffee.
	I'd rather drink coffee.
Ich trinke am liebsten Wein.	– I like best to drink wine.

IV. **Note:** (nicht) so . . . . . wie – (not) as . . . . . as
    als – than

> München ist nicht **so** groß **wie** Berlin.
> Berlin ist größer **als** München.

LEKTION SIEBZEHN: ÜBUNGEN

A. ERGÄNZEN SIE DEN GENITIV:

a.
1. der Flughafen: Die Tankstelle ist in der Nähe _____.
2. das Blumengeschäft: Die Apotheke ist in der Nähe _____.
3. die Tankstelle: Er wohnt in der Nähe _____.
4. eine Pension: Das Reisebüro ist in der Nähe _____.
5. ein Wald: Sein Haus ist in der Nähe _____.
6. mein Freund: Die Mutter _____ ist krank.
7. ihr Bruder: Die Freundin _____ ist Deutsche.
8. sein Vater: Das Büro _____ ist in der Karlstraße.
9. seine Frau: Das Auto _____ ist neu.
10. dieses Rathaus: Vom Balkon _____ sprach John F. Kennedy.
11. die "Mauer": Trotz _____ leben die Berliner normal.
12. die Gedächtniskirche: Die Ruine _____ ist das Wahrzeichen Berlins.
13. die Bundesrepublik: Bonn ist die provisorische Hauptstadt _____.
14. ihre Eltern: Das Haus _____ liegt im Gebirge.
15. dieser Herr: Ist das der Koffer _____?
16. der Junge: Die Schwester _____ ist nicht gekommen.
17. ein Diplomat: Sie ist die Tochter _____.
18. der Präsident: Die Frau _____ ist auch gekommen.
19. ein Soldat: Sie ist die Freundin _____.
20. dieser Student: Das Deutsch _____ ist sehr gut.

b.
1. sein neues Haus: Die Zimmer _____ sind sehr klein.
2. das kulturelle Leben: Berlin war der Mittelpunkt _____.
3. der Siebenjährige Krieg: Während _____ waren die Russen in Berlin.
4. die eleganten Geschäfte: Der Ku-Damm ist bekannt wegen _____.
5. das Deutsche Reich: Berlin war die Hauptstadt _____.
6. das schlechte Wetter: Wegen _____ sind wir nicht gefahren.
7. der Zweite Weltkrieg: Während _____ war er in Deutschland.
8. die politischen Schwierigkeiten: Trotz _____ ist das Leben fast normal.
9. die Vereinigten Staaten: Der Präsident _____ kam nach Berlin.

B. ERGÄNZEN SIE DEN KOMPARATIV:

a.
1. schlecht: Das Wetter war _____ als ich dachte.
2. einfach: Die Lektion ist _____ als ich dachte.
3. laut: Sprechen Sie _____!
4. kalt: Heute ist es _____ als gestern.
5. lang: Die Reise dauerte _____ als wir dachten.
6. stark: Der Verkehr in München ist _____ als in Garmisch.

LEKTION SIEBZEHN: ÜBUNGEN

    7. gut: Peter spricht _____ Deutsch als Eva.
    8. viel: Er fuhr _____ als 30 Kilometer pro Stunde.
    9. hoch: Der Mont Blanc ist _____ als die Zugspitze.
   10. nahe   Kommen Sie bitte etwas _____!
   11. gern: Was trinken Sie _____, Wein oder Bier?

b.
1. Augsburg ist (smaller than) München.
2. Fahren Sie (more carefully)!
3. Gestern war es (warmer).
4. Eva ist (older than) Peter.
5. Sie ist (younger than) ihr Bruder.
6. Berlin ist (larger than) München.
7. Das Hotel ist (more expensive than) die Pension.
8. Dieser Sessel ist (more comfortable).
9. Dieses Buch ist (more interesting).
10. Sprechen Sie bitte (more slowly)!
11. Diese Skier sind (better).
12. (My younger sister) ist Studentin.
13. Kennen Sie (her older brother)?

C. ERGÄNZEN SIE DEN SUPERLATIV:

a.
1. schön: Das ist das _____ Hotel in Garmisch.
2. teuer: Das ist der _____ Sessel.
3. kalt: Heute ist der _____ Tag des Jahres.
4. billig: Warum hast du den _____ Anorak gekauft?
5. hübsch: Eva ist das _____ Mädchen in der Schule.
6. alt: Paul ist der _____ Student in unserer Klasse.
7. groß: Das ist das _____ Zimmer.
8. hoch: Die Frauenkirche ist die _____ Kirche in München.
9. nahe: Der _____ Briefkasten ist am Bahnhof.
10. gut: Peter ist mein _____ Freund.
11. viel: Die _____ Leute müssen arbeiten.

b.
1. Das ist (the most beautiful) Stadt.
2. Das sind (the cheapest) Plätze.
3. Heute ist (the warmest) Tag des Jahres.
4. Das ist (the shortest) Weg.
5. Peter ist (the nicest) Junge.
6. (My oldest) Schwester ist verheiratet.
7. (His youngest) Bruder heißt Paul.

LEKTION SIEBZEHN: ÜBUNGEN

   c. 1. gut: Peter spricht _____ Deutsch.
       2. schlimm: Der Verkehr um fünf Uhr ist _____.
       3. schön: Im Frühling ist die Natur _____.
       4. viel: Vor einem Examen muß man _____ arbeiten.
       5. interessant: Im Winter ist es dort _____.
       6. gern: Ich trinke _____ Tee.
       7. gern: Ich gehe _____ im Park spazieren.

D. ÜBERSETZEN SIE:

   a. 1. His house is in the vicinity of an airport.
       2. The shop is in the vicinity of the travel agency.
       3. I am going to wait at the exit of the restaurant.
       4. My father's car is over there.
       5. My girlfriend's mother arrived yesterday.
       6. Our president's daughter is very nice.
       7. We flew to Berlin inspite of the bad weather.
       8. During the war I was in Germany.
       9. The ruin of this church is very famous.
     10. In spite of the political difficulties the Berliners lead a normal life.
     11. The Ku-Damm is famous for (= because of) the elegant shops.
     12. Whose book is that?
     13. Whose car is that?

   b. 1. The city hall is almost as high as the church.
       2. A boarding house is not as expensive as a hotel.
       3. The concert was better than I thought.
       4. The film was more interesting than I thought.
       5. This easy-chair is more comfortable.
       6. Why don't you work more?
       7. I have less money than Mr. Müller.
       8. The food here is worse than I thought.
       9. The accident was worse than I thought.
     10. The price was lower than I thought.
     11. Do you know his older brother?

   c. 1. This is the best hotel.
       2. This is the cheapest room.
       3. This is the most dangerous intersection.
       4. This is the shortest way.

LEKTION SIEBZEHN: ÜBUNGEN

5. This is the oldest church in the city.
6. The worst traffic is between five and six o'clock.
7. These are the cheapest gloves.
8. Even the best doctors could not help him.
9. Peter is my best friend.
10. His youngest sister is married.
11. I like (to drink) tea best of all.
12. I know Germany well, but I know Bavaria best.

Tilman Riemenschneider:
Rothenburg, St. Jakob, Heiligblut-Altar

LEKTION SIEBZEHN: WORTSCHATZ

DER Alliierte (adj. ending) – ally
der Balkon, -e – balcony
der Bürgermeister,- – mayor
der Einwohner,- – inhabitant
der Film, -e – movie, film
der Kaiser,- – emperor
der Mittelpunkt, -e – center
der Präsident, -en, -en – president
der Sitz, -e – seat
der Staat, -en – state
der Tee – tea
der Weg, -e – way, path, road

DAS Denkmal, ⸚er – monument
das Examen (pl. Examina) – examination
das Gebäude,- – building
das Jahrhundert, -e – century
das Leben – life
das Museum (pl. Museen) – museum
    Preußen – Prussia
das Symbol, -e – symbol
das Wahrzeichen,- – landmark
das Wort, -e – word (in context)
das Wort, ⸚er – word (in vocabulary)
das Zentrum (pl. Zentren) – center

DIE Brücke, -n – bridge
die Bundesrepublik – Federal Republic
    (comp.: der Bund – federation
    die Republik)
die Gedächtniskirche – memorial church
    (comp.: das Gedächtnis – memory
    die Kirche)
die Hälfte, -n – half
die Hauptstadt, ⸚e – capital city
die Kongreßhalle – Congress Hall
    (comp.: der Kongreß – congress
    die Halle – hall)
die Lebensmittel (pl.) – groceries, foodstuffs
die "Luftbrücke" – "Air Lift"
die Mauer, -n – wall
die Ruine, -n – ruin
die Schwierigkeit, -en – difficulty
die Truppe, -n – troop
die Vereinigten Staaten (pl.) – The United States

---

s. befinden, befand, befunden – to be, to be located
beinahe – almost
bei – (here:) at
bekannt – well-known
besetzen – to occupy
damals – at that time, then
dauern – to last, to take (time)
englisch – English (adj.)
französisch – French (adj.)
fremd – alien, strange
führen – to lead
hoch (hoh-) – high
kulturell – cultural
kurz – short
landen (ist gelandet) – to land

lieber – rather
manchmal – sometimes
nennen, nannte, genannt – to name, to call
niedrig – low
normal – normal
politisch – political
provisorisch – provisional, temporary
spazierengehen (ist) – to go for a walk
teilen – to divide
trotz – in spite of
vereinigen – to unite
versorgen – to supply
während – during
wegen – because of
wenig – little (= not much)
wessen? – whose?

LEKTION ACHTZEHN

ÜBEN SIE:

A. Herr Müller ist **der** Herr, **der** am Fenster steht.
Das ist der Bus, der zum Karlsplatz fährt.
Das ist **das** Mädchen, **das** uns geholfen hat.
Das ist das Bild, das mir so gut gefällt.
Das ist **die** Dame, **die** ihren Reisepaß verloren hat.
Dort steht die Maschine, die Verspätung hatte.
Ich kenne **die** Leute nicht, **die** im ersten Stock wohnen.

Das ist **der** größte Koffer, **den** wir haben.
Das ist der beste Anorak, den wir haben.
Das ist das netteste Zimmer, das wir haben.
Das ist das neueste Wörterbuch, das wir haben.
Das ist die billigste Lampe, die wir haben.
Das ist die kleinste Handtasche, die wir haben.
Das sind die modernsten Schuhe, die wir haben.

Das ist **der** Herr, **dem** ich den Schlüssel gegeben habe.
Das ist **das** Mädchen, mit **dem** ich gesprochen habe.
Das ist **die** Dame, mit **der** ich gesprochen habe.
Das ist das Hotel, in dem sie wohnten.
Das ist die Maschine, mit der wir flogen.
Das sind **die** Leute, mit **denen** ich sprach.

Das ist **der** Herr, **dessen** Tochter in Berlin studiert.
Das ist **die** Dame, **deren** Sohn in Berlin studiert.
Das sind **die** Leute, **deren** Kinder in Berlin studieren.

B. Als ich gestern in der Stadt war, traf ich meinen Freund.
Als wir in Frankfurt ankamen, schneite es.
Wenn es nicht regnet, fahren wir morgen ins Gebirge.
Nachdem wir Einkäufe gemacht hatten, gingen wir in ein Restaurant.
Elisabeth konnte den Schal nicht umtauschen, weil sie ihn schon einmal getragen hatte.
Da auf der Autobahn eine Baustelle war, mußten wir die Nebenstraßen fahren.
Obwohl Peter nicht viel Geld hat, fährt er einen großen Wagen.
Bevor ich nach Deutschland kam, konnte ich kein Wort Deutsch sprechen.
Ich habe nicht gewußt, daß er verheiratet ist.
Ich weiß nicht, ob das Museum heute geöffnet ist.
Ich werde hier warten, bis du zurückkommst.

LEKTION ACHTZEHN

AUS DEUTSCHER GESCHICHTE UND KULTUR

Zwei der interessantesten Touristenstraßen, die landschaftliche Schönheit mit Geschichte und Kultur verbinden, sind die "Nibelungenstraße" und die "Romantische Straße".

Die "Nibelungenstraße" beginnt in Worms, das eine der ältesten Städte Deutschlands ist. Im Jahre 437 zerstörten die Hunnen die Stadt. Diese Kämpfe sind der historische Hintergrund für das "Nibelungenlied".* Im Mittelalter hatte Worms große Bedeutung durch die fast hundert Reichstage, die hier stattfanden. Berühmt ist der Reichstag des Jahres 1521, auf dem Martin Luther vor dem Kaiser erscheinen mußte und seine Thesen widerrufen sollte.

Die "Nibelungenstraße" führt in östlicher Richtung über die Barockstadt Würzburg, wo die "Romantische Straße" beginnt. Mit Würzburg sind zwei Namen eng verbunden: Balthasar Neumann und Tilman Riemenschneider.

Balthasar Neumann, dessen Hauptwerk – die Würzburger Residenz – das schönste Barockschloß auf deutschem Boden ist, war der größte deutsche Barockbaumeister. Tilman Riemenschneider schuf wundervolle gotische Altäre und Statuen aus Holz und Stein. Er war nicht nur ein berühmter Künstler, sondern auch Bürgermeister von Würzburg. Als er sich aber im Bauernkrieg (1524/25) auf die Seite der Bauern stellte, kam er ins Gefängnis, und man folterte ihn sogar. Sein "Marienaltar" in Creglingen und der "Heiligblutaltar" in Rothenburg ob der Tauber sind weltberühmt.

An der "Romantischen Straße" sind die bekannten malerischen Städte Rothenburg, Dinkelsbühl und Nördlingen mit ihren mittelalterlichen Stadtmauern, Gebäuden und Straßen.

Wenn man über Augsburg weiter nach Süden fährt, erlebt man noch einmal unvergeßliche Eindrücke: die "Wieskirche" (Rokoko) und "Neuschwanstein".

---

* Das "Nibelungenlied" erzählt von Siegfried, Kriemhilde, Brunhild und Hagen, von ihrem Leben, Kampf und Tod. "Der Ring des Nibelungen": vier Opern von Richard Wagner (das Rheingold; die Walküre; Siegfried; Götterdämmerung).

LEKTION ACHTZEHN

KONVERSATION (im Bahnhofsrestaurant)

A: Guten Tag. Ist dieser Platz noch frei?
B: Ja, bitte.
A: Würden Sie mir einen Gefallen tun und den Platz freihalten?
   Ich muß nur schnell telefonieren. Ich komme sofort zurück.
B: Ja, gerne. —

A: Vielen Dank. Das war sehr freundlich von Ihnen.
B: Keine Ursache. Gern geschehen. – Entschuldigen Sie bitte!
   Dürfte ich Sie etwas fragen? Ich bin soeben hier angekommen und suche ein Hotel.
   Wissen Sie zufällig ein ruhiges und nicht zu teueres Hotel?
A: Ich wüßte ein sehr ruhiges und preiswertes Hotel, aber es liegt etwas außerhalb der Stadt.
B: Ein Hotel im Zentrum wäre mir lieber. Dann müßte ich nicht immer die Straßenbahn oder ein Taxi nehmen, wenn ich die Sehenswürdigkeiten besichtigen will.
A: Das wird jetzt am Wochenende sehr schwer sein. Aber Sie könnten es einmal in der Pension "Aurora" versuchen. Dort hätten Sie alles, was Sie wünschen. Sie ist in einer ruhigen Seitenstraße, nur fünf Minuten von hier, sehr sauber und preiswert.
B: Das wäre wunderbar.
A: Sollten Sie dort kein Zimmer bekommen, würde ich an Ihrer Stelle zum Zimmernachweis am Hauptbahnhof gehen.
B: Vielen Dank für Ihren guten Rat. Das war sehr liebenswürdig von Ihnen.

IDIOMS AND USEFUL EXPRESSIONS

aus Holz	— (made) of wood
Keine Ursache!	— Don't mention it. Not at all.
Gern geschehen!	— That's quite all right. It was a pleasure.
Das wäre mir lieber.	— I would prefer that.
an Ihrer Stelle	— if I were you; in your place
einen Spaziergang machen	— to take a walk

LEKTION ACHTZEHN: GRAMMATIK

A. The **DEPENDENT CLAUSE** (der Nebensatz)

Clauses which depend on the main clause are called dependent or subordinate clauses. They are introduced:

    1. by subordinating conjunctions;
    2. by interrogatives (in indirect questions);
    3. by relative pronouns.

In dependent clauses **the conjugated (finite) verb stands at the end.**
Verbs with separable prefixes are not separated in dependent clauses.

The "double infinitive" is an exception and stands last also in dependent clauses.

Dependent clauses are set off by a comma.

    Er sah nicht, daß dies eine gefährliche Kurve **war.**
    Können Sie mir sagen, wie ich zum Bahnhof **komme**?
    Das ist der Herr, der mir die Auskunft gegeben **hat.**
    Er sagte, daß er gestern **hat arbeiten müssen.**
    Wissen Sie, wann der Zug **abfährt**?

I. **Subordinating conjunctions.**

Some important subordinating conjunctions are:

als	— when (for a single event in the past)
bis	— until
da	— since, as, because
weil	— because
daß	— that
obwohl, obgleich	— although
nachdem	— after
bevor, ehe	— before
ob	— whether, if
wenn	— when (ever), if

LEKTION ACHTZEHN: GRAMMATIK

If the dependent clause stands at the beginning of the sentence the dependent clause counts as the first element, and the finite verb of the main clause is the second element:

Ich traf meinen Freund, als ich gestern in die Stadt fuhr.
Als ich gestern in die Stadt fuhr, traf ich meinen Freund.

Wir fahren ins Gebirge, wenn es morgen nicht regnet.
Wenn es morgen nicht regnet, fahren wir ins Gebirge.

II. Interrogatives in indirect questions:

Direct question:	Wie kommt man zum Bahnhof?
Indirect question:	Können Sie mir sagen, wie man zum Bahnhof **kommt**?
Direct question:	Warum ist er nicht gekommen?
Indirect question:	Ich weiß nicht, warum er nicht gekommen **ist**.
Direct question:	Wann kommt der Zug an?
Indirect question:	Er sieht nach, wann der Zug **ankommt.**

III. Relative pronouns

German uses the forms of the definite article as relative pronouns.
Only the genitive singular and plural, and the dative plural have different forms:

Case	Masc.	Neut.	Fem.	Plur.	Meaning
Nom.	der	das	die	die	who, which, that
Acc.	den	das	die	die	whom, which, that
Dat.	dem	dem	der	**denen**	(to) whom, which
Gen.	**dessen**	**dessen**	**deren**	**deren**	whose, of which

1. The gender and number of the relative pronoun must agree with its antecedent.

2. The case of the relative pronoun is determined by its usage within the relative clause.

Das ist der Bus, **der** zum Bahnhof fährt. — which, Nom. masc.
Ich kenne die Leute, **die** im ersten Stock wohnen. — who, Nom. plur.

LEKTION ACHTZEHN: GRAMMATIK

Das ist der Herr, **den** ich fragte.	– whom, Acc. masc.
Das ist das Mädchen, **das** ich fragte.	– whom, Acc. neut.
Das ist die Lampe, **die** ich möchte.	– which, Acc. fem.
Das ist der Herr, **dem** ich den Schlüssel gab.	– to whom, Dat. masc.
Das ist das Hotel, in **dem** ich wohnte.	– which, Dat. neut.
Das sind die Leute, mit **denen** ich sprach.	– whom, Dat. plur.
Das ist der Herr, **dessen** Sohn ich kenne.	– whose, Gen. masc.
Worms ist eine Stadt, **deren** Geschichte sehr alt ist.	– of which, Gen. fem.

3. Note: Contrary to English, the relative pronoun in German cannot be omitted:

>Das ist das größte Zimmer, **das** wir haben.
>This is the largest room we have.

B. **CO-ORDINATING CONJUNCTIONS:**

The most important co-ordinating conjunctions are:

aber	– but
denn	– for, because
oder	– or
sondern	– but (= on the contrary)
und	– and

They do **not** affect word order.

>Er ist zu Hause, aber man darf ihn nicht stören.
>Ich ging zur Bank, denn ich mußte einen Scheck einlösen.
>Kann ich zu Fuß gehen, oder muß ich die Straßenbahn nehmen?
>Die Pension ist nicht sauber, sondern sie ist sehr schmutzig.
>Peter arbeitet, und Barbara schläft schon.

LEKTION ACHTZEHN: ÜBUNGEN

A. ERGÄNZEN SIE DIE RICHTIGE FORM DES RELATIVPRONOMENS:

1. Ist das der Herr, _____ Ihnen geholfen hat?
2. Ist dies das Kind, _____ so schwer krank war?
3. Wer war die Dame, _____ dieses Hotel empfohlen hat?
4. Kennen Sie die Leute, _____ in diesem Haus wohnen?
5. Ist das der Bus, _____ direkt zum Schloß fährt?
6. Ist dies das Flugzeug, _____ direkt nach Berlin fliegt?
7. Das ist die Lampe, _____ ich kaufen möchte.
8. Ist das der Verkäufer, _____ Sie gefragt haben?
9. Ist das der Schlüssel, _____ du suchst?
10. Das ist der neueste Fernseher, _____ wir haben.
11. Das sind die schönsten Lieder, _____ ich kenne.
12. Dort steht der Bus, _____ Sie nehmen müssen.
13. Ist das der Herr, _____ Sie geholfen haben?
14. Das ist die Dame, _____ das Bild so gut gefällt.
15. Wer waren die Leute, _____ Sie die Stadt gezeigt haben?
16. Der Polizist, von _____ ich die Auskunft bekam, war sehr freundlich.
17. Ist das die Verkäuferin, mit _____ Sie gesprochen haben?
18. Die Leute, mit _____ wir sprachen, waren sehr liebenswürdig.
19. Die Hotels, in _____ wir wohnten, waren alle sehr sauber.
20. Ist das der Junge, _____ Mutter den schweren Unfall hatte?
21. Das ist die Dame, _____ Tochter in Amerika verheiratet ist.
22. Ich fuhr mit zwei Amerikanerinnen, _____ Männer Offiziere in der Armee sind.

B. VERBINDEN SIE DIE SÄTZE MIT DEN GEGEBENEN KONJUNKTIONEN:

1. Man folterte Riemenschneider. (als) Er war im Gefängnis.
2. (Als) Wir waren in Creglingen. Wir sahen den berühmten Marienaltar.
3. Ich rufe dich an. (wenn) Ich habe Zeit.
4. (Wenn) Sie kommen nach Worms. Sie müssen den Dom besichtigen.
5. Wir gingen in ein Café. (nachdem) Wir hatten unsere Einkäufe gemacht.
6. (Nachdem) Wir hatten Rothenburg besichtigt. Wir fuhren weiter.
7. Wir mußten uns beeilen. (weil) Wir wollten ins Theater gehen.
8. (Da) Ich mußte zu viel arbeiten. Ich ging nicht in die Oper.
9. Gehen Sie zum Arzt! (ehe) Es ist zu spät.
10. (Bevor) Sie übersetzen die Sätze. Sie müssen die Lektion gut studieren.
11. Wir machten einen Spaziergang. (obwohl) Es regnete den ganzen Tag.
12. (Obwohl) Sie sieht gesund aus. Sie ist sehr krank.
13. Wissen Sie, (ob) – Hat er Herrn Müller erreichen können?
14. Wissen Sie, (ob) – Fängt das Theater um sieben Uhr an?
15. Wissen Sie, (daß) – Er hat Sie gestern sprechen wollen.

LEKTION ACHTZEHN: ÜBUNGEN

16. Wissen Sie, (daß) – Das Flugzeug kommt eine Stunde später an.
17. Ich kann heute nicht kommen. (denn) Ich muß arbeiten.
18. Wir wollten ins Theater gehen. (aber) Wir bekamen keine Karten.
19. Die Pension ist nicht sauber. (sondern) Sie ist sehr schmutzig.
20. Ich ging ins Hotel. (und) Ich bin nicht mehr weggegangen.
21. Kann ich zu Fuß gehen? (oder) Muß ich die Straßenbahn nehmen?

C. ÜBERSETZEN SIE:

a.
1. Do you know the gentleman who is sitting over there?
2. Is this the lady who lost her umbrella?
3. My sisters who live in New York will come to Germany.
4. Is this the bus which goes to the airport?
5. Is this the hotel that is so good?
6. The man whom I asked did not know the address.
7. This is the shortest way that I know.
8. This is the largest room we have (= which we have).
9. Are those the cheapest seats you have?
10. Is this the boy to whom you gave the key?
11. The lady whom I helped yesterday called me up today.
12. Do you know the people to whom this house belongs?
13. This is the lady from whom I bought this picture.
14. Here is the boy whose mother had an accident.
15. Did you call up the lady whose passport you found?
16. Rothenburg is a beautiful old town, the history of which is very interesting.

b.
1. When we went to the movies yesterday, we met Mr. Huber.
2. When I arrived in Garmisch, it was snowing.
3. When you go to Cologne you must see the cathedral.
4. If you want to get tickets for the opera, you must hurry.
5. I had to go downtown because I had to buy souvenirs.
6. Since I had many suitcases I needed a porter.
7. Do you know whether he cashed his check?
8. Did you know that he is living with his brother?
9. Please call me up before you go to Salzburg.
10. After we had done our shopping, we went to a restaurant.
11. I am going to wait here until he comes back.
12. Although he was very sick, he came to class.
13. Did she tell you whether she is going to come?
14. Did he tell you why his wife didn't come?
15. I don't know how much he paid for his new car.
16. Did you ask her which book she wants?
17. Do you know to whom this car belongs?

LEKTION ACHTZEHN: WORTSCHATZ

DER Altar, ¨e – altar
der (das) Barock – baroque (style)
der Bauer, –n – peasant
der Baumeister, – – architect
der Boden, ¨ – soil, ground, floor
der Dom, –e – cathedral
der Eindruck, ¨e – impression
der Gefallen, – – favor
der Hunne, –n, –n – Hun
der Kampf, ¨e – fight, struggle
der Rat (pl. Ratschläge) – advice
der Reichstag, –e – Diet
der Spaziergang, ¨e – walk
der Stein, –e – stone
der Tod, –e – death
der Tourist, –en, –en – tourist
der Zimmernachweis – rooming office

DIE Bedeutung, –en – importance, meaning
die Kultur, –en – culture
die Landschaft, –en – scenery
die Maschine, –n – engine, machine, plane
die Residenz, –en – residence, palace
die Richtung, –en – direction
die Sehenswürdigkeit, –en – sight, place worth seeing
die Seite, –n – side
die Seitenstraße, –n – side street
die Statue, –n – statue
die These, –n – thesis
die Verspätung, –en – delay

DAS Blut – blood
das Gefängnis, –se – prison
das Hauptwerk, –e – principal work, masterpiece
das Holz, ¨er – wood
das Mittelalter – Middle Ages
das Wörterbuch, ¨er – dictionary

außerhalb (prep. with Gen.) – outside of
besichtigen – to (sight) see
erleben – to experience
erscheinen, erschien, ist erschienen – to appear
erzählen – to tell, narrate
foltern – to torture
freihalten – to keep free, to save
freundlich – friendly, kind
geschehen (geschieht), geschah, ist geschehen – to happen
gotisch – Gothic (style)
heilig – holy, sacred
historisch – historical
landschaftlich – scenic
liebenswürdig – amiable, kind
malerisch – picturesque
mittelalterlich – medieval

öffnen – to open
romanisch – Romanesque (style)
romantisch – romantic
ruhig – quiet, calm
schaffen, schuf, geschaffen – to create
schwer – difficult, heavy, serious
soeben – just now
stattfinden – to take place
über – (here:) by way of, via
unvergeßlich – unforgettable
verbinden, verband, verbunden – to combine, to join, to connect
weg – away
widerrufen – to recant, to revoke
wunderbar, wundervoll – wonderful
zerstören – to destroy
zufällig – by chance
zurückkommen (ist) – to return

LEKTION NEUNZEHN

ÜBEN SIE:

a. Wenn ich Geld hätte, würde ich ein neues Auto kaufen.
Wenn ich Zeit hätte, würde ich das Buch lesen.
Wenn er gesund wäre, würde er die Reise machen.
Wenn das Wetter besser wäre, würden wir einen Spaziergang machen.
Wenn unsere Freunde kämen, würden wir hier bleiben.
Wenn ich es wüßte, würde ich es Ihnen sagen.

Wenn Eva kommen könnte, wäre er glücklich.
Wenn Peter nicht arbeiten müßte, könnten wir die Reise machen.

Wenn ich in der Stadt wohnte, würde ich öfter in ein Konzert gehen.
Wenn ich in der Stadt wohnen würde, ginge ich öfter in ein Konzert.

Wenn ich nur genug Zeit hätte!
Wenn er nur hier wäre!
Wenn ich es nur wüßte!
Wenn sie nur nicht so viel sprechen würde!
Wenn sie nur kommen könnte!

b. Wenn ich Geld gehabt hätte, hätte ich ein neues Auto gekauft.
Wenn ich Zeit gehabt hätte, hätte ich das Buch gelesen.
Wenn er gesund gewesen wäre, hätte er die Reise gemacht.
Wenn das Wetter besser gewesen wäre, hätten wir einen Spaziergang gemacht.
Wenn unsere Freunde gekommen wären, wären wir hier geblieben.
Wenn ich es gewußt hätte, hätte ich es Ihnen gesagt.

Wenn Eva hätte kommen können, wäre er glücklich gewesen.
Wenn Peter nicht hätte arbeiten müssen, hätten wir die Reise machen können.

Wenn ich in der Stadt gewohnt hätte, wäre ich öfter in ein Konzert gegangen.

Wenn ich nur genug Zeit gehabt hätte!
Wenn er nur hier gewesen wäre!
Wenn ich es nur gewußt hätte!
Wenn sie nur nicht so viel gesprochen hätte!
Wenn sie nur hätte kommen können!

LEKTION NEUNZEHN

c.
                                          Ich möchte eine Tasse Kaffee (haben).
                                          Ich hätte gern eine Tasse Kaffee.

Kann ich ein Glas Wasser haben?	Könnte ich ein Glas Wasser haben?
Darf ich Sie etwas fragen?	Dürfte ich Sie etwas fragen?
Haben Sie am Sonntag Zeit?	Hätten Sie am Sonntag Zeit?
Ist das möglich?	Wäre das möglich?
Sie sollen das nicht sagen.	Sie sollten das nicht sagen.
Halten Sie mir bitte den Platz frei!	Würden Sie mir bitte den Platz freihalten!
Machen Sie das Fenster zu!	Würden Sie das Fenster zumachen!

EIN BRIEF   . . . . , den 2. Juli . . . . .

Lieber Walter!

Vielen Dank für Dein* Telegramm. Schade, daß Du das letzte Wochenende nicht bei uns verbringen konntest. Wenn Du hier gewesen wärest, hätten wir eine Bergtour machen können. Vielleicht wären wir auch schwimmen gegangen, oder hätten Tennis gespielt. Auch meinen Eltern tut es sehr leid, daß Du absagen mußtest.

Du schreibst, Du würdest gerne nächste Woche kommen. Leider ist das nicht möglich, da wir nächste Woche aus unserer alten Wohnung ausziehen. Ich glaube, ich habe Dir schon erzählt, daß wir ein kleines Haus gemietet haben. Es liegt auf einem Hügel in der Nähe eines Dorfes. Sobald wir fertig sind, werden wir Dich einladen. Wir würden uns alle sehr freuen, wenn Du dann ein paar Tage bliebest.

                                              Laß bitte bald wieder von Dir hören!

                                                      Herzliche Grüße,

                                                           Dein Hans

---

* In letters, the familiar forms of personal pronouns and possessives are capitalized.

LEKTION NEUNZEHN: GRAMMATIK

The **SUBJUNCTIVE** (der Konjunktiv)

The unreal, contrary-to-fact subjunctive (der Irrealis):

In the subjunctive mood there are no real tenses. We speak of a present time subjunctive (including the future) and of a past time subjunctive.

I. The **present time subjunctive**

The forms of the present time subjunctive are derived from the simple past indicative, i.e. the **second principal part** of the verb. Therefore, they are called **type II subjunctive** forms.

1. Regular (=weak) verbs have no special subjunctive form. They use the normal past indicative forms.

2. The irregular weak verbs haben, bringen, denken, wissen, and the modal auxiliaries dürfen, können, mögen, müssen use their past indicative forms, however, **with "Umlaut"**
Note: sollen and wollen do not take "Umlaut".

3. Strong verbs form their type II subjunctive by alterating their past indicative vowels a, o, u > ä, ö, ü, and by adding the

    SUBJUNCTIVE ENDINGS:

    ```
    ich . . . . . . . -e
    du . . . . . . . -est
    er, es, sie . . . . . . . -e
    wir . . . . . . . -en
    ihr . . . . . . . -et
    sie
    Sie . . . . . . . -en
    ```

EXAMPLES:	PAST INDICATIVE	TYPE II SUBJUNCTIVE
1. Regular verbs:	wohnte	wohnte
	arbeitete	arbeitete

225

LEKTION NEUNZEHN: GRAMMATIK

2. Irregular weak verbs and modal auxiliaries:

hatte	hätte
brachte	brächte
dachte	dächte
wußte	wüßte
durfte	dürfte
konnte	könnte
mochte	möchte
mußte	müßte
sollte	sollte (!)
wollte	wollte (!)

There are a few exceptions, such as:

kannte	kennte

3. Strong verbs:

war	wäre
kam	käme
bekam	bekäme
nahm	nähme
flog	flöge
fuhr	führe
wurde	würde
ging	ginge
blieb	bliebe

Note: There are some exceptions, such as:

half	hülfe
starb	stürbe

CONJUGATION:

ich	hätte	wäre	würde	ginge	könnte	wohnte
du	hättest	wärest	würdest	gingest	könntest	wohntest
er, es, sie	hätte	wäre	würde	ginge	könnte	wohnte
wir	hätten	wären	würden	gingen	könnten	wohnten
ihr	hättet	wäret	würdet	ginget	könntet	wohntet
sie / Sie	hätten	wären	würden	gingen	könnten	wohnten

LEKTION NEUNZEHN: GRAMMATIK

4. **Usage. Type II subjunctive** is used

   a. in unreal, contrary-to-fact conditions, conclusions, and wishes:

   The sentences "I have no money", "I won't buy a new car", "I don't know it" express real facts.
   The sentences "If I had money I would buy a new car", "If I only knew it" express unreal, contrary-to-fact situations (Irrealis der Gegenwart) which, in German, have to be rendered by the type II subjunctive:

Wenn ich Geld **hätte, würde** ich ein neues Auto kaufen.	– If I had money I would buy a new car.
Wenn sie reich **wäre,** würde er sie heiraten.	– If she were rich he would marry her.
Wenn ich es nur **wüßte!**	– If I only knew it.
	– If he only were coming.
Wenn er nur **käme!**	– If he only were to come.
	– If he only came.

   b. to emphasize politeness:

Könnten Sie mir helfen?	– Could you help me?
Dürfte ich das Buch sehen?	– Might I see the book?
Würden Sie mir einen Gefallen tun?	– Would you do me a favor?

5. The **"würde" + infinitive form** (the conditional)

   This form is used like the English "would + infinitive":

Würden Sie dieses alte Auto kaufen?	– Would you buy this old car?
Ich würde es nicht tun.	– I would not do it.

   With the verbs "haben" and "sein", and the modal auxiliaries, however, the pure subjunctive (hätte, wäre, könnte, etc.) is prefered, e.g.

Ich hätte jetzt Zeit.	– I would have time now.
Das wäre nett.	– That would be nice.
Wenn ich kommen könnte, würde ich kommen.	– If I were able to (If I could) come I would come.

227

LEKTION NEUNZEHN: GRAMMATIK

Wenn er bleiben dürfte, würde er bleiben.	– If he were allowed to stay he would stay.
Das sollte genug sein.	– That should (ought to) be enough.
Wenn er wollte, könnte er es tun.	– If he wanted to, he could do it.
Wenn er es tun müßte, würde er es tun.	– If he had to do it, he would do it.
Möchten Sie mit uns kommen?	– Would you like to come with us?

ATTENTION: The pure subjunctive form can be used in both, the condition (= the dependent clause) and in the conclusion (= the main clause). The "würde" + infinitive form can be used either in the condition or in the conclusion. Two "würde" + infinitive forms are to be avoided, especially in written and formal language.

The sentence "If he worked more he would get more money" can be translated by:

Wenn er mehr arbeitete, bekäme er mehr Geld.
Wenn er mehr arbeitete, würde er mehr Geld bekommen.
Wenn er mehr arbeiten würde, bekäme er mehr Geld.

II. The **past time subjunctive** (Irrealis der Vergangenheit):

To express past time in unreal, contrary-to-fact conditions, conclusions and wishes, in English as well as in German a past participle is required. The auxiliary is "hätte" for verbs taking "haben", and "wäre" for verbs taking "sein". The word order follows the rules of main clauses and dependent clauses (lesson XVIII, page 217).

PAST TIME
SUBJUNCTIVE:

HÄTTE / WÄRE + PAST PARTICIPLE

Wenn ich ihn **gesehen** hätte, hätte ich es ihm **gesagt**.	– If I had **seen** him I would have **told** him.
Wenn ich Zeit **gehabt** hätte, wäre ich **gekommen**.	– If I had **had** the time I would have **come**.
Wenn ich es nur **gewußt** hätte!	– If I only had **known** it.
Wenn ich nur zu Hause **geblieben** wäre!	– If I only had **stayed** at home.

Since the helping verb for modal auxiliaries is always "haben", and since the double infinitive always stands at the end of the clause or sentence, we have the invariable formula

MODAL
AUXILIARIES:

HÄTTE + DOUBLE INFINITIVE

LEKTION NEUNZEHN: GRAMMATIK/ÜBUNGEN

Wenn ich das Geld nicht bekommen hätte, **hätte** ich zu Hause **bleiben müssen.**
— If I had not received the money, I would have had to stay at home.

Wenn Peter **hätte kommen können,** wäre er sicher gekommen.
— If Peter could have come, he certainly would have come.

Das **hätte** ich **wissen sollen!**
— I should have known that.

ÜBUNGEN

1. SAGEN SIE ES HÖFLICHER MIT DEM KONJUNKTIV:
    1. Ich mag jetzt nichts essen.
    2. Kann ich hier mal telefonieren?
    3. Können Sie mich mitnehmen?
    4. Das sollen Sie nicht tun.
    5. Du sollst mehr arbeiten.
    6. Haben Sie eine Zigarette für mich?
    7. Haben Sie am Sonntag Zeit?
    8. Ist Ihnen das recht?
    9. Es ist besser, noch ein bißchen zu warten.
    10. Halten Sie mir den Platz frei!
    11. Übersetzen Sie den Brief!
    12. Machen Sie das Fenster zu!

2. SETZEN SIE IN DEN IRREALIS DER GEGENWART:
    1. Wenn wir Ferien haben, fahren wir nach Spanien.
    2. Wenn das Hotel ruhig ist, bleibe ich acht Tage.
    3. Wenn mein Freund heute kommt, gehen wir in die Oper.
    4. Wenn deine Schwester die Medizin nimmt, wird sie sicher gesund.
    5. Wenn er sich beeilt, erreicht er den 9-Uhr-Zug.
    6. Wenn er zu Hause ist, besuche ich ihn.
    7. Wenn Karl gute Noten bekommt, darf er ins Gebirge fahren.
    8. Wenn meine Freundin kommt, muß ich ein Zimmer bestellen.
    9. Wenn die Stühle bequem sind, kaufe ich sie.
    10. Wenn du mehr studierst, bekommst du bessere Noten.

3. SETZEN SIE IN DEN IRREALIS DER VERGANGENHEIT:
    1. Wenn das Zimmer größer wäre, würde ich es nehmen.
    2. Wenn Walter Zeit hätte, würden wir die Bergtour machen.
    3. Wenn Eva ihn liebte, würde sie ihn heiraten.
    4. Wenn wir nach Amerika gingen, würden wir unser Auto verkaufen.
    5. Wenn das Wetter besser wäre, würden wir einen Spaziergang machen.

LEKTION NEUNZEHN: ÜBUNGEN

6. Wenn meine Verwandten kämen, müßte ich zu Hause bleiben.
7. Wenn er mehr Bücher lesen würde, wüßte er mehr.
8. Wenn du dieses Bild sähest, würdest du es sofort kaufen.
9. Wenn wir ein Taxi nähmen, könnten wir um 8 Uhr dort sein.
10. Wenn ich nicht arbeiten müßte, könnte ich dir helfen.
11. Das sollte ich wissen.
12. Das sollten Sie nicht sagen.
13. Er müßte das eigentlich wissen.
14. Sie müßten besser aufpassen.
15. Ich könnte es Ihnen sagen.
16. Er könnte mir das Geld geben.
17. Er dürfte das nicht tun.

ÜBERSETZEN SIE:

a. 1. Would you like to see your room now?
    2. I would like to eat and drink something.
    3. Could I have a glass of water?
    4. Couldn't he do that?
    5. Might I ask you something?
    6. Might we see the sick child?
    7. I ought to go home now.
    8. Why don't you buy a car? Then you wouldn't have to take the train every day.
    9. He should study more.
    10. They should not say that.
    11. Would you have time tomorrow?
    12. We would like to have some wine. (two possibilities)
    13. That would be very nice.
    14. Would you please close the window!

b. 1. If I only knew that.
    2. If I only had more time.
    3. If he only were able to come.
    4. If she only were a little more friendly.
    5. If I had more money I would buy this expensive book.
    6. If the weather were better we would go to the sea (= ans Meer).
    7. If I knew the address I would give it to you.
    8. If he were allowed to come he would come.
    9. If we could get tickets we would go to the concert.

LEKTION NEUNZEHN: ÜBUNGEN/WORTSCHATZ

c. 1. If I only had known that.
2. If I only had had more time.
3. If he only had been able to come.
4. If she only had been a little more friendly.
5: If I had had more money I would have bought this expensive book.
6. If the weather had been better we would have gone to the sea.
7. If I had known the address I would have given it to you.
8. If he had been allowed to come he would have come.
9. If we had been able to get tickets we would have gone to the concert.
10. I should have known that.
11. We could have come yesterday.
12. You should have seen him.
13. I could have told you.
14. You should not have done that.

WORTSCHATZ

DER Gruß, ¨e – greetings, regards
der Hügel, – – hill

DAS Dorf, ¨er – village
    Spanien – Spain
das Konzert, –e – concert
das Telegramm, –e – telegram, wire
das Tennis – tennis

DIE Bergtour, –en – mountain hike
die Gegenwart – present (time)
die Vergangenheit – past (time)
die Wohnung, –en – apartment, flat

---

absagen – to cancel
ausziehen, zog aus, ist ausgezogen –
    to move out
eigentlich – actually
einladen (lädt ein), lud ein,
    eingeladen – to invite
glücklich – happy
höflich – polite
lieb – dear
mieten – to rent
möglich – possible

oft – often
schade – pitiful; es ist schade – it is a pity,
    a shame
schwimmen, schwamm, geschwommen –
    to swim
sobald (conj.) – as soon as
spielen – to play
verbringen, verbrachte, verbracht – to spend
    (time)
verdienen – to earn, to make money

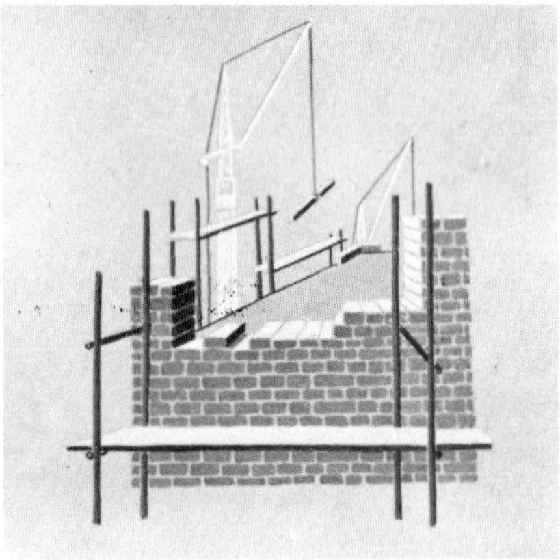

Erbaut
A.D. 1519

Nächstes Jah
1000
Wohnungen

AUTO-WASCHANLAGE

KRANKENHAUS

LEKTION ZWANZIG

ÜBEN SIE:

Hier **wird** ein Haus **gebaut.**
Das Auto wird gewaschen.
Dieses Auto wird abgeschleppt.
Dieses Auto wird repariert.
Ein Patient wird ins Krankenhaus gebracht.
Der Patient wird gerade operiert.

Diese Kirche **wurde** 1519 **gebaut.**
Das Auto wurde gestern gewaschen.
Dieses Auto wurde gestern abgeschleppt.
Dieses Auto wurde gestern repariert.
Der Patient wurde gestern ins Krankenhaus gebracht.
Der Patient wurde gestern operiert.

Diese Kirche **ist** 1519 **gebaut worden.**
Das Auto ist gestern gewaschen worden.
Dieses Auto ist gestern abgeschleppt worden.
Dieses Auto ist gestern repariert worden.
Der Patient ist gestern ins Krankenhaus gebracht worden.
Der Patient ist gestern operiert worden.

Hier **werden** nächstes Jahr 1000 Wohnungen **gebaut werden.**
Das Auto wird morgen gewaschen werden.
Dieses Auto wird wahrscheinlich abgeschleppt werden.
Dieses Auto wird morgen repariert werden.
Der Patient wird übermorgen operiert werden.

Das Haus **kann** dieses Jahr nicht **gebaut werden.**
Das Auto kann heute nicht repariert werden.
Der Patient muß sofort operiert werden.
Das Auto soll gewaschen werden.

In England wird viel Tee getrunken.
Das Museum wird jeden Tag um fünf Uhr geschlossen.
Die Kinder wurden sofort ins Krankenhaus gebracht.
Tilman Riemenschneider wurde gefoltert.
Diese Bücher sind mir von meinem Lehrer empfohlen worden.
Berlin ist 1945 von fremden Truppen besetzt worden.
1806 war Berlin von französischen Truppen besetzt worden.
Der Unfall war von einem Polizisten beobachtet worden.

LEKTION ZWANZIG: GRAMMATIK

Dieses Buch wird viel gelesen werden.
Das Konzert wird wahrscheinlich abgesagt werden.
Das Kleid kann nicht gewaschen werden.
Das Mädchen muß sofort ins Krankenhaus gebracht werden.
In unserer Klasse darf nur Deutsch gesprochen werden.
Die Sätze sollen für morgen übersetzt werden.
Eva will auch eingeladen werden.
Berlin konnte nur durch die Luft versorgt werden.
Der Patient durfte nicht besucht werden.
Mein Wagen sollte schon vorgestern repariert werden.
Eva wollte von ihrem Freund nicht gesehen werden.
Ich möchte um acht Uhr abgeholt werden.

GRAMMATIK

The **PASSIVE VOICE** (das Passiv)

I. The sense and meaning of active sentences such as

Man brachte ihn nach Hause.	– One (= they) took him home.
Man trinkt hier viel Wein.	– They drink much wine here.
Man darf ihn nicht stören.	– One (people) may not disturb him.

can also be expressed by the passive voice. In the passive, the subject receives the action of the verb:

Er wurde nach Hause gebracht.	– He was taken home.
Viel Wein wird hier getrunken.	– Much wine is drunk here.
Er darf nicht gestört werden.	– He may not be disturbed.

II. As in English, the passive requires a past participle in all tenses.
In English, the auxiliary is a form of "to be", in German a form of "werden".
Watch the special form **"worden"** for the perfect tenses:

GERMAN PASSIVE a form of: ENGLISH PASSIVE a form of:

WERDEN + PAST PART.	TO BE + PAST PARTICIPLE

LEKTION ZWANZIG: GRAMMATIK

Pres.	er wird abgeholt	–	he is (being) picked up
Past:	er wurde abgeholt	–	he was (being) picked up
Perf.:	er ist abgeholt worden	–	he has been picked up
P. Perf.:	er war abgeholt worden	–	he had been picked up
Fut.:	er wird abgeholt werden	–	he will be picked up

III. The passive infinitive:

The rule "werden + infinitive = future" applies also to the future passive. Only, in the future passive, the infinitive has to be the passive infinitive. Modal auxiliaries follow the same pattern:

GERMAN
PASSIVE INFINITIVE:

ENGLISH
PASSIVE INFINITIVE:

| PAST PART. + WERDEN | BE + PAST PARTICIPLE |

Ich **werde** vielleicht **abgeholt werden.** – Perhaps I'll be picked up.
Er wird operiert werden. – He will be operated on.
Er muß **operiert werden.** – He must be operated on.
Er mußte operiert werden. – He had to be operated on.
Es konnte nicht gefunden werden. – It could not be found.
Sie wollte abgeholt werden. – She wanted to be picked up.

IV. Usage:

a. The passive is used especially when the agent by whom the action is performed is not known, not important or is not to be mentioned purposely:

Das Auto wird gewaschen.
Die Kirche wurde 1519 gebaut.

b. If the agent is mentioned, English "by" is rendered in German by the dative preposition VON:

Das Auto wurde von der Polizei abgeschleppt.
Der Patient wurde von drei Ärzten operiert.

LEKTION ZWANZIG: ÜBUNGEN

A. Setzen Sie ins IMPERFEKT, PERFEKT und FUTUR:

1. Die neue Schule wird vom Staat gebaut.
2. Das Konzert wird wiederholt.
3. Der Künstler wird von allen bewundert.
4. Mein Auto wird gewaschen.
5. Von wem wird das Buch übersetzt?
6. Die Schlösser werden von vielen Touristen besichtigt.
7. Wirst du abgeholt?
8. Sein Wagen wird repariert.
9. Er wird von Dr. Jünger operiert.
10. Wir werden nicht eingeladen.

B. Setzen Sie ins IMPERFEKT:

1. Der Patient muß vorsichtig getragen werden.
2. Der Brief kann heute nicht geschrieben werden.
3. Sie wollen nicht gestört werden.
4. Im Klassenzimmer darf nicht geraucht werden.
5. Der Wagen soll gewaschen werden.

C. ÜBERSETZEN SIE:

1. Much wine is drunk on the Rhine.
2. A new hospital is being built here.
3. In our class, only German is spoken.
4. She was forced to flee.
5. He was taken to the hospital.
6. His book was translated into three languages.
7. Everything has been done by the doctors.
8. The hotel has been recommended to me by a friend.
9. He had been invited by an old lady.
10. Berlin had been occupied by foreign troops.
11. He will be operated on tomorrow.
12. Everything will be done.
13. A new road must be built.
14. My typewriter has to be repaired.
15. The children have to be taken home.
16. The house cannot be built this year.
17. I do not want to be seen.
18. This should be done immediately.
19. He may not be disturbed now.
20. She would like to be invited.

LEKTION ZWANZIG: ÜBUNGEN/WORTSCHATZ

21. The house had to be sold.
22. Berlin could only be supplied by air (= through the air).
23. I wanted to be picked up at the railroad station.
24. The sentences were supposed to be translated for today.

WORTSCHATZ

DER Patient, –en, –en – patient

DIE Schreibmaschine, –n – typewriter
die Sprache, –n – language

abschleppen – to tow away
beobachten – to watch, to observe

operieren – to perform an operation;
   operiert werden – to have an operation,
   to be operated on
schließen, schloß, geschlossen – to close

WIEDERHOLUNGS-ÜBUNGEN

A. VERB TENSES (Active): Setzen Sie ins IMPERFEKT, PERFEKT, PLUSQUAMPERFEKT und FUTUR:

I. 1. Es schneit.
    2. Wir arbeiten den ganzen Tag.
    3. Diese zwei Damen fliegen nach London.
    4. Er weiß es nicht.
    5. Hast du Zeit?
    6. Bringt er die Blumen?
    7. Es wird kälter.
    8. Seid ihr zu Hause?

Übersetzen Sie (watch the tenses!):

1. It is raining.
2. Are you coming? (3 forms for "you")
3. Who recommended the hotel?
4. Is she taking a taxi?
5. We flew to Berlin.
6. Have you bought the book?
7. Are you going to write the letter?
8. He became angry.
9. We were at home.
10. She died in New York.
11. Why didn't you come?
12. Who did it?
13. Did you order the wine?
14. Are you going to help him?
15. Why didn't he answer?

II. MODAL AUXILIARIES and "LASSEN". Setzen Sie ins Imperfekt, Perfekt, Futur:

1. Er will die Stadt besichtigen.
2. Kannst du die Karten bekommen?
3. Wir müssen in die Stadt fahren.
4. Das Mädchen darf nicht lange bleiben.
5. Er mag diesen Wein nicht trinken.
6. Ich lasse das Öl wechseln.

WIEDERHOLUNGS-ÜBUNGEN

Übersetzen Sie (watch the tenses):

1. They do not want to come.
2. He will not be able to do it.
3. I had to work.
4. He didn't like the food.
5. You will have to wait.
6. You are supposed to stay. (three forms for "you")
7. Do you want to come along? (three forms for "you")
8. The children were not allowed to go to the movies.
9. You may take my car.
10. I have not been able to find the bus stop.
11. He had his typewriter repaired.
12. I am going to have my car washed tomorrow.

III. SEPARABLE VERBS. Setzen Sie ins PRÄSENS, IMPERFEKT, PERFEKT, FUTUR:

abfahren: Mein Bruder _____ um 8 Uhr _____.
umsteigen: Ich _____ in Stuttgart _____.
nachsehen: Wir _____ die Züge auf dem Fahrplan _____.

Übersetzen Sie (tenses!):

1. When will you pick me up?
2. She looked sick yesterday.
3. Why didn't your sister come along?
4. We had nothing planned.
5. Have you cashed your check?
6. Why didn't he get off on Karlsplatz?
7. The train is just arriving.
8. Has the train left?
9. You will have to stand in line.
10. I'll look it up.

IV. IMPERATIV (three forms):

kommen: _____ bitte schnell!
arbeiten: _____ nicht so viel!
sprechen: _____ bitte langsam!
nehmen: _____ ein Taxi!
anrufen: _____ mich morgen!
umsteigen: _____ am Bismarckplatz!

WIEDERHOLUNGS-ÜBUNGEN

Übersetzen Sie (three forms):

1. Take it along.
2. Look it up.
3. Drive slowly.
4. Give me the key.
5. Don't forget it.
6. Be careful.

B. PRONOUNS.

I. Ergänzen Sie das PERSONAL-PRONOMEN:

Haben Sie den "Marienaltar" gesehen?	Ja, ich habe (it) gesehen.
Kennen Sie die "Romantische Straße"?	Ja, ich kenne (it).
Haben Sie die Karten bekommen?	Ja, ich habe (them) bekommen.
Wie nennen die Berliner den Kurfürstendamm?	Sie nennen (it) den Ku-Damm.
Haben Sie den Schlüssel gefunden?	Nein, ich habe (it) nicht gefunden.
Wo ist die "Zugspitze"?	(it) ist bei Garmisch.
Fahren Sie mit Ihrem Bruder?	Ja, ich fahre mit (him).
Gehen Sie mit Ihren Eltern ins Theater?	Ja, ich gehe mit (them).
Hast du der Dame den Brief gegeben?	Ja, ich habe ihn (to her) gegeben.
Haben Sie dem Herrn die Stadt gezeigt?	Ja, ich habe sie (to him) gezeigt.
Gehört das Haus Ihren Freunden?	Ja, es gehört (to them).
Ist der Berg sehr hoch?	Nein, (it) ist nicht sehr hoch.

II. Ergänzen Sie das REFLEXIV-PRONOMEN:

Ich möchte _____ setzen.
Wir dürfen _____ nicht verspäten.
Er fürchtet _____ nicht.
Hast du _____ erkundigt?
Ich habe _____ ein neues Auto gekauft.
Hast du _____ die Schallplatten gekauft?
Meine Schwester zieht _____ gerade um.

WIEDERHOLUNGS-ÜBUNGEN

Übersetzen Sie:

1. Excuse me, I am late.
2. Did you get engaged?
3. I'll inquire.
4. Please, sit down.
5. Are you looking forward to the flight?
6. He is afraid.
7. We have to hurry.
8. I have to change clothes.
9. Don't be late.
10. I caught a cold.
11. I bought myself a few records.
12. He is just shaving.

C. CASES: NOMINATIV, AKKUSATIV, DATIV?

Wer zeigt der Dame einen Anorak?	(die Verkäuferin)
Was zeigt der Verkäufer dem Herrn?	(der Ausgang)
Wem empfiehlt der Verkäufer die Skier?	(das Mädchen)
Wem gibt Herr Müller kein Geld?	(seine Tochter)
Wem kauft Frau Müller einen Anorak?	(ihr Sohn)
Wem bringt der Herr Blumen?	(die junge Dame)
Was schreibt Robert seinem Freund?	(ein langer Brief)
Wem schicken Sie diese Blumen?	(meine Mutter)

Ergänzen Sie:

der Soldat:	Kennen Sie _____ ?
der Student:	Sehen Sie _____ da drüben?
das Kind:	Helfen Sie _____ ?
ein Polizist:	Fragen Sie _____ !
mein Bruder:	Heidelberg gefällt _____ .
deine Freundin:	Das neue Kleid steht _____ gut.
Ihr Vater:	Wie geht es _____ ?
der kleine Junge:	Die Skihose paßt _____ nicht.
ein Diplomat:	Das schicke Auto gehört _____ .
die Stadt:	Fremde Truppen zerstörten _____ .
der Koffer:	Haben Sie _____ ?
unser Lehrer:	Wir suchen _____ .
sein Vater:	Hast du _____ geantwortet?
seine Schwester:	_____ ist ein Unfall passiert.
die alte Dame:	Hat er _____ gedankt?

WIEDERHOLUNGS-ÜBUNGEN

Übersetzen Sie:

1. She showed her new handbag to her husband.
2. Did he give the money to his son? (to his daughter)
3. I sent a Christmas present to my wife. (my brother, my sister)
4. Did you write the letter to your father? (your mother, your friend)
5. Is the gentleman over there your doctor?
6. I need a porter.
7. Do you know her husband?
8. Does this car belong to a diplomat? (a student, this gentleman)
9. Which book are you reading?
10. Every student has to have a book.
11. What happened to you? (her, him, them)
12. I asked the policeman, but he did not answer me.

GENITIV: Ergänzen Sie den Genitiv:

der Bahnhof:	Das Denkmal ist in der Nähe _____.
das Schloß:	Die Kirche ist in der Nähe _____.
ein Wald:	Sein Haus steht in der Nähe _____.
die Kirche:	Die Apotheke ist in der Nähe _____.
mein Sohn:	Herr Braun ist der Lehrer _____.
dieser Herr:	Ist das der Koffer _____?
meine Eltern:	Das Schlafzimmer _____ ist im ersten Stock.
ein deutscher Arzt:	Er ist der Sohn _____.
das schlechte Wetter:	Wegen _____ konnten wir nicht kommen.
der Zweite Weltkrieg:	Während _____ war er in Amerika.
die schlechten Straßen:	Trotz _____ brauchten wir nur zwei Stunden.

Übersetzen Sie:

1. The windows of our living room are too small.
2. The monument is in the vicinity of the airport.
3. The pharmacy is in the vicinity of a florist.
4. He spoke from the balcony of the city hall.
5. In spite of the good weather he stayed at home.
6. I'll take my father's car.
7. Is this your sister's dog?
8. This is his parents' house.

WIEDERHOLUNGS-ÜBUNGEN

PLURAL: Setzen Sie in den Plural:

meine Freundin:	_____ wohnen in Amerika.
der Schlüssel:	Ich habe _____ vergessen.
Sohn, Tochter:	Er hat drei _____ und zwei _____.
dieser Mann:	Kennen Sie _____?
Tag, Jahr, Monat:	Wir blieben zwei _____.
Tag, Jahr, Monat:	Ich sah ihn vor drei _____.
welches berühmte Bild:	_____ haben Sie gesehen?
dieses schöne Haus:	_____ gehören der Stadt.
jeder gute Platz:	_____ waren schon besetzt.
das neue Buch:	Ich gehe jetzt in die Stadt und hole _____.
(eine) malerische Stadt:	Rothenburg, Dinkelsbühl und Nördlingen sind _____.
(ein) neues Kleid:	Eva hat zwei _____ gekauft.
(ein) deutsches Lied:	Ich möchte eine Schallplatte mit _____.

D. PRÄPOSITIONEN:

1. Wir gingen (through a small park).
2. Er kam gerade (out of the bank).
3. Das Warenhaus ist (across from the bus stop).
4. Hängen Sie das Bild (over the bookcase).
5. Stellen Sie das Gepäck (at the gate)!
6. Ich habe die Karten bestimmt nicht (on the table) gelegt.
7. Die Garage ist (behind the house).
8. Ich muß heute nachmittag (downtown) gehen.
9. Ich war zwei Wochen (in the mountains).
10. Ich saß (next to a student).
11. Setzen Sie sich nicht (on this chair)!
12. Ich wohne (with my parents).
13. Peter wohnt (since one year) in München.
14. (In spite of the Wall) ist Berlin sehr schön.
15. Ich warte (in front of the hotel).
16. Fahren Sie links (around the city hall), dann geradeaus!
17. (During the war) war er in Hamburg.
18. Er ist (without his son) gekommen.
19. Der Brief war (between two books).
20. (After one hour) kam er zurück.
21. Er fuhr (against a truck).
22. Sie hat das Geschenk (from an old lady) bekommen.
23. Ich fahre jetzt (to school).
24. Wir fanden das Geld (under the bed).

WIEDERHOLUNGS-ÜBUNGEN

25. (Because of the bad weather) konnten wir nicht kommen.
26. Das Buch ist (for my brother).
27. Er fuhr (three months ago) nach Amerika.

E. ADJEKTIVENDUNGEN:

schön: Ich möchte einen _____ Anorak:
breit: Das ist eine _____ Straße.
schmutzig: Das ist ein _____ Lokal.
sauber: Wir wohnen in einem _____ Hotel.
reich: Sie sind _____ Leute.
arm: Er ist kein _____ Mann.
krank: Ich gab dem _____ Kind einen Apfel.

Heute ist der (first) Mai.
Die (second) Dame von links ist Ärztin.
Das (third) Auto von rechts gehört Peter.
Meine Eltern kommen am 5. Januar.
Ich fahre am 16. Februar nach Bonn.
Washingtons Geburtstag ist am 22. Februar.
Heute ist der 30. Dezember.

SINGULAR und PLURAL:

1. Do you know the old lady? (the old ladies)
2. He flew with his little son to Berlin. (with his little sons)
3. How is your pretty sister? How are your pretty sisters?
4. We talked with a young American (two young Americans).
5. My German friend wrote me a letter. (my German friends)
6. I bought a beautiful picture. (beautiful pictures)
7. We saw some (several, many) old castles.

KOMPARATIV und SUPERLATIV:

1. Heidelberg ist (smaller than) München.
2. Ein Hotel ist (more expensive than) eine Pension.
3. Er ist (younger than) mein Bruder.
4. Sie ist (older than) Eva.
5. Der Berg ist (higher than) ich dachte.
6. Herr Müller hat (more money than) ich.

WIEDERHOLUNGS-ÜBUNGEN

7. Peter spricht (better) Deutsch als Barbara.
8. Kommen Sie ein bißchen (closer).
9. (His younger) Bruder ist 12 Jahre alt.
10. (My older) Schwester studiert in Heidelberg.
11. Das ist nicht (the cheapest), aber (the most beautiful) Hotel.
12. (The best) Platz kostet zwanzig Mark.
13. (Most) Leute machen im August Ferien.
14. Ist das (the highest) Berg hier?
15. Heute ist (the coldest) Tag des Jahres.
16. (His oldest) Schwester ist verheiratet.
17. Bei Kriegsende war das Leben der Berliner (worst).
18. Vor einem Examen müssen die Studenten (most) arbeiten.

1. This mountain is not as high as the Zugspitze.
2. I am taller than you.
3. The book is more interesting than I thought.
4. This is the cheapest seat.
5. I prefer to drink wine.
6. Peter likes best to drink beer.
7. Most American cars are big.
8. He makes less money than his brother.
9. Peter is my best friend.
10. In spring nature is most beautiful.

F. RELATIVPRONOMEN:

1. Ist dies der Bus, (which) zum Flughafen fährt?
2. Kennen Sie den Herrn, (who) mit Frau Müller spricht?
3. Ist dies die Dame, (who) ihren Regenschirm verloren hat?
4. Seine Eltern, (who) jetzt in Bonn wohnen, kommen bald nach München.
5. Der Mann, (whom) ich fragte, sprach kein Deutsch.
6. Das ist der kürzeste Weg, (that) ich kenne.
7. Ist das der Junge, (to whom) Sie das Geld gegeben haben?
8. Die Dame, mit (whom) ich sprach, war Amerikanerin.
9. Kennen Sie die Leute, (to whom) dieses Haus gehört?
10. Haben Sie die Dame angerufen, (whose) Reisepaß Sie gefunden haben?
11. Wo ist der Junge, (whose) Mutter den Unfall hatte?
12. Sind das die Leute, (whose) Kinder in Berlin studieren?

WIEDERHOLUNGS-ÜBUNGEN

Übersetzen Sie:

1. Is this the man who helped you?
2. Is this the girl who was sick?
3. Is this the man whom you asked?
4. Is this the man to whom this car belongs?
5. Where are the people to whom the luggage belongs?
6. Is this the man whose passport you found?
7. The people to whom I talked were Americans.
8. Is this the lady whose husband is a doctor?

G. SUBORDINATING and COORDINATING CONJUNCTIONS:

Verbinden Sie die Sätze mit den richtigen Konjunktionen:

1. (When) Ich ging gestern in die Stadt. Ich traf Herrn Huber.
2. (When) Sie fahren nach Köln. Sie müssen den Dom besichtigen.
3. (If) Sie wollen Karten bekommen. Sie müssen sich beeilen.
4. (Since) Die Dame hatte viel Gepäck. Sie rief einen Gepäckträger.
5. Ich fuhr zum Warenhaus. (because) Ich mußte Geschenke besorgen.
6. (After) Wir hatten Einkäufe gemacht. Wir gingen in ein Café.
7. (Although) Er hat nicht viel Geld. Er fährt einen großen Wagen.
8. Wissen Sie, (whether) Peter heute kommt?
9. Wußten Sie, (that) er in Berlin ist?
10. Ich kann nicht kommen. (but) Mein Bruder wird kommen.

Übersetzen Sie:

1. When the letter came I was not at home.
2. I'll call you up when I know it.
3. If you see her give her my regards.
4. Since I had to work I could not go.
5. Did I tell you that he is sick?
6. Do you know whether he is working today?
7. Can you stay or do you have to go home now?
8. Did you call him up before you flew to Rome?
9. I have to change clothes because (use: denn) I'll go to the opera.
10. Although it was raining we took a walk.

WIEDERHOLUNGS-ÜBUNGEN

H. KONJUNKTIV:

Sagen Sie es höflicher mit dem KONJUNKTIV:

1. Darf ich Sie etwas fragen?
2. Kann ich Ihr Buch sehen?
3. Haben Sie jetzt Zeit?
4. Ist Ihnen das recht?
5. Das sollen Sie nicht tun.
6. Zeigen Sie mir den Brief!
7. Fahren Sie etwas langsamer!

Setzen Sie in den IRREALIS der GEGENWART:

1. Wenn ich genug Geld habe, kaufe ich das Buch.
2. Wenn ich es tun kann, werde ich es tun.
3. Wenn Peter zu Hause ist, ruft er mich an.
4. Wenn Eva kommt, gehen wir ins Kino.
5. Wenn ich es weiß, sage ich es dir.

Setzen Sie in den IRREALIS der VERGANGENHEIT:

1. Es wäre besser, wenn wir ein Taxi nähmen.
2. Wenn wir Karten bekämen, würden wir in die Oper gehen.
3. Wenn er es wüßte, würde er es mir sagen.
4. Wenn wir sofort fahren würden, wären wir um 8 Uhr dort.
5. Würdest du das Auto kaufen, wenn er es für 2000 Mark verkaufte?
6. Das könnte ich nicht tun.
7. Das sollte ich wissen.
8. Ich könnte dir das Geld geben.

Übersetzen Sie:

1. That would be wonderful.
2. I would have time now.
3. May (= might) I make a telephone call?
4. Could I see the menu?
5. Would you do that?
6. I wouldn't buy it.
7. If I knew it I would tell you.

8. It would be better if you stayed at home.
9. If she were allowed to come she would come.
10. If we had had more time we would have come.
11. I should have known that.
12. I could have told you.

I. PASSIV. Setzen Sie ins IMPERFEKT, PERFEKT, FUTUR:

1. Das Krankenhaus wird von der Stadt gebaut.
2. Der Patient wird heute operiert.
3. Das Auto wird abgeschleppt.
4. Pro Stunde werden zehn Autos gewaschen.

Setzen Sie ins IMPERFEKT:

1. Er muß sofort ins Krankenhaus gebracht werden.
2. Das Kleid kann nicht gewaschen werden.
3. Sie will auch eingeladen werden.
4. Es darf nicht geraucht werden.

Übersetzen Sie (watch the tenses):

1. A new hospital is being built here.
2. He was operated on yesterday.
3. Has the book been translated?
4. Everything will be done by the doctors.
5. He was taken to the police station.
6. He does not want to be disturbed.
7. A new road had to be built.
8. The house cannot be sold.
9. His car was towed away.
10. The concert was cancelled.

LEKTION EINUNDZWANZIG

Wolfgang Amadeus Mozart

Wolfgang Amadeus Mozart wurde 1756 in Salzburg geboren. Sein Vater Leopold war ein bekannter Musikpädagoge, dessen „Violinschule" in acht Sprachen übersetzt wurde. Er war der Lehrer seiner beiden Kinder Wolfgang und Nannerl. Wolfgang war noch nicht sechs Jahre alt, und Nannerl – eine große Pianistin – erst elf, als der Vater mit ihnen Konzertreisen durch ganz Europa unternahm. In viele große Städte wie Wien, Paris und London wurden die Wunderkinder eingeladen. In Frankfurt bewunderte auch der 14-jährige Goethe den kleinen Wolfgang als Sensation am Klavier. Wolfgang dirigierte schon mit neun Jahren eigene Werke und spielte meisterhaft Klavier, Orgel und Geige. Sein Geigenspiel war so virtuos, daß er einmal in Neapel gezwungen wurde, seinen Diamantring vom Finger zu nehmen, denn die abergläubischen Zuhörer hatten in dem Ring ein magisches Geheimnis vermutet. Mozarts Genie ist unbeschreiblich. Unaufhörlich tönten Melodien in ihm und pausenlos komponierte er. Oft trug er große Werke monatelang im Gedächtnis, bis er Zeit fand, sie niederzuschreiben.

Sowohl Leopold Mozart als auch Wolfgang waren beim Bischof von Salzburg als Musiker angestellt. Nach einem heftigen Streit mit dem Bischof verließ Wolfgang Salzburg und zog nach Wien. Dort war er bald so berühmt, daß die jungen Damen der Gesellschaft nur von ihm unterrichtet werden wollten. 1782 heiratete er die 20-jährige Constanze, die Schwester seiner großen Jugendliebe. Es war eine glückliche Zeit für Mozart. Von allen wurde er bewundert. Er war Gast bei Gluck* und im Haus seines Freundes Joseph Haydn**. Aber dann kamen Sorgen. Sowohl Constanze als auch Wolfgang waren krank und hatten bald große Schulden. Trotz seiner schweren Krankheit war Mozart immer fröhlich wie ein Kind. Ununterbrochen komponierte er bis zu seinem Tode. Noch auf seinem Sterbebett schrieb er das Requiem, das ein geheimnisvoller Unbekannter bestellt hatte.

Er konnte es nicht mehr vollenden. Am 5. Dezember 1791 starb Mozart im Alter von 35 Jahren. Für ein würdiges Begräbnis fehlte das Geld. Nur wenige Freunde begleiteten seinen Sarg. Wegen eines furchtbaren Unwetters mußten sie vor dem Friedhof umkehren. Mozart wurde in einem Massengrab begraben. Sein Sarg konnte später nicht mehr gefunden werden.

Zwei Drittel seines Lebens hatte Mozart auf Reisen verbracht. 626 Werke hatte er geschrieben, darunter 23 Opern und 49 Symphonien. Seine unsterblichen Werke*** werden heute in der ganzen Welt aufgeführt. Von seinen Zeitgenossen war Mozart am besten von Haydn und Goethe verstanden worden.

Goethe sagte: „Mozart hätte den ‚Faust' komponieren müssen."

---

* Christoph Willibald GLUCK (1714 – 1787), deutscher Komponist, lebte in Wien. Opern: „Orpheus und Eurydike"; „Iphigenie in Aulis"; „Alkeste".
** Joseph HAYDN (1732 – 1809), österreichischer Komponist: Symphonien und Kammermusik.
*** z. B. seine Opern „La nozze di Figaro", „Don Giovanni", „Cosi fan tutte", „Die Zauberflöte"; seine Kammermusik und seine Konzerte für Violine, Klavier und andere Solo-Instrumente.

LEKTION EINUNDZWANZIG: ÜBUNGEN

KONVERSATION

A. Wo bleibt denn Paul? Warum kommt er denn nicht? Ich warte schon anderthalb Stunden auf ihn. Nicht einmal auf seinen besten Freund kann man sich verlassen.

B. Ach, der arme Paul! Er hat es sicher vergessen. Seit Tagen bereitet er sich auf sein Examen vor.

A. Worauf bereitet er sich vor?

B. Ja, wissen Sie denn nicht? Er hat morgen eine Prüfung in deutscher Geschichte. Er hofft natürlich auf eine gute Note und da will er sich gründlich darauf vorbereiten.

A. Dann wird er wahrscheinlich nicht mehr kommen. Gehen wir ins Kino!

IDIOMATISCHE AUSDRÜCKE

Wo bleibt er denn?	{ What's keeping him? { Where **is** he?
Der arme Paul!	– Poor Paul!

ÜBUNGEN

A. I. SETZEN SIE INS IMPERFEKT, PERFEKT, PLUSQUAMPERFEKT, FUTUR:

1. Das Buch wird in viele Sprachen übersetzt.
2. Die Kinder werden auch eingeladen.
3. Er wird von allen bewundert.
4. Viele Leute werden gezwungen, das Land zu verlassen.
5. Ich werde von meinem Bruder erwartet.

II. ÜBERSETZEN SIE:

1. His book was translated into eight languages.
2. Peter was not invited.
3. He is admired by everybody.
4. They were forced to work.
5. Many cars were towed away.
6. The child will be operated on tomorrow.
7. The book will be translated into German. (into German = ins Deutsche)
8. The house will be sold.

LEKTION EINUNDZWANZIG: ÜBUNGEN

9. The house must be sold.
10. The house had to be sold.
11. The new hospital will not be built this year.
12. The new hospital cannot be built this year.
13. The new hospital could not be built this year.
14. Your car should be washed.
15. My type-writer has to be repaired.

B. NEBENSÄTZE:

I. 1. a. He had seen the house. He didn't want to buy it.
   b. After he had seen the house he didn't want to buy it.

2. a. She was sick. She took a trip.
   b. Although she was sick she took a trip.

3. a. I want to go to the concert. I'll have to hurry now.
   b. Since I want to go to the concert I have to hurry now.

4. a. Peter called me up. He went to Paris.
   b. Peter called me up before he went to Paris.

5. a. We arrived in Berlin. It was raining.
   b. When we arrived in Berlin it was raining.

6. a. Call me up tomorrow. I'll tell you everything.
   b. If you call me up tomorrow I'll tell you everything.

7. a. Peter is coming along.
   b. Did you ask Eva whether Peter is coming along?

8. a. The concert took place in the castle.
   b. I thought that the concert took place in the castle.

9. a. We had nothing planned for Sunday.
   b. I told you that we had nothing planned for Sunday.

10. a. She changed trains in Frankfurt.
    b. She wrote that she changed trains in Frankfurt.

11. a. When does the train leave?
    b. Can you tell me when the train leaves?

LEKTION EINUNDZWANZIG: ÜBUNGEN

    12. a. I had to call her up at the office. I could not reach her at home.
        b. I had to call her up at the office because I could not reach her at home.

    13. a. When is he going to have his car repaired?
        b. Did he tell you when he is going to have his car repaired?

    14. a. He has not been able to get tickets.
        b. Didn't I tell you that he has not been able to get tickets?

    15. a. He wanted to get up early. He went to bed at 9 o'clock.
        b. Since he wanted to get up early he went to bed at 9 o'clock.

II. 1. The house which we have rented is situated on a hill.
    2. The boarding house which he recommended was very clean and inexpensive.
    3. Do you know the man who is talking with Mr. Müller?
    4. The doctor whom I asked didn't know it either.
    5. Who is the lady who is just coming through the door?
    6. These are the best rooms we have.
    7. Who was the man (the girl, the lady) with whom I saw you yesterday?
    8. Who were the people with whom I saw you yesterday?
    9. Do you know the man (the lady, the people) to whom this house belongs?
  10. Mr. Huber, whose daughter is working in our office, also went to the opera with us.
  11. I went to the movies with Mrs. Meier whose son is working in our office.
  12. I went to the concert with Mr. and Mrs. Müller whose son is working in our office.

C. KONJUNKTIV II.

    1. a. If I had time I would come.
       b. If I had had time I would have come.

    2. a. If she were not sick we would take the trip.
       b. If she had not been sick we would have taken the trip.

    3. a. If I knew the address I would give it to you.
       b. If I had known the address I would have given it to you.

    4. a. I could give you the money.
       b. I could have given you the money.

    5. a. You should not say that.
       b. You should not have said that.

LEKTION EINUNDZWANZIG: WORTSCHATZ

DER Bischof, ̈e – bishop
der Diamant, –en, –en – diamond
der Finger, – – finger
der Friedhof, ̈e – cemetary
der Musiker, – – musician
der Pädagoge, –n, –n – educator, teacher
der Ring, –e – ring
der Sarg, ̈e – coffin
der Streit, –e – quarrel, fight
   (pl. usually: Streitigkeiten)
der Unbekannte (adj. end.) -stranger
der Zeitgenosse, –n, –n – contemporary
der Zuhörer, – – listener
   (pl. die Zuhörer – audience)

DAS Alter – age
   (im Alter von – at the age of)
das Begräbnis, -se – funeral
das Drittel, – – the third
das Gedächtnis – mind
das Geheimnis, –se – secret, mystery
das Genie, –s – genius
das Grab, ̈er – grave
das Instrument, –e – instrument
   Neapel – Naples
das Requiem, –s – requiem
das Spiel – play, performance
(das Spiel, –e – game)
das Sterbebett – deathbed
das Unwetter – tempest, thunderstorm
das Wunderkind, –er – child prodigy

DIE Geige, –n – violin
die Gesellschaft – society, company
die Jugend – youth
die Kammermusik – chamber music
die Krankheit, –en – illness, sickness, disease
die Liebe – love
die Masse, –n – mass, crowd
die Melodie, –n – melody
die Orgel, –n – organ
die Pianistin, –nen – woman pianist
die Prüfung, –en – exam, test
die Schuld, –en – debt
die Sensation, –en – sensation
die Sorge, –n – sorrow, worry
die Violine, –n – violin

---

abergläubisch – superstitious
anderthalb – one and a half
anstellen – to employ, to hire
aufführen – to perform, to play
aufstehen (ist) – to get up
begleiten – to accompany
begraben (begräbt), begrub, begraben
   – to bury
beide – both
darunter – among them

dirigieren – to conduct, to direct
eigen – own (adj.)
erst (adverb) –only, not more than
erwarten – to expect
fehlen – to lack, to be lacking
fröhlich – gay, merry
furchtbar – terrible
geboren – born
geheimnisvoll – mysterious

LEKTION EINUNDZWANZIG: WORTSCHATZ

gründlich – thorough (ly)
heftig – violent
komponieren – to compose
magisch – magic
meisterhaft – masterly
monatelang – for months
nicht einmal – not even
niederschreiben – to write down
sowohl. . . . als auch – as well as
tönen - to sound
umkehren – to turn back, to turn around
unaufhörlich – incessantly, constantly

unbekannt – unknown, strange
unbeschreiblich – undescribable
unsterblich – immortal
unternehmen – to undertake
unterrichten – to instruct, to teach
ununterbrochen – uninterruptedly
verlassen (verläßt), verließ, verlassen*
   – to abandon, to leave
s. verlassen auf A – to rely upon
vermuten – to presume, to suppose
virtuos – masterly
vorbereiten – to prepare
würdig, – dignified, worthy
ziehen (ist) – to move

*only with direct object

LEKTION ZWEIUNDZWANZIG

Aus aller Welt: Die letzten Nachrichten in Kürze.

AUGSBURG. Die beiden Buben, die – wie wir gestern berichteten – als vermißt gemeldet worden waren, sind schlafend in dem LKW eines Bekannten gefunden und ihren Eltern zurückgegeben worden. Der LKW war von einem Mann gestohlen worden, der keine Ahnung hatte, daß sich in dem Wagen zwei schlafende Kinder befanden. Der Dieb des Lastwagens ist inzwischen verhaftet worden. Er hatte versucht, über die Grenze in die Schweiz zu fliehen.

FRANKFURT/MAIN. Der Hubschrauberunfall, bei dem gestern der Pilot getötet und drei in der Nähe stehende Passagiere verletzt wurden, wird zur Zeit untersucht. Die Polizei ist der Ansicht, daß das Unglück hätte verhindert werden können. Der Hubschrauber wurde bei dem Unfall schwer beschädigt und ein in der Nähe stehender Lastwagen vollkommen zerstört. Wegen des Unfalls mußte der Flughafen vorübergehend gesperrt werden. Erst am späten Abend konnte der Flugbetrieb wieder aufgenommen werden. Die Ärzte hoffen, daß das Leben der Verletzten gerettet werden kann.

MAILAND. Die letzten beiden der vier Bankräuber sind gefaßt worden. Sie wurden in ihrem Versteck im Keller eines unbewohnten Hauses entdeckt. Die Polizei war von Nachbarn verständigt worden. Bei der Schießerei in der Innenstadt gab es drei Tote. Etwa zwanzig Zivilisten und Polizisten wurden verletzt. Zwei der bewaffneten Verbrecher wurden bereits am Tage des Überfalls in Mailand festgenommen.

MÜNCHEN. **Gasexplosion im Stadtzentrum. Vier Verletzte. Millionenschaden.** Eine schwere Gasexplosion ereignete sich am Mittwoch gegen 5 Uhr früh in der Innenstadt. Ein Wohn- und Geschäftshaus in der Karlstraße wurde völlig zerstört, die angrenzenden Gebäude schwer beschädigt und die Schaufenster von 17 Geschäften und zwei Lokalen zertrümmert. Vier Menschen wurden bei dem Unglück verletzt, sieben erlitten einen Nervenschock, neun Bewohner des zerstörten Hauses verloren ihr Heim. Der verursachte Schaden geht in die Millionen.

ÜBEN SIE:

A.		
Auf wen warten Sie?	Ich warte auf meinen Freund.
Warten Sie auf Ihren Freund?	Ich warte auf ihn.
Worauf warten Sie?	Ich warte auf den Bus.
Warten Sie auf den Bus?	Ich warte darauf.
Auf wen kann ich mich verlassen?	Sie können sich auf Herrn M. verlassen.
Kann ich mich auf Herrn M. verlassen?	Sie können sich auf ihn verlassen.
Worauf kann man sich verlassen?	Man kann sich auf den Fahrplan verlassen.
Kann man sich auf den Fahrplan verlassen?	Man kann sich darauf verlassen.

LEKTION ZWEIUNDZWANZIG

    Worauf bereiten Sie sich vor?   Wir bereiten uns auf die Prüfung vor.
    Bereiten Sie sich auf die Prüfung vor?   Wir bereiten uns darauf vor.
    Worauf hofft Peter?   Er hofft auf eine gute Note.
    Hofft Peter auf eine gute Note?   Er hofft darauf.
    Worauf freuen Sie sich?   Ich freue mich auf den Flug nach Paris.
    Freuen Sie sich auf den Flug?   Ich freue mich darauf.
    Worauf hat er nicht geantwortet?   Er hat nicht auf meinen Brief geantwortet.
    Hat er auf Ihren Brief geantwortet?   Er hat nicht darauf geantwortet.

B.   Im Auto lag ein schlafender Junge.   Das angrenzende Haus ist ein Geschäftshaus.
    Im Auto lag ein schlafendes Kind.   Ein angrenzendes Haus wurde zerstört.
    Im Auto lag eine schlafende Katze.   Zwei angrenzende Häuser wurden zerstört.
    Im Auto lagen zwei schlafende Buben.   Die angrenzenden Häuser wurden zerstört.
    Der Polizist fand die schlafenden Buben.

C.   Der gestohlene Wagen wurde gestern gefunden.
    Zwei Kinder waren in dem gestohlenen Wagen.
    Das zerstörte Haus war ein Geschäftshaus.
    Ich sprach mit einigen Bewohnern des zerstörten Hauses.
    Der bewaffnete Verbrecher konnte festgenommen werden.
    Niemand kannte den bewaffneten Mann.
    Zwei bewaffnete Männer kamen in das Hotel.
    Die bewaffneten Männer trugen Masken.

D.   Ihr Mann ist Deutscher
    Seine Frau ist Deutsche.
    In Amerika sind viele Deutsche.
    Wir nennen die in Amerika lebenden Deutschen Deutschamerikaner.
    Der Herr ist ein Bekannter von mir.
    Die Dame ist eine Bekannte von mir.
    Ich bin gestern mit Bekannten in die Oper gegangen.
    Nächstes Jahr besuche ich meine Verwandten in Amerika.
    Ich habe viele Verwandte in Amerika.
    Ein Verwandter von mir ist Astronaut.
    Der Kranke darf nicht gestört werden.
    Bei der Schießerei gab es drei Tote.
    Im Sommer kommen viele Fremde in unsere Stadt.
    Viele Reisende stiegen in Frankfurt aus.
    Die Reisenden mußten zwei Stunden auf den nächsten Zug warten.
    Ihr Verlobter ist Deutscher.
    Seine Verlobte ist Deutsche.
    Er hat fünf Angestellte.

LEKTION ZWEIUNDZWANZIG

EIN BRIEF:

Liebe Eva und lieber Peter,

ich möchte Euch noch einmal herzlich für Eure* Gastfreundschaft danken und auch für Euren* lieben Brief. Ich habe mich sehr darüber gefreut. Besonders habe ich mich darüber gefreut, daß es Peter wieder besser geht.

Hast Du, lieber Peter, Dich inzwischen an Deine neue Arbeit gewöhnt? Ich weiß, Du hattest etwas Angst vor Deiner neuen Stellung. Aber ich weiß auch, Du wirst Erfolg haben. Du mußt nur daran glauben und nie an Deinem Talent zweifeln. Bitte, schreibe mir über Deine Arbeit, wenn Du Zeit hast.

Wie Ihr wißt, nehme ich zur Zeit an einer Tagung in Hannover teil. Ich finde alles sehr interessant. Gestern machten wir einen Ausflug und wir fuhren an dem kleinen See vorbei, wo wir vor zwei Jahren unsre* gemeinsamen Ferien verbrachten. Erinnert Ihr Euch noch manchmal an die schönen Tage? Ich denke noch oft daran.

Würdet Ihr bitte Herrn Müller daran erinnern, daß er mir die versprochenen Photos schickt. Ich freue mich schon darauf.

Viele liebe Grüße,

Euer Robert

IDIOMATISCHE UND NÜTZLICHE AUSDRÜCKE

es gibt (with Acc.)	— there is, there are
es gab (with Acc.)	— there was, there were
es wird ... geben (with Acc.)	— there will be
zur Zeit	— at present
Ich bin der Ansicht	— I am of the opinion

* Except for nom. masc., and nom. and acc. neut. (unser, euer) the "e" of these two possessives may be dropped, e.g. uns(e)re, eu(e)re, uns(e)rem, eu(e)ren, etc.

LEKTION ZWEIUNDZWANZIG: GRAMMATIK

A. VERBS WITH PREPOSITIONAL OBJECT

Verbs followed by certain prepositions may change in meaning (cf. English: to wait **for**, to wait **on**). The case of the following noun or pronoun is determined by the preposition. With verbs followed by an **accusative/dative** preposition, however, the case has to be learned with each verb.

Following is a first list of verbs with prepositional object:

1. Verbs with **auf** followed by the **accusative:**

antworten auf A	– to reply (= to give an answer to)
hoffen auf A	– to hope for
sich freuen auf A	– to look forward to
sich verlassen auf A	– to rely on
sich vorbereiten auf A	– to prepare for
warten auf A	– to wait for

   Hast du **auf seinen** Brief geantwortet?
   Peter hofft **auf eine** gute Note.
   Ich freue mich **auf den** Flug nach Athen.
   Kann ich mich **auf dich** verlassen?
   Ich muß mich **auf die** Prüfung vorbereiten.
   Eva hat zwei Stunden **auf ihren** Freund gewartet.

B. COMPOUNDS WITH DA- and WO-. (Pronominaladverbien)

Prepositional compounds with **da-** (cf. pp. 74 & 79 : rechts davon, daneben, darüber etc.) and compounds with **wo-** refer to **inanimate objects.** These compounds occur most frequently with verbs taking a prepositional object and are formed this way:

ENGLISH:	GERMAN:
preposition + it (them, those)	**da-** + preposition (da**r**-) before
preposition + what?	**wo-** + preposition (wo**r**-) vowel
I am relying **on it.**	Ich verlasse mich **darauf.**
We are looking forward **to it.**	Wir freuen uns **darauf.**
I have nothing to do **with those.**	**Damit** habe ich nichts zu tun.
What are you waiting **for**?	**Worauf** warten Sie?
What are you looking forward **to**?	**Worauf** freuen Sie sich?
The radio is next **to it.**	Das Radio steht **daneben.**

LEKTION ZWEIUNDZWANZIG: GRAMMATIK

(Compounds with **da-** and **wo-** cannot be formed by some prepositions, such as: außer, gegenüber, seit; ohne; and the genitive prepositions.)

Compounds with **da-** are frequently inserted before a **"daß"**-clause preceded by verbs with prepositional object:

> I'm looking forward to your coming.   Ich freue mich **darauf,** daß du kommst.

C. THE PRESENT PARTICIPLE.

The German present participle (English: sleep**ing,** watch**ing**) is formed by adding **-d** to the infinitive:

schlafen:	schlafen**d**	– sleeping
angrenzen:	angrenzen**d**	– adjoining
stehen:	stehen**d**	– standing

Present participles are used mainly as descriptive adjectives or as adverbs.

Note: In German, the present participle cannot be used as in the English progressive form. "I am coming" can only be rendered in German by "Ich komme"

D. PARTICIPLES USED AS ADJECTIVES.

As in English, the **present participle** as well as the **past participle** of some verbs may be used as **descriptive adjectives.** In German, they take normal adjective endings:

1. In dem Wagen waren zwei schlafend**e** Kinder. (two sleeping children)
   In dem Wagen war ein schlafend**er** Bub. (a sleeping boy)
   Die angrenzend**en** Gebäude wurden beschädigt. (the adjoining buildings)

2. Der gestohlen**e** Wagen wurde gestern gefunden. (the stolen car)
   Die Bewohner des zerstört**en** Hauses verloren ihr Heim. (the occupants of the destroyed house)

   If used in a **predicate position** or as **adverbs,** participles – like adjectives – have **no** ending:

3. Der Flughafen wurde vorübergehend geschlossen.
   Er kam gut erholt vom Urlaub zurück. (well-rested)

LEKTION ZWEIUNDZWANZIG: GRAMMATIK

E. **NOUNS WITH ADJECTIVE ENDINGS.**

Adjectives used as nouns are **capitalized** and take normal adjective endings, e.g.:

a. **nouns derived from adjectives:** (e.g. deutsch, bekannt)

der Deutsch**e**	the German (man)	ein Deutsch**er**	a German (man)
die Deutsch**e**	the German (woman)	eine Deutsch**e**	a German (woman)
die Deutsch**en**	the Germans	Deutsch**e**	Germans
der Bekannt**e**	the acquaintance (man)	ein Bekannt**er**	an acquaint. (man)
die Bekannt**e**	the acquaintance (woman)	eine Bekannt**e**	an acquaint. (woman)

b. **nouns derived from present participles:** (e.g. reisend)

| der Reisend**e** | (the traveler) | ein Reisend**er** | (a traveler) |
| die Reisend**en** | (the travelers) | viele Reisend**e** | (many travelers) |

c. **nouns derived from past participles:** (e.g. verlobt)

| der Verlobt**e** | (the fiancé) | mein Verlobt**er** | (my fiancé) |
| die Verlobt**e** | (the fiancée) | meine Verlobt**e** | (my fiancée) |

F. **WORD ORDER IN PARTICIPIAL PHRASES.**

In English, a participial phrase in which the participle itself is modified, usually follows the noun. In German, the participial phrase including all modifiers **precedes** the noun:

ein **in der Nähe stehender** Lastwagen
a truck standing nearby

der **von einem jungen Mann gestohlene** Wagen
the car stolen by a young man

das **durch die Explosion zerstörte** Haus
the house (that was) destroyed by the explosion

LEKTION ZWEIUNDZWANZIG: ÜBUNGEN

A. ANTWORTEN SIE MIT EINEM GANZEN SATZ:

1. Auf wen wartet er? (sein Freund, sein Vater, seine Eltern)
2. Worauf warten Sie? (ein Taxi, die Straßenbahn, der Bus)
3. Worauf hoffen Sie? (gutes Wetter, ein schöner Urlaub)
4. Worauf haben Sie sich vorbereitet? (das Examen, die Prüfung)
5. Worauf freut sich Eva? (die Reise, der Flug, das neue Auto)
6. Auf wen kann ich mich verlassen? (Herr Müller, dieser Arzt, sein Freund)
7. Worauf kann ich mich verlassen? (der Fahrplan, sein Wort)
8. Worauf hat er nicht geantwortet? (mein Telegramm, mein Brief)

B. a. **Ein Student fragt (richtige Präposition, richtige Form!)**
   b. **Ein anderer Student antwortet mit Personalpronomen oder mit einem Pronominaladverb (= compound with da-).**

1. die Ferien; das neue Kleid: Freust du dich _____?
2. Ihr Bruder; das Essen: Warten Sie _____?
3. eine gute Note; besseres Wetter: Hoffst du _____?
4. dein Freund; die Auskunft: Kann man sich _____ verlassen?
5. die Geschichtsstunde; die Reise: Hast du dich _____ vorbereitet?
6. Ihr Brief; Ihre Frage: Hat er _____ geantwortet?

C. Ergänzen Sie das PARTIZIP PRÄSENS ALS ADJEKTIV:

stehen:	Ein in der Nähe _____ Lastwagen wurde zerstört.
sitzen:	Ein in der Nähe _____ Mädchen wurde verletzt.
wohnen:	Eine in der Nähe _____ Familie hörte den Lärm.
arbeiten:	Ein in der Nähe _____ Mann verständigte die Polizei.
fliegen:	"Der _____ Holländer" ist eine Oper von Richard Wagner.
fliegen:	Haben Sie schon eine "_____ Untertasse" gesehen?
schlafen:	In dem Lastwagen befanden sich zwei _____ Kinder.

Ergänzen Sie das PARTIZIP PERFEKT ALS ADJEKTIV:

melden:	Die als vermißt _____ Buben wurden gestern gefunden.
stehlen:	Der _____ Wagen wurde in einem Wald gefunden.
verletzen:	Das _____ Kind mußte sofort operiert werden.
beschädigen:	Der Pilot konnte die _____ Maschine sicher landen.
zerstören:	Die während des Krieges _____ Häuser wurden wieder aufgebaut.
retten:	Die _____ Passagiere wurden ins Krankenhaus gebracht.
vermissen:	Die _____ Buben schliefen in einem Lastwagen.

LEKTION ZWEIUNDZWANZIG: ÜBUNGEN

D. Ergänzen Sie SUBSTANTIVE MIT ADJEKTIVENDUNGEN:

1. (A traveler) wurde krank.
2. (The travelers) gehen zum Zug nach Rom.
3. (Many travelers) stiegen in Hannover aus.
4. (The sick man) darf morgen aufstehen.
5. Auf der Straße lag (a dead man).
6. Auf der Straße lag (a dead woman).
7. (The sick woman) darf morgen aufstehen.
8. Bei der Schießerei gab es drei (dead).
9. (The injured persons) wurden ins Krankenhaus gebracht.
10. (My relatives) wohnen in Hamburg.
11. Ist diese Dame (a relative) von Ihnen?
12. Ist dieser Herr (a relative) von Ihnen?
13. Er ist (a German).
14. Sie ist (a German).
15. Seine Freunde sind (Germans).
16. (His fiancée) ist (a German)
17. (Her fiancé) ist (a German).
18. Er ist kein Freund von mir, er ist nur (an acquaintance).
19. Sie ist nicht meine Freundin, sie ist nur (an acquaintance).
20. Im Sommer sind (many strangers) in unserer Stadt. (strange = fremd)

E. ÜBERSETZEN SIE:

a.
1. Are you waiting for me?
2. Whom are you waiting for?
3. I am waiting for my friend.
4. Are you waiting for the bus?
5. What are you waiting for?
6. I am waiting for it.
7. Please wait for me!
8. Can I rely on you?
9. You can rely on me (him, her, us, them).
10. Can I rely on it?
11. What are you hoping for?
12. I am hoping for a good grade.
13. Did you reply to his letter?
14. I didn't reply to it.
15. He has to prepare for his exam.
16. We also have to prepare for it.
17. We are looking forward to your party.

LEKTION ZWEIUNDZWANZIG: ÜBUNGEN

18. I am looking forward to it, too.
19. Are you looking forward to your trip?
20. Let's hope for good weather!

b.
1. They were found in a truck.
2. The truck had been stolen.
3. The thief has been arrested.
4. The pilot was killed.
5. The accident is being investigated.
6. The helicopter was damaged.
7. The police had been notified by a neighbor.
8. The airport had to be closed temporarily.
9. The air traffic could be resumed in the evening.
10. Have you seen a "Flying Saucer"?
11. Two playing children found the lost purse.
12. The rescued passengers thanked the pilot.
13. The pilot had landed the damaged plane safely.
14. The stolen truck was found yesterday.
15. I bought a second-hand car. (second-hand, used = gebraucht)
16. The occupants of the destroyed house lost their homes (= home).
17. Two criminals were discovered in the cellar of a vacant house.
18. Some injured (persons) had to be taken to the hospital.
19. One injured (man) could not be saved.
20. Three passengers standing nearby were killed.
21. A truck standing in the vicinity was completely destroyed.
22. An old lady living in the vicinity heard the noise.
23. A girl sitting nearby saw the criminal.
24. A man working nearby notified the police.

F. NEBENSÄTZE:

1. Leopold Mozart who was a well-known musician was also his children's teacher.
2. A man whom nobody knew ordered the requiem.
3. The girl that played so well was only eleven years old.
4. Mozart was the composer whom Goethe admired most.
5. Although Mozart was very ill he was gay as a child.
6. Since Mozart had a quarrel with the bishop he left Salzburg.
7. When Mozart died his wife Constanze was not in Vienna.
8. Since he was buried in a mass grave his coffin could not be found later.
9. Mozart was happy in Vienna because he was admired by everybody.
10. Although Wolfgang and Nannerl were very young they were famous all over Europe.

LEKTION ZWEIUNDZWANZIG: ÜBUNGEN/WORTSCHATZ

G. KONJUNKTIV II:

1. a. This would be nice.
   b. This would have been nice.
2. a. If I had a dictionary I could read the story.
   b. If I had had a dictionary I could have read the story.
3. a. If he wanted to stay here he could stay here.
   b. If he had wanted to stay here he could have stayed here.
4. a. If he were making more money he would rent this apartment.
   b. If he had made more money he would have rented this apartment.
5. a. If he only were coming!
   b. If he only had come!

WORTSCHATZ

DER Angestellte (adj. end.) – employee
der Astronaut, –en, –en – astronaut
der Ausflug, ¨e – excursion
der Bekannte (adj. end) – acquaintance
der Betrieb, –e, operation
   factory (here: traffic)
der Bewohner, – – occupant
der Bub, –en, –en – boy (South German)
der Dieb, –e – thief
der Erfolg, –e – success
der Fremde (adj. end.) – stranger
der Holländer, – – Dutchman
der Hubschrauber, – – helicopter
der Keller, – – cellar
der Lärm – noise
der LKW (= **L**ast**k**raft**w**agen), –s – truck
der Nachbar, –n – neighbor
der Nerv, –en – nerve
der Nervenschock – nervous breakdown
der Passagier, –e – passenger
der Pilot, –en, –en – pilot
der Räuber, – – robber
der Schaden, ¨ – damage
der Überfall, ¨e – raid, assault
der Urlaub, –e – furlough, leave
der Verbrecher, – – criminal

DIE Ahnung, –en – idea, notion
die Angst, ¨e – anxiety, fear
die Explosion, –en – explosion
die Gastfreundschaft – hospitality
die Grenze, –n – frontier, border
die Katze, –n – cat
die Kürze – briefness (here: brief)
die Maske, –n – mask
die Nachricht, –en – news, information
die Schießerei, –en – shooting
die Schweiz – Switzerland (always with article)
die Stellung, –en – position, job
die Tagung, –en – convention, meeting, conference
die Untertasse, –n – saucer
die Verlobte (adj. end.) – fiancée

LEKTION ZWEIUNDZWANZIG: WORTSCHATZ

der Verlobte (adj. end.) – fiancé
der Verwandte (adj. end.) – relative
der Zivilist, –en, –en – civilian

DAS Gas, –e – gas
das Heim, –e – home
Mailand – Milan
das Photo, –s (also: Foto, –s) – photograph, snapshot
das Talent, –e – talent
das Unglück (pl. Unglücksfälle) – disaster, misfortune, catastrophe
das Versteck, –e – hiding place, hideout

---

angrenzen – to border, to adjoin
aufbauen – to build up
aufstehen (ist) – to get up
bei = here: at, in
bereits – already
berichten – to report
beschädigen – to damage
bewaffnen – to arm
entdecken – to discover
ereignen – to happen, to occur
erinnern – to remind
erinnern – to remember
erleiden, erlitt, erlitten – to suffer
erst – not until
etwa – approximately, about
fassen – to catch, to grab
festnehmen – to apprehend, to arrest, to take into custody
fremd – strange
gebrauchen – to use
gebraucht – second-hand
gegen = here: shortly before
gemeinsam – common, joint
gewöhnen an A – to get used to

melden – to report
retten – to save, to rescue
schießen, schoß, geschossen – to shoot
sperren – to close, to block
stehlen (stiehlt), stahl, gestohlen – to steal
teilnehmen – to take part, to participate
töten – to kill
tot – dead
unbewohnt – uninhabited, vacant
untersuchen – to investigate, to examine
verhaften – to arrest
verhindern – to prevent
verletzen – to injure, to hurt
vermissen – to miss
vermißt – missing
verständigen – to inform, to notify
verursachen – to cause
verwandt – related
völlig – completely
vollkommen – complete(ly)
vorbei – past
vorübergehend – temporarily
wiederaufnehmen – to resume
zertrümmern – to smash
zweifeln – to doubt

LEKTION DREIUNDZWANZIG

EIN BRIEF AN DIE POLIZEI:

Sehr geehrte Herren!

Zu dem Bericht in der gestrigen Zeitung über das gestohlene Kunstwerk möchte ich Ihnen folgende Beobachtung melden:

Nach der Arbeit mache ich gewöhnlich einen Spaziergang. Meistens gehe ich in der Nähe der Kirche spazieren. Letzten Dienstag bemerkte ich dort aus etwa 300 m Entfernung zwei Männer. Ich ging etwas näher und sah, daß sie bewaffnet waren. Ich versteckte mich hinter einem Zaun und beobachtete sie. Sie holten aus einem LKW eine Leiter und stiegen durch ein offenes Kirchenfenster. Nach ein paar Minuten kamen sie wieder aus der Kirche. Einer von ihnen trug etwas unter dem Arm. Es sah wie eine Statue aus. Sie liefen schnell zu ihrem Wagen und fuhren mit großer Geschwindigkeit weg.

Einen der beiden Männer habe ich gut sehen können. Ich kann ihn ziemlich genau beschreiben. Er ist etwa 1,70 m groß, hat volles blondes Haar und einen Schnurrbart. Er trug eine dunkle Hose und einen hellgrauen Pullover. Die beiden Männer haben miteinander in schwäbischer Mundart gesprochen.

      Hochachtungsvoll
      Fritz Meier

DER POLIZEIBERICHT:

Zu dem gestern berichteten Diebstahl meldete Herr Fritz Meier:

Nach der Arbeit **mache** er gewöhnlich einen Spaziergang.
Meistens **gehe** er in der Nähe der Kirche spazieren. Letzten Dienstag **habe** er dort aus etwa 300 m Entfernung zwei Männer **bemerkt**.
Er **sei** etwas näher **gegangen** und **habe gesehen,** daß sie bewaffnet **gewesen seien.** Er **habe** sich hinter einem Zaun **versteckt** und sie **beobachtet.** Sie **hätten** aus einem LKW eine Leiter **geholt** und **seien** durch ein offenes Kirchenfenster **gestiegen.** Nach ein paar Minuten **seien** sie wieder aus der Kirche **gekommen.** Einer von ihnen **habe** etwas unter dem Arm **getragen.** Es **habe** wie eine Statue **ausgesehen.** Sie **seien** schnell zu ihrem Wagen **gelaufen** und mit großer Geschwindigkeit **weggefahren.**

Einen der beiden Männer **habe** er gut **sehen können.** Er **könne** ihn ziemlich genau beschreiben.
Er **sei** etwa 1,70 m groß, **habe** volles blondes Haar und einen Schnurrbart.
Er **habe** eine dunkle Hose und einen hellgrauen Pullover **getragen.**
Die beiden Männer **hätten** miteinander in schwäbischer Mundart **gesprochen.**

LEKTION DREIUNDZWANZIG

ÜBEN SIE:

A. Er sagte (er teilte mit,   Er sagte (er teilte mit,
    er behauptete,   er behauptete,
    er meinte,   er meinte,
    er erwiderte):   er erwiderte),

"Ich habe keine Zeit."	er habe keine Zeit.
"Paul hat kein Auto."	Paul habe kein Auto.
"Ich bin sehr reich."	er sei sehr reich.
"Robert ist ein schlechter Student."	Robert sei ein schlechter Student.
"Die Leute sind nicht freundlich."	die Leute seien nicht freundlich.
"Ich kann heute nicht kommen."	er könne heute nicht kommen.
"Ich muß arbeiten."	er müsse arbeiten.
"Ich will es tun."	er wolle es tun.
"Ich soll um 5 Uhr dort sein."	er solle um 5 Uhr dort sein.
"Ich darf keinen Alkohol trinken."	er dürfe keinen Alkohol trinken.
"Ich mag keinen Wein."	er möge keinen Wein.
"Ich gehe heute in die Oper."	daß er heute in die Oper gehe.
"Ich komme um 8 Uhr."	daß er um 8 Uhr komme.
"Eva wird morgen anrufen."	daß Eva morgen anrufen werde.
"Der Unfall wird untersucht."	daß der Unfall untersucht werde.
"Paul gibt mir das Geld."	daß Paul ihm das Geld gebe.
"Ich weiß es nicht."	daß er es nicht wisse.
"Ich hatte keine Zeit." "Ich habe (hatte) keine Zeit gehabt."	er habe keine Zeit gehabt.
"Ich war krank." "Ich bin (war) krank gewesen."	er sei krank gewesen.
"Ich sah zwei Männer." "Ich habe (hatte) zwei Männer gesehen."	er habe zwei Männer gesehen.
"Ich ging etwas näher." "Ich bin (war) etwas näher gegangen."	er sei etwas näher gegangen.

LEKTION DREIUNDZWANZIG

"Die Männer kamen aus der Kirche." ⎫
"Die Männer sind (waren) aus der ⎬ die Männer seien aus der Kirche gekommen.
Kirche gekommen." ⎭

"Mein Bruder fuhr gestern ab." ⎫
"Mein Bruder ist (war) gestern ⎬ sein Bruder sei gestern abgefahren.
abgefahren." ⎭

"Mein Auto wurde beschädigt." ⎫
"Mein Auto ist (war) beschädigt ⎬ sein Auto sei beschädigt worden.
worden." ⎭

"Ich konnte ihn nicht erreichen." ⎫
"Ich habe (hatte) ihn nicht ⎬ er habe ihn nicht erreichen können.
erreichen können." ⎭

Er fragte mich: Er fragte mich,

"Wann kommen deine Schwestern?"   wann meine Schwestern kämen.
"Warum sind Sie nicht gekommen?"   warum ich nicht gekommen sei.
"Was hast du gesehen?"   was ich gesehen hätte.
"Bist du krank?"   ob ich krank sei.
"Haben deine Eltern geantwortet?"   ob meine Eltern geantwortet hätten.
"Sprachen die Männer Deutsch?"   ob die Männer Deutsch gesprochen hätten.
"Trug der Mann eine dunkle Hose?"   ob der Mann eine dunkle Hose getragen habe.

Er sagte: Er sagte,

"Kommen Sie mit!"   ich solle mitkommen.
"Rufen Sie mich im Büro an!"   ich solle ihn im Büro anrufen.
"Seien Sie ruhig!"   ich solle ruhig sein.
"Hol mich um acht Uhr ab!"   ich solle ihn um acht Uhr abholen.
"Nimm den Schnellzug!"   ich solle den Schnellzug nehmen.
"Hilf mir!"   ich solle ihm helfen.

B. Woran denken Sie oft?   Ich denke an die schönen Tage.
    Denken Sie oft an die schönen Tage? Ich denke daran.
    Er denkt immer an seinen kranken Vater.
    Man soll an seinen Erfolg glauben.
    Er glaubt nicht an seine schnelle Besserung.

LEKTION DREIUNDZWANZIG

Er hat sich an seine neue Arbeit gewöhnt.
Ich habe mich jetzt an die großen Zimmer gewöhnt.
Peter erinnerte mich an deinen Geburtstag.
Ich erinnere mich nicht an die Dame.
Sie schrieb an ihre Eltern.
Ich nahm an der Tagung teil.
Er litt an einer schweren Krankheit.
Seine Frau starb an Krebs.
Er ging an mir vorbei, ohne zu grüßen.
Wir fuhren an einem kleinen See vorbei.
Der Verbrecher lief an dem Polizisten vorbei.
Ich zweifle an seinem Wort.

Worüber freuen Sie sich?	Ich freue mich über den Brief.
Freuen Sie sich über den Brief?	Ich freue mich darüber.

Ich habe mich über das Telegramm geärgert.
Wir sprechen über den Diebstahl.
Wir haben uns über den neuen Film unterhalten.
Ich muß über die Sehenswürdigkeiten von München berichten.
Er schreibt über das Mittelalter.
Ich lache über den guten Witz.
Ich denke über unsere Diskussion nach.
Sie weint über die schlechte Nachricht.

Wovor hatte er Angst?	Er hatte vor der neuen Stellung Angst.
Hatte er Angst vor der neuen Stellung?	Er hatte davor Angst.

Ich fürchte mich vor der Prüfung.
Das Kind fürchtet sich vor dem Gewitter.
Er hat mich vor der gefährlichen Kurve gewarnt.
Sie weint vor Freude.
Sie zittert vor Kälte.

USEFUL EXPRESSIONS: Briefanfänge und Briefschlüsse (with their approximate English equivalents)

Sehr geehrte Herren!	— Gentlemen, Dear Sirs:
Sehr geehrter Herr . . .	— Dear Mr. . . .
Hochachtungsvoll	— Yours truly
Mit vorzüglicher Hochachtung	— Very truly yours; sincerely yours
Mit besten Grüßen	— With best regards
Mit herzlichen Grüßen	
Herzliche Grüße	— Cordially yours
Alles Liebe	— Affectionally yours

LEKTION DREIUNDZWANZIG: GRAMMATIK

A. **INDIRECT DISCOURSE** (Indirekte Rede)

To quote someone else's (or one's own) statement, thought, concept etc. in substance – not in the original form – German uses **type I subjunctive** verb forms.* They are called subjunctive I forms since they are derived from the **first principal part** of the verb, i.e. the **infinitive.**

1. **Subjunctive I.** All verbs (regular, irregular weak, strong, modal auxiliaries) form the subjunctive I by adding subjunctive endings to the infinitive stem:

The only exception: sein

ich	inf. stem		-e
du	″	″	-est
man, er, es, sie	″	″	-e
wir	″	″	-en
ihr	″	″	-et
Sie, sie	″	″	-en

ich	**sei**
du	**sei(e)st**
man, er, es, sie	**sei**
wir	**seien**
ihr	**seiet****
Sie, sie	**seien**

** obsolete; today: ihr wäret

2. **Usage:** For indirect discourse it is important that the subjunctive forms are DIFFERENT from indicative forms. This rule determines the use of subjunctive type I or type II forms.***

   a. Since the first person singular and plural (ich geh**e**, wir geh**en**), the conventional and the third person plural (Sie geh**en**, sie geh**en**) are identical with the indicative forms, and since the familiar subjunctive I forms (du gehest, ihr gehet) in modern language are considered to be "affected",

---

* In English, the subjunctive in indirect discourse has become extremely rare. In German, it is used on certain stylistic levels; it occurs mainly in literature, speeches, written and formal language. Knowledge of the indirect discourse is indispensable for reading German newspapers and when listening to radio or TV.

*** If both types are identical with the indicative, the **conditional (würde + infinitive)** must be used; the conditional is used also frequently in colloquial, everyday language as a substitute for subjunctive forms.

LEKTION DREIUNDZWANZIG: GRAMMATIK

subjunctive I forms are almost exclusively used for the third person singular and for the above forms of "sein":

Er sagte, er **habe** keine Zeit.
,, ,, , er habe keine Zeit gehabt.
,, ,, , er **sei** krank.
,, ,, , er sei krank gewesen.
,, ,, , er **fahre** jetzt in die Stadt.
,, ,, , er **könne** den Mann beschreiben.
,, ,, , seine Eltern **seien** nicht zu Hause.

b. **Subjunctive II forms must be used** when subjunctive I forms are identical with indicative forms:

Ich sagte ihm, ich **hätte** (not: habe) heute keine Zeit.
Ich sagte ihm, ich **würde** (not: werde) heute arbeiten.
Er sagte mir, seine Eltern **kämen** (not: kommen) heute.
Sie sagten mir, sie **könnten** (not: können) mir nicht helfen.

3. Tenses

a. When rendering a **present tense** statement in indirect discourse, **present subjunctive** I (subj. II) forms are used regardless of the tense of the introductory verb. (Watch difference in English!)

Er sagt: "Ich habe jetzt kein Geld."	– He says: "I have no money now."
Er sagte: "Ich habe jetzt kein Geld."	– He said: "I have no money now."
Sie sagen: "Wir haben keine Zeit."	– They say: "We have no time."
Sie sagten: "Wir haben keine Zeit."	– They said: "We have no time."
Er sagt, er habe jetzt kein Geld.	– He **says**, he **has** no money now.
Er sagte, er habe jetzt kein Geld.	– He **said**, he **had** no money now.
Sie sagen, sie hätten keine Zeit.	– They **say**, they **have** no time.
Sie sagten, sie hätten keine Zeit.	– They **said**, they **had** no time.

LEKTION DREIUNDZWANZIG: GRAMMATIK

b. For any **past time** quote only the past time subjunctive may be used for indirect discourse:

For **indicative**   use:

"Ich war krank."   Er sagte,
"Ich bin krank gewesen."   er **sei** (wäre) krank **gewesen**.
"Ich war krank gewesen."   (he had been sick)

"Ich hatte kein Geld."   Er sagte,
"Ich habe kein Geld gehabt."   er **habe** (hätte) kein Geld
"Ich hatte kein Geld gehabt."   **gehabt.**
                                                     (he had had no money)

c. **Future:**

Er sagt, er **werde** nach Paris fahren.   — He says, he will (would) go to Paris.

Ich sagte, ich **würde** nach Köln fahren. — I said I would go to Cologne.

4. **Word order.** Statements in indirect discourse can either be rendered as main clauses with normal word order or as dependent clauses introduced by **daß** with word order of dependent clauses:

Peter schreibt, er sei krank.
Peter schreibt, **daß** er krank sei.

5. **Questions** in indirect discourse are – like in English – introduced by

a. an interrogative:

Peter fragte: "Wann kannst du kommen?"
Peter fragte, **wann** ich kommen könne. (when I could come)

b. the conjunction **ob** (if, whether) if there is no interrogative in the direct question:

Peter schrieb: "Willst du mich besuchen?"
Peter schrieb, **ob** ich ihn besuchen wolle.
    (if I wanted to visit him)

LEKTION DREIUNDZWANZIG: GRAMMATIK

6. **Imperatives** in indirect discourse are rendered by using a form of **sollen** (should):

   Peter schrieb: "Ruf mich morgen an!"
   Peter schrieb, ich **solle** ihn morgen anrufen.
      (I should call him up tomorrow)

7. **Personal Pronouns** change as they do in English:

Er sagt: "**Ich** bin krank."	– "**I** am sick."
Er sagt, **er** sei krank.	– **he** is sick.
Er fragte: "Willst **du** mitkommen?"	– "Do **you** want to come along?"
Er fragte, ob **ich** mitkommen wolle.	– if **I** wanted to come along.

8. **Subjunctive II** (unreal, contrary-to-fact subjunctive) remains subjunctive II also in indirect discourse:

   Er schreibt: "Wenn ich Geld hätte, würde ich das Auto kaufen."
   Er schreibt, wenn er Geld hätte, würde er das Auto kaufen.

B. VERBS WITH PREPOSITIONAL OBJECT (cont'd).

2. Verbs with **an**,

   a. **followed by the accusative:**

denken an A	– to think of
erinnern an A	– to remind of
s. erinnern an A	– to remember
s. gewöhnen an A	– to get used to
glauben an A	– to believe in
schreiben an A	– to write to

   b. **followed by the dative:**

leiden an D	– to suffer from
teilnehmen an D	– to participate in
vorbeigehen an D	– to go past, to pass

273

LEKTION DREIUNDZWANZIG: GRAMMATIK/ÜBUNGEN

      vorbeifahren an D — to drive past, to pass
      vorbeilaufen an D — to run past
      sterben an D — to die of
      zweifeln an D — to doubt

3. Verbs with **über** followed by the **accusative**:

      s. ärgern über A — to be annoyed about, to be mad about
      berichten über A — to report on, to report about
      s. freuen über A — to be glad about, to be happy about
      lachen über A — to laugh about
      nachdenken über A — to think about, to ponder, meditate on
      schreiben über A — to write about, to write on
      s. unterhalten über A — to talk about, to converse about
      weinen über A — to weep about (at), to cry about (at)

4. Verbs with **vor** followed by the **dative**:

      Angst haben vor D — to be afraid of
      Furcht haben vor D — to be afraid of
      s. fürchten vor D — to be afraid of
      warnen vor D — to warn against
      weinen vor D — to weep with
      zittern vor D — tremble with

ÜBUNGEN

A. I. SETZEN SIE IN DIE INDIREKTE REDE:

Er sagte, ...

"Peter hat kein Geld."
"Eva ist krank."
"Er antwortet nicht auf ihren Brief."
"Peter freut sich auf die Reise."
"Ich muß mich auf das Examen vorbereiten."
"Ich warte auf dein Telegramm."
"Mein Freund fährt einen großen Wagen."
"Seine Schwester spricht fünf Sprachen."
"Eva nimmt oft ein Taxi."
"Peter hilft ihm."
"Sein Vater liest nur philosophische Werke."
"Er denkt immer daran."

LEKTION DREIUNDZWANZIG: ÜBUNGEN

"Seine Freundin weiß es nicht."
"Sein Onkel wird nicht kommen."
"Seine Tante leidet an einer unheilbaren Krankheit."
"Man kann sich auf ihn verlassen."
"Eva muß sich auf die Prüfung vorbereiten."
"Ich mag kein Bier."
"Seine Freundin darf nicht mitkommen."
"Robert will am Sonntag Ski laufen."
"Barbara soll Briefmarken besorgen."

"Seine Eltern haben ein Haus am Meer."
"Evas Eltern sind sehr reich."
"Die meisten Studenten wollen etwas lernen."
"Seine Verwandten wissen es nicht."
"Eva und Peter müssen viel arbeiten."
"Die Kinder können zwei Tage bleiben."
"Seine Freunde kommen heute nicht.

"Sein Bruder hat an der Demonstration teilgenommen."
"Wir sind an einer Ruine vorbeigefahren."
"Seine Eltern sind nach Rom geflogen."
"Er hat sich nicht daran erinnert."
"Seine Freundin hat nicht an den Geburtstag gedacht."
"Zwei Zivilisten sind verletzt worden."
"Der Dieb ist verhaftet worden."
"Er hatte keine Ahnung."
"Seine Frau flog nach Wien."
"Peter ging in die Oper."
"Nachbarn entdeckten die Männer in einem Keller."
"Zwei Frauen verständigten die Polizei."
"Sein Auto wurde vollkommen zerstört."
"Der Hubschrauber wurde beschädigt."
"Die Verbrecher wurden festgenommen."
"Peter hat zu Hause bleiben müssen."
"Robert mußte sofort nach Hause fahren."
"Er konnte die Diebe beobachten."

Er fragte mich, ...

"Wann sind Sie zu Hause?"
"Sind Sie in der Nähe der Kirche gewesen?"
"Waren Sie im Büro?"
"Hast du genug Geld?"
"Können Sie mich verstehen?"

LEKTION DREIUNDZWANZIG: ÜBUNGEN

Er sagte, ich . . .

"Sprich mit Peter!"
"Lies den Brief!"
"Verständigen Sie die Polizei!"
"Seien Sie pünktlich!"
"Haben Sie keine Angst!"

B. I. ANTWORTEN SIE MIT EINEM GANZEN SATZ:

1. An wen denken Sie? (mein Freund, meine Freundin, mein Verlobter, meine Verlobte, meine Eltern)
2. Woran haben Sie nicht gedacht? (sein Geburtstag, die schlechte Straße)
3. Woran erinnert er sich nicht? (der Unfall, das nette Lokal, sein Versprechen)
4. Woran leidet er? (eine unheilbare Krankheit)
5. Woran hat er teilgenommen? (unsere Reise, das Begräbnis, die Unterhaltung, die Tagung)
6. Woran sind Sie vorbeigefahren? (eine Tankstelle, das Museum, ein neues Krankenhaus, eine zerstörte Kirche, viele Ruinen, alte Stadtmauern)
7. Woran zweifeln Sie? (sein Wort, sein Talent)
8. Über wen ärgern Sie sich? (mein Freund; unsere Nachbarn)
9. Worüber haben Sie sich geärgert? (das schlechte Essen; der Brief)
10. Worüber müssen Sie berichten? (die alten Kirchen in Regensburg; die Romantische Straße; ein interessanter Artikel in einer deutschen Zeitung)
11. Worüber weint Eva? (die traurige Nachricht; der Verlust ihres Ringes; ihr Mißerfolg)
12. Worüber lachen Sie? (der gute Witz; der komische Mann dort; die Szene im dritten Akt)
13. Worüber denken Sie nach? (das neue Theaterstück; ein schwieriges Problem; die gefährliche Situation; seine interessante Rede)
14. Vor wem haben Sie Angst? (der Zahnarzt; dieser Verbrecher)
15. Wovor haben Sie Angst? (die kommende Woche; das Examen; die Schmerzen)
16. Wovor fürchtet sich das Kind? (das Gewitter; der große Hund; jeder Fremde)
17. Wovor hat er Sie gewarnt? (die schlechten Straßen; die gefährliche Kreuzung; zu großer Optimismus)

LEKTION DREIUNDZWANZIG: ÜBUNGEN

II. a. **Ein Student fragt (richtige Präposition, richtige Form!)**
 b. **Ein anderer Student antwortet mit Personalpronomen oder mit einem Pronominaladverb (= compound with da-):**

1. unsere Bergtour; Eva; Peter: Denkst du noch manchmal _____?
2. der Brief; die Rechnung: Hat er dich _____ erinnert?
3. Geister; die unsterbliche Seele: Glauben Sie _____?
4. meine Großmutter; sein letzter Besuch: Erinnern Sie sich _____?
5. ihre Krankheit: Hat sie sehr _____ gelitten?
6. die Folgen des Unfalls; Krebs: Ist er _____ gestorben?
7. der Erste Weltkrieg; das Begräbnis: Hat er _____ teilgenommen?
8. das schreckliche Wetter; der Hund: Haben Sie sich _____ gewöhnt?
9. seine Sekretärin; unser Lehrer; ihr Verlobter; seine Verlobte; das neue Theaterstück Sprechen Sie _____?
10. abstrakte Malerei; der neue Film: Haben Sie sich _____ unterhalten?
11. das Geburtstagsgeschenk; sein neuer Farbfernseher: Hat er sich _____ gefreut?
12. das große Unglück; sein letztes Konzert; der französische Komponist: Hat die Zeitung _____ berichtet?
13. das kaputte Spielzeug; der verlorene Ball: Weint der Kleine _____?
14. die lange Reise; die vielen Menschen: Haben Sie keine Angst _____?

C. **ÜBERSETZEN SIE:**

a. 1. Whom are you thinking of?
2. I am thinking of her.
3. What are you thinking of?
4. I am thinking of the trip to Vienna.
5. He believes in it.
6. I believe in his talent.
7. I have to get used to the cold climate. (climate = das Klima)
8. Please, remind me of it.
9. What do you remember?

LEKTION DREIUNDZWANZIG: ÜBUNGEN

    10. I remember him (her, them).
    11. He died of cancer.
    12. She wrote a long letter to her parents (her father, her sister).
    13. She suffers from an incurable disease.
    14. Are you going to participate in it?
    15. He participated in the demonstration.
    16. We passed an old church.
    17. We drove past a destroyed building.
    18. We passed him.
    19. He passed me.
    20. Do you doubt my word?
    21. Are you talking about me?
    22. We talked about the new play.
    23. What are you talking about?
    24. Let's not talk about it.
    25. She was very happy about the flowers.
    26. I am very happy about it.
    27. What do you have to report on?
    28. Do you have to report on the article?
    29. Yes, I have to report on it.
    30. What is he writing about?
    31. He wrote two books about Germany.
    32. What are you laughing about?
    33. Think about it.
    34. What are you afraid of?
    35. She is afraid of the pains.
    36. She is afraid of them.
    37. I warned him against this man.
    38. He warned me against it.
    39. She was weeping with joy.
    40. The child was trembling with fear.

b. Übersetzen Sie: a. – Direkte Rede: Indikativ.
                    b. – Indirekte Rede: Konjunktiv der indirekten Rede.

    1. a. "I have no money."
       b. He says he has no money.
    2. a. "They are not at home."
       b. He says they are not at home.
    3. a. "I cannot do it."
       b. She claims she cannot do it.
    4. a. "I have to work now."
       b. He said he had to work now.

LEKTION DREIUNDZWANZIG: ÜBUNGEN

5. a. "Paul does not know yet."
   b. He said Paul didn't know yet.
6. a. "I'll call you up tomorrow."
   b. Eva said she was going to call me up tomorrow.
7. a. "My car is being repaired."
   b. Peter wrote that his car was being repaired.
8. a. "I did not read the story."
   b. He said he had not read the story.
9. a. "We went to Paris last week."
   b. They said they had gone to Paris last week.
10. a. "The truck was found yesterday."
    b. The newspaper reported that the truck had been found yesterday.
11. a. "I had to sell my car last week."
    b. He wrote me that he had to sell his car last week.
12. a. "When will you arrive?"
    b. He asked me at what time I would arrive.
13. a. "Why didn't you come?"
    b. She asked me why I had not come.
14. a. "Take my car."
    b. He told me to take his car (= he said that I should take his car).
15. a. "Pick me up at eight o'clock."
    b. Paul told me to pick him up (= Paul said I should pick him up) at eight o'clock.

c. 1. The man who stole the truck didn't see the sleeping children
    2. The explosion that happened on Wednesday caused much damage.
    3. The house that was damaged was an apartment house.
    4. The bank robbers whose hide-out was in a cellar were arrested.
    5. The people who suffered a nervous breakdown were taken to the hospital.
    6. After the thief had stolen the truck he tried to flee to Switzerland.
    7. He had no idea that two boys were in the truck.
    8. Although the criminal was injured he was able to run away.
    9. Two passengers were standing at the corner when the accident happened.
    10. Do you know whether the pilot was injured or killed?

LEKTION DREIUNDZWANZIG: WORTSCHATZ

DER Akt, –e – act (of a play)
der Alkohol – alcohol
der Anfang, ¨e – beginning
der Arm, –e – arm
der Artikel, –e – article
der Ball, ¨e – ball
der Bericht, –e – report
der Besuch, –e – visit, visitor
der Diebstahl, ¨e – theft
der Geist, –er – ghost, spirit
der Krebs – cancer
der Mißerfolg, –e – failure
der Optimismus – optimism
der Schluß, ¨sse – end
der Schmerz, –en – pain
der Schnurrbart, ¨e – moustache
der Verlust, –e – loss
der Witz, –e – joke
der Zahn, ¨e – tooth
der Zahnarzt, ¨ – dentist
der Zaun, ¨e – fence

DIE Angst, ¨e – fear, anxiety
die Arbeit, –en – work
die Besserung – recovery
die Demonstration, –en – demonstration
die Diskussion, –en – discussion
die Entfernung, –en – distance
die Folge, –n – consequence
die Freude, –n – joy
die Furcht – fear
die Geschwindigkeit – speed
die Kälte – cold
die Kunst, ¨e – art
die Leiter, –n – ladder
die Malerei – (art of) painting
die Mundart, –en – dialect
die Rede, –n – speech
die Sekretärin, –nen – secretary
die Situation, –en – situation
die Szene, –n – scene

DAS Gewitter, – – – thunderstorm
das Haar, –e – hair
das Kunstwerk, –e – work of art
das Problem, –e – problem
das Spielzeug (pl. Spielsachen) – toy
das Stück, –e – piece
das Theaterstück, –e – play
das Versprechen, – – promise

---

s. ärgern – to be annoyed, to be mad
behaupten – to claim, to maintain
bemerken – to notice
blond – blond
ehren – to honor
einander – each other
erwidern – to reply
folgen D – to follow
gestrig – yesterday's

gewöhnlich – usually, ordinarily
kaputt – broken, ruined
komisch – funny
lachen – to laugh
leiden, litt, gelitten – to suffer
meinen – to mean, to say
meistens – mostly, most of the time
mitteilen – to relate, to tell
nachdenken – to think about, to ponder

LEKTION DREIUNDZWANZIG: WORTSCHATZ

philosophisch – philosophical
pünktlich – punctually, in time
schwäbisch – Swabian (adj.)
schwierig – difficult
unheilbar – incurable
s. unterhalten – to talk, to converse
verstecken – to hide

vorbeigehen – to past, to walk past
vorbeifahren – to pass, to drive past
vorbeilaufen – to run past
warnen – to warn
weinen – to weep, to cry
zittern – to tremble

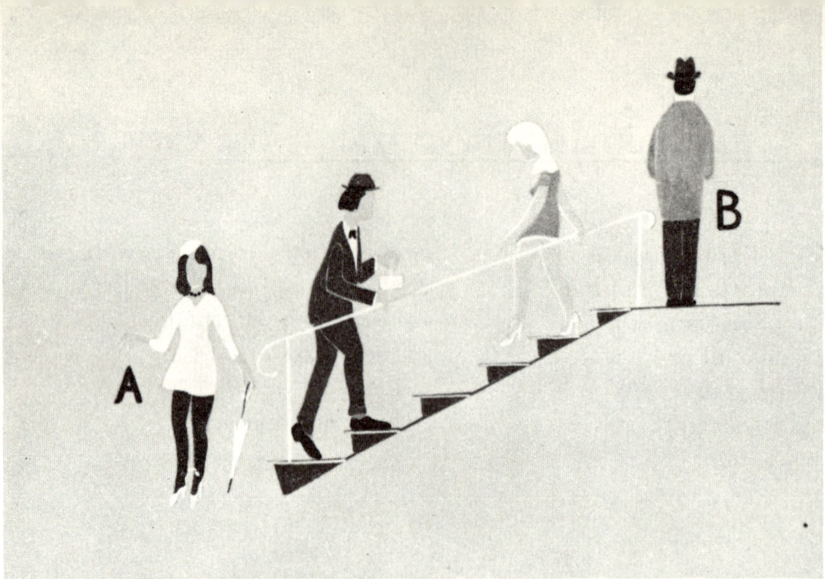
A
B

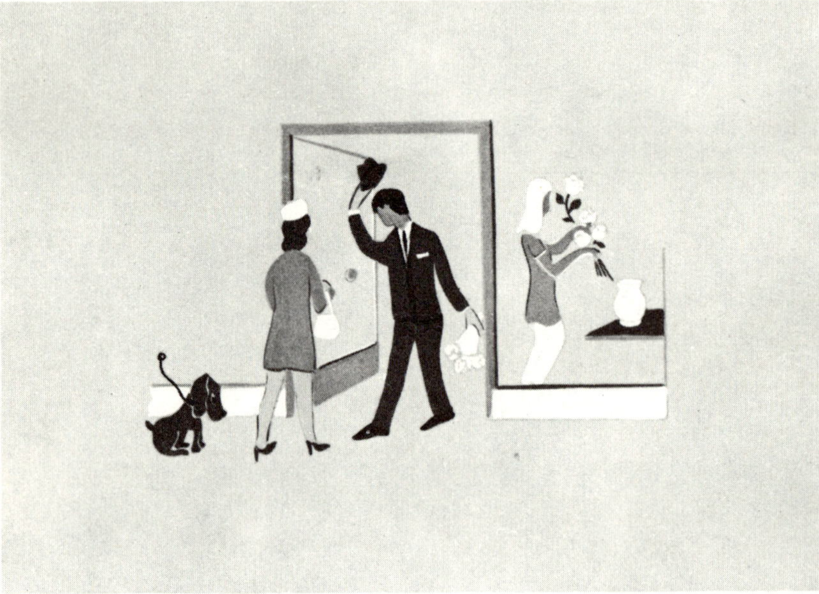

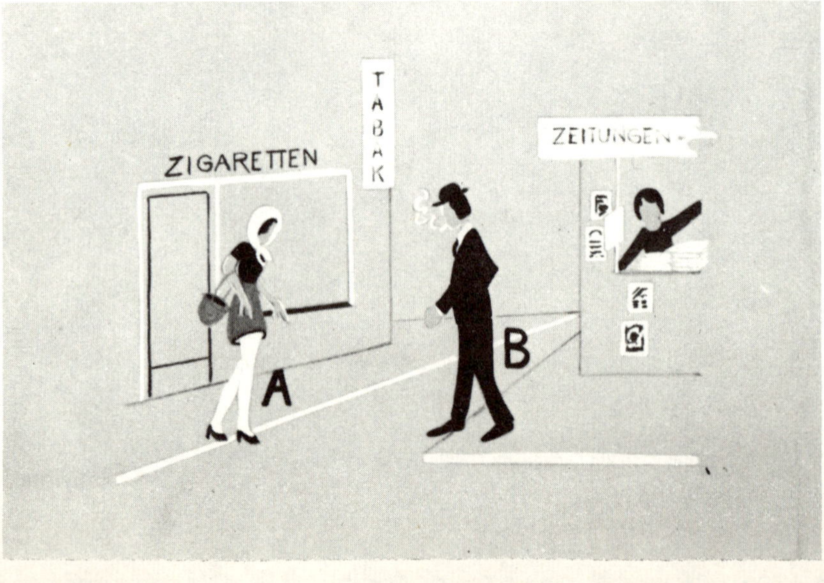
ZIGARETTEN
TABAK
ZEITUNGEN
A
B

LEKTION VIERUNDZWANZIG

KONVERSATION:

A. Haben Sie Ihrem Chef schon zum Geburtstag gratuliert?
B. Ja, natürlich. Wir waren gestern zu seiner Geburtstagsfeier eingeladen. Es war reizend. Wir haben bis drei Uhr früh gefeiert.
A. Und nun werden Sie natürlich recht müde sein.
B. Nicht einmal so schlimm. Ich konnte heute ausschlafen.
A. Hat die Party im Garten stattgefunden?
B. Ja, zuerst draußen im Freien. Dann aber kam ein Gewitter, und wir trugen alles hinein und feierten drinnen weiter.
A. Hat er sich über die Geburtstagsgeschenke gefreut?
B. Ja, wir schenkten ihm eine Filmkamera, das neueste Modell. Ich glaube, er hat sich sehr darüber gefreut.
A. Das kann ich mir vorstellen. Er ist ja ein ausgezeichneter Fotograf und besitzt eine großartige Sammlung von Dias und Filmen.
B. Er ist sehr stolz darauf, denn sie besteht aus über tausend Tier- und Pflanzenaufnahmen.
A. Ich kenne sie. Hat er sie Ihnen gezeigt?
B. Ja, nach dem Essen führte er uns hinauf in den ersten Stock und zeigte uns seine neuesten Aufnahmen. Wir waren begeistert.

Bild. ÜBEN SIE:

a. I. Die Dame mit dem Schirm steht unten.
Der Herr mit dem Mantel steht oben.
Eine andere Dame kommt herunter.
Ein anderer Herr geht die Treppe hinauf.

II. Die Verkäuferin ist drinnen.
Der Hund ist draußen.
Eine Dame geht hinein.
Ein Herr kommt heraus.

III. Die Dame möchte eine Zeitung kaufen. Sie muß hinüber gehen, denn der Zeitungskiosk ist drüben.
Der Herr sagt zu seiner Freundin: Bitte, komm herüber!

b. Ich habe ihm zum Geburtstag gratuliert.
Er hat mich zur Geburtstagsfeier eingeladen.
Der Garten gehört zu diesem Haus.
Der Verbrecher wurde zum Tode verurteilt.
Die Sammlung besteht aus tausend Dias.

LEKTION VIERUNDZWANZIG

Das Wörterbuch besteht aus zwei Teilen.
Die Mannschaft der Weltraumkapsel bestand aus drei Astronauten.
Der Anzugstoff besteht aus 70% Wolle und 30% Kunstfaser.
Die Bundesrepublik Deutschland besteht aus zehn Ländern.
Ich sehne mich nach meinen Freunden.
Wir haben uns nach dem Preis erkundigt.
Der Polizist hat nach einem Mann mit Schnurrbart gefragt.
Es riecht nach Benzin.
Die Geschichte handelt vom Krieg.
Ich halte nicht sehr viel von diesem Buch.
Wir haben gerade von Ihnen gesprochen.
Er bat mich um Feuer.
Eva hat mich um den Ring gebeten.
Er muß für seine drei Kinder sorgen.
Ich halte ihn für einen guten Studenten.
Ich interessiere mich für Kunstgeschichte.
Er gilt als ein sehr reicher Mann.

GRAMMATIK

A. **HIN UND HER.**

The adverbs **hin** und **her** may be prefixed to verbs and prepositions in order to express:

motion **away** from the speaker — **hin**
motion **towards** the speaker — **her**

Ich gehe ins Zimmer:	ich gehe **hin**ein.	Ich bin drinnen.
Ich gehe aus dem Zimmer:	ich gehe **hin**aus.	Ich bin draußen.
Peter kommt in das Zimmer:	Peter kommt **her**ein.	Er ist drinnen.
Peter kommt aus dem Zimmer:	Peter kommt **her**aus.	Er ist draußen.

The interrogatives **wohin**? and **woher**? can be separated:

Wohin gehen Sie?   or: **Wo** gehen Sie **hin**?
Woher kommen Sie?   or: **Wo** kommen Sie **her**?

LEKTION VIERUNDZWANZIG: GRAMMATIK

Adverbs of place connected with HIN and HER:

in a place	hin- away from the speaker **to a place**	her- towards the speaker **from a place**	English meaning
droben, oben	hinauf	herauf	upstairs
draußen, außen	hinaus	heraus	outside
drinnen, innen	hinein	herein	inside
drüben	hinüber		over there
		herüber	over here
drunten, unten	hinunter	herunter	downstairs

B. **VERBS WITH PREPOSITIONAL OBJECT** (cont'd):

5. a. Verbs with **accusative prepositions**:

halten **für** A	– to consider to be, to take for
s. interessieren **für** A	– to be interested in
sorgen **für** A	– to look after, to take care of
bitten **um** A	– to ask for (a favor), to request

b. Verbs with **dative prepositions**:

bestehen **aus** D	– to consist of
fragen **nach** D	– to ask about
s. erkundigen **nach** D	– to inquire about
riechen **nach** D	– to smell of
s. sehnen **nach** D	– to long for
halten **von** D	– to think of, to have an opinion of
handeln **von** D	– to deal with, to be about
sprechen **von** D	– to talk about, to speak of
einladen **zu** D	– to invite for
gehören **zu** D	– to be part (a member) of, to belong to
gratulieren **zu** D	– to congratulate on
verurteilen **zu** D	– to sentence to, to condemn to

Note: gelten **als** (Nominative) – to be considered as

285

LEKTION VIERUNDZWANZIG: GRAMMATIK

Summary of verbs with prepositional object (Lessons 21–23):

antworten auf A	– to answer to
s. freuen auf A	– to look forward to
hoffen auf A	– to hope for
s. verlassen auf A	– to rely on
s. **vor**bereiten auf A	– to prepare for
warten auf A	– to wait for
denken an A	– to think of
erinnern an A	– to remind of
s. erinnern an A	– to remember
s. gewöhnen an A	– to get used to
glauben an A	– to believe in
schreiben an A	– to write to
leiden an D	– to suffer from
sterben an D	– to die of
teilnehmen an D	– to participate in, to take part in
vorbeigehen an D	– to go past, to pass
vorbeifahren an D	– to drive past, to pass
vorbeilaufen an D	– to run past
zweifeln an D	– to doubt
s. ärgern über A	– to be annoyed about, to take offense at
berichten über A	– to report on, to report about
s. freuen über A	– to be glad about, to be happy about
lachen über A	– to laugh about
nachdenken über A	– to think about, to ponder about
schreiben über A	– to write about, to write on
s. unterhalten über A	– to talk about, to converse about
weinen über A	– to weep about, to cry about, at
Angst haben vor D }	
Furcht haben vor D }	– to be afraid of
s. fürchten vor D }	
warnen vor D	– to warn against
weinen vor D	– to weep with, to weep for, at
zittern vor D	– to tremble with

LEKTION VIERUNDZWANZIG: ÜBUNGEN

A. ANTWORTEN SIE MIT EINEM GANZEN SATZ:

I.
1. Worum hat sie ihn gebeten? (der Autoschlüssel; ein Glas Wasser)
2. Für wen muß er sorgen? (sein kranker Bruder; die Kinder; seine kleinen Geschwister)
3. Für wen halten Sie ihn? (ein Schwindler; ein guter Schriftsteller; ein Polizist; ein Diplomat)
4. Wofür interessieren Sie sich? (die Kunst des Mittelalters; die Bilder von Kandinsky; antike Vasen)
5. Nach wem hat er gefragt? (Sie; Ihr Bruder; die Kinder)
6. Wonach hat er sich erkundigt? (ein billiges Hotel; eine alte Dame; ein Bekannter von mir; meine Verwandten; die Preise)
7. Wonach sehnen Sie sich? (die Ferien; ein paar ruhige Tage)
8. Wonach riecht es hier? (Benzin; Parfüm; Gas)
9. Wovon handelt die Erzählung? (soziale Probleme; ein reicher Mann und ein armes Mädchen; der Zweite Weltkrieg)
10. Wovon sprechen Sie? (die Olympischen Spiele; sein neues Buch; unsere Reise)
11. Wozu hat er Sie eingeladen? (sein Geburtstag; eine Party; das Mittagessen)
12. Wozu haben Sie ihm gratuliert? (sein Erfolg; seine neue Stellung; die Hochzeit)
13. Zu welcher Mannschaft gehört er? (die Fußballmannschaft; die Handballmannschaft)
14. Wozu wurde er verurteilt? (ein Jahr Gefängnis; eine Geldstrafe)
15. Als was gilt er? (ein guter Dichter; der reichste Mann; der beste Arzt)

II. a. **Ein Student fragt (richtige Präposition, richtige Form!).**
    b. **Ein anderer Student antwortet mit dem Personalpronomen oder einem Pronominaladverb (= compound with da-).**

1. dieser Artikel; moderne Musik: Interessieren Sie sich _____?
2. die Kinder; die Katze und der Hund: Sorgt Ihre Tante _____?
3. deine Adresse; deine Telefonnummer; ein Wiedersehen: Hat er dich _____ gebeten?
4. die Züge; der Kranke: Haben Sie sich _____ erkundigt?
5. Ihre Kinder; Ihr schöner Garten: Sehnen Sie sich _____?

LEKTION VIERUNDZWANZIG: ÜBUNGEN

    6. unser Bürgermeister;   Handelt der Zeitungsartikel _____ ?
        die Gasexplosion:
    7. das Abendessen; die Hochzeit: Hat er dich _____ eingeladen?
    8. diese Mannschaft;   Gehört er _____ ?
        diese Reisegruppe:

III. ÜBERSETZEN SIE:

a.
1. The poem consists of two parts.
2. The team consisted of three astronauts.
3. I asked him for a light.
4. What did he ask you for?
5. Nobody looks after him.
6. I consider him to be a very rich man.
7. Most people consider him to be a good doctor.
8. Are you interested in modern music?
9. What are you interested in?
10. Are you interested in it?
11. The stranger asked about you (him, her, them).
12. Did you inquire about the trains?
13. What did she inquire about?
14. She is longing for her child.
15. It smells of gasoline.
16. The story deals with an interesting problem.
17. What do you know about him?
18. What do you think of him?
19. We were just talking about his wife.
20. These trees are part of his garden.
21. What are you talking about?
22. You should congratulate him on his success.
23. The criminal was sentenced to death.
24. He is considered to be a very good doctor.

b.
1. Where is your brother?
Is he inside or outside?
Where did he go?
He just went inside.
Please, tell him he should come outside.
2. Let's go upstairs. The livingroom is upstairs.
3. Please come downstairs. I am here downstairs.
4. Let's go downstairs. Peter is waiting downstairs.

LEKTION VIERUNDZWANZIG: ÜBUNGEN/WORTSCHATZ

    5. Please, come upstairs.
    6. Come in.
    7. Where are you going? Over to our neighbors?
    8. Where do you come from?
    9. Come here, please. (= her; hierher)
  10. Are you going there? (= hin; dorthin)

c.   1. I saw that the two men were armed.
    2. After they had taken a ladder from the truck they climbed through a window.
    3. When they came out of the church they carried a statue.
    4. Since I was hiding behind a fence they could not see me.
    5. I saw that one man was wearing dark pants.
    6. The man who carried the statue was very tall.
    7. The truck with which they came was old.
    8. I could see them running (= that they ran) to their truck.
    9. The work of art that was stolen from the church has not yet been found.
  10. Do you know how long they stayed in the building?

WORTSCHATZ

DER Chef, –s – boss, chief, superior
der Fotograf, –en, –en – photographer (also: Photograph)
der Fußball – football
der Handball – handball
der Kiosk, –e – stand
der Photograph, –en, –en – photographer
der Raum, ¨e – room, space
der Schwindler, – – swindler
der Stoff, –e – material, cloth
der Teil, –e – part
der Weltraum – universe, space

DIE Aufnahme, –en – photograph, shot, recording
die Erzählung, –en – story
die Feier, –n – celebration, party
die Geldstrafe, –n – fine
die Kamera, –s – camera
die Kapsel, –n – capsule
die Kunstfaser, –n – synthetic material, synthetic fiber
die Kunstgeschichte – art history
die Mannschaft, –en – team, crew
die Pflanze, –n – plant
die Wolle – wool

LEKTION VIERUNDZWANZIG: WORTSCHATZ

DAS Abendessen, – – supper, dinner
das Benzin, –e – gasoline, benzine
das Dia, –s – slide (short for:)
das Diapositiv, –e – slide
das Freie – the open
   im Freien – outdoors
das Land, ¨er – land
das Mittagessen, – – luncheon, dinner
das Modell, –e – model, type
das Parfüm, –e – perfume
das Prozent, –e – per cent

---

antik – antique
ausgezeichnet – excellent
ausschlafen – to sleep long, late, enough
begeistert – enthusiastic
besitzen, besaß, besessen – to own, to possess
bestehen aus – to consist of
bitten, bat, gebeten – to ask, to request
dorthin – there (to)
drinnen – inside
feiern – to celebrate
s. freuen über A – to be happy about
früh – (here): in the morning
gelten (gilt), galt, gegolten – to be considered, to be valid
gratulieren D – to congratulate
großartig – grand, wonderful, gorgeous
halten für – to consider to be, to take for
halten von – to think of, to have an opinion of

handeln von – to deal with, to be about
her – here (to)
hierher – here (to)
hin – there (to)
hinauf – upstairs
hinein – inside
s. interessieren – to be interested
olympisch – Olympic
recht müde – pretty (= quite) tired
reizend – charming, delightful
riechen, roch, gerochen – to smell
schenken – to give as a present
s. sehnen nach – to long for
sorgen für – to take care of, to look after, to care for
sozial – social
stolz auf – proud of
verurteilen – to sentence, to condemn
s. **vor**stellen (ich stelle mir etwas vor) – to imagine

LEKTION FÜNFUNDZWANZIG

Der Hauptmann von Köpenick *

Als die Berliner am Morgen des 17. Oktober 1906 aufwachten und die Morgenzeitungen lasen, waren sie zuerst schockiert. Dann aber lachten sie über die Meldung, die in den Zeitungen stand. Etwas Unglaubliches war geschehen, etwas, was nur in Deutschland passieren konnte. Selbst der Kaiser Wilhelm II. soll gelacht und gesagt haben: "Da kann man sehen, was Disziplin heißt! Kein Volk der Erde macht uns das nach!" Was war nun wirklich geschehen?

Ein Mann in der Uniform eines preußischen Hauptmanns hatte eine Abteilung Soldaten auf der Straße angehalten und ihnen befohlen, ihm nach Köpenick zu folgen. Die Soldaten gehorchten. In Köpenick besetzte er mit ihnen das Rathaus und teilte dem Bürgermeister mit, er sei verhaftet. Der Bürgermeister protestierte zuerst und wollte die Legitimation des Hauptmanns sehen. Der deutete nur auf die Soldaten und ihre Gewehre. Da widersprach der Bürgermeister nicht mehr, denn er war selbst beim Militär gewesen. Auch er gehorchte, denn er wußte: Befehl ist Befehl. Dann verlangte der Hauptmann das Bargeld aus der Stadtkasse, schickte die Soldaten in ihre Kaserne zurück, nahm eine Kutsche und – verschwand mit dem Geld.

Während die Polizei erfolglos den falschen Hauptmann suchte, erschien ein älterer Mann – ein Schuhmacher namens Wilhelm Voigt – in der Paßabteilung des Berliner Polizeipräsidiums. Wenn man ihm einen Paß verspräche, sagte er, wolle er den Beamten den "Hauptmann von Köpenick" verraten. Nachdem die Beamten ihm den Paß versprochen hatten, erfuhren sie das Geheimnis: er selbst war der Gesuchte. Nun erzählte er ihnen seine Geschichte, die Geschichte eines kleinen vorbestraften Mannes im Konflikt mit der preußischen Bürokratie:

Sechzehn Jahre seines Lebens hatte er wegen verschiedener kleiner Vergehen in Gefängnissen verbracht. Nach seiner Entlassung wollte er als ehrlicher Mann arbeiten. Doch die Bürokratie hatte strenge Vorschriften: Keine Arbeit ohne Aufenthaltsgenehmigung; aber einem Vorbestraften wollte keine Gemeinde eine Aufenthaltserlaubnis geben. Nun konnte Wilhelm Voigt nichts anderes mehr tun: er mußte ins Ausland gehen. Als man ihm aber auch einen Paß verweigerte, wußte er nicht mehr, was er tun sollte. Eines Nachts brach er in ein Polizeirevier ein, um sich einen Paß zu verschaffen. Man ertappte ihn und er wurde diesmal zu zehn Jahren Zuchthaus verurteilt. Als er aus dem Zuchthaus kam, war er 57 Jahre alt. Die Bürokratie hatte sich nicht geändert. Die Behörden verweigerten ihm auch jetzt eine Aufenthaltsgenehmigung und einen Paß. Sie wiesen ihn sogar aus. In seiner Verzweiflung faßte er einen kühnen Plan. Im Zuchthaus hatte er militärischen Drill kennengelernt und er kannte den schwachen Punkt der Deutschen: die Magie der Uniform. Von einem der kleinen Berliner

---

* eine kleine Stadt nicht weit von Berlin.

LEKTION FÜNFUNDZWANZIG

Trödler kaufte er eine gebrauchte Hauptmannsuniform. In der Toilette eines Berliner Bahnhofs zog er sich um. Als er die Toilette als "Hauptmann" verließ, fühlte Voigt sich als ein neuer, ein anderer Mensch. Soldaten und Bahnhofsbeamte salutierten, jeder hatte Respekt vor seiner Uniform, gehorchte blind und stellte keine Fragen. Alles andere war ein Kinderspiel. Die magische Kraft der Uniform tat fast alles von allein. Sein Abenteuer gelang ihm, wie geplant. Das Schlimme für ihn war nur, daß es in Köpenick keine Paßabteilung gab. Denn ein Paß war alles, was er gewollt hatte.

In einem oft gespielten, erfolgreichen Bühnenstück hat Carl Zuckmayer, einer der bekanntesten deutschen Schriftsteller der Gegenwart, das Schicksal des "Hauptmann von Köpenick" dargestellt. Er nannte es "ein deutsches Märchen."

ÜBEN SIE:

A. Zuckmayer ist ein**er** der bekanntesten Schriftsteller.
    Dies ist ein**es** seiner besten Stücke.
    Robert ist ein**er** der besten Studenten.
    Dies ist ein**es** der schönsten Häuser.
    Hamburg ist ein**e** der schönsten Städte Deutschlands.
    Kein**er** der Studenten wußte die Antwort.
    Worms ist eine der ältesten Städte Deutschlands.
    Die Donau ist einer der längsten Flüsse in Europa.
    Goethe ist einer der größten Dichter.
    Balthasar Neumann ist einer der berühmtesten Barockbaumeister.
    Paul Klee ist einer der bekanntesten abstrakten Maler.
    Das Gemälde "Die Apostel" ist eines der größten Werke von Albrecht Dürer.
    Die "Philharmonie" ist eines der interessantesten Gebäude in Berlin.
    Ich habe einen der schönsten Filme gesehen.
    Ich bin in keinem der teueren Lokale gewesen.

Ist das Ihr Regenschirm?	Ja, das ist mein**er**.
Ist das Ihr Auto?	Ja, das ist mein**es** (meins).
Ist das Ihre Brille?	Ja, das ist mein**e**.
Nimmst du deinen Wagen?	Ja, ich nehme meinen.
Ist das euer Gepäck?	Ja, das ist unseres (unsers).
Ist das Evas Mantel?	Ja, das ist ihrer.
Ist das Pauls Koffer?	Ja, das ist seiner.
Ist das hier mein Zimmer?	Ja, das ist Ihres (Ihrs).

LEKTION FÜNFUNDZWANZIG

B. Etwas Unglaubliches war geschehen.
   Ich habe etwas Schlechtes gegessen.
   Er hat gestern etwas anderes gesagt.
   Er konnte nichts anderes tun.
   Das ist nichts Neues.
   Ich habe viel Gutes über ihn gehört.
   Ich kann Ihnen viel Angenehmes berichten.
   Ich habe wenig Gutes über ihn gehört.
   Ich habe alles mögliche versucht.
   Wir haben von allem möglichen gesprochen.
   Alles andere ist falsch.
   Das Schlimme war, daß es in Köpenick keine Paßabteilung gab.

C. Alles, was er wollte, war ein Paß.
   Alles, was er sagte, war interessant.
   Nichts, was er berichtete, war neu.
   Das ist etwas, was ich nicht erwartet habe.

   Das Schöne, was wir sahen, werden wir nie vergessen.
   Das ist das Beste, was Sie tun können.
   Das ist das Schönste, was ich je gesehen habe.
   Das ist das Schlimmste, was er tun konnte.
   Das ist das Ärgerlichste, was mir passieren konnte.

   Sein Vater ist gestern gestorben, was mir sehr leid tut.

IDIOMATISCHE UND NÜTZLICHE AUSDRÜCKE

eines Nachts	– one night
eine Frage stellen	– to ask a question
Es steht in der Zeitung.	– It is in the newspaper.

LEKTION FÜNFUNDZWANZIG: GRAMMATIK

A. PRONOMINAL USAGE OF "EIN-WORDS":

1. **"Ein"** in the meaning of "one" out of a certain number or in the meaning of "someone" and **"kein"** in the meaning of "none" (no one) have the function of pronouns and must show the gender of the noun to which they refer, and the relevant case. For this function "ein" and "kein" use the **endings of "der-words"**:

   Ein**er** der Jungen wurde krank.   (because: Nom. masc. **der** Junge)
   Ein**es** (ein**s**) der Kinder wurde krank.   (because: Nom. neut. **das** Kind)
   Ein**e** der Damen wurde krank.   (because: Nom. fem. **die** Dame)
   Kein**er** der Studenten wußte es.   (because: Nom. masc. **der** Student)
   Ich sah ein**en** der schönsten Filme.   (because: Acc. masc.)
   Ich war in kein**em** der teueren Lokale.   (because: Dat. neut.)

2. **Possessive adjectives** used as pronouns also take the endings of "der-words". (English has special forms for possessive pronouns!)

   Ist das Ihr Regenschirm?   Ja, das ist mein**er**. (mine)
   Ist das Ihr Auto?   Ja, das ist unser(**e**)**s**. (ours)
   Ist das mein Schlüssel?   Ja, das ist Ihr**er**. (yours)
   Nimmst du deinen Wagen?   Ja, ich nehme mein**en**. (mine)

B. ADJECTIVES USED AS NEUTER NOUNS:

1. **Adjectives following** the undeclined **indefinite pronouns**

etwas	– something, anything
nichts	– nothing, not anything
viel	– much, a lot of
wenig	– little, not much

   are **capitalized** and have **strong neuter adjective endings**:

   Ich habe etwas Interessant**es** gesehen.
   I saw something interesting.
   Er hat mir viel Schön**es** erzählt.
   He told me a lot of beautiful things.

2. **Adjectives following** the indefinite pronoun **alles** (everything) and the neuter definite article **das** are generally capitalized (usually not capitalized are: ander-, möglich) and take **weak adjective endings**:

LEKTION FÜNFUNDZWANZIG: GRAMMATIK

Ich wünsche Ihnen alles Gut**e**.
I wish you all the best (= everything that is good).
Ich habe alles möglich**e** versucht.
I tried all kinds of things.
Das Schlimm**e** war, daß es dort keine Paßabteilung gab.
The bad thing was that there was no passport-office.

C. "WAS" USED AS RELATIVE PRONOUN:

The indefinite relative pronoun **was** is used when referring

1. **to the above indefinite pronouns: etwas, nichts, viel, wenig, alles:**

    Ich sah **etwas, was** ich gerne kaufen möchte.
    I saw something which I would like to buy.
    Alles, was er sagte, war falsch.
    Everything he said was wrong.

2. **to adjectives used as neuter nouns, especially as superlatives:**

    Das Schöne, was wir sahen, werden wir nie vergessen.
    We will never forget the beautiful things we saw.
    Das ist **das Beste, was** ich je gesehen habe.
    This is the best (which) I have ever seen.
    Das ist **das Dümmste, was** ich gehört habe.
    This is the most stupid thing I have heard.

3. **to an entire clause:**

    Seine Mutter ist gestorben, was mir sehr leid tut.
    His mother died for which I am very sorry.
    Er geht immer in dieses schmutzige Lokal, was ich nicht verstehen kann.
    He always goes to this dirty restaurant which I cannot understand.

Note: Contrary to English, a German relative pronoun can never be omitted (cf. page 219):

Das ist alles, **was** ich will.
That's all I want.
Das ist der beste Wagen, **den** Sie kaufen können.
That's the best car you can buy.

LEKTION FÜNFUNDZWANZIG: ÜBUNGEN

ÜBERSETZEN SIE:

A.
1. Robert is one of the best students.
2. This is one of the oldest buildings.
3. This is one of the most beautiful poems by Goethe. (by = von)
4. She is one of the nicest girls.
5. This is one of the most expensive apartments.
6. I saw one of the best films.
7. One of the criminals was arrested.
8. One of the women was injured.
9. I talked with one of the doctors.
10. I got the ticket from one of the ladies.
11. We drove through one of the oldest towns in Germany.
12. This is one of the most beautiful castles on the Rhine.
13. This is one of the most dangerous intersections.
14. I knew none of the men.
15. None of the girls knew it.
16. Is this your overcoat? – Yes, this one is mine.
17. Is that her car? – Yes, it is hers.
18. Is that your room? – Yes, that is ours.
19. Is this my key? – Yes, it is yours.
20. Are these your keys? – Yes, they are mine.

B. ÜBERSETZEN SIE die **fettgedruckten** Ausdrücke mit **etwas, nichts viel, wenig** oder **alles**:

1. I did **something** very stupid.
2. I have to tell you **something** important.
3. **Something** horrible has happened.
4. She did **something** impossible.
5. We did **not** see **anything** interesting.
6. That's **nothing** new.
7. I heard **a lot of** nice **things** about you.
8. We did not see **much that was** good.
9. Do you **not** have **anything** better?
10. He told me **little that was** pleasant.
11. I tried **everything that was** possible.
12. I wish you **everything that is** good.
13. We spoke about **all** kinds of things. (for "kind of things" use "möglich")
14. That's **something** different.
15. Have you heard **anything** new?

LEKTION FÜNFUNDZWANZIG: ÜBUNGEN/WORTSCHATZ

C. ÜBERSETZEN SIE:

1. Everything he said was interesting.
2. Take anything (= everything) you want.
3. That's something I would like to have.
4. Nothing he told me was important.
5. I did not find much I could use.
6. This man helped me which was very nice of him.
7. I lost my ring which is very annoying. (annoying = ärgerlich)
8. That's the best you can do.
9. That was the worst you could do.
10. That's the most beautiful (thing) I have ever seen.

WORTSCHATZ

DER Aufenthalt, –e – sojourn, stay
der Beamte (adj. end.) – official (of state, city, government. fem.: die Beamtin, –nen)
der Befehl, –e – command, order
der Drill – drill, training
der Hauptmann (pl. Hauptleute) – captain
der Konflikt, –e – conflict
der Punkt, –e – point, period, spot
der Respekt – respect
der Schuhmacher, – – shoemaker
der Trödler, – – old clothes dealer, second-hand dealer
der Vorbestrafte (adj. end.) – ex-convict

DAS Abenteuer, – – adventure
das Ausland – abroad, foreign country
das Bargeld – cash money
das Bühnenstück, –e – stage play
das Gemälde, – – painting, picture
das Gewehr, –e – rifle, gun
das Militär – the military
beim Militär – in the military service

DIE Abteilung, –en – (here:) platoon
die Aufenthaltserlaubnis ⎫ –permit of
die Aufenthaltsgenehmigung ⎬ residence
die Behörde, –n – authorities
die Bühne, –n – stage
die Bürokratie, –n – bureaucracy
die Disziplin – discipline
die Entlassung, –en – dismissal, discharge
die Erde – Earth
die Erlaubnis – permission, permit
die Gemeinde, –n – community
die Genehmigung, –en – permission permit
die Kraft, ¨e – power, force, strength
die Kutsche, –n – coach
die Legitimation, –en – proof of authority (of identity)
die Magie – magic
die Meldung, –en – report
die Uniform, –en – uniform
die Verzweiflung – despair
die Vorschrift, –en – regulation, rule

LEKTION FÜNFUNDZWANZIG: WORTSCHATZ

das (Polizei)revier, −e − police station, police precinct
das Präsidium (pl. Präsidien) − headquarters, head office
das Schicksal, −e − fate (here: story of life)
das Vergehen, − − (criminal) offense
das Zuchthaus, ¨er − penitentiary

---

allein: von allein − by itself (himself, herself, etc.)
s. ändern − to change, to become different
angenehm − agreeable
anhalten − to stop
ärgerlich − annoying
aufwachen (ist) − to wake up
ausweisen, wies aus, ausgewiesen − to expel
befehlen (befiehlt), befahl, befohlen, D − to command, to order
blind − blind
darstellen − to portray, to depict
deuten auf A − to point to
diesmal − this time
doch (here:) − however
ehrlich − honest
einbrechen (bricht ein), brach ein, eingebrochen − to commit burglary
erfahren (erfährt), erfuhr, erfahren − to learn, to be informed
erfolglos − unsuccessful
erfolgreich − successful
ertappen − to catch, to detect
erwarten − to expect
fassen: einen Plan fassen − to make, to conceive a plan
s. fühlen − to feel
gehorchen D − to obey
gelingen, gelang, ist gelungen D (only 3rd ps. sing. and pl.) − to succeed
je − ever

kennenlernen − to get to know
kühn − bold, audacious
militärisch − military
nachmachen − to do like, to imitate
namens − by the name of
nie − never
nun − now; well
planen − to plan
preußisch − Prussian (adj.)
protestieren − to protest
salutieren − to salute
schockieren − to shock
schwach − weak
selbst (before noun, pron.) − even
 (after noun, pron.) − pron. + self
 pron. + selves
streng − strict
um ... zu − in order to ...
unglaublich − incredible, unbelievable
verlangen − to demand
verraten (verrät), verriet, verraten − to betray, to reveal, to disclose
s. verschaffen − to procure, to obtain
verschieden − different, various
verschwinden, verschwand, ist verschwunden − to disappear
verweigern − to refuse
vorbestraft − previously convicted
während (conj.) − while

WIEDERHOLUNGSÜBUNGEN

A. VERBEN MIT PRÄPOSITIONALEM OBJEKT.

1. I must think it over.
2. The book consists of three parts.
3. Did you ask him for it?
4. A policeman asked about you.
5. I did not answer to his letter.
6. We hope for good weather.
7. What are you afraid of?
8. We were talking about the Olympic Games. We talked about them for three hours.
9. I am interested in German literature.
10. I consider him to be the best modern writer.
11. What do you think of him?
12. What are you thinking of?
13. I am thinking of the wedding.
14. Some people do not believe in God.
15. We are longing for peace. (= der Frieden)
16. We passed a destroyed church and many other ruins.
17. He warned me against the man.
18. She was very happy about the flowers.
19. The story deals with a rich man and a very poor girl.
20. What do you know about her?
21. The criminal was sentenced to death.
22. He is considered to be the richest man.
23. I am looking forward to our trip.
24. We have to prepare for it.
25. First she was weeping at the loss, then she laughed at it.
26. The child was weeping with fear and trembling with cold.
27. I cannot get used to it.
28. Did you inquire about your friend?
29. We talked about a very interesting problem, and I had to think about it for a long time.
30. Please, remind me of your father's birthday.
31. I don't remember him.
32. Are you waiting for me?
33. I wrote a letter to my grandfather.
34. Did you participate in the discussion?
35. He is not a member of the team.
36. I congratulated them on their wedding.
37. Nobody looks after the old woman.
38. It smells of gas.
39. She is still suffering from her disease.

WIEDERHOLUNGSÜBUNGEN

40. I doubt his words.
41. Don't be mad about it.
42. You cannot rely on her.
43. What are you waiting for?
44. Whom are you thinking of?
45. What do you have to report on?
46. Do you have to write about it?
47. What is he afraid of?
48. Many people die of cancer.
49. What are you talking about?
50. What does it consist of?

B. ADJEKTIVENDUNGEN

1. A mysterious stranger ordered the requiem.
2. This is an incredible story.
3. His immortal operas are performed all over the world.
4. They were discovered in an empty house.
5. We gave him a camera, the newest model.
6. Because of a terrible tempest they turned back.
7. He is an honest man.
8. The successful astronauts were celebrated everywhere.
9. He is an excellent photographer.
10. He showed us his gorgeous photographs.
11. Only a few good friends accompanied him.
12. A hut standing in the vicinity was damaged.
13. The adjoining buildings were destroyed.
14. Two armed men came into the hotel.
15. The stolen painting has not yet been found.
16. The employees celebrated the birthday of their boss.
17. The injured (persons) were taken to a hospital.
18. He bought a second-hand uniform.
19. The man wanted (here: gesucht) was an elderly shoemaker.
20. The destroyed house belongs to a German.
21. His wife is a German.
22. Her fiancé is a German.
23. I am going to visit my relatives in America.
24. An acquaintance of mine saw the explosion.
25. This summer, there were many strangers in our town.
26. Some travelers became sick.
27. The dead (man) was discovered by playing children.
28. The bad (thing) was that he could not take his exam.

WIEDERHOLUNGSÜBUNGEN

29. The good (thing) was that his father did not know it.
30. Something unbelievable has happened.
31. I wish you all the best (= everything good).
32. I cannot tell you anything new.
33. We tried all kinds of things.
34. That's something else (= different).
35. Don't you have anything better?
36. She wrote little (that was) interesting.
37. I have heard many nice things about you.
38. She only buys the best and most expensive (things).
39. It is the most difficult (thing) to translate into German.
40. I only have time to describe the most important (things).

C. INDIREKTE REDE:

   a. Übersetzen Sie die Sätze zuerst mit dem Indikativ:
   b. Beginnen Sie jeden Satz mit "Er sagte, ..." und nehmen Sie den Konjunktiv der indirekten Rede:

   1. He has a wonderful collection.
   2. My relatives have a nice house with a large garden.
   3. My parents are not rich.
   4. She is a charming young lady.
   5. He has not changed.
   6. She is not feeling well.
   7. I didn't wake up.
   8. His father spent his vacation in the mountains.
   9. The authorities refused him a permit of residence.
   10. An explosion happened in the city.
   11. I cannot imagine that.
   12. She has to report about the play.
   13. I am not tired because I could sleep long enough.
   14. I am not allowed to drink alcohol.
   15. The police was able to arrest the criminal at the border.
   16. He only wanted to get a passport.
   17. I have to prepare for my exam.
   18. My type-writer has to be repaired.
   19. Peter's car had to be towed away.
   20. The accident is being investigated.
   21. My car was damaged by a truck.
   22. The play was performed only once.
   23. Paul has not been invited.

WIEDERHOLUNGSÜBUNGEN

24. Many windows were smashed.
25. This was reported by the newspaper.
26. If I could do it I would do it.
27. If I had known that I wouldn't have gone there.
28. Invite Eva, too.
29. Come inside, it is too cold outside.
30. Come in and celebrate my husband's birthday with us.
31. Notify the police.
32. Don't force him.

Beginnen Sie das zweite Mal mit "Er fragte, ...":

33. Did your wife cause the accident?
34. Did she suffer a shock?
35. Why didn't she hide it?
36. Did they report the theft to the police?
37. Did he tell you the secret? (tell = reveal)
38. Has anybody been injured?
39. Was your car damaged?
40. How often was the play performed?

D. "EIN" und "KEIN" als PRONOMEN; POSSESSIVPRONOMEN:

1. Robert is a bad student.
   Robert is one of the worst students.
2. This is a modern building.
   This is one of the most modern buildings.
3. This is a wonderful story.
   This is one of the most wonderful stories.
4. No student knew it.
   None of the students knew it.
5. Paul Klee is a well-known abstract painter.
   Paul Klee is one of the best-known abstract painters.
6. I talked with a good doctor.
   I talked with one of the best doctors.
7. Carl Zuckmayer is a famous German writer.
   Carl Zuckmayer is one of the most famous German writers.
8. I saw a beautiful film.
   I saw one of the most beautiful films.
9. Is this his house? Yes, it is his.
10. Would you like to take my car? No, thanks. I'll take mine.
11. Are you celebrating her birthday? Yes, we are celebrating hers and mine together.

12. Do you like your room? Yes, ours is very nice. How is yours?
13. Is this their dog? Yes, this one is theirs.

E. RELATIVSÄTZE MIT "WAS":

1. That is the best you can do.
2. We will never forget the beautiful (things) we saw.
3. He did the worst he could do.
4. That is the most unbelievable (thing) I have ever heard.
5. Nothing I do is allright with her.
6. That is something I did not expect.
7. Everything he said was wrong.
8. Because of the thunderstorm we had to turn back which was very annoying.
9. His mother died last week for which I am very sorry.
10. The only thing I didn't like was the hotel. (the only thing – das einzige)

ALPHABETISCHES WÖRTERVERZEICHNIS

DIRECTIONS: The numbers in italics indicate the lesson in which the word is used for the first time.

der Tag, –e = Tage	NOUNS are given in the nom. sing. and nom. plur.
das Buch, ⸚er = Bücher	⸚ indicates that the plural form takes Umlaut.
der Bahnhof, ⸚e = Bahnhöfe	Compound nouns take Umlaut on the last part.
das Schloß, ⸚sser = Schlösser	"ß" after short vowel becomes "ss" in the plural. –
die Dame, –n = Damen	Genitive forms are not given since they are formed according to rule.
der Junge, –n, –n	**Weak** masculine nouns are listed with two endings. The first is for acc., dat. and gen. sing., the second is for the plural.
der Fremde (adj. end.)	Nouns given in this way take adjective endings.
das Herz, –en (Dat. Herzen, Gen. Herzens)	Irregular forms are given in full.
kaufen	VERBS: **regular** (weak) verbs are given in the infinitive only.
essen (ißt), aß, gegessen gehen, ging, ist gegangen bringen, brachte, gebracht	**Strong and irregular** verbs are given with their principal parts. The form in parentheses indicates vowel change in the 2nd and 3rd person sing. present tense. "ist" before the past participle indicates that the verb uses "sein" as auxiliary for the perfect tenses.
einlösen	A **prefix** in bold type indicates that the verb is separable.
ankommen* übernehmen*	An **asterisk** behind separable and inseparable strong or irregular verbs indicates that the principal parts are to be found under the simple verb, i. e. **an**kommen – under "kommen", übernehmen – under "nehmen".
s. beeilen	An **"s."** before a verb is used for reflexive verbs with the reflexive pronoun in the accusative.
s. **vor**stellen (ich stelle mir vor)	If the reflexive pronoun is in the dative, the first person singular is given.
arm (⸚)	ADJECTIVES: (⸚) behind an adjective indicates that the adjective takes Umlaut in the comparative and superlative. The few irregular adjectives are given with all forms of comparison.
ander–	A **dash** after an adjective indicates that this form requires an adjective ending.
für A mit D auf AD trotz G helfen (hilft), half, geholfen D	A, D, AD, G behind a PREPOSITION, verb or adjective indicates the case that this preposition, verb or adjective governs: A = accusative, D = dative, AD = accusative or dative, G = genitive.

304

ALPHABETISCHES WÖRTERVERZEICHNIS

	abdanken *12*	–	to abdicate
der	Abend, –e *1*	–	evening
das	Abenteuer, – *25*	–	adventure
	aber *3*	–	but, however
	abergläubisch *21*	–	superstitious
	abfahren* *14*	–	to depart, to leave
die	Abfahrt, –en *14*	–	departure
	abholen *13*	–	to pick up, to call for
	absagen *19*	–	to cancel
	abschleppen *20*	–	to tow away
	abstrakt *13*	–	abstract
die	Abteilung, –en *9; 25*	–	department, section; platoon
	Ach, du liebe Zeit! *11*	–	My goodness!
die	Adresse, –n *9*	–	address
die	Ahnung, –en *22*	–	notion, idea
der	Akt, –e *23*	–	act
die	Aktentasche, –n *14*	–	brief case
der	Alkohol *23*	–	alcohol
	alle *1*	–	all, everybody
	allein *9*	–	alone
	von allein *25*	–	by itself (himself, herself, etc.)
	alles *9*	–	everything
der	Alliierte (adj. end.) *17*	–	ally
	als *8;* (conj.) *12*	–	than; when
	also *13*	–	well then
	alt (¨) *7*	–	old
der	Altar, ¨e *18*	–	altar
das	Alter *21;*	–	age
	im Alter von …	–	at the age of …
	am *2*	–	at the (masc., neut.)
	am besten *16*	–	best, in the best way
	Amerika *1*	–	America
der	Amerikaner, – *1*	–	American (man)
die	Amerikanerin, –nen *1*	–	American (woman)
	amerikanisch *5*	–	American (adj.)
die	Ampel, –n *3*	–	(hanging) lamp
	an AD *15*	–	at
das	Andenken, – *13*	–	souvenir
	ander – *7*	–	other, different
s.	ändern *25*	–	to change, to become different
der	Anfang, ¨e *23*	–	beginning
	anfangen (fängt an), fing an, angefangen *14*	–	to begin, to start
der	Anfänger, – *9*	–	beginner
	angenehm *25*	–	agreeable, pleasant
der	Angestellte (adj. end.) *22*	–	employee
	angrenzen *22*	–	to adjoin, to border, to neighbor
die	Angst, ¨e *23*	–	fear, anxiety
	anhalten* *25*	–	to stop
	ankommen* *14*	–	to arrive
die	Ankunft *14*	–	arrival
die	Anmerkung, –en *13*	–	note, footnote
der	Anorak, –s *9*	–	parka, ski jacket
	anrufen* *13*	–	to call up
die	Ansicht, –en *13*	–	view, opinion
die	Ansichtskarte, –n *13*	–	picture postcard
	anstehen* *10*	–	to stand in line
	anstellen *21*	–	to employ
	antik *24*	–	antique
die	Antwort, –en *12*	–	answer
	antworten *1*	–	to answer
s.	**an**ziehen* *16*	–	to dress, to get dressed
	anziehen* *16*	–	to put on
der	Anzug, ¨e *9*	–	suit (man's)
der	Apfel, ¨ *6*	–	apple
die	Apotheke, –n *1*	–	pharmacy
der	April *8*	–	April
die	Arbeit, –en *23*	–	work
	arbeiten *2*	–	to work
	ärgerlich *25*	–	annoying
s.	ärgern *23*	–	to be annoyed
der	Arm, –e *23*	–	arm
	arm (¨) *7*	–	poor
die	Armee, –n *5*	–	army
der	Artikel, – *23*	–	article
der	Arzt, ¨e *2*	–	doctor, physician
die	Ärztin, –nen *2*	–	doctor, physician (woman)
der	Astronaut, –en, –en *22*	–	astronaut
	auch *2*	–	also, too
	auf AD *12*	–	on, upon, on top of
	aufbauen *22*	–	to build up, to rebuild
	auf deutsch *3*	–	in German
der	Aufenthalt, –e *25*	–	stay, sojourn
die	Aufenthaltserlaubnis *25*	–	permit of residence
die	Aufenthaltsgenehmigung, –en *25*	–	permit of residence
	aufführen *21*	–	to perform, to play
die	Aufgabe, –n *3*	–	assignment, homework, lesson
	aufmachen *1*	–	to open
die	Aufnahme, –n *24*	–	shot, record, recording
	aufnehmen* *22*	–	to record, to make a recording
	aufpassen *2*	–	to pay attention, to watch out
	aufstehen* (ist) *22*	–	to get up
	aufwachen (ist) *25*	–	to wake up
das	Auge, –n *4*	–	eye
der	Augenblick, –e *4*	–	moment
	Einen Augenblick! *4*	–	Just a moment.
der	August *8*	–	August

305

ALPHABETISCHES WÖRTERVERZEICHNIS

aus D *1*	–	out of, from
der Ausdruck, ⸚e *7*	–	expression
der Ausflug, ⸚e *22*	–	excursion
der Ausgang, ⸚e *9*	–	exit
ausgezeichnet *24*	–	excellent
die Auskunft, ⸚e *14*	–	information
das Ausland *25*	–	abroad, foreign country
der Ausländer, – *14*	–	foreigner
ausschlafen* *24*	–	to sleep long, to sleep enough
aussehen* *14*	–	to look (like)
außen *24*	–	outside
außerhalb G *18*	–	outside of
die Aussprache *8*	–	pronunciation
aussteigen* (ist) *14*	–	to get off
der Ausweis, –e *4*	–	identification card
ausweisen, wies aus, ausgewiesen	–	to expel, to banish
auswendig *2*	–	by heart
Lernen Sie auswendig! *2*	–	Memorize.
ausziehen* (ist) *19*	–	to move out
s. **aus**ziehen* *16*	–	to undress, to get undressed
das Auto, –s *5*	–	car, auto
die Autobahn, –en *11*	–	German highway, parkway
das Bad, ⸚er *15*	–	bath, bathroom
das Badezimmer, – *15*	–	bathroom
der Bahnhof, ⸚e *1*	–	railroad station
der Bahnsteig, –e *14*	–	platform (at railroad station)
bald *15*	–	soon
der Balkon, –e *17*	–	balcony
der Ball, ⸚e *23*	–	ball
die Bank, –en *1*	–	bank
bar *25*	–	cash, in cash
das Bargeld *25*	–	cash money
das/der Barock *18*	–	baroque (style)
der Bau, (pl. Bauten) *12*	–	building
bauen *12*	–	to build
der Bauer, –n *18*	–	peasant, farmer
der Baum, ⸚e – *5*	–	tree
der Baumeister, – *18*	–	architect
die Baustelle, –n *11*	–	construction site
Bayern *12*	–	Bavaria
beachten *8*	–	to watch, to pay attention to
der Beamte (adj. end.) *25*	–	(government, state, city) official
die Beamtin, –nen *25*	–	official (woman)
die Bedeutung, –en *18*	–	importance, meaning
s. beeilen *14*	–	to hurry
der Befehl, –e *25*	–	order, command
befehlen (befiehlt), befahl, befohlen *25*	–	to order, to command
s. befinden* *17*	–	to be located, to be
begeistert *24*	–	enthusiastic
beginnen, begann, begonnen *4*	–	to begin, to start
begleiten *21*	–	to accompany
begraben (begräbt), begrub, begraben *21*	–	to bury
das Begräbnis, –se *21*	–	burial, funeral
behaupten *23*	–	to claim, to maintain
die Behörde, –n *25*	–	authorities
bei D *9; 17; 22*	–	near, at the place of; at
beide *21*	–	both
beinahe *17*	–	almost
das Beispiel, –e *5*	–	example
zum Beispiel = z. B. *5*	–	for example, e.g.
bekannt *17*	–	known, well-known
bekannt machen *1*	–	to introduce
der Bekannte (adj. end.) *22*	–	acquaintance
bekommen, bekam, bekommen *8*	–	to receive, to get
bemerken *23*	–	to observe, to note, to remark
die Bemerkung, –en *23*	–	remark
das Benzin *24*	–	gasoline, benzine
beobachten *19*	–	to observe
bequem *7*	–	comfortable
bereits *22*	–	already
der Berg, –e *15*	–	mountain
die Bergtour, –en *19*	–	mountain hike
der Bericht, –e *23*	–	report
berichten *22*	–	to report
der Beruf, –e *5*	–	occupation, profession
Was sind Sie von Beruf?	–	What is your occupation?
berühmt *12*	–	famous
beschädigen *22*	–	to damage
beschreiben* *8*	–	to describe
besetzen *17*	–	to occupy
besetzt *13*	–	occupied, taken; busy (telephone)
besichtigen *18*	–	to visit, to (sight) see
besitzen* *24*	–	to possess, to own
besonders *13*	–	especially
besorgen *13*	–	to buy, to get, to acquire
besser *9*	–	better
die Besserung *8*	–	improvement, recovery
Gute Besserung! *8*	–	I hope you (he, she, etc.) will be better soon
bestehen* aus *24*	–	to consist of
bestellen *3*	–	to order

306

ALPHABETISCHES WÖRTERVERZEICHNIS

	bestimmt *14*	–	certain(ly), definitely, surely
der	Besuch, –e *23*	–	visit, visitor
	besuchen *15*	–	to visit
der	Betrieb, –e *22*	–	operation, organization, (traffic)
das	Bett, –en *8*	–	bed
	bevor *18*	–	before
	bewaffnen *22*	–	to arm
der	Bewohner, – *22*	–	occupant
	bewohnt *22*	–	inhabited, occupied
	bewundern *15*	–	to admire
	bezahlen *2*	–	to pay
das	Bier, –e *2*	–	beer
das	Bild, –er *1*	–	picture
	billig *2*	–	cheap, inexpensive
	bis (prep.) A *3*	–	as far as
	bis (conj.) *18*	–	till, until
	bis zum; bis zur *3*	–	as far as
der	Bischof, ¨-e *21*	–	bishop
	bißchen = ein		
	bißchen *2*	–	a little
	bitte *1*; bitte?	–	please; you are welcome; I beg your pardon?
	bitte sehr, bitte schön *1*	–	please; you are welcome
	bitten, bat, gebeten *24*	–	to request, to ask
	blau *4*	–	blue
	bleiben, blieb, ist geblieben *7*	–	to remain, to stay
	Wo bleibt er? *21*	–	Where is he? What's keeping him?
der	Bleistift, –e *4*	–	pencil
	blind *25*	–	blind
	blockieren *11*	–	to block, to hold up
	blond *23*	–	blond
die	Blume, –n *2*	–	flower
das	Blumengeschäft, –e *2*–	–	florist
die	Bluse, –n *9*	–	blouse
das	Blut *18*	–	blood
der	Boden, ¨ *18*	–	floor, soil, ground
der	Bodensee *15*	–	Lake Constance
	böse *8*	–	angry, mad
	brauchen *9; 11*	–	to need; to take (time)
	braun *10*	–	brown
	breit *7*	–	broad, wide
der	Brief, –e *4*	–	letter
der	Briefkasten, ¨ *2*	–	mailbox
die	Briefmarke, –n *13*	–	stamp
die	Brieftasche, –n *4*	–	wallet
die	Brille, –n *4*	–	eyeglasses
	bringen, brachte, gebracht *2*	–	to bring
die	Brücke, –n *17*	–	bridge
der	Bruder, ¨ *5*	–	brother

der	Bub, –en, –en *22*	–	boy
das	Buch, ¨er *1*	–	book
der	Bücherschrank, ¨-e *6* –		bookcase
	buchstabieren *3*	–	to spell
die	Bühne, –n *25*	–	stage
das	Bühnenstück, –e *25*	–	stage play
der	Bund *17*	–	federation
die	Bundesrepublik Deutschland *17*	–	the Federal Republic of Germany
der	Bürger, – *12*	–	citizen
der	Bürgermeister, – *17*	–	mayor
das	Büro, –s *1*	–	office
die	Bürokratie, –n *25*	–	bureaucracy
der	Bus, –se *6*	–	bus
die	Butter *13*	–	butter
das	Café, –s *2*	–	café, coffee shop
der	Chef, –s *24*	–	chief, boss, superior
	da *2*	–	there; then
	da (conj.) *18*	–	since, because, as
	da drüben *2*	–	over there
	damals *17*	–	at that time, then
die	Dame, –n *1*	–	lady
	daneben *7*	–	next to it
der	Dank *2*	–	thanks
	danke sehr, danke schön *1*	–	thank you
	danken *2*	–	to thank
	dann *1*	–	then
	darstellen *25*	–	to portray, to depict
	darüber *7*	–	over it, above it
	darunter *21*	–	under it; among them
	das *1*	–	that
	daß *8*	–	that (conj.)
das	Datum (pl. Daten) *9*	–	date
	dauern *17*	–	to last, to take (time)
	davon *7*	–	from it, of it
	dein (poss.) *14*	–	your (familiar form)
die	Demonstration, –en *23*	–	demonstration
	denken, dachte, gedacht *13*	–	to think
das	Denkmal, ¨er *17*	–	monument
	denn *8*	–	= fillword for emphasis
	denn (conj.) *11*	–	for, because
	derselbe, dasselbe, dieselbe *15*	–	this one, that one
	deshalb *9*	–	therefore
	deuten auf A *25*	–	to point to
das	Deutsch *2*	–	German (language)
	deutsch *4*	–	German (adj.)
der	Deutsche (adj. end.) *1*	–	German (person)
	Deutschland *1*	–	Germany
die	Deutschstunde, –n *8* –		German class

307

ALPHABETISCHES WÖRTERVERZEICHNIS

der Dezember *8*	–	December
das Dia, –s *24*	–	slide
der Diamant, –en, –en *21*	–	diamond
das Diapositiv, –e *24*	–	slide
der Dichter, – *15*	–	poet
der Dieb, –e *22*	–	thief
der Diebstahl, ⸚e *23*	–	theft
der Dienstag, –e *8*	–	Tuesday
dies *7*	–	this
dieser, dieses, diese *9*	–	this, this one
diesmal *25*	–	this time
das Ding, –e *11*	–	thing
vor allen Dingen *11*	–	above all
der Diplomat, –en, –en *5*	–	diplomat
direkt *5*	–	direct(ly)
dirigieren *21*	–	to conduct, to direct
das Dirndlkleid, –er *13*	–	Bavarian dress
die Diskussion, –en *23*	–	discussion
die Disziplin *25*	–	discipline
doch *9; 13; 25*	–	oh yes; after all; however
der Dollar, –s *11*	–	dollar
der Dom, –e *18*	–	cathedral
die Donau *15*	–	Danube
der Donnerstag, –e *8*	–	Thursday
das Dorf, ⸚er *19*	–	village
dort *2*	–	there
dort drüben *2*	–	over there
draußen *24*	–	outside
der Drill, –s *25*	–	drill, training
drinnen *24*	–	inside
das Drittel, – *21*	–	(the) third
droben *24*	–	upstairs
drüben *24*	–	over there
drunten *24*	–	down, downstairs
dunkel *2*	–	dark
ein Dunkles *2*	–	a dark beer
durch A *2*	–	through
durchaus nicht *13*	–	not at all
dürfen (darf), durfte, gedurft *3*	–	may, to be allowed to
der Durst *3*	–	thirst
der D-Zug, ⸚e *14*	–	express train
echt *7*	–	genuine, real
die Ecke, –n *1*	–	corner
ehe *18*	–	before (conj.)
ehren *23*	–	to honor
ehrlich *25*	–	honest
eigen *21*	–	own (adj.)
einander *25*	–	each other
einbrechen (bricht ein), brach ein, eingebrochen *25*	–	to break in, to commit burglary
der Eindruck, ⸚e *18*	–	impression
einfach *13*	–	simple
der Einfluß, ⸚sse *12*	–	influence
einige *11*	–	some (plural)
der Einkauf, ⸚e *13*	–	purchase
Einkäufe machen *13*	–	to go shopping
einladen (lädt ein), lud ein, eingeladen *19*	–	to invite
einlösen *11*	–	to cash
einmal *1*	–	once
noch einmal *1*	–	once more
einmal Frankfurt, einfach	–	one-way ticket to Frankfurt
einsteigen* (ist) *14*	–	to get in, on
der Einwohner, – *17*	–	inhabitant
einzig	–	only (adj.)
elegant *13*	–	elegant
die Eltern (plural) *5*	–	parents
empfehlen (empfiehlt) empfahl, empfohlen *9*	–	to recommend
das Ende, –n *16*	–	end
endlich *19*	–	finally
England *5*	–	England
das Englisch *4*	–	English (language)
englisch *17*	–	English (adj.)
entdecken *22*	–	to discover
die Entfernung, –en *23*	–	distance
entlassen* *25*	–	to dismiss, to discharge
die Entlassung, –en *25*	–	dismissal, release, discharge
entschuldigen *1*	–	to excuse
die Erde, –n *25*	–	Earth, earth
das Erdgeschoß, –sse *9*	–	ground floor
s. ereignen *22*	–	to happen, to occur
erfahren (erfährt), erfuhr, erfahren *25*	–	to learn, to be informed
der Erfolg, –e *22*	–	success
erfolglos *25*	–	unsuccessful
erfolgreich *25*	–	successful
erfreut *1*	–	pleased
ergänzen *1*	–	to supplement
s. erholen *16*	–	to get a rest, to recover, to recuperate
erinnern *22*	–	to remind
s. erinnern *22*	–	to remember
s. erkälten *16*	–	to catch cold
erkältet sein *16*	–	to have a cold
s. erkundigen *16*	–	to inquire
die Erlaubnis *25*	–	permission
erleben *18*	–	to experience
erledigen *10*	–	to take care of, to get done
erleiden* *22*	–	to suffer
erreichen *10*	–	to reach
erscheinen, erschien, ist erschienen *18*	–	to appear, to show up
erst- *9*	–	first

308

ALPHABETISCHES WÖRTERVERZEICHNIS

erst *21*	–	not until, not more than
ertappen *25*	–	to catch, to find out
ertrinken* (ist) *12*	–	to drown
erwarten *25*	–	to expect
erwidern *23*	–	to reply
erzählen *18*	–	to tell, to narrate
die Erzählung, -en *24*	–	story
das Essen *10*	–	food, dinner, supper
essen (ißt), aß, gegessen *3*	–	to eat
etwa *22*	–	approximately, about
etwas *3; 9*	–	something; some; a little
euer, (poss.) *15*	–	your (familiar plural)
das Examen, - *17*	–	examination
die Explosion, -en *22*	–	explosion
expressionistisch *13*	–	expressionistic
fahren (fährt), fuhr, ist gefahren *3*	–	to drive, to ride, to go
die Fahrkarte, -n *11*	–	(railroad, bus, streetcar) ticket
der Fahrkartenschalter,-- *14*	–	ticket window
der Fahrplan, ⸚e	–	timetable, (train, bus flight) schedule
der Fahrstuhl, ⸚e *9*	–	elevator
der Fahrstuhlführer, - *9*	–	elevator man
fallen (fällt), fiel, ist gefallen *19*	–	to fall
falsch *1*	–	wrong
die Familie, -n *5*	–	family
die Farbe, -n *9*	–	color
farbig *13*	–	colored
fassen *22; 25*	–	to catch, to grab; to make (a plan)
fast *15*	–	almost, nearly
der Februar *8*	–	February
fehlen D *21*	–	to lack, to be lacking, to be missing
die Feier, -n *24*	–	celebration, party
feiern *24*	–	to celebrate
das Fenster, - *3*	–	window
die Ferien (plural) *9*	–	vacation
der Fernseher, - *6*	–	TV set
das Fernsehprogramm, -e *6*	–	TV program
fertig *14*	–	ready, finished
festnehmen* *22*	–	to arrest, to apprehend, to take into custody
das Feuer, - *4*	–	fire
Haben Sie Feuer?	–	Do you have a light?
das Feuerzeug, -e *4*	–	lighter
der Film, -e *17*	–	film, movie
finden, fand, gefunden *3*	–	to find
der Finger, - *21*	–	finger
die Flasche, -n *3*	–	bottle
fliegen, flog, ist geflogen *3*	–	to fly
fliehen, floh, ist geflohen *12*	–	to flee, to escape
der Flug, ⸚e *16*	–	flight
der Flughafen, ⸚ *1*	–	airport
das Flugzeug, -e *1*	–	airplane
der Fluß, ⸚sse *15*	–	river
die Folge, -n *23*	–	consequence
folgen D *23*	–	to follow
foltern *18*	–	to torture
die Forelle, -n *13*	–	trout
die Form, -en *1*	–	form
das Foto, -s *22*	–	photograph, snapshot
der Fotograf, -en, -en (also: Photograph) *24*	–	photographer
fragen *1*	–	to ask, to question
Frankreich *5*	–	France
der Franzose, -n, -n *17*	–	Frenchman
die Französin, -nen	–	Frenchwoman
französisch *17*	–	French
die Frau, -en *1*	–	woman; wife; Mrs.
das Fräulein, - *1*	–	Miss
Fräulein! *2*	–	Miss! waitress! operator!
frei *5; 13*	–	free; vacant
das Freie *24*	–	(the) open
im Freien *24*	–	outdoors
freihalten* *18*	–	to keep free
der Freitag, -e *8*	–	Friday
fremd *17, 22*	–	alien, strange
der Fremde (adj. end.) *22*	–	stranger
die Freude, -n *23*	–	joy, pleasure
s. freuen *16*	–	to be glad, to be happy
s. freuen auf A *22*	–	to look forward to
s. freuen über A *24*	–	to be happy about
der Freund, -e *6*	–	friend
die Freundin, -nen *6*	–	girl friend, woman friend
freundlich *18*	–	friendly, kind
der Frieden	–	peace
der Friedhof, ⸚e *21*	–	cemetery
frisch *6*	–	fresh
fröhlich *21*	–	gay, merry
früh *7*	–	early
der Frühling, -e *8*	–	spring
s. fühlen *25*	–	to feel
führen *17*	–	to lead, to take
der Führerschein, -e *4*	–	driver's license
für A *5*	–	for (prep.)
die Furcht *23*	–	fear, anxiety
furchtbar *21*	–	terrible
fürchten	–	to fear

ALPHABETISCHES WÖRTERVERZEICHNIS

s. fürchten *16*	–	to be afraid, to be scared
die Funkstreife, –n *8*	–	radio patrol
der Fuß, ⸚ße *1*	–	foot
zu Fuß gehen *1*	–	to walk
der Fußball, ⸚e *24*	–	football
die Galerie, –n *13*	–	gallery
ganz *7; 12*	–	quite; whole, entire, all of
die Garage, –n *15*	–	garage
der Garten, ⸚ *15*	–	garden
das Gas, –e *22*	–	gas
der Gast, ⸚e *3*	–	guest, customer
die Gastfreundschaft *22*	–	hospitality
das Gebäude, – *17*	–	building
geben (gibt), gab, gegeben *9*	–	to give
das Gebirge *9*	–	mountains, mountain range
geboren *21*	–	born
gebrauchen *22*	–	to use
gebraucht *22*	–	used, second-hand
der Geburtstag, –e *9*	–	birthday
das Gedächtnis *17;*	–	memory, mind
Gedächtnis- *17*	–	memorial
das Gedicht, –e *15*	–	poem
gefährlich *8*	–	dangerous
das Gefängnis, –se *18*	–	prison
der Gefallen, – *18*	–	favor
gefallen (gefällt), gefiel, gefallen D *5*	–	to please, to like
gegen A *5; 22*	–	against; towards; shortly before
das Gegenteil, –e *8*	–	opposite, contrary
im Gegenteil *16*	–	on the contrary
gegenüber D *9*	–	accross from, opposite
die Gegenwart *19*	–	present
das Geheimnis, –se *21*	–	secret, mystery
geheimnisvoll *21*	–	mysterious
gehen, ging, ist gegangen *1*	–	to go, to walk
gehorchen D *25*	–	to obey
gehören D *8*	–	to belong to
die Geige, –n *21*	–	violin
der Geist, –er *22*	–	spirit, ghost
gelb *9*	–	yellow
das Geld, –er *3*	–	money
die Geldstrafe, –n *24*	–	fine
die Gelegenheit, –en *24*	–	opportunity, occasion
gelten (gilt), galt, gegolten	–	to be valid
gelten als N *24*	–	to be considered as
gelingen, gelang, ist gelungen D *25*	–	to succeed
die Gemeinde, –n *25*	–	community
gemeinsam *22*	–	common, joint
genau *12*	–	exact(ly)
die Genehmigung, –en *25*	–	permission, permit
das Genie, –s *21*	–	genius
genug *11*	–	enough
das Gepäck *14*	–	luggage, baggage
die Gepäckaufbewahrung *14*	–	baggage room
der Gepäckträger, – *14*	–	porter
gerade *6*	–	just
geradeaus *1*	–	straight ahead
gern, gerne *3*	–	gladly
das Geschäft, –e *2*	–	store
geschehen (geschieht), geschah, ist geschehen *18*	–	to happen
gern geschehen *18*	–	it was a pleasure, don't mention it
das Geschenk, –e *13*	–	present, gift
die Geschichte, –n *12*	–	history, story
die Geschwindigkeit, –en *23*	–	speed
die Geschwister (plural) *5*	–	brother(s) and sister(s)
die Gesellschaft, –en *21*	–	society, company, party
gestern *7*	–	yesterday
gestrig *23*	–	yesterday's
gesund (⸚) *7*	–	healthy, well, in good health
das Gewehr, –e *25*	–	rifle, gun
das Gewitter, – *23*	–	thunderstorm
s. gewöhnen an A *22*	–	to get used to
gewöhnlich *23*	–	usually, ordinarily
der Gipfel, – *25*	–	mountain top
das Glas, ⸚er *2*	–	glass
glauben *9*	–	to believe, to think
gleich *2*	–	right (away)
gleichfalls *2*	–	(the) same, likewise
Danke, gleichfalls!	–	The same to you.
das Gleis, –e *14*	–	track
das Glück *16*	–	happiness, fortune, luck
glücklich *19*	–	happy, fortunate
der Glückwunsch, ⸚e *16*	–	congratulation
gotisch *18*	–	Gothic
das Grab, ⸚er *21*	–	grave
gratulieren D	–	to congratulate
grau *9*	–	gray, grey
die Grenze, –n *22*	–	border, frontier
Griechenland *16*	–	Greece
groß, größer, größt- *6*	–	big, large, tall, great
großartig *24*	–	gorgeous, grand, wonderful
die Größe, –n *9*	–	size
grün *9*	–	green

310

ALPHABETISCHES WÖRTERVERZEICHNIS

gründlich *21*	– thorough
die Gruppe, –n *13*	– group
der Gruß, ¨e *19*	– greeting(s)
grüßen *8*	– to greet, to say hello to, to give regards
gut, besser, best–, *1*	– good; well
das Haar, –e *23*	– hair
haben (hat), hatte, gehabt *3*	– to have
halb *3*	– half (adj.)
die Hälfte, –n *17*	– half
die Halle, –n *17*	– hall
die Halskette, –n *9*	– necklace
halten (hält), hielt, gehalten *5*	– to stop; to hold
halten* für A *24*	– to consider as, to take for
halten* von D *24*	– to think of, to have an opinion of
die Haltestelle, –n *1*	– stop (of a public vehicle)
die Hand, ¨e *9*	– hand
der Handball *24*	– handball
handeln	– to deal, to act
handeln von D *24*	– to deal with, to be about
der Handkoffer, – *14*	– suitcase
der Handschuh, –e *9*	– glove
die Handtasche, –n *9*	– handbag, pocket book, purse
hängen, hing, gehangen *7*	– to be hanging
hängen *15*	– to hang
hart (¨) *7*	– hard
hassen *12*	– to hate
häßlich *7*	– ugly
der Hauch *15*	– breeze, breath
der Hauptmann (pl. Hauptleute) *25*	– captain
die Hauptsache, –n *11*	– main thing
die Hauptstadt, ¨e *17*	– capital city
die Hauptstraße, –n *1*	– main street
das Hauptwerk, –e *18*	– main work
das Haus, ¨er *5*	– house
nach Hause *3*	– home (wards)
zu Hause *3*	– (at) home
der Hausarzt, ¨e *4*	– family doctor
die Hausaufgabe, –n *3*	– homework, assignment
heftig *21*	– violent
heilig *18*	– holy, sacred, saint
das Heim, –e *5; 22*	– home
heiraten *16*	– to get married, to marry
heiß *7*	– hot
heißen, hieß, geheißen *6*	– to be called; to name
es heißt	– it is said
helfen (hilft), half, geholfen D *6*	– to help
hell *2*	– light
ein Helles *2*	– a light beer
das Hemd, –en *9*	– shirt
her *24*	– here(to)
herauf *24*	– up, upstairs
heraus *24*	– outside
der Herbst *8*	– fall, autumn
herein *24*	– in, inside
der Herr, –n, –en *1*	– gentleman; Mr.
Herr Ober! *3*	– waiter!
herrlich *13*	– magnificent, wonderful
herüber *24*	– over here
herunter *24*	– down, downstairs
hersehen* *15*	– to look here
das Herz, –en (Dat. Herzen, Gen. Herzens) *15*	– heart
herzlich *16*	– heartfelt, cordial, heartily
heute *3*	– today
heute abend *16*	– tonight, this evening
hier *1*	– here
hierher *11*	– here(to)
die Hilfe, –n *12*	– help
hin *14*	– there(to), to that place
hinauf *24*	– up, upstairs
hinaus *24*	– out, outside
hinein *24*	– in, inside
hinten *7*	– in the back, in the rear
hinter AD *15*	– behind
der Hintergrund *14*	– background
hinüber *24*	– over, over there
hin und zurück *14*	– there and back, to and fro (return ticket)
hinunter *24*	– down, downstairs
historisch *18*	– historical
hoch (hoh-, höher, höchst-) *17*	– high
es ist höchste Zeit *14*	– it is high time
hochachtungsvoll *23*	– truly, yours truly
die Hochzeit, –en *16*	– wedding
die Hochzeitsreise, –n *16*	– wedding trip, honeymoon
hoffen *16*	– to hope
hoffentlich *8*	– hopefully, I hope, it is to be hoped
höflich *19*	– polite
holen *11*	– to go and get, to fetch
der Holländer, – *22*	– Dutchman

311

ALPHABETISCHES WÖRTERVERZEICHNIS

das Holz, ¨er *18*	–	wood
aus Holz *18*	–	made of wood
hören *3*	–	to hear
Hören Sie zu! *1*	–	Listen.
die Hose, –n *9*	–	pants, trousers, slacks
das Hotel, –s *1*	–	hotel
der Hubschrauber, – *22*	–	helicopter
hübsch *8*	–	pretty
der Hügel, – *19*	–	hill
der Hund, –e *8*	–	dog
der Hunger *3*	–	hunger
die Hunne, –n, –n *18*	–	Hun
der Hut, ¨e *9*	–	hat
die Hutschachtel, –n *14*	–	hat box
die Hütte, –n *15*	–	cottage, hut, lodge
ihm *9*	–	(to) him
ihn *4*	–	him
ihnen *9*	–	(to) them
Ihnen *2*	–	(to) you
ihr (pron.) *9*	–	(to) her
ihr (poss.) *5*	–	her; their
Ihr *5*	–	your
im = in dem *1*	–	in the
immer *2*	–	always
in AD *3*	–	in, into
innen *24*	–	inside
die Innenstadt, ¨e *10*	–	downtown area, city
ins = in das *9*	–	in the
das Instrument, –e *21*	–	instrument
interessant *4*	–	interesting
s. interessieren für A *24*	–	to be interested in
inzwischen *15*	–	meanwhile, in the meantime
Italien *8*	–	Italy
ja *1*; *8*	–	yes; but; well (= for emphasis)
die Jacke, –n *9*	–	jacket
die Jagd, –en *15*	–	hunt, chase
die Jagdhütte, –n *15*	–	hunting lodge
das Jahr, –e *8*	–	year
die Jahreszeit, –en *8*	–	season
das Jahrhundert, –e *17*	–	century
-jährig *12*	–	-years old
der Januar *8*	–	January
je *25*	–	ever
jeder, jedes, jede *13*	–	each, every; everybody
jemand *14*	–	someone, somebody
jetzt *3*	–	now
die Jugend *21*	–	youth
der Juli *8*	–	July
der Juni *8*	–	June
jung (¨) *7*	–	young
der Junge, –n, –n *3*	–	boy

der Kaffee *3*	–	coffee
der Kaiser, – *17*	–	emperor
kalt (¨) *7*	–	cold (adj.)
die Kälte *23*	–	cold
die Kamera, –s *24*	–	camera
die Kammermusik, –en *21*	–	chamber music
der Kampf, ¨e *18*	–	fight, struggle
die Kapsel, –n *24*	–	capsule
kaputt *23*	–	broken, ruined
die Karte, –n *10*	–	card, ticket
die Kartoffel, –n *13*	–	potato
die Kaserne, –n *3*	–	barracks
die Kasse, –n *9*	–	cash register, cashier's desk
die Katze, –n *22*	–	cat
kaufen *3*	–	to buy
kaum *15*	–	hardly, scarcely
kein, keine *2*	–	no, not a, not any
der Keller, – *22*	–	cellar
der Kellner, – *3*	–	waiter
die Kellnerin, –nen *3*	–	waitress
kennen, kannte, gekannt *4*	–	to know, to be acquainted with
kennen lernen *25*	–	to get to know, to meet
die Kette, –n *9*	–	chain, necklace
der Kilometer, – *3*	–	kilometer
das Kind, –er *3*	–	child
das Kino, –s *1*	–	movies, movie theater
der Kiosk, –e *24*	–	kiosk, stand
die Kirche, –n *1*	–	church
klar *2*	–	clear
die Klasse, –n *7*	–	class
das Klassenzimmer, – *5*	–	classroom
das Klavier, –e *6*	–	piano
das Kleid, –er *6*	–	dress
klein *6*	–	small, little
das Klima, –s *23*	–	climate
der Koffer, – *14*	–	trunk, suitcase
komisch *23*	–	funny, comical
kommen, kam ist gekommen *1*	–	to come
komponieren *21*	–	to compose
der Komponist, –en, –en *12*	–	composer
der Konflikt, –e *25*	–	conflict
der Kongreß, –sse *17*	–	congress, convention
die Kongreßhalle *17*	–	Congress Hall (Berlin building)
der König, –e *12*	–	king
das Königreich, –e *12*	–	kingdom
können (kann) konnte, gekonnt	–	can, to be able to
das Konsulat, –e *5*	–	consulate
die Konversation, –en *1*	–	conversation
das Konzert, –e *19*	–	concert

ALPHABETISCHES WÖRTERVERZEICHNIS

	kosten *3*	–	to cost
das	Kostüm, –e *9*	–	suit (woman's)
die	Kraft, ¨e *25*	–	force, power
	krank (¨) *7*	–	sick, ill
das	Krankenhaus, ¨er *8*	–	hospital
die	Krankheit, –en *21*	–	sickness, illness, disease
die	Krawatte, –n *9*	–	tie
der	Krebs *22*	–	cancer
die	Kreuzung, –en *3*	–	crossing, intersection
der	Krieg, –e *12*	–	war
die	Küche, –n *25*	–	kitchen
der	Kuchen, – *15*	–	cake
der	Kugelschreiber, – *4*	–	ball point pen
	kühn *25*	–	audacious, bold
die	Kultur, –en *18*	–	culture
	kulturell *17*	–	cultural
die	Kunst, ¨e *23*	–	art
die	Kunstfaser, –n *24*	–	synthetic material, synthetic fiber
die	Kunstgeschichte *24*	–	art history
der	Künstler, – *12*	–	artist
das	Kunstwerk, –e *23*	–	work of art
der	Kurswagen, – *14*	–	through coach
die	Kurve, –n *8*	–	curve
die	Kürze *22*	–	briefness
	kurz (¨) *17*	–	short, brief
die	Kutsche, –n *25*	–	coach (horse-drawn)
	lachen *23*	–	to laugh
die	Lampe, –n *6*	–	lamp
	landen (ist) *17*	–	to land
das	Land, ¨er *18*	–	land
die	Landschaft, –en *18*	–	landscape, scenery, region
	landschaftlich *18*	–	scenic
	lang, lange (¨) *7*	–	long, for a long time
	wie lange noch? *7*	–	how much longer
	langsam *1*	–	slowly
der	Lärm *22*	–	noise
	lassen (läßt) ließ, gelassen *11*	–	to let, to leave
	etwas tun lassen *11*	–	to have something done
der	Lastwagen, – *22*	–	truck
	laufen (läuft), lief, ist gelaufen *9*	–	to run, to walk
	laut *3*	–	loud
das	Leben *17*	–	life
	leben *13*	–	to live
die	Lebensmittel (pl.) *17*	–	foods; groceries
	leer *7*	–	empty
	legen *14*	–	to put, to lay, to place
die	Legitimation, –en *25*	–	authority, proof of authority or identity
der	Lehrer, – *1*	–	teacher
die	Lehrerin, –nen *1*	–	teacher (woman)
	leicht *10*	–	easy, light, simple
	leid: es tut mir leid *9*	–	I am sorry
	leiden, litt, gelitten *23*	–	to suffer
	leider *4*	–	unfortunately
	leise *7*	–	soft(ly), in a low voice, low
die	Leiter, –n *23*	–	ladder
die	Lektion, –en *1*	–	lesson
	lernen *2*	–	to learn
	lesen (liest), las, gelesen *6*	–	to read
	letzt- *15*	–	last
die	Leute (plural) *11*	–	people
	lieb *19*	–	dear
die	Liebe *21*	–	love
	lieben *12*	–	to love
	liebenswürdig *18*	–	kind, amiable
	lieber *17*	–	preferably, rather
	es wäre mir lieber *18*	–	I would prefer
das	Lied, –er *13*	–	song
	liegen, lag, gelegen *1*	–	to lie, to be located, to be situated
die	Linie, –n *3*	–	line
	link-	–	left
	links *2*	–	to the left
der	LKW = **L**ast**k**raft**w**agen, *22*	–	truck
das	Lokal, –e *3*	–	eating place, restaurant
die	Luft, ¨e *16*	–	air
die	Luftbrücke, –n *17*	–	airlift
	luftkrank *16*	–	airsick
die	Luftwaffe, –n *5*	–	air force
	machen *12*	–	to make
das	Mädchen, – *3*	–	girl
	magisch *21*	–	magic (adj.)
der	Mai *8*	–	May
	Mailand *22*	–	Milan
das	Mal, –e *16*; (dreimal)	–	time; (three times)
	'mal = einmal *2*	–	once; also fillword
	malen *12*	–	to paint
der	Maler, – *13*	–	painter
die	Malerei *23*	–	(art of) painting
	malerisch *18*	–	picturesque
	man *8*	–	one, they, people
	manchmal *17*	–	sometimes
der	Mann, ¨er *4*	–	man, husband
die	Mannschaft, –en *24*	–	team, crew
der	Mantel, ¨ *10*	–	overcoat
das	Märchen, – *12*	–	fairy tale
die	Marine *5*	–	Navy
die	Mark *4*	–	German Mark = DM
der	März *8*	–	March
die	Maschine, –n *18*	–	engine, plane. machine

ALPHABETISCHES WÖRTERVERZEICHNIS

die Maske, –n *22* — mask
die Masse, –n *21* — mass, crowd
das Massengrab, ¨er *21* — mass grave
die Mauer, –n *17* — wall
die Medizin, –en *6* — medicine
das Meer, –e *15* — sea
mehr *8* — more
mehrere *13* — several
mein (poss.) *1; 4* — my
meinen *23* — to mean, to say
meist- *17* — most
die meisten *13* — most
meistens *23* — mostly
meisterhaft *21* — masterly
melden *22* — to report
die Meldung, –en *25* — report
die Melodie, –n *21* — melody
der Mensch, –en, –en *15* — man, human being (pl. people)
der Meter, – *3* — meter
mich *4* — me
mieten *19* — to rent, to hire
die Milch *3* — milk
das Militär *25* — military
beim Militär *25* — in the military service
militärisch *25* — military (adj.)
mindestens *8* — at least
die Minute, –n *1* — minute
mir *1* — (to) me
der Mißerfolg, –e *23* — failure
mißverstehen* *14* — to misunderstand
mit D *6, 8* — with
mitkommen* (ist) *13* — to come along
das Mittagessen, – *24* — luncheon, dinner
mitteilen *23* — to relate, to inform, to advise
das Mittelalter *18* — Middle Ages
mittelalterlich *18* — medieval
das Mittelmeer *15* — Mediterranean Sea
der Mittelpunkt *17* — center
der Mittwoch, –e *8* — Wednesday
möchte- *3* — .. would like
das Modell, –e *24* — model, pattern, type
modern *7* — modern
mögen (mag), mochte, gemocht — to like; to feel like
möglich *19* — possible
der Monat, –e *8* — month
monatelang *21* — for months
der Montag, –e *8* — Monday
der Morgen, – *1* — morning
morgen *9* — tomorrow
das Motorrad, ¨er *8* — motorcycle
der Motorradfahrer, – *8* — motorcyclist
müde *16* — tired

München *5* — Munich
die Mundart, –en *23* — dialect
die Musik *4* — music
das Museum (pl. Museen) *17* — museum
müssen (muß), mußte, gemußt *1* — must, to have to
die Mutter, ¨ *5* — mother

nach D *3* — after, to
der Nachbar, –n *22* — neighbor
nachdem (conj.) *18* — after (conj.)
nachdenken* *23* — to think about, to ponder
nachmachen *25* — to do like, to imitate
der Nachmittag, –e *9* — afternoon
heute nachmittag *9* — this afternoon
die Nachricht, –en *23* — news, message, information
nachsehen* *14* — to look up, to check
die Nacht, ¨e *1* — night
das Nachthemd, –en *9* — nightgown
nachts *12* — in the night, by night
nächst- *2* — nearest, next
nahe (¨) *7* — near
die Nähe *2* — vicinity
in der Nähe *2* — around here, in the vicinity, nearby
der Name, –n (Acc./Dat. Namen, Gen. Namens) *1* — name
namens *25* — by the name of
naß (¨) *7* — wet
die Natur, –en *15* — nature
natürlich *2* — naturally
Neapel *21* — Naples
neben AD *15* — next to, beside
die Nebenstraße, –n *11* — secondary road, side street
nehmen (nimmt), nahm, genommen *1* — to take
nein *1* — no
nennen, nannte, genannt *17* — to name, to call
der Nerv, –en *22* — nerve
der Nervenschock –s *22* — nervous breakdown
nett *2* — nice
neu *7* — new
nicht *1* — not
nicht einmal *21* — not even
nicht wahr? *10* — isn't it so?
nichts *11* — nothing
nie *25* — never
niederschreiben* *21* — to write down
niedrig *17* — low
niemand *12* — nobody, no one

314

ALPHABETISCHES WÖRTERVERZEICHNIS

noch *8*; noch zwei Jahre	–	yet, still; two more years
nochmal, noch einmal *1*	–	once more
der Norden *1*	–	(the) north
nördlich *1*	–	north of
normal *17*	–	normal
die Note, –n *7*	–	grade (in class); note (in music)
der November *8*	–	November
die Nummer, –n *6*	–	number
nun *25*	–	now; well
nur *1*	–	only
ob *18*	–	whether, if
oben *24*	–	upstairs
obgleich, obwohl *18*	–	although
oder *1*	–	or
offen *23*	–	open
der Offizier, –e *3*	–	officer
öffnen *18*	–	to open
oft *8*	–	often
ohne A *5*	–	without
der Oktober *8*	–	October
das Öl, –e *11*	–	oil
olympisch *24*	–	Olympic
der Onkel, – *22*	–	uncle
die Oper, –n *10*	–	opera
operieren *20*	–	to perform an operation
operiert werden *20*	–	to have an operation, to be operated on
der Optimismus *23*	–	optimism
die Orgel, –n *21*	–	organ
der Osten *1*	–	(the) East
Österreich	–	Austria
österreichisch *13*	–	Austrian (adj.)
östlich *1*	–	east of
das Paar, –e *9*	–	pair, couple
ein paar *13*	–	a few
der Pädagoge, –n, –n *21*	–	educator, teacher
das Paket, –e *9*	–	package, parcel
das Parfüm, –e (or –s) *24*	–	perfume
der Park, –s *1*	–	park
parken *3*	–	to park
der Parkplatz, ¨e *1*	–	parking lot
das Parterre *9*	–	ground floor
der Paß, ¨sse *4*	–	pass(port)
der Passagier, –e *22*	–	passenger
passen D *9*	–	to fit, to suit
passieren *8*	–	to happen
der Patient, –en, –en *20*	–	patient
die Pause, –n	–	pause, interval, intermission
der Pelz, –e *9*	–	fur

die Pension, –en *2*	–	boarding house, small hotel
die Person, –en *6*	–	person
der Personenzug, ¨e *14*	–	local train
die Pfeife, –n *3*	–	pipe
der Pfennig, – (–e); 20 Pfennig *4*	–	pfennig (= German coin); 20 pfennigs
das Pferd, –e *13*	–	horse
die Pflanze, –n *24*	–	plant
philosophisch *23*	–	philosophical
der Photograph, –en, –en (also: Fotograf) *24*	–	photographer
die Pianistin, –nen *21*	–	pianist (woman)
der Pilot, –en, –en *22*	–	pilot
die Pinakothek *12*	=	name of Munich picture gallery
der Plan, ¨e *4*	–	plan, map
planen *25*	–	to plan
der Platz, ¨e *1*; *13*	–	square; seat, space, place
politisch *17*	–	political
die Polizei *1*	–	police force, police station
das Polizeirevier, –e *25*	–	police station, police precinct
die Polizeiwache, –n *8*	–	police station
der Polizist, –en, –en *2*	–	policeman
das Portemonnaie, –s *15*	–	purse, wallet, moneybag
die Post (pl. Postämter) *2*	–	post office
Prag *13*	–	Prague
der Präsident, –en, –en *17*	–	president
das Präsidium (pl. Präsidien) *25*	–	headquarters, head office
die Praxis *4*	–	doctor's office
der Preis, –e *9*	–	price, prize
das Preisschild, –er *9*	–	price tag
preiswert *9*	–	reasonable (in price)
Preußen *17*	–	Prussia
preußisch *25*	–	Prussian (adj.)
pro *8*	–	per
probieren *9*	–	to try (on)
das Problem, –e *23*	–	problem
das Programm, –e *6*	–	program
protestieren *25*	–	to protest
provisorisch *17*	–	temporary, provisional(ly)
das Prozent, –e *24*	–	percent
der Prozeß, –sse *13*	–	trial, law suit
die Prüfung, –en *21*	–	examination, test
der Pudel, – *14*	–	poodle
der Pullover, – *9*	–	pullover, sweater
der Punkt, –e *25*	–	point; period; spot
pünktlich *23*	–	punctually, in time

ALPHABETISCHES WÖRTERVERZEICHNIS

die Querstraße, –n *3*	–	crossroad, cross street
das Radio, –s *6*	–	radio
s. rasieren *16*	–	to shave
rastlos *25*	–	restless
der Rat (pl. Ratschläge) *18*	–	advice
das Rathaus, ̈er *1*	–	city hall
der Räuber, – *22*	–	robber
rauchen *3*	–	to smoke
der Raum, ̈e *24*	–	space, room
die Rechnung, –en *3*	–	bill, check
recht	–	right
Ist Ihnen das recht? *13*	–	Is that all right with you?
recht müde (teuer, viel)	–	very tired (expensive, much)
rechts *1*	–	(to the) right
die Rede, –n *23*	–	speech
der Regen *4*	–	rain
der Regenschirm, –e *4*	–	umbrella
regieren *12*	–	to reign, to rule
die Regierung, –en *5*	–	government
regnen *15*	–	to rain
reich *7*	–	rich, wealthy
das Reich, –e *12*	–	empire, realm
der Reichstag, –e *18*	–	Diet
reinigen *20*	–	to (dry) clean
die Reise, –n *1*	–	travel, trip, journey, voyage
gute Reise! *16*	–	have a good trip
eine Reise machen	–	to take a trip
das Reisebüro, –s *1*	–	travel agency
reisen *14*	–	to travel
der Reisende (adj. end.) *14*	–	traveler
der Reisepaß, ̈sse *4*	–	passport
der Reisescheck, –s *11*	–	traveler's check
der Reiter, – *13*	–	horseman, rider
reizend *24*	–	charming, delightful
die Reparatur, –en *2*	–	repair
die Reparaturwerkstätte, –n *2*	–	repair shop
reparieren *11*	–	to repair
die Republik, –en *12*	–	republic
das Requiem, –s *21*	–	requiem
die Residenz, –en *18*	–	residence, palace
der Respekt *25*	–	respect
das Restaurant, –s *2*	–	restaurant
retten *22*	–	to save, to rescue
das Revier, –e *25*	–	(police) precinct
die Revolution, –en *12*	–	revolution
der Rhein *15*	–	Rhine (river)
richtig *1*	–	right, correct
die Richtung, –en *18*	–	direction
riechen, roch, gerochen *24*	–	to smell
der Ring, –e *21*	–	ring
der Rock ̈e *9*	–	skirt
die Rolltreppe, –n *9*	–	escalator
der Roman, –e *13*	–	novel
romanisch *18*	–	Romanesque
romantisch *12*	–	romantic
rot (̈) *2*	–	red
der Rotwein, –e *2*	–	red wine
die Rückfahrkarte, –n *14*	–	return ticket
rufen, rief, gerufen *8*	–	to call, to cry out
die Ruhe *15*	–	rest, peace, quiet, tranquillity
ruhen *15*	–	to rest, to be quiet
ruhig *18*	–	quiet
die Ruine, –n *17*	–	ruin
rund *7*	–	round
russisch *13*	–	Russian (adj.)
Rußland *12*	–	Russia
die Sache, –n *9*	–	thing, matter
sagen *1*	–	to say
der Salat, –e *13*; grüner Salat	–	salad; lettuce
salutieren *25*	–	to salute
sammeln *13*	–	to collect
die Sammlung, –en *13*	–	collection
der Samstag, –e *8*	–	Saturday
der Sarg, ̈e *21*	–	coffin
der Satz, ̈e *10*	–	sentence
sauber *7*	–	clean
sauer *7*	–	sour
die Schachtel, –n *9*	–	box
schade *19*	–	pitiful
es ist schade *19*	–	it is a pity, it is a shame
der Schaden, ̈ *22*	–	damage
schaffen, schuf, geschaffen *18*	–	to create
der Schaffner, – *5*	–	conductor
der Schal, –s *11*	–	scarf
die Schallplatte, –n *13*	–	(music) record
der Schalter, – *14*	–	(ticket, bank) window
das Schaufenster, – *13*	–	display window
der Scheck, –s *11*	–	check
schenken *24*	–	to present, to give as a present
der Schi = see Ski		
schick *9*	–	chic, fashionable, stylish
schicken *9*	–	to send
das Schicksal, –e *25*	–	fate
schießen, schoß, geschossen *22*	–	to shoot
die Schießerei, –en *22*	–	shooting
das Schild, –er *8*	–	sign

316

ALPHABETISCHES WÖRTERVERZEICHNIS

der Schirm, –e *4*	–	screen, cover
schlafen (schläft), schlief, geschlafen *15*	–	to sleep
das Schlafzimmer, – *15*	–	bedroom
schlecht *7*	–	bad (in quality)
schließen, schloß, geschlossen *20*	–	to close, to shut
das Schließfach, ¨er *14*	–	locker
schließlich *13*	–	finally, in the end
schlimm *8*	–	bad, serious
der Schlittschuh, –e *9*	–	skate
das Schloß, ¨sser *1*	–	castle
der Schluß, ¨sse *23*	–	end
der Schlüssel, – *4*	–	key
schmal *7*	–	narrow
schmecken *13*	–	to taste
der Schmerz, –en *23*	–	pain
der Schmuck (pl. Schmuckstücke) *9*	–	jewelry
schmutzig *7*	–	dirty
der Schnee *11*	–	snow
schneien *16*	–	to snow
schnell *8*	–	fast, quick
der Schnellzug, ¨e *14*	–	fast train
der Schnurrbart, ¨e *23*	–	moustache
der Schock, –s *8*	–	shock
schockieren *25*	–	to shock
schon *13*	–	already
schön *6*	–	beautiful
die Schönheit, –en *15*	–	beauty
der Schrank, ¨e *6*	–	closet, case
schrecklich *10*	–	terrible
schreiben, schrieb, geschrieben *4*	–	to write
die Schreibmaschine, –n *20*	–	typewriter
der Schreibtisch, –e *14*	–	desk
der Schriftsteller, – *13*	–	writer
die Schublade, –n *14*	–	drawer
der Schuh, –e *9*	–	shoe
der Schuhmacher, – *25*	–	shoemaker
die Schuld, –en *21*	–	debt
die Schule, –n *8*	–	school
der Schüler, – *5*	–	pupil, student
die Schülerin, –nen *5*	–	(girl) pupil, (girl) student
der Schutzmann, ¨er (pl. also: Schutzleute) *2*	–	policeman
schwäbisch *23*	–	Swabian
schwach (¨) *25*	–	weak
schwarz (¨) *14*	–	black
schweigen, schwieg, geschwiegen *15*	–	to be silent
die Schweiz *22*	–	Switzerland
schwer *18*	–	heavy, difficult
die Schwester, –n *5*	–	sister
die Schwierigkeit, –en *17*	–	difficulty
schwimmen, schwamm, geschwommen *19*	–	to swim
der Schwindler, – *24*	–	swindler
der See, –n *12*	–	lake
die See	–	sea
die Seele, –n *15*	–	soul
sehen (sieht), sah, gesehen *6*	–	to see
die Sehenswürdigkeit, –en *18*	–	sight, place worth seeing
s. sehnen *24*	–	to long, to be longing
sehr *2*	–	very
sein (ist), war, ist gewesen *1*	–	to be
sein (poss.) *4*	–	his, its
seit D *8*	–	since (prep.)
seit(dem) (conj.) *18*	–	ever since
die Seite, –n *1; 8*	–	page; side
die Seitenstraße, –n *18*	–	side street
die Sekretärin, –nen *23*	–	secretary
selbst *25*	–	himself, ourselves, etc., in person; even
die Sensation, –en *21*	–	sensation
der September *8*	–	September
der Sessel, – *6*	–	easy chair
s. setzen *16*	–	to sit down
sicher *9; 19;* G.	–	safe; certain(ly); sure of
die Sicherheit *9*	–	safety
die Sicherheitsbindung, –en *9*	–	safety binding
sie *1; 4*	–	she, her; they, them
Sie *1*	–	you
der Sinn, –e *15*	–	sense, mind
die Situation, –en *23*	–	situation
der Sitz, –e *17*	–	seat
sitzen, saß, gesessen *3*	–	to sit, to be sitting
der Ski, –er *9*	–	ski
die Skiabteilung, –en *9*	–	ski department
die Skihose, –n *9*	–	ski pants
Ski laufen* *9*	–	to ski
der Skistiefel, – *9*	–	ski boot
der Skistock, ¨e *9*	–	ski pole
soeben *18*	–	just now
das Sofa, –s *6*	–	sofa
sofort *16*	–	immediately
sogar *16*	–	even
der Sohn, ¨e *5*	–	son
der Soldat, –en, –en *3*	–	soldier
sollen (soll), sollte, gesollt)	–	to be supposed to, shall
der Sommer, – *8*	–	summer

ALPHABETISCHES WÖRTERVERZEICHNIS

	sondern 7	–	but = on the contrary
der	Sonnabend, –e 8	–	Saturday
die	Sonne, –n 11	–	sun
der	Sonntag, –e 8	–	Sunday
die	Sorge, –n 21	–	worry, trouble, sorrow
	sorgen 24	–	to worry, to take care of, to look after
	so ... wie 17	–	as ... as
	sowohl ... als auch 21	–	as well ... as
	sozial 24	–	social
	Spanien 19	–	Spain
	spanisch 12	–	Spanish
	spät 3	–	late
	Wie spät ist es? 3	–	What time is it?
	spazierengehen* 17	–	to go for a walk, to stroll
der	Spaziergang, ¨e 18	–	walk
die	Speisekarte, –n 3	–	menu
die	Sperre, –n 14	–	gate (at railroad station)
	sperren 22	–	to close, to block
der	Spiegel, – 6	–	mirror
das	Spiel, –e 21	–	play; game
	spielen 19	–	to play
das	Spielzeug (pl. Spielsachen) 23	–	toy
der	Sport (pl. Sportarten) 9	–	sport
die	Sprache, –n 20	–	language
	sprechen (spricht), sprach, gesprochen 2	–	to speak
	spüren 15	–	to feel
der	Staat, –en 17	–	state
die	Stadt, ¨e 5	–	city, town
	städtisch 13	–	municipal, city-owned
der	Stadtplan, ¨e 4	–	city map
	stark (¨) 11	–	strong; heavy
	stattfinden* 18	–	to take place
die	Statue, –e 18	–	statue
	stecken 14	–	to stick, to put
	stehen, stand, gestanden 4	–	to stand
	stehen* D 9	–	to be becoming, to look nice on
	stehlen (stiehlt), stahl, gestohlen 22	–	to steal
	steigen, stieg, ist gestiegen 15	–	to climb
der	Stein, –e 18; aus Stein	–	stone; made of stone
die	Stelle, –n 18	–	place
	an Ihrer Stelle 18	–	in your place
die	Stellung, –en 22	–	position, job
	stellen 15	–	to stand upright, to place, to put
	sterben (stirbt), starb, ist gestorben 12	–	to die
das	Sterbebett 21	–	deathbed
der	Stiefel, – 9	–	boot
	still 15	–	quiet, still
die	Stille 15	–	quiet, quietness, peace, tranquillity
	stimmen 16	–	to be correct
der	Stock (pl. Stockwerke) 9	–	floor, story
	stolz 24	–	proud
	stören 13	–	to disturb
	stoßen (stößt), stieß, gestoßen 11	–	to push, to hit
die	Straße, –n 1	–	street
die	Straßenbahn, –en 1	–	streetcar
die	Straßenbahnhaltestelle, –n 1	–	streetcar stop
die	Straßenkreuzung, –en 2	–	street crossing, intersection
das	Streichholz, ¨er 4	–	match
der	Streit, –e (also: Streitigkeiten) 21	–	quarrel, fight
	streng 25	–	strict
der	Strumpf, ¨e 9	–	stocking
der	Student, –en, –en 1	–	student
das	Studentenheim, –e 5	–	(men) students' dormitory
die	Studentin, –nen 1	–	woman student
das	Studentinnenheim, –e 5	–	(women) students' dormitory
	studieren 4	–	to go to college, to study
das	Stück, –e 23	–	piece, play
der	Stuhl, ¨e 6	–	chair
die	Stunde, –n 3	–	hour
	suchen 3	–	to look for, to seek
der	Süden 1	–	(the) south
	südlich 1	–	south of
	süß 7	–	sweet
das	Symbol, –e 17	–	symbol
die	Symphonie, –n 13	–	symphony
die	Szene, –n 23	–	scene
der	Tag, –e 1	–	day
die	Tagung, –en 22	–	convention, meeting, conference
das	Talent, –e 22	–	talent
die	Tankstelle, –n 2	–	service station, filling station
die	Tante, –n 13	–	aunt
	tanzen 18	–	to dance
die	Tänzerin, –nen 12	–	woman dancer

ALPHABETISCHES WÖRTERVERZEICHNIS

die Tasche, –n *4*	–	bag, pocket, pocket book
das Taschentuch, ˚er *4*	–	handkerchief
die Tasse, –n *3*	–	cup
das Taxi, –s *3*	–	taxi, cab
der Tee *17*	–	tea
der/das Teil, –e *24*	–	part
teilen *17*	–	to divide, to separate
teilnehmen* an D *22*	–	to participate in, to take part
das Telegramm, –e *19*	–	telegram, wire
das Telefon, –e (Telephon, e) *2*	–	telephone
telefonieren *2*	–	to make a telephone call
die Telefonzelle, –n *8*	–	telephone booth
das Tennis *19*	–	tennis
der Teppich, –e *6*	–	carpet, rug
teuer *3*	–	expensive
das Theater, – *14*	–	theater, show
das Theaterstück, –e *23*	–	(theater) play
die These, –n *18*	–	thesis, article
Thüringen *15*	–	Thuringia
das Tier, –e *13*	–	animal
der Tiger, – *13*	–	tiger
der Tisch, –e *6*	–	table
die Tochter, ˚ *5*	–	daughter
der Tod, –e *18*	–	death
die Toilette, –n *3*	–	toilet, WC
tönen *21*	–	to sound
töten *22*	–	to kill
tot *22*	–	dead
der Tourist, –en, –en *18*	–	tourist
tragen (trägt), trug, getragen *6*	–	to carry, to wear
traurig *15*	–	sad
treffen (trifft), traf, getroffen *10*	–	to meet; to hit
die Treppe, –n *9*	–	stairs, staircase
trinken, trank, getrunken *3*	–	to drink
trocken *7*	–	dry
der Trödler, – *25*	–	second-hand dealer, old clothes' dealer
trotz G *17*	–	in spite of
die Truppe, –n *17*	–	troop
das Tuch, ˚er *4*	–	cloth
tun, tat, getan *3*	–	to do
die Tür, –en *2*	–	door
der Turm, ˚e *13*	–	tower
üben *3*	–	to practise, to drill
über AD *15*	–	over, above, across, about
über *18*	–	by way of, via
überall *13*	–	everywhere
der Überfall, ˚e *22*	–	assault, raid
überfüllt *13*	–	(over)crowded
überholen *8*	–	to overtake, to pass
übermorgen *9*	–	day after tomorrow
übernehmen* *12*	–	to take over
übersetzen *11*	–	to translate
die Übung, –en *1*	–	drill, exercise
die Uhr, –en *3 4*	–	clock; watch
Wieviel Uhr ist es? *3*	–	What time is it?
um A *1*	–	around
um . . . Uhr *4*	–	at . . . o'clock
umkehren *21*	–	to turn around, to turn back
die Umleitung, –en *11*	–	detour
umsteigen* *5*	–	to transfer, to change trains
umtauschen *11*	–	to exchange (goods)
umwechseln *11*	–	to exchange (money)
umziehen* (ist)	–	to move (= change residence)
s. **um**ziehen* (hat)	–	to change clothes
um – zu *25*	–	in order to
unaufhörlich *21*	–	incessantly, constantly
unbekannt *21*	–	unknown
der Unbekannte, (adj. end.) *21*	–	stranger
unbeschreiblich *21*	–	indescribable
unbewohnt *22*	–	uninhabited, vacant
und *1*	–	and
der Unfall, ˚e *8*	–	accident
ungefähr *15*	–	approximately
unglaublich *25*	–	unbelievable, incredible
das Unglück (pl. Unglücksfälle) *22*	–	disaster, misfortune, catastrophe
unheilbar *23*	–	incurable
die Uniform, –en *25*	–	uniform
die Universität, –en *5*	–	university
die Unruhe *15*	–	restlessness, unrest
unser *4*	–	our
unsterblich *21*	–	immortal
unten *25*	–	downstairs
unter AD *15*	–	under; among
s. unterhalten* *23*	–	to converse, to talk
die Unterhaltung, –en *13*	–	conversation
unternehmen* *21*	–	to undertake
unterrichten *21*	–	to instruct, to teach
der Unterschied, –e *4*	–	difference
unterstreichen, unterstrich, unterstrichen *7*	–	to underline
untersuchen *22*	–	to investigate, to examine
die Untertasse, –n *22*	–	saucer

ALPHABETISCHES WÖRTERVERZEICHNIS

	ununterbrochen 21	–	uninterrupted(ly)
	unvergeßlich 18	–	unforgettable
	unvollendet 13	–	unfinished
das	Unwetter, – 21	–	tempest, thunderstorm
der	Urlaub, -e 22	–	furlough, leave
die	Ursache, -n 18	–	reason, cause
	Keine Ursache!	–	don't mention it
	usw. = und so weiter	–	etc., and so forth
die	Vase, -n 6	–	vase
der	Vater, ⸚ 5	–	father
	Venedig 14	–	Venice
	verbieten, verbot, verboten 8	–	to forbid
	verbinden, verband, verbunden 18	–	to connect, to combine, to join
der	Verbrecher, – 22	–	criminal
	verbringen* 19	–	to spend (time)
	verdienen 19	–	to earn
	vereinigen 17	–	to unite
die	Vereinigten Staaten 17	–	the United States
der	Verfasser, – 15	–	author
die	Vergangenheit 19	–	past
das	Vergehen, – 25	–	offense
	vergessen (vergißt), vergaß, vergessen 11	–	to forget
das	Vergnügen 16	–	pleasure
	Viel Vergnügen!	–	have a good time
	verhaften 22	–	to arrest
	verheiratet 5	–	married
	verhindern 22	–	to prevent
	verkaufen 10	–	to sell
der	Verkäufer, – 9	–	salesman
die	Verkäuferin, -nen 9	–	saleslady
der	Verkehr 3	–	traffic
die	Verkehrsampel, -n 3 –	–	traffic light
das	Verkehrszeichen, – 8 –	–	traffic sign
	verlangen 25	–	to demand
	verlassen* 21	–	to leave, to abandon
s.	verlassen* auf A 21	–	to rely on
	verletzen 22	–	to injure
	verlieren, verlor, verloren 14	–	to lose
s.	verloben 16	–	to get engaged
der	Verlobte (adj. end.) 22	–	fiancé;
der	Verlust, -e 23	–	loss
	vermissen 22	–	to miss
	vermißt 22	–	missing
	vermuten 21	–	to presume, to suppose
	verraten (verrät), verriet, verraten 25	–	to disclose, to reveal, to betray

	verrückt 11	–	crazy, mad
der	Vers, -e 15	–	verse
	verschaffen 25	–	to procure, to get
s.	verschaffen (ich verschaffe mir) 25	–	to procure, to obtain, to get
	verschieden 25	–	different
	verschwinden, verschwand, ist verschwunden 25	–	to disappear
	versorgen 17	–	to supply
s.	verspäten 16	–	to be late
	verspätet sein 16	–	to be late
die	Verspätung, -en 18	–	delay
	Verspätung haben	–	to be late (trains, etc.)
	versprechen* 12	–	to promise
das	Versprechen, – 23	–	promise
	verständigen 22	–	to inform, to notify
das	Versteck, -e 22	–	hiding place, hide-out
	verstecken 23	–	to hide
	verstehen, verstand, verstanden 2	–	to understand
	versuchen 18	–	to try
	verursachen 22	–	to cause
	verurteilen 25	–	to sentence
	verwandt 22	–	related
der	Verwandte (adj. end.) 19	–	relative
	verweigern 25	–	to refuse
das	Verzeichnis, -se	–	list, index
die	Verzeihung 5	–	pardon
	Verzeihung! 5	–	Pardon me.
die	Verzweiflung, -en 25	–	despair
	viel 2	–	much
	viele 6	–	many
	vielleicht 8	–	perhaps
	vielmals 9	–	many times
das	Viertel, – 2	–	quarter
die	Violine, -n 21	–	violin
	virtuos 21	–	masterly
der	Vogel, ⸚ 15	–	bird
das	Vöglein, – 15	–	little bird
das	Volk, ⸚er 12	–	people, nation
	voll 7	–	full
	vollenden 12	–	to accomplish, to finish
	völlig 22	–	completely
	vollkommen 22	–	complete(ly); perfect
	von D 1	–	from
	vor AD 3; 13	–	before, in front of; ago
	vorbei 22	–	past
s.	**vor**bereiten 21	–	to prepare
	vorbestraft 25	–	having a police record, previously convicted

320

ALPHABETISCHES WÖRTERVERZEICHNIS

der	Vorbestrafte (adj. end.) 25	–	ex-convict
der	Vordergrund, ¨e 14	–	foreground
	vorgestern 9	–	day before yesterday
	vorhaben* 13	–	to have planned, to intend to do
der	Vorhang, ¨e 6	–	curtain, drape
	vorher 8	–	before (adv.)
die	Vorschrift, -en 25	–	regulation, rule
die	Vorsicht 5	–	caution
	Vorsicht! 5	–	caution! watch out!
	vorsichtig 11	–	cautious, careful
	vorstellen 1	–	to introduce
s.	**vor**stellen (ich stelle mir vor)	–	to imagine
	vorübergehend 22	–	temporarily, temporary
der	Wagen, – 14	–	car, coach
	wahr 10	–	true
	nicht wahr? 10	–	isn't it true? isn't it so?
	während (prep.) G 17	–	during
	während (conj.) 25	–	while
	wahrscheinlich 8	–	probably
das	Wahrzeichen, – 17	–	landmark
der	Wald, ¨er 25	–	wood, forest
die	Wand, ¨e 15	–	wall
	wann? 3	–	when? what time?
das	Warenhaus, ¨er 9	–	department store
	warm (¨) 17	–	warm
	warnen 23	–	to warn
	warten 13	–	to wait
	warum? 5	–	why?
	was 1	–	what
	was für ... 7	–	what sort of, what kind of
	Was ist los? 11	–	What is the matter?
	waschen (wäscht), wusch, gewaschen 16	–	to wash
das	Wasser 3	–	water
	wechseln 11	–	to (ex)change
die	Wechselstube, -n 14	–	exchange office
der	Weg, -e 17	–	way, road, path
	weg 18	–	away
	wegen G 17	–	because of
	weich 7	–	soft (= not hard)
das	Weihnachten (also: pl. die Weihnachten) 13	–	Christmas
	weil 18	–	because
der	Wein, -e 2	–	wine
	weinen 23	–	to cry, to weep
	weiß 1	–	white
der	Weißwein, -e 2	–	white wine
	weit 1	–	far
	weiter .. 2	–	further
	Lesen Sie weiter!	–	Continue to read, go on reading
	welcher, welches, welche 7	–	which
die	Welt, -en 12	–	world
der	Weltkrieg, -e 12	–	world war
der	Weltraum 24	–	universe
	wem? 9	–	(to) whom?
	wen? 4	–	whom?
	wenig 17	–	little = not much
	weniger	–	less
	wenigst- 17	–	least
	wenn 18	–	when, if
	wer? 2	–	who
	werden (wird), wurde, ist geworden 8	–	to become, to get
das	Werk, -e 13	–	work (creative)
die	Werkstätte, -n 2	–	workshop, workroom
	wessen? 17	–	whose?
der	Westen 1	–	(the) west
	westlich 1	–	west of
das	Wetter 16	–	weather
	wichtig 8	–	important
	widerrufen* 18	–	to recant, to revoke
	widersprechen* 14	–	to contradict
	wie? 3	–	how?
	Wie bitte? 1	–	I beg your pardon?
	Wie geht es Ihnen? 8	–	How are you?
	wie lange noch 8	–	how much longer
	wie 11	–	like, as
	wieder 7	–	again
	wieder **auf**nehmen* 22	–	to resume
	wiederholen 3	–	to repeat, to review
	wiedersehen*	–	to see again
	Auf Wiedersehen!	–	Good-bye; till we meet again
	Wien 13	–	Vienna
	wieso? 11	–	how come? why?
	wieviel 3	–	how much
	wieviel Uhr ist es? 3	–	what time is it?
	Der wievielte ist heute? 9	–	What is the date today?
	wie viele	–	how many
der	Wille (Acc./Dat. Willen, Gen. Willens) 12	–	will
	winken 14	–	to wave
der	Winter, – 9	–	winter
der	Wipfel, – 15	–	tree top
	wirklich 12	–	really, actually
	wissen (weiß), wußte, gewußt 2	–	to know

321

ALPHABETISCHES WÖRTERVERZEICHNIS

	wo? *1*	–	where
die	Woche, –n *8*	–	week
das	Wochenende, –n *2*	–	weekend
der	Wochentag, –e *8*	–	day of the week
	woher? *1*	–	wherefrom? from what place?
	wohin? *6*	–	whereto? to what place?
	wohnen *3*	–	to live, to stay, to dwell
die	Wohnung, –en *19*	–	apartment
das	Wohnzimmer, – *6*	–	living room
die	Wolle *24*	–	wool
	wollen (will), wollte, gewollt) *2*	–	to want
das	Wort, ¨er *1*	–	word; (vocabulary)
das	Wort, –e *17*	–	word; (in context)
das	Wörterbuch, ¨er *18*	–	dictionary
der	Wortschatz *1*	–	vocabulary
die	Wortstellung	–	word order
	wunderbar *18*	–	wonderful
das	Wunderkind, –er *21*	–	child prodigy
	wundervoll *19*	–	wonderful
der	Wunsch, ¨e *16*	–	wish
	wünschen *16*	–	to wish
	würdig *21*	–	dignified, worthy

	Zahl, –en *3*	–	number, figure
die			
	zahlen *2* = bezahlen	–	to pay
	zählen *1*	–	to count
der	Zahn, ¨e *23*	–	tooth
der	Zahnarzt, ¨e *23*	–	dentist
der	Zaun, ¨e *23*	–	fence
das	Zeichen, – *8*	–	sign
	zeigen *9*	–	to show
die	Zeit, –en *8*	–	time
	Ach, du liebe Zeit! *11*	–	My goodness
	es ist höchste Zeit *14*	–	it is high time
der	Zeitgenosse, –n, –n *21*	–	contemporary
die	Zeitung, –en *3*	–	newspaper

	Zelle, –n *8*	–	booth, cell
die			
das	Zentrum (pl. Zentren) *17*	–	center
	zerstören *18*	–	to destroy, to demolish
	zertrümmern *22*	–	to smash, to shatter
	ziehen, zog, gezogen *16*	–	to pull, to draw
	ziehen, zog, ist gezogen *21*	–	to move, to change residence
	ziemlich *13*	–	rather
die	Zigarre, –n *3*	–	cigar
die	Zigarette, –n *3*	–	cigarette
das	Zimmer, – *6*	–	room
der	Zimmernachweis, –e *18*	–	rooming office
	zittern *23*	–	to tremble
der	Zivilangestellte (adj. end.) *5*	–	civilian employee
der	Zivilist, –en, –en *22*	–	civilian
	zu *3*	–	to; too
das	Zuchthaus, ¨er *25*	–	penitentiary
	zuerst *10*	–	at first
	zufällig *18*	–	by chance
der	Zug, ¨e *14*	–	train
	zuhören *1*	–	to listen
der	Zuhörer, – *21*	–	listener
die	Zuhörer (pl.)	–	audience
	zum *3* = zu dem	–	to the
	zur *3* = zu der	–	to the
	zurück *14*	–	back
	zurückkommen* *18*	–	to return, to come back
	zur Zeit *17; 22*	–	at the time of; at present
	zusammen *11*	–	together
	zusammenstoßen (stößt zusammen), stieß zusammen, ist zusammengestoßen *11*	–	to collide
	zweifeln *22*	–	to doubt
	zweit- *9*	–	second
	zwingen, zwang, gezwungen *12*	–	to force, to compel
	zwischen AD *4*	–	between

ENGLISH-GERMAN VOCABULARY

For plural forms of nouns and for verb forms check German-English vocabulary.

to abandon	–	verlassen*
to abdicate	–	abdanken
able: to be able to	–	können*
above	–	über AD
above all	–	vor allen Dingen
above it	–	darüber
about	–	über A
about (adv.)	–	ungefähr, etwa
abroad	– das	Ausland
abstract	–	abstrakt
accident	– der	Unfall
to accompany	–	begleiten
to accomplish	–	**voll**enden
acquaintance	– der	Bekannte
to be acquainted	–	kennen*
to acquire	–	besorgen, s. verschaffen
across	–	über AD
across from	–	gegenüber D
act	– der	Akt
actually	–	wirklich, eigentlich
address	– die	Adresse
to adjoin	–	**an**grenzen
to admire	–	bewundern
adventure	– das	Abenteuer
advice	– der	Rat
to advise	–	**mit**teilen, raten (rät), riet, geraten
to be afraid	–	s. fürchten, Angst, Furcht haben
after	–	nach D; nachdem (conj.)
after all	–	doch
afternoon	– der	Nachmittag
in the afternoon	–	nachmittag
this afternoon	–	heute nachmittag
again	–	wieder
against	–	gegen A
age	– das	Alter
at the age of	–	im Alter von
ago	–	vor D
air	– die	Luft
air force	– die	Luftwaffe
air lift	– die	Luftbrücke
airplane	– das	Flugzeug
airport	– der	Flughafen
airsick	–	luftkrank
alcohol	– der	Alkohol
alien	–	fremd
to be alive	–	leben
all	–	alle
all day long	–	den ganzen Tag
all of	–	ganz
all right	–	gut, schön
that's quite all right	–	gern geschehen
is that all right with you?	–	ist Ihnen das recht?
ally	– der	Alliierte
almost	–	fast, beinahe
alone	–	allein
along	–	mit
already	–	schon, bereits
also	–	auch
altar	– der	Altar
although	–	obgleich, obwohl
always	–	immer
America	–	Amerika
American	– der	Amerikaner, die Amerikanerin
American (adj.)	–	amerikanisch
amiable	–	liebenswürdig
among	–	unter AD
among them	–	darunter
and	–	und
and so forth	–	uns so weiter = usw.
animal	– das	Tier
to announce	–	**mit**teilen
to be annoyed	– s.	ärgern
annoying	–	ärgerlich
answer	– die	Antwort
to answer	–	antworten
antique	–	antik
anxiety	– die	Angst, die Furcht
apartment	– die	Wohnung
to appear	–	erscheinen*
apple	– der	Apfel
to apprehend	–	**fest**nehmen*
approximately	–	ungefähr, etwa
April	– der	April
architect	– der	Baumeister, der Architekt
arm	– der	Arm
arm	– die	Waffe
to arm	–	bewaffnen
army	– die	Armee
around	–	um A
around here	–	in der Nähe
to arrest	–	verhaften, **fest**nehmen*
to arrive	–	**an**kommen*
arrival	– die	Ankunft

323

ENGLISH-GERMAN VOCABULARY

art	– die Kunst	because	– weil, denn, da
art history	– die Kunstgeschichte	because of (prep.)	– wegen G
art of painting	– die Malerei	to become	– werden*
work of art	– das Kunstwerk	to be becoming	– stehen* D
article	– der Artikel, die These	bed	– das Bett
artist	– der Künstler	bedroom	– das Schlafzimmer
as (conj.)	– da	beer	– das Bier
as (= like)	– wie	before (conj.)	– bevor, ehe
as . . . as	– so . . . wie	before (= ago)	– vor D
as far as	– bis zum, bis zur	before (adv.)	– vorher
as soon as	– sobald	I beg your pardon?	– wie bitte?
as well as	– sowohl . . als auch	begin	– der Anfang
to ask	– fragen, s. erkundigen	to begin	– **an**fangen*, beginnen*
to ask for	– bitten um A	beginner	– der Anfänger
to ask questions	– Fragen stellen	behind	– hinter AD
assault	– der Überfall	to believe	– glauben, denken*
assignment	– die (Haus)aufgabe	to belong to	– gehören
astronaut	– der Astronaut	benzine	– das Benzin
at	– an; bei	beside	– neben AD
at least	– mindestens	beside it	– daneben
at that time	– damals	best	– am besten
at the	– am	in the best way	– am besten
audacious	– kühn	to betray	– verraten*
audience	– die Zuhörer	better	– besser
August	– der August	between	– zwischen AD
aunt	– die Tante	big	– groß
Austria	– Österreich	bill	– die Rechnung
Austrian (adj.)	– österreichisch	bird	– der Vogel
author	– der Verfasser	little bird	– das Vögelein
authorities	– die Behörde	birthday	– der Geburtstag
authority	– die Legitimation	bishop	– der Bischof
auto	– das Auto	black	– schwarz
autumn	– der Herbst	blind	– blind
away	– weg	to block	– blockieren, sperren
back	– zurück	blond	– blond
back (in the b.)	– hinten	blood	– das Blut
background	– der Hintergrund	blouse	– die Bluse
bad	– schlecht; schlimm	blue	– blau
bag	– die Handtasche	boarding house	– die Pension
baggage	– das Gepäck	bold	– kühn
baggage room	– die Gepäckaufbewahrung	book	– das Buch
balcony	– der Balkon	bookcase	– der Bücherschrank
ball	– der Ball	boot	– der Stiefel
ball point pen	– der Kugelschreiber	booth	– die Zelle
bank	– die Bank	border	– die Grenze
bar	– (das Lokal), die Bar	to border	– **an**grenzen
Baroque (style)	– der Barock	born	– geboren
barracks	– die Kaserne	boss	– der Chef
bath(room)	– das Bad, das Badezimmer	both	– beide
		bottle	– die Flasche
Bavaria	– Bayern	box	– die Schachtel
Bavarian dress	– das Dirndlkleid	boy	– der Bub, der Junge
to be	– sein	breath	– der Hauch
to be about	– handeln von	breeze	– der Hauch
beautiful	– schön	bridge	– die Brücke
beauty	– die Schönheit	brief	– kurz

ENGLISH-GERMAN VOCABULARY

in brief	– in Kürze
briefcase	– die Aktentasche
briefness	– die Kürze
bright	– hell
to bring	– bringen*
broad	– breit
broken	– kaputt
brother	– der Bruder
brothers and sisters	– die Geschwister
brown	– braun
to build	– bauen
to build up	– **auf**bauen
building	– der Bau, das Gebäude
bureaucracy	– die Bürokratie
burglary,	
to commit b.	– **ein**brechen
to bury	– begraben*
bus	– der Bus
busy	– besetzt (telephone)
but	– aber, sondern; ja; denn
butter	– die Butter
to buy	– kaufen, besorgen
by	– von D
by itself (himself etc.)	– von allein
cab	– das Taxi
café	– das Café, das Lokal
cake	– der Kuchen
to call	– rufen*, nennen*
to call for	– **ab**holen
to call up	– **an**rufen*
to be called	– heißen*
calm	– ruhig, still
camera	– die Kamera
can	– können
to cancel	– **ab**sagen
cancer	– der Krebs
capital city	– die Hauptstadt
capsule	– die Kapsel
captain	– der Hauptmann
car	– das Auto, der Wagen
card	– die Karte
to care for	– sorgen
careful	– vorsichtig
carpet	– der Teppich
to carry	– tragen*
cash	– bar (adj.)
cash (money)	– das Bargeld
to cash	– **ein**lösen
cash register	– die Kasse
cashier's desk	– die Kasse
castle	– das Schloß
cat	– die Katze
catastrophe	– das Unglück
to catch	– ertappen, fassen
to catch cold	– s. erkälten
cathedral	– der Dom
cause	– die Ursache
to cause	– verursachen
caution	– die Vorsicht
cautious	– vorsichtig
to celebrate	– feiern
celebration	– die Feier
cellar	– der Keller
cemetery	– der Friedhof
center	– das Zentrum, der Mittelpunkt
century	– das Jahrhundert
certainly	– bestimmt
chain	– die (Hals)kette
chair	– der Stuhl
chamber music	– die Kammermusik
by chance	– zufällig
to change	– ändern, wechseln
to change (clothes)	– s. **um**ziehen*
to change (money)	– **um**wechseln
to change (trains)	– **um**steigen*
charming	– reizend
chase	– die Jagd
cheap	– billig
check	– die Rechnung, der Scheck
to check	– **nach**sehen*
chic	– schick
chief	– der Chef
child	– das Kind
child prodigy	– das Wunderkind
Christmas	– Weihnachten
church	– die Kirche
cigar	– die Zigarre
cigarette	– die Zigarette
citizen	– der Bürger
city	– die Stadt
city hall	– das Rathaus
city map	– der Stadtplan
civilian	– der Zivilist
civilian employee	– der Zivilangestellte
to claim	– behaupten
class	– die Klasse, die Stunde
classroom	– das Klassenzimmer
clean	– sauber
clear	– klar
climate	– das Klima
to climb	– steigen*
clock	– die Uhr
close	– nahe
to close	– schließen*, **zu**machen, sperren
cloth	– der Stoff, das Tuch
to change clothes	– s. **um**ziehen*
coach	– der Wagen, die Kutsche
coat	– der Mantel

ENGLISH-GERMAN VOCABULARY

coffee	– der Kaffee	to cost	– kosten
coffee shop	– das Café	cottage	– die Hütte
coffin	– der Sarg	to count	– zählen
cold	– die Kälte	country	– das Land
cold	– kalt	couple	– das Paar
to have a cold	– erkältet sein	a couple of	– ein paar
to catch cold	– s. erkälten	course: in the c. of	= bei
collection	– die Sammlung	of course	– natürlich
to go to college	– studieren	crazy	– verrückt
to collide	– **zusammen**stoßen*	to create	– schaffen*
color	– die Farbe	crew	– die Mannschaft
colored	– farbig	criminal	– der Verbrecher
to combine	– verbinden*	criminal offense	– das Vergehen
to come	– kommen*	crossing	– die Kreuzung
to come along	– **mit**kommen*	crossroad	– die Querstraße
to come back	– **zurück**kommen*	cross street	– die Querstraße
comfortable	– bequem	crowd	– die Masse
command	– der Befehl	crowded	– überfüllt
to command	– befehlen*	to cry	– weinen
common	– gemeinsam	cultural	– kulturell
community	– die Gemeinde	culture	– die Kultur
company	– die Gesellschaft	cup	– die Tasse
to compel	– zwingen*	curtain	– der Vorhang
completely	– vollkommen, völlig	curve	– die Kurve
to compose	– komponieren	customer	– der Gast
composer	– der Komponist		
to conceive	– fassen	damage	– der Schaden
concert	– das Konzert	to damage	– beschädigen
to condemn	– verurteilen	to dance	– tanzen
to conduct	– dirigieren	dancer	– der Tänzer, die Tänzerin
conductor	– der Schaffner; der Dirigent	dangerous	– gefährlich
		Danube	– die Donau
conference	– die Tagung	dark	– dunkel
conflict	– der Konflikt	a dark beer	– ein Dunkles
to congratulate	– gratulieren	date	– das Datum
congratulation	– der Glückwunsch	what is the date?	– der wievielte ist . . ; welches Datum ist . .
congress	– der Kongreß		
to connect	– verbinden*	daughter	– die Tochter
consequence	– die Folge	day	– der Tag
to consider to be	– halten* für	day after tomorrow	– übermorgen
to be considered	– gelten*	day before yesterday	– vorgestern
to consist of	– bestehen* aus D	day of the week	– der Wochentag
constantly	– unaufhörlich	dead	– tot
construction site	– die Baustelle	to deal with	– handeln von
consulate	– das Konsulat	dear	– lieb, teuer
contemporary	– der Zeitgenosse	death	– der Tod
to continue to . . .	– weiter- . . .	deathbed	– das Sterbebett
to contradict	– widersprechen*	debt	– die Schuld
contrary, on the c.	– im Gegenteil	December	– der Dezember
convention	– die Tagung	definitely	– bestimmt, sicher
conversation	– die Konversation, die Unterhaltung	delay	– die Verspätung
		delightful	– reizend
to converse	– s. unterhalten*	to demand	– verlangen
cordial	– herzlich	demonstration	– die Demonstration
corner	– die Ecke	dentist	– der Zahnarzt
correct	– richtig	to depart	– **ab**fahren*
to be correct	– stimmen	department	– die Abteilung

ENGLISH-GERMAN VOCABULARY

department store	– das Warenhaus	drape	– der Vorhang
departure	– die Abfahrt	drawer	– die Schublade
to depict	– beschreiben*, **dar**stellen	dress	– das Kleid
		to dress	– s. **an**ziehen*
to describe	– beschreiben*	to get dressed	– s. **an**ziehen*
desk	– der Schreibtisch	drill	– die Übung, der Drill
despair	– die Verzweiflung	to drill	– üben
to destroy	– zerstören	to drink	– trinken*
to detect	– ertappen	to drive	– fahren*
detour	– die Umleitung	driver's license	– der Führerschein
dialect	– die Mundart, der Dialekt	to drown	– ertrinken*
diamond	– der Diamant	dry	– trocken
dictionary	– das Wörterbuch	to (dry)clean	– reinigen
to die	– sterben*	during	– während G
Diet	– der Reichstag	Dutchman	– der Holländer
difference	– der Unterschied	to dwell	– wohnen
different	– anders, verschieden		
to become different	– s. ändern	each	– jeder, jedes, jede
difficult	– schwer, schwierig	each other	– einander
difficulty	– die Schwierigkeit	early	– früh
dignified	– würdig	to earn	– verdienen
dinner	– das (Abend)essen, das (Mittag)essen	earth	– die Erde
		east	– der Osten
diplomat	– der Diplomat	east of	– östlich
direct(ly)	– direkt	easy	– leicht
to direct	– dirigieren	easy chair	– der Sessel
direction	– die Richtung	to eat	– essen*
dirty	– schmutzig	eating place	– das Lokal
to disappear	– verschwinden*	educator	– der Pädagoge
disaster	– das Unglück	elegant	– elegant
discharge	– die Entlassung	elevator	– der Fahrstuhl, der Aufzug
to discharge	– entlassen*		
discipline	– die Disziplin	elevator man	– der Fahrstuhlführer
to disclose	– verraten*	emperor	– der Kaiser
to discover	– entdecken	empire	– das Reich
discussion	– die Diskussion	to employ	– **an**stellen
disease	– die Krankheit	employee	– der Angestellte
to disguise	– verkleiden	empty	– leer
dismissal	– die Entlassung	end	– das Ende, der Schluß
display window	– das Schaufenster	in the end	– schließlich
distance	– die Entfernung	engaged, to get e.	– s. verloben
to disturb	– stören	engine	– die Maschine
to divide	– teilen	England	– England
to do	– tun,* machen	English	– englisch
doctor	– der Arzt; die Ärztin	Englishman	– der Engländer
doctor's office	– die Praxis	enjoyable	– erfreulich
dog	– der Hund	enough	– genug
dollar	– der Dollar	enthusiastic	– begeistert
door	– die Tür	entire	– ganz
dormitory	– das Studentenheim, das Studentinnenheim	to erect	– bauen
		escalator	– die Rolltreppe
to doubt	– zweifeln	especially	– besonders
down (stairs)	– unten, drunten; hinunter, herunter	etc.	– usw. (= und so weiter)
downtown area (section)	– die Innenstadt	even	– sogar, selbst
		evening	– der Abend
downtown: to go d.	– in die Stadt gehen	ever	– je(mals)

327

ENGLISH-GERMAN VOCABULARY

ever since	–		seitdem
every	–		jeder, jedes, jede
everything	–		alles
everywhere	–		überall
exactly	–		genau
examination	– das	Examen, die Prüfung
to examine	–		untersuchen, prüfen
example	– das	Beispiel; e.g. – z.B.
excellent	–		ausgezeichnet
to exchange (goods)	–		**um**tauschen
to exchange (money)	–		**um**wechseln
exchange office	– die	Wechselstube
ex-convict	– der	Vorbestrafte
excursion	– der	Ausflug
to excuse	–		entschuldigen
exit	– der	Ausgang
to expect	–		erwarten
to expel	–		**aus**weisen*
expensive	–		teuer
to experience	–		erleben
explosion	– die	Explosion
expression	– der	Ausdruck
expressionistic	–		expressionistisch
express train	– der	Schnellzug, der FD-Zug
eye	– das	Auge
eyeglasses	– die	Brille
factory	– der	Betrieb, die Fabrik
failure	– der	Mißerfolg
fairy tale	– das	Märchen
fall	– der	Herbst
to fall	–		fallen*
family	– die	Familie
family doctor	– der	Hausarzt
famous	–		berühmt
far	–		weit
farmer	– der	Bauer
fashionable	–		schick
fast	–		schnell
fast train	– der	Schnellzug
fate	– das	Schicksal
father	– der	Vater
favor	– der	Gefallen
fear	– die	Furcht, die Angst
to fear	–		s. fürchten
February	– der	Februar
Federal Republic	– die	Bundesrepublik
federation	– der	Bund
to feel	–		s. fühlen; spüren
to feel like	–		mögen
fence	– der	Zaun
to fetch	–		holen
a few	–		ein paar
fiancé	– der	Verlobte

fiancée	– die	Verlobte
fight	– der	Kampf, der Streit
figure	– die	Zahl
filling station	– die	Tankstelle
film	– der	Film
finally	–		schließlich, endlich
to find	–		finden*
to find out	–		s. erkundigen; ertappen
fine	– die	Geldstrafe
fine	–		fein
I am fine	–		es geht mir gut
finger	– der	Finger
to finish	–		vollenden
finished	–		fertig
first	–		erst-
at first	–		zuerst
to fit	–		passen
flat	– die	Wohnung
to flee	–		fliehen*
flight	– der	Flug
floor	– das	Stockwerk, der Stock; der Boden
florist	– das	Blumengeschäft
flower	– die	Blume
to fly	–		fliegen*
to follow	–		folgen
food	– das	Essen
foodstuffs	– die	Lebensmittel
foot	– der	Fuß
football	– der	Fußball
footnote	– die	Fußnote, die Anmerkung
for (prep.)	–		für A; (conj.) – denn
to forbid	–		verbieten*
force	– die	Kraft
to force	–		zwingen*
foreground	– der	Vordergrund
foreign	–		fremd, ausländisch
foreign country	– das	Ausland
foreigner	– der	Ausländer
forest	– der	Wald
to forget	–		vergessen*
forgiveness	– die	Verzeihung
for it	–		dafür
form	– die	Form
fortunate	–		glücklich
fortune	– das	Glück
France	–		Frankreich
free	–		frei
French	–		französisch
Frenchman	– der	Franzose
Frenchwoman	– die	Französin
fresh	–		frisch
Friday	– der	Freitag
friend	– der	Freund; die Freundin

ENGLISH-GERMAN VOCABULARY

friendly	–	freundlich
from	–	von D; aus D
from it	–	davon
front, in the f.	–	vorn, vorne;
in front of	–	vor AD
frontier	– die	Grenze
full	–	voll
funeral	– das	Begräbnis
funny	–	komisch
fur	– der	Pelz
furlough	– der	Urlaub
gallery	– die	Galerie
garage	– die	Garage
garden	– der	Garten
gas	– das	Gas
gasoline	– das	Gas, das Benzin
gate	– die	Sperre (at railroad station)
gay	–	fröhlich
genius	– das	Genie
gentleman	– der	Herr
genuine	–	echt
German (man, woman)	– der/die	Deutsche
German (adj.)	–	deutsch
in German	–	auf deutsch
German (language)	– das	Deutsch
German class	– die	Deutschstunde
German highway	– die	Autobahn
German Mark	– die	deutsche Mark (DM)
Germany	–	Deutschland
to get = to acquire	–	verschaffen.
to get = to become	–	werden*
to get = to buy	–	besorgen
to get = to receive	–	bekommen*
to get done	–	erledigen
to get in, on	–	**ein**steigen*
to get off, out	–	**aus**steigen*
to get married	–	heiraten
to get to know	–	**kennen**lernen
to get up	–	**auf**stehen*
to get used to	– s.	gewöhnen
ghost	– der	Geist
gift	– das	Geschenk
girl	– das	Mädchen
girl friend	– die	Freundin
to give	–	geben*
to give as a present	–	schenken
to give regards to	–	grüßen
to be glad	– s.	freuen
gladly	–	gern, gerne
glass	– das	Glas
glasses (eye)	– die	Brille
glove	– der	Handschuh
to go	–	gehen*; (fahren*)
to go and get	–	holen

good	–	gut
good-bye	–	auf Wiedersehen
My goodness.	–	Ach, du liebe Zeit!
go an to . . .	–	weiter . . .
gorgeous	–	großartig
Gothic	–	gotisch
government	– die	Regierung
to grab	–	fassen
grade	– die	Note
grand	–	großartig
grave	– das	Grab
gray, grey	–	grau
Greece	–	Griechenland
green	–	grün
to greet	–	grüßen
greetings	– die	Grüße
grey, gray	–	grau
groceries	– die	Lebensmittel
ground	– der	Boden
ground floor	– das	Erdgeschoß,
	das	Parterre
group	– die	Gruppe
guest	– der	Gast
to guide	–	führen
gun	– das	Gewehr.
hair	– das	Haar
half	– die	Hälfte
half (adj.)	–	halb
hall	– die	Halle
hand	– die	Hand
handbag	– die	Handtasche
handball	– der	Handball
handkerchief	– das	Taschentuch
to hang (trans.)	–	hängen
to be hanging	–	hängen*
hanging lamp	– die	Ampel
to happen	–	geschehen*,
	s.	ereignen, passieren
What happened?	–	Was ist los?
happiness	– das	Glück
happy	–	glücklich
to be happy (about)	– s.	freuen (über)
hard	–	hart
hardly	–	kaum
hat	– der	Hut
hatbox	– die	Hutschachtel
to hate	–	hassen
to have	–	haben*
to have (something) done	–	. . . lassen*
to have to	–	müssen*
head office, head-quarters	– das	Präsidium
health	– die	Gesundheit
in good health	–	gesund
healthy	–	gesund

329

ENGLISH-GERMAN VOCABULARY

to hear	–	hören	how much longer	–	wie lange noch
heart	– das	Herz	human being	– der	Mensch
to learn by heart	–	auswendig lernen	Hun	– der	Hunne
heartfelt, heartily	–	herzlich	hunger	– der	Hunger
heavens!	–	ach, du liebe Zeit!	hunt	– die	Jagd
heavy	–	schwer; (stark)	hunting lodge	– die	Jagdhütte
helicopter	– der	Hubschrauber	to hurry	–	s. beeilen
hello, to say h. to	–	grüßen	to hurt	–	verletzen
help	– die	Hilfe	husband	– der	Mann
to help	–	helfen*	hut	– die	Hütte
her (pron.)	–	sie, ihr			
her (poss.)	–	ihr, ihre			
here	–	hier	idea	– die	Idee, die Ahnung
here (to)	–	her, hierher	identification (card)	– der	Ausweis
to hide	–	verstecken	if	–	wenn; ob
hideout	– das	Versteck	ill	–	krank
hiding place	– das	Versteck	illness	– die	Krankheit
high	–	hoch (hoh-)	to imagine	–	s. (etwas) **vor**stellen
it is high time	–	es ist höchste Zeit	immediately	–	sofort
highway	– die	Autobahn	immortal	–	unsterblich
hill	– der	Hügel	importance	– die	Bedeutung
him	–	ihn; ihm	important	–	wichtig, bedeutend
to hire	–	mieten, **an**stellen	impression	– der	Eindruck
his	–	sein, seine	improvement	– die	Besserung
historical	–	historisch	in	–	in
history	– die	Geschichte	in the	–	im; ins
to hit	–	treffen*			(= contracted)
to hold	–	halten*	incessantly	–	unaufhörlich
to hold up	–	blockieren	incredible	–	unglaublich
holy	–	heilig	incurable	–	unheilbar
home	– das	Heim	indescribable	–	unbeschreiblich
at home	–	zu Hause	inexpensive	–	billig
home(wards)	–	nach Hause	influence	– der	Einfluß
homework	– die	(Haus)aufgabe	to inform	–	**mit**teilen, verständigen
honest	–	ehrlich			
honeymoon	– die	Hochzeitsreise	information	– die	Auskunft, die Nachricht
to hope	–	hoffen			
I hope that he (she, etc.) will be better soon	–	gute Besserung	to be informed	–	erfahren*
			inhabitant	– der	Einwohner
			inhabited	–	bewohnt
hopefully	–	hoffentlich	to injure	–	verletzen
horse	– das	Pferd	in order to	–	um ... zu
horseman	– der	Reiter	to inquire	–	s. erkundigen
hospital	– das	Krankenhaus	inside	–	innen, drinnen; herein, hinein
hospitality	– die	Gastfreundschaft			
hot	–	heiß	in spite of	–	trotz G
hotel	– das	Hotel	to instruct	–	unterrichten
small hotel	– die	Pension	instrument	– das	Instrument
hour	– die	Stunde	to intend to	–	**vor**haben*
house	– das	Haus	to be interested	–	s. interessieren
how?	–	wie?	interesting	–	interessant
how are you?	–	wie geht es Ihnen (dir, euch)?	intermission	– die	Pause
			intersection	– die	Kreuzung, die Straßenkreuzung
how come?	–	wieso?			
however	–	aber, sondern; doch	into	–	in A
how many?	–	wie viele?	to introduce	–	**vor**stellen, **bekannt**machen
how much?	–	wieviel?	to investigate	–	untersuchen

ENGLISH-GERMAN VOCABULARY

to invite	–	**ein**laden*
isn't it so?	–	nicht wahr?
it	–	es
item	– die	Sache
its (poss.)	–	sein, seine
by itself	–	von allein
Italy	–	Italien
jacket	– die	Jacke
January	– der	Januar
jewelry	– der	Schmuck
job	– die	Arbeit, die Stellung
to join	–	verbinden*
joint	–	gemeinsam
joke	– der	Witz
journey	– die	Reise
joy	– die	Freude
July	– der	Juli
June	– der	Juni
just	–	gerade; einmal, 'mal
just now	–	soeben
to keep free	–	**frei**halten*
key	– der	Schlüssel
to kill	–	töten
kilometer	– der	Kilometer
kind	–	freundlich, liebenswürdig
king	– der	König
kingdom	– das	Königreich
kitchen	– die	Küche
to know = to be acquainted with	–	kennen*
to know (facts)	–	wissen*
to get to know	–	**kennen**lernen
to lack	–	fehlen
to be lacking	–	fehlen
ladder	– die	Leiter
lady	– die	Dame
lake	– der	See
Lake Constance	– der	Bodensee
lamp	– die	Lampe
hanging lamp	– die	Ampel
land	– das	Land
to land	–	landen
landmark	– das	Wahrzeichen
landscape	– die	Landschaft
language	– die	Sprache
large	–	groß
last	–	letzt-
last night	–	gestern abend
to last	–	dauern
late	–	spät
to be late	–	s. verspäten
to laugh	–	lachen
to lay	–	legen
to lead	–	führen
to learn	–	lernen; erfahren*
least	–	am wenigsten
at least	–	mindestens
leave	– der	Urlaub
to leave	–	lassen*; verlassen*; **ab**fahren*
left (to the l.)	–	links
less	–	weniger
lesson	– die	Lektion, die Aufgabe
to let	–	lassen*
letter	– der	Brief
lettuce	– der	(grüne) Salat
to lie	–	liegen*
life	– das	Leben
life story	– das	Schicksal
light	–	leicht; hell
a light beer	–	ein Helles
Do you have a light?	–	Haben Sie Feuer?
lighter	– das	Feuerzeug
like = as	–	wie
to do like	–	**nach**machen
to like	–	mögen*; gefallen*
I should (would) like	–	ich möchte
line	– die	Linie
to listen to	–	zuhören
listener	– der	Zuhörer
little (= small)	–	klein
little (= not much)	–	wenig
a little	–	ein bißchen, etwas
to live	–	leben
to live = to dwell	–	wohnen
living room	– das	Wohnzimmer
local train	– der	Personenzug
to be located	–	liegen*, s. befinden*
locker	– das	Schließfach
lodge	– die	Hütte
long	–	lang, lange
for a long time	–	lange
how much longer	–	wie lange noch
to long, to be longing	–	s. sehnen
to look	–	**aus**sehen*; schauen
look here!	–	sieh her!
look out!	–	Vorsicht!
to look after	–	sorgen für
to look for	–	suchen
to look forward to	–	s. freuen auf
to look like	–	**aus**sehen*
to look nice on	–	stehen* D
to look up	–	**nach**sehen*
to lose	–	verlieren*
loss	– der	Verlust
loud(ly)	–	laut
love	– die	Liebe

331

ENGLISH-GERMAN VOCABULARY

to love		lieben
low = soft	–	leise
low = not high	–	niedrig
luck	– das	Glück
luggage	– das	Gepäck
luncheon	– das	(Mittag)essen
machine	– die	Maschine
mad	–	verrückt
mad = angry	–	böse
to be mad	– s.	ärgern
magic	– die	Magie
magic (adj.)	–	magisch
magnificent	–	herrlich, wundervoll
mailbox	– der	Briefkasten
main street	– die	Hauptstraße
to maintain	–	behaupten
main thing	– die	Hauptsache
to make	–	machen
to make a call	–	telefonieren
to make money	–	verdienen
man	– der	Mann; der Mensch
many	–	viele
many times	–	vielmals
map	– der	Plan, die Karte
March	– der	März
Mark (German)	– die	Mark (DM)
married	–	verheiratet
to get married	–	heiraten
to marry	–	heiraten
mask	– die	Maske
mass	– die	Masse
mass grave	– das	Massengrab
masterly	–	meisterhaft, virtuos
masterpiece	– das	Hauptwerk
material	– der	Stoff
match	– das	Streichholz
to match	–	**nach**machen
matter	– die	Sache, das Ding
what is the matter?	–	was ist los?
May	– der	Mai
may	–	dürfen
maybe	–	vielleicht
mayor	– der	Bürgermeister
me	–	mich, mir
to mean	–	meinen
meaning	– die	Bedeutung
meantime, in the m.;		
meanwhile	–	inzwischen
medicine	– die	Medizin
medieval	–	mittelalterlich
Mediterranean Sea	– das	Mittelmeer
to meet	–	treffen*, **kennen**lernen
meeting	– die	Tagung
melody	– die	Melodie
memorial	–	Gedächtnis-

to memorize		auswendig lernen
memory	– das	Gedächtnis
by memory	–	auswendig
mention, don't m. it	–	bitte!
		keine Ursache
menu	– die	Speisekarte
merry	–	fröhlich
meter	– der	Meter
Middle Ages	– das	Mittelalter
Milan	–	Mailand
military	– das	Militär
military (adj.)	–	militärisch
military service	– das	Militär
milk	– die	Milch
mind	– der	Sinn, das Gedächtnis
minute	– die	Minute
mirror	– der	Spiegel
misfortune	– das	Unglück
Miss	– das	Fräulein
to miss	–	vermissen
missing	–	vermißt
to misunderstand	–	mißverstehen*
model	– das	Modell
modern	–	modern
moment	– der	Augenblick
just a moment	–	einen Augenblick
Monday	– der	Montag
money	– das	Geld
to make money	–	verdienen
moneybag	– das	Portemonnaie
month	– der	Monat
for months	–	monatelang
monument	– das	Denkmal
more	–	mehr; noch
morning	– der	Morgen
most	–	die meisten
most of the time,		
mostly	–	meistens
mother	– die	Mutter
motion pictures	– das	Kino
motorcycle	– das	Motorrad
motorcyclist	– der	Motorradfahrer
mountain	– der	Berg
mountain hike	– die	Bergtour
mountains,		
mountain range	– das	Gebirge
mountain top	– der	Gipfel
moustache	– der	Schnurrbart
to move	–	ziehen*
to move out	–	**aus**ziehen*
movie	– das	Kino; der Film
movies, movie		
theater	– das	Kino
Mr.	–	Herr ...
Mrs.	–	Frau ...
much	–	viel; vielmals
Munich	–	München

332

ENGLISH-GERMAN VOCABULARY

municipal	–	städtisch
museum	– das	Museum
music	– die	Musik
musician	– der	Musiker
must	–	müssen
my	–	mein, meine
mysterious	–	geheimnisvoll
mystery	– das	Geheimnis
name	– der	Name
by the name of	–	namens
What is your name?	–	Wie ist Ihr Name?
to name	–	nennen*
Naples	–	Neapel
to narrate	–	erzählen
narrow	–	schmal
nation	– das	Volk
naturally	–	natürlich
nature	– die	Natur
Navy	– die	Marine
near	–	bei D; nahe
nearby	–	in der Nähe, nahe
nearest	–	nächst-
necessary	–	notwendig
neck	– der	Hals
necklace	– die	(Hals)kette
to need	–	brauchen
neighbor	– der	Nachbar
to neighbor	–	**an**grenzen
nerve	– der	Nerv
nervous breakdown	– der	Nervenschock
never	–	nie(mals)
new	–	neu
news	– die	Nachricht, (Nachrichten)
newspaper	– die	Zeitung
next	–	nächst-
next to	–	neben AD
next to it	–	daneben
nice	–	nett, schön
night	– die	Nacht
at night, during the night	–	nachts
last night	–	gestern Abend
one night	–	eines nachts
nightgown	– das	Nachthemd
no	–	nein
no = not a	–	kein, keine
nobody	–	niemand
noise	– der	Lärm
noon	– der	Mittag
no one	–	niemand
normal	–	normal
north	– der	Norden
north of	–	nördlich von
not	–	nicht
not a, not any	–	kein, keine
not at all	–	durchaus nicht; keine Ursache
not more than	–	erst
note	– die	Anmerkung; die Note
to notice	–	bemerken
to notify	–	verständigen
notion	– die	Ahnung
not until	–	erst
novel	– der	Roman
November	– der	November
now	–	jetzt; nun
number	– die	Nummer, die Zahl
to obey	–	gehorchen
to observe	–	beachten, beobachten
to obtain	–	verschaffen
occasion	– die	Gelegenheit
occupation	– der	Beruf
occupied	–	besetzt
to occupy	–	besetzen
to occur	–	geschehen, passieren s. ereignen
October	– der	Oktober
of	–	von D
o'clock	–	... Uhr
of course	–	natürlich
offense	– das	Vergehen
office	– das	Büro
officer	– der	Offizier
official	– der	Beamte
of it	–	davon
often	–	oft
oil	– das	Öl
old	–	alt
–old	–	-jährig
old clothes dealer	– der	Trödler
Olympic	–	olympisch
on	–	an AD, auf AD
once	–	einmal, 'mal
once more	–	noch einmal
one	–	eins; ein, eine; (= they) man
one way ticket	–	einfache Fahrkarte
one and a half	–	anderthalb
only	–	nur; erst
only (adj.)	–	einzig
on top of	–	auf AD
open	–	offen
open	– das	Freie
in the open air	–	im Freien
to open	–	öffnen, aufmachen
opera	– die	Oper
operation	– die	Operation; der Betrieb
to have an operation	–	operiert werden
to perform an operation	–	operieren

333

ENGLISH-GERMAN VOCABULARY

operator (= elevator man)	– der	Fahrstuhlführer
operator!	–	Fräulein!
opinion	– die	Ansicht
to have an opinion of	–	halten von
opportunity	– die	Gelegenheit
opposite	– das	Gegenteil
opposite	–	gegenüber D
optimism	– der	Optimismus
or	–	oder
order	– der	Befehl
to order	–	bestellen; befehlen*
in order to	–	um ... zu
ordinarily	–	gewöhnlich
organ	– die	Orgel
other	–	ander-
our	–	unser, unsere
outdoors	–	im Freien
out of	–	aus D
outside	–	außen, draußen; hinaus, heraus
outside of	–	außerhalb G
over	–	über AD
overcoat	– der	Mantel
overcrowded	–	überfüllt
over it	–	darüber
to overtake	–	überholen
over there	–	da (dort) drüben; hinüber
own	–	eigen
to own	–	besitzen*
package	– das	Paket
page	– die	Seite
pain	– der	Schmerz
to paint	–	malen
painter	– der	Maler
painting	– das	Gemälde
(art of) painting	– die	Malerei
pair	– das	Paar
palace	– das	Schloß, die Residenz
pants	– die	Hose, die Hosen
parcel	– das	Paket
pardon, I beg you p.	–	Entschuldigen Sie! Verzeihung!
pardon me?	–	wie bitte?
parents	– die	Eltern
park	– der	Park
to park	–	parken
parka	– der	Anorak
parking lot	– der	Parkplatz
parkway	– die	Autobahn
part	– der	Teil
to participate	–	**teil**nehmen*
party	– die	Feier, die Party, die Gesellschaft
pass	– der	Ausweis, der Reisepaß
to pass	–	überholen
passenger	– der	Passagier
passport	– der	Reisepaß
past	– die	Vergangenheit
past	–	vorbei
path	– der	Weg
patient	– der	Patient
pause	– die	Pause
to pay	–	bezahlen, zahlen
to pay attention	–	**auf**passen, beachten
peace	– die	Ruhe, die Stille, der Frieden
peasant	– der	Bauer
pencil	– der	Bleistift
penitentiary	– das	Zuchthaus
people	– das	Volk; die Leute, die Menschen; man
per	–	pro
percent	– das	Prozent
to perform	–	**auf**führen
performance	– das	Spiel, die Aufführung
perfume	– das	Parfüm
perhaps	–	vielleicht
period	– die	Periode, die Zeit; der Punkt
permission	– die	Erlaubnis, die Genehmigung
permit	– die	Erlaubnis, die Genehmigung
to permit	–	erlauben
Persian rug	– der	Perserteppich
person	– die	Person
persons	– die	Leute
pfennig	– der	Pfennig
pharmacy	– die	Apotheke
philosophical	–	philophisch
photograph	– das	Foto (Photo), die Fotografie (Photographie)
photographer	– der	Fotograf, der Photograph
physician	– der	Arzt, die Ärztin
pianist	– der	Pianist, die Pianistin
piano	– das	Klavier
to pick up	–	**ab**holen
picture	– das	Bild; das Gemälde
picturesque	–	malerisch
picture postcard	– die	Ansichtskarte
piece	– das	Stück
pilot	– der	Pilot
pipe	– die	Pfeife
pitiful	–	schade
pity, it is a p.	–	es ist schade
place	– der	Platz, die Stelle
at the place of	–	bei D
from what place?	–	woher?

334

ENGLISH-GERMAN VOCABULARY

if I were in your place	–	wenn ich Sie wäre
to what place?	–	wohin?
place worth seeing	– die	Sehenswürdigkeit
to take place	–	**statt**finden*
to place (horizontally)	–	legen
to place (vertically)	–	stellen
plan	– der	Plan
to make a plan	–	einen Plan fassen
to plan	–	planen
plane	– das	Flugzeug, die Maschine
to have planned	–	**vor**haben*
plant	– die	Pflanze
platform (at railroad station)	– der	Bahnsteig
platoon	– die	Abteilung
play	– das	Spiel, das Stück
to play	–	spielen; **auf**führen
pleasant	–	erfreulich
please	–	bitte
to please	–	gefallen*
pleasure	– das	Vergnügen
it was a pleasure	–	gern geschehen
pocket(book)	– die	(Hand)tasche
poem	– das	Gedicht
poet	– der	Dichter
point	– der	Punkt
to point to	–	deuten auf
police	– die	Polizei
police force	– die	Polizei
radio police	– die	Funkstreife
policeman	– der	Polizist, der Schutzmann
police office, police precinct	– die das	Polizei(wache), Polizeirevier
police record, to have a p.	–	vorbestraft sein
police station	– die	Polizei, die Polizeiwache
polite	–	höflich
political	–	politisch
to ponder	–	**nach**denken*
poodle	– der	Pudel
poor	–	arm
porter	– der	Gepäckträger
to portray	–	**dar**stellen
position	– die	Stellung, die Position
to possess	–	besitzen*
possible	–	möglich
post office	– die	Post, das Postamt
potato	– die	Kartoffel
power	– die	Kraft, die Macht
practice	– die	Praxis
to practice, practise	–	üben
Prague	–	Prag
precinct (police)	– die	Polizeiwache
present	– das	Geschenk
to give as a present	–	schenken
present	– die	Gegenwart
at present	–	zur Zeit
president	– der	Präsident
to presume	–	vermuten
pretty	–	hübsch
pretty tired	–	recht müde
to prevent	–	verhindern
previously convicted	–	vorbestraft
price	– der	Preis
price tag	– das	Preisschild
principal work	– das	Hauptwerk
prison	– das	Gefängnis
prize	– der	Preis
probably	–	wahrscheinlich
problem	– das	Problem
to procure	–	besorgen, verschaffen
profession	– der	Beruf
program	– das	Programm
prohibited	–	verboten
promise	– das	Versprechen
to promise	–	versprechen*
pronunciation	– die	Aussprache
proof of authority	– die	Legitimation
to protest	–	protestieren
proud of	–	stolz auf
to provide	–	besorgen
provisional(ly)	–	provisorisch
Prussia	–	Preußen
Prussian (adj.)	–	preußisch
to pull	–	ziehen*
pullover	– der	Pullover
punctually	–	pünktlich
pupil	– der	Schüler, die Schülerin
purchase	– der	Einkauf
purse	– das	Portemonnaie, die Brieftasche, die Handtasche
to push	–	stoßen*
to put	–	legen (horizontally); stellen (vertically); = to stick – stecken
to put on	–	**an**ziehen*
quarrel	– der	Streit
quarter	– das	Viertel
to question	–	fragen
quick	–	schnell
quiet	–	still, ruhig
quiet	– die	Ruhe, die Stille
quietness	– die	Ruhe, die Stille
quite	–	ganz
radio	– das	Radio
radio patrol, radio police	– die	Funkstreife

335

ENGLISH-GERMAN VOCABULARY

raid	– der	Überfall
railroad station	– der	Bahnhof
railroad ticket	– die	Fahrkarte
rain	– der	Regen
to rain	–	regnen
rather	–	ziemlich; lieber
to reach	–	erreichen
to read	–	lesen*
ready	–	fertig
real	–	wirklich; echt
really	–	wirklich
realm	– das	Reich
rear, in the r.	–	hinten
reason	– die	Ursache, der Grund
reasonable (in price)	–	preiswert
to recant	–	widerrufen*
to receive	–	bekommen*
to recommend	–	empfehlen*
record	– die	Schallplatte
recording	– die	Aufnahme
to recover	– s.	erholen
recovery	– die	Besserung, die Erholung
to recuperate	– s.	erholen
red	–	rot
red wine	– der	Rotwein
to refuse	–	verweigern
regards	–	Grüße
to give regards to	–	grüßen
region	– die	Landschaft
regulation	– die	Vorschrift
to reign	–	regieren
related	–	verwandt
relative	– der	Verwandte
to rely on	– s.	verlassen* auf
to remain	–	bleiben*
to remember	– s.	erinnern
to remind	–	erinnern
to rent	–	mieten
to repair	–	reparieren
repair shop	– die	Reparaturwerkstätte
to repeat	–	wiederholen
to reply	–	erwidern
report	– der	Bericht, die Meldung
to report	–	berichten, melden
republic	– die	Republik
to request	–	verlangen; bitten* um
requiem	– das	Requiem
to rescue	–	retten
residence	– die	Residenz; der Aufenthalt
respect	– der	Respekt
to respect	–	achten
rest	– die	Ruhe
to get a rest	– s.	erholen
to rest	–	ruhen
restaurant	– das	Restaurant
restless	–	rastlos
restlessness	– die	Unruhe
to resume	–	**wiederauf**nehmen*
to return	–	**zurück**kommen*, **um**kehren
return ticket	– die	Rückfahrkarte
to reveal	–	verraten*
to review	–	wiederholen
to revoke	–	widerrufen*
revolution	– die	Revolution
Rhine	– der	Rhein
rich	–	reich
to ride	–	fahren*
rider	– der	Reiter
rifle	– das	Gewehr
right	–	richtig, recht
to the right	–	rechts
to be right	–	stimmen
right away	–	gleich, sofort
ring	– der	Ring
river	– der	Fluß
road	– der	Weg, die Straße
robber	– der	Räuber
Romanesque	–	romanisch
romantic	–	romantisch
room	– das	Zimmer; der Raum
rooming office	– der	Zimmernachweis
round	–	rund
round trip ticket	– die	Rückfahrkarte
rug	– der	Teppich
ruin	– die	Ruine
ruined	–	zerstört, kaputt
rule	– die	Regel, die Vorschrift
to rule	–	regieren
to run	–	laufen*
Russia	–	Rußland
Russian (adj.)	–	russisch
sacred	–	heilig
sad	–	traurig
safe	–	sicher
safety	– die	Sicherheit
safety binding	– die	Sicherheitsbindung
saint	–	heilig
salad	– der	Salat
salesman	– der	Verkäufer
saleswoman	– die	Verkäuferin
to salute	–	salutieren
same	–	gleich
the same	–	derselbe, dasselbe, dieselbe
(the) same to you	–	danke, gleichfalls
Saturday	– der	Samstag, der Sonnabend
saucer	– die	Untertasse
to save	–	retten

336

ENGLISH-GERMAN VOCABULARY

to say	–	sagen; meinen
to say hello to	–	grüßen
scarcely	–	kaum
to be scared	–	s. fürchten
scarf	–	der Schal
scene	–	die Szene
scenery	–	die Landschaft
scenic	–	landschaftlich
schedule	–	der Fahrplan
school	–	die Schule
screen	–	der Schirm
sea	–	das Meer
season	–	die Jahreszeit
seat	–	der Platz, der Sitz
second	–	zweit-
secondary road	–	die Nebenstraße
second-hand	–	gebraucht
second-hand dealer	–	der Trödler
secret	–	das Geheimnis
secretary	–	die Sekretärin
section	–	die Abteilung
to see	–	sehen*
to seek	–	suchen
-self, -selves	–	selbst
to sell	–	verkaufen
to send	–	schicken
sensation	–	die Sensation
sense	–	der Sinn
sentence	–	der Satz
to sentence	–	verurteilen
to separate	–	teilen
serious	–	schlimm, schwer
service station	–	die Tankstelle
several	–	mehrere
shall	–	sollen
shame, it is a s.	–	es ist schade
to shatter	–	zertrümmern
to shave	–	s. rasieren
she	–	sie
shirt	–	das Hemd
shock	–	der Schock
to shock	–	schockieren
shoe	–	der Schuh
shoemaker	–	der Schuhmacher
shop	–	das Geschäft
to go shopping	–	Einkäufe machen
to shoot	–	schießen*
shooting	–	die Schießerei
short	–	kurz
shot	–	das Foto, die Aufnahme
to show	–	zeigen
to show up	–	erscheinen*
to shut	–	schließen*, zu- machen
sick	–	krank
sickness	–	die Krankheit
side	–	die Seite
side street	–	die Seitenstraße
sight	–	die Sehenswürdigkeit
to go sightseeing	–	besichtigen
sign	–	das Schild, das Zeichen
to be silent	–	schweigen*
simple	–	einfach
since (prep.)	–	seit D
since (conj.)	–	da
sister	–	die Schwester
to sit, to be sitting	–	sitzen*
to sit down	–	s. setzen
to be situated	–	liegen*
situation	–	die Situation
size	–	die Größe
skate	–	der Schlittschuh
ski	–	der Ski, der Schi
to ski	–	Ski laufen*, Ski fahren*
ski boot	–	der Skistiefel
ski department	–	die Skiabteilung
ski jacket	–	der Anorak
ski pants	–	die Skihose
ski pole	–	der Skistock
skirt	–	der Rock
slacks	–	die Hose
to sleep	–	schlafen*
to sleep long, to sleep enough	–	**aus**schlafen*
slide	–	das Dia(positiv)
slow(ly)	–	langsam
small	–	klein
to smash	–	zertrümmern
to smell	–	riechen*
to smoke	–	rauchen
snapshot	–	das Foto (Photo)
snow	–	der Schnee
to snow	–	schneien
snow	–	der Pelzschuh, der Pelzstiefel
social	–	sozial
society	–	die Gesellschaft
sofa	–	das Sofa
soft = not hard	–	weich
soft = not loud	–	leise
soil	–	der Boden
sojourn	–	der Aufenthalt
soldier	–	der Soldat
some (sing.)	–	etwas
some (plur.)	–	einige
some (= a little)	–	ein bißchen, etwas, ein wenig
somebody, someone	–	jemand
something	–	etwas
sometimes	–	manchmal
son	–	der Sohn
song	–	das Lied
soon	–	bald

ENGLISH-GERMAN VOCABULARY

as soon as	–	sobald
sort, what sort of	–	was für (ein)
sorrow	– die	Sorge
sorry, I am s.	–	es tut mir leid
soul	– die	Seele
to sound	–	tönen
sour	–	sauer
south	– der	Süden
south of	–	südlich
souvenir	– das	Andenken
space	– der	Platz, der Raum, der Weltraum
Spain	–	Spanien
Spanish	–	spanisch
to speak	–	sprechen*
speech	– die	Rede, die Worte
speed	– die	Geschwindigkeit
to spell	–	buchstabieren
to spend (time)	–	verbringen*
spirit	– der	Geist
spite, in s. of	–	trotz G
sport	– der	Sport
spot	– der	Punkt
spring	– der	Frühling
square	– der	Platz
stage	– die	Bühne
stage play	– das	Bühnenstück
staircase, stairs	– die	Treppe
stamp	– die	Briefmarke
stand	– der	Kiosk
to stand	–	stehen*
to stand in line	–	**an**stehen*
to stand (something) upright	–	stellen
to start	–	**an**fangen*, beginnen*
state	– der	Staat
station (railroad)	– der	Bahnhof
statue	– die	Statue
stay	– der	Aufenthalt
to stay	–	bleiben*
to steal	–	stehlen*
to stick	–	stecken
still	–	still; (adv.) – noch
stocking	– der	Strumpf
stone	– der	Stein
stop (of a public vehicle)	– die	Haltestelle
to stop	–	halten*, **an**halten*
store	– das	Geschäft
story	– die	Geschichte, die Erzählung
story = floor	– der	Stock, das Stockwerk
straight	–	gerade
straight ahead	–	geradeaus
strange	–	fremd; unbekannt
stranger	– der	Fremde; der Unbekannte
street	– die	Straße
streetcar	– die	Straßenbahn
streetcar stop	– die	Straßenbahnhaltestelle
street crossing	– die	Straßenkreuzung
strength	– die	Kraft
strict	–	streng
to stroll	–	**spazieren**gehen*
strong (= heavy)	–	stark
struggle	– der	Kampf
student (man)	– der	Student, der Schüler
student (woman)	– die	Studentin, die Schülerin
to study	–	studieren; lernen
stylish	–	schick
to succeed	–	gelingen*
success	– der	Erfolg
successful	–	erfolgreich
to suffer	–	leiden*, erleiden*
suit (man's)	– der	Anzug
suit (woman's)	– das	Kostüm
to suit	–	passen
suitcase	– der	Handkoffer, der Koffer
summer	– der	Sommer
sun	– die	Sonne
Sunday	– der	Sonntag
superior	– der	Chef
superstitious	–	abergläubisch
supper	– das	(Abend)essen
to supplement	–	ergänzen
to supply	–	versorgen
to suppose	–	vermuten
to be supposed to	–	sollen
sure(ly)	–	sicher, gewiß
Swabian	–	schwäbisch
sweater	– der	Pullover
sweet	–	süß
to swim	–	schwimmen*
swindler	– der	Schwindler
Switzerland	– die	Schweiz
symbol	– das	Symbol
symphony	– die	Symphonie
synthetic material (fiber)	– die	Kunstfaser
table	– der	Tisch
to take	–	nehmen*; bringen*
to take care of	–	sorgen für
to take for	–	halten* für
to take into custody	–	**fest**nehmen*
to take over	–	übernehmen*
to take part	–	**teil**nehmen*

338

ENGLISH-GERMAN VOCABULARY

to take place	–	**statt**finden*
to take (time)	–	dauern, brauchen
taken	–	besetzt
talent	– das	Talent
to talk	–	erzählen; s. unterhalten*, sprechen*
tall	–	groß
to taste	–	schmecken
taxi	– das	Taxi
tea	– der	Tee
to teach	–	unterrichten, lehren
teacher	– der	Lehrer; der Pädagoge
teacher (woman)	– die	Lehrerin
team	– die	Mannschaft
telegram	– das	Telegramm
telephone	– das	Telefon
telephone booth	– die	Telefonzelle
to make a telephone call	–	telephonieren
television set	– der	Fernseher
TV program	– das	Fernsehprogramm
to tell	–	erzählen
tempest	– das	Unwetter
temporarily	–	vorübergehend
temporary	–	provisorisch, vorübergehend
tennis	– das	Tennis
terrible	–	schrecklich, furchtbar
test	– die	Prüfung
than	–	als
to thank	–	danken
thank you	–	danke schön, danke sehr
thanks	–	Dank
thanks a lot	–	vielen Dank
that	–	das; (conj.) – daß
theater	– das	Theater
theater play	– das	Theaterstück, das Bühnenstück
theft	– der	Diebstahl
their	–	ihr
them	–	sie; ihnen
then	–	dann; damals; da
there	–	da, dort
therefore	–	deshalb
there is	–	es gibt
there was	–	es gab
thereto	–	hin
thesis	– die	These
they	–	sie; man
thief	– der	Dieb
thing	– das	Ding, die Sache
to think	–	denken*, glauben
to think about	–	**nach**denken*
to think of	–	halten* von; denken* an

third	– das	Drittel
third (adj.)	–	dritt-
thirst	– der	Durst
this	–	dies; dieser, dieses, diese
thorough	–	gründlich
through	–	durch A
through coach	– der	Kurswagen
thunderstorm	– das	Gewitter, das Unwetter
Thuringia	–	Thüringen
Thursday	– der	Donnerstag
ticket	– die	(Fahr)karte
ticket window	– der	Fahrkartenschalter
tie	– die	Krawatte
tiger	– der	Tiger
till	–	bis
time	– die	Zeit; das Mal
this time	–	diesmal
at that time	–	damals
at the time	–	zur Zeit
have a good time	–	viel Vergnügen
in time	–	pünktlich
last time	– das	letzte Mal
What time is it?	–	Wieviel Uhr ist es? Wie spät ist es?
timetable	– der	Fahrplan
tired	–	müde
to	–	zu D;
to the	–	zum, zur; nach D
to and fro	–	hin und zurück
today	–	heute
together	–	zusammen
toilet	– die	Toilette
tomorrow	–	morgen
day after tomorrow	–	übermorgen
tonight	–	heute abend
too	–	zu: too much – zu viel
too = also	–	auch
tooth	– der	Zahn
top, on t. of	–	auf AD
to torture	–	foltern
totally	–	völlig
tourist	– der	Turist, Tourist
towards	–	zu D, nach D; gegen A
to tow away	–	**ab**schleppen
tower	– der	Turm
town	– die	Stadt
toy	– das	Spielzeug
track	– das	Gleis
traffic	– der	Verkehr, der Betrieb
traffic light	– die	Verkehrsampel
traffic sign	– das	Verkehrszeichen
train	– der	Zug
training	– der	Drill

339

ENGLISH-GERMAN VOCABULARY

tranquillity	–	die Ruhe, die Stille
to transfer	–	**um**steigen*
to translate	–	übersetzen
travel	–	die Reise
to travel	–	reisen
travel agency	–	das Reisebüro
traveler	–	der Reisende
traveler's check	–	der Reisescheck
tree	–	der Baum
tree top	–	der Wipfel
to tremble	–	zittern
trial	–	der Prozeß
trip	–	die Reise
Have a good trip.	–	Gute Reise!
to take a trip	–	eine Reise machen
troop	–	die Truppe
trouble	–	die Sorge
trousers	–	die Hose
trout	–	die Forelle
truck	–	der Lastwagen, der LKW
true, isn't it t.?	–	nicht wahr?
truly, yours t.	–	hochachtungsvoll
trunk	–	der Koffer
to try	–	versuchen, probieren
to try on	–	probieren
Tuesday	–	der Dienstag
to turn around	–	**um**kehren
to turn back	–	**zurück**kommen*, **zurück**kehren
twice	–	zweimal
type	–	der Typ, das Modell
typewriter	–	die Schreibmaschine
ugly	–	häßlich
umbrella	–	der Regenschirm
unbelievable	–	unglaublich
uncle	–	der Onkel
under	–	unter AD
underlined	–	unterstrichen
to understand	–	verstehen*
to undertake	–	unternehmen*
to undress, to get undressed	–	s. **aus**ziehen*
unfinished	–	unvollendet
unforgettable	–	unvergeßlich
unfortunately	–	leider
uniform	–	die Uniform
uninhabited	–	unbewohnt
uninterruptedly	–	ununterbrochen
unit	–	die Einheit
to unite	–	vereinigen
the United States	–	die Vereinigten Staaten
universe	–	der Weltraum
university	–	die Universität
unknown	–	unbekannt
unrest	–	die Unruhe
unsuccessful	–	erfolglos
until	–	bis
not until	–	erst
upon	–	auf AD
upstairs	–	oben, droben; hinauf, herauf
to use	–	gebrauchen
usually	–	gewöhnlich
vacant	–	frei; unbewohnt
vacation	–	die Ferien
to be valid	–	gelten*
various	–	verschieden
vehement	–	heftig
Venice	–	Venedig
very	–	sehr
very much	–	vielmals, sehr
verse	–	der Vers
via	–	über
vicinity	–	die Nähe
Vienna	–	Wien
view	–	die Ansicht
village	–	das Dorf
violent	–	heftig
violin	–	die Violine, die Geige
visit	–	der Besuch, der Besucher
to visit	–	besuchen
visitor	–	der Besucher, der Besuch
voyage	–	die Reise
to wait	–	warten
waiter	–	der Kellner
waiter!	–	Herr Ober!
waitress	–	die Kellnerin
waitress!	–	Fräulein!
to wake up	–	**auf**wachen
walk	–	der Spaziergang
to walk	–	gehen*; zu Fuß gehen*, laufen*
to go for a walk	–	**spazieren**gehen*, einen Spaziergang machen
wall	–	die Wand, die Mauer
wallet	–	das Portemonnaie, die Brieftasche
to want	–	wollen*
war	–	der Krieg
warm	–	warm
to warn	–	warnen
to wash	–	waschen*
watch	–	die Uhr
to watch	–	beachten, beobachten
watch out!	–	Vorsicht!
water	–	das Wasser
to wave	–	winken
way	–	der Weg

ENGLISH-GERMAN VOCABULARY

in the best way	–	am besten
by way of	–	über
WC	– die	Toilette
weak	–	schwach
wealthy	–	reich
to wear	–	tragen*
weather	– das	Wetter
wedding	– die	Hochzeit
wedding trip	– die	Hochzeitsreise
Wednesday	– der	Mittwoch
week	– die	Woche
weekend	– das	Wochenende
to weep	–	weinen
welcome, you are w.	–	bitte!
		bitte schön, bitte sehr
well	–	gut
well (= healthy)	–	gesund
well	–	ja!
well then	–	also
well-known	–	bekannt
west	– der	Westen
west of	–	westlich
wet	–	naß
what?	–	was?
what is the date?	–	der wievielte ist..?
		welches Datum ist...?
what is the matter?	–	was ist los?
what kind of...	–	was für ein, eine
what sort of...	–	was für ein, eine
at what time?	–	um wieviel Uhr?
what time is it?	–	Wie viel Uhr ist es?
		wie spät ist es?
wheel	– das	Rad
when?	–	wann?
		am wievielten..?
when (conj.)	–	als; wenn
where?	–	wo?
wherefrom?	–	woher?
whereto?	–	wohin?
whether	–	ob
which	–	welcher, welches, welche
while (conj.)	–	während
white	–	weiß
white wine	– der	Weißwein
who?	–	wer?
whole	–	ganz
whom?	–	wen?
to whom?	–	wem?
whose?	–	wessen?
whose (= rel. pron.)	–	dessen, deren

why?	–	warum? wieso?
wide	–	breit, weit
wife	– die	Frau
will	– der	Wille
window	– das	Fenster; der Schalter
wine	– der	Wein
winter	– der	Winter
wire	– das	Telegramm
wish	– der	Wunsch
to wish	–	wünschen
with	–	mit D; (= at the place of) – bei D
without	–	ohne A
woman	– die	Frau
woman doctor	– die	Ärztin
woman friend	– die	Freundin
wonderful	–	herrlich, wunderbar, wundervoll, großartig
wood	– das	Holz; der Wald
made of wood	–	aus Holz
word	– das	Wort
word order	– die	Wortstellung
work	– die	Arbeit
work (creative)	– das	Werk
work of art	– das	Kunstwerk
to work	–	arbeiten
world	– die	Welt
world war	– der	Weltkrieg
worry	– die	Sorge
worthy	–	würdig
to write	–	schreiben*
to write down	–	**nieder**schreiben*
writer	– der	Schriftsteller
wrong	–	falsch
year	– das	Jahr
-years old	–	-jährig
yellow	–	gelb
yes	–	ja; oh yes! – doch
yesterday	–	gestern
yesterday's	–	gestrig-
day before yesterday	–	vorgestern
yet	–	noch
you	–	Sie, du, ihr; dich, euch; Ihnen, dir
young	–	jung
your	–	Ihr, Ihre; dein, deine; euer, euere
yours truly	–	hochachtungsvoll
youth	– die	Jugend

341

INDEX (LESSONS I–XXV)

Accusative = direct object case, 41f., 55, 156f., 180, 196; articles, nouns, 41f.; weak nouns, 42; plural, 41, 156f.; pronouns, 55; prepositions with, 55; prepositions with accusative or dative, 179; verbs with accusative prepositions, 287; verbs with accusative/dative prepositions, 258, 273, 285f.

Adjectives, possesive, see possessive adjectives; predicative, 78, 208; descriptive, 78, 106, 108, 156f., 259; endings, 78, 106, 121, 156f., 205, 259, 294; strong endings, 158, 294; summary of endings, 79, 159, 206; comparison, 207f.; comparative, 207f.; superlative, 207f.; used as nouns, 260, 294f.; participles used as adjectives, 259

Adverbs, 78, 207f.; comparative and superlative, 207; present participles used as, 259; "hin" and "her", 284; adverbs of place connected with "hin" and "her", 285

Agreement of gender, 17, 55; in relative clauses, 218

alles, adjective endings after, 294f.

als, in comparison, 208; as conjunction, 217

am ... sten, 208

Article, definite, 6, 41, 78, 106, 120, 156f.; see also "der"-words; summary, 206; as relative pronoun, 218; contraction with prepositions, 105, 180; **indefinite,** 17, 30, 41, 54; see also "ein"-words

as ... as, 208

Auxiliary verbs: "haben" and "sein", 94; "werden" (future), 195, (passive), 234f.; see also modal auxiliaries; word order, 95

by = von (in passive), 235

Capitalization: nouns, 6; "Sie", 7; "Ihr" (poss.), 54; familiar pronouns and possessives in letters, 224; adjectives and participles used as nouns, 260; adjectives following indefinite pronouns, 294

Case, possessive, see genitive; subject, see nominative; direct object, see accusative; indirect object, see dative; summary, 107, 206; of personal pronouns, 108; of relative pronouns, 218

-chen, 30, 157, 183

Classroom expressions, 5, 16, 28

Clauses, see main clauses, dependent (subordinate) clauses, relative clauses

Commands, see Imperative

Comparative, 207f.

Comparison of adjectives and adverbs, 207f.

Compound nouns, 43

Compound tenses, see perfect tenses and future

Compounds with "da-", 79, 258f.

Compounds with "wo-", 258f.

Conditional, 227f.; in indirect discourse, 270

Conditions contrary to fact, 227f.

Conjugation, conjugated forms = finite forms, see individual tenses

Conjunctions, subordinating, 217; **coordinating,** 219

Contracted forms of articles and prepositions, 105, 180

Contrary-to-fact clauses and wishes, 225f., 227f., 273

"da-" compounds, 79, 258f.

das with nouns derived from adjectives, 294

Dates, 102, 108

Dative = indirect object case, 105f.; articles, nouns, pronouns, 106, 119, 180, 196; plural, 107, 156f.; prepositions with, 105; prepositions with accusative or dative, 179; verbs with dative, 119; verbs with dative or accusative/dative prepositions, 273f., 285

Days of the week, 89

Declensions, summary of, 107, 120, 206

Definite article, see article, definite

Demonstrative pronouns, see "der"-words and pronouns

Dependent clauses, 217f.; word order, 217f.; with separable prefix verbs, 168; subjunctive in, 228

"der"-words (dieser, jeder, welcher, alle), 120f., 156f., 158, 204f.; summary, 158, 206; endings of, 206; "ein"-words with endings of, 294

Diminutives (-chen, -lein), 30, 159, 183

Direct object, 42, 92, 119

doch, 118, 121

Double infinitive, 136; word order in dependent clauses, 217, 228; see also modal auxiliaries and perfect tenses

du, dich, dir; dein, deine, 7, 180f.

"ein"-words, 54, 78, 106, 156f., 158, 204f.; summary, 158, 206; pronominal use of, 294

Eins, ein- (numeral), 30

etwa = indefinite pronoun, 294f.

Endings, see nouns, adjectives and verbs

Familiar forms of address, 7, 180f., 257; usage, 180; subjunctive I forms, 270

Feminine (gender), nouns, articles, pronouns, possessives, adjective endings, 6, 17, 30, 41f., 54, 78f., 106f., 120, 157f., 204f.

Finite (= conjugated) verb forms, 18, 79, 96, 217f.; see also tenses (present, past) and imperative

342

INDEX (LESSONS I–XXV)

Future tense, 195, 225, 235; in indirect discourse, 272

gefallen, 122, 169

Genders, 6, 17, 43, 55; of countries and cities, 10; agreement of nouns and pronouns, 55, 294; of compound nouns, 43; in relative clauses, 218

Genitive = possessive case, 204f.; of relative pronouns, 218

gern (plus verb), 168; comparison, 208

haben, 40, 145, 181; as auxiliary verb, 92, 136, 145, 183, 228

"hin" and "her", 284

Idioms, 4, 16, 28, 39, 53, 77, 90, 104, 118, 135, 155, 167, 195, 216, 250, 257, 293

ihr (familiar form), **euch, euer,** 180f.

Ihr (poss.), capitalized, 54, 180

Imperative, 29, 181; of separable prefix verbs, 168; of familiar verb forms, 181f.; of reflexive verbs, 197; of "sein", 29, 182; in indirect discourse, 273

Indefinite article, see article, indefinite

Indefinite pronouns, 294f.

Indicative, 40, 225, 270, 272

Indirect discourse, 270ff.

Indirect object, 105, 119

Indirect questions, 218

Infinitive (= first principle part), 18, 29, 40, 136, 259, 270; in imperative, 29; position of, 18, 95; double infinitive, 136, 148, 217, 228; "lassen" plus, 136; with "zu", 149; in future tense, 195; passive infinitive, 235; of verbs with separable prefixes, 168; "würde" plus i. = conditional

Inseparable prefixes, 94, 167

Interrogative pronouns, 42, 121

Interrogatives, 18, 42, 95, 218; (check also vocabularies); in indirect discourse, 272

Intonation, 41

Intransitive verbs, 93

Irregular verbs, 92, 144; past of, 144, 226; past participle of, 94; subjunctive, 226, 272; summary, 148

Irrealis, see subjunctive

kein, 17, 41, 54, 78, 106, 156, 294; see also "ein"-words

kennen-wissen, 43

lassen plus infinitive, 136, 148

-lein, 30, 157, 183

Letters, beginning and complimentary clauses, 269

lieber, am liebsten, 208

to like, translation of, 122, 168

Main clauses, 79, 217f.; subjunctive in, 228, 272

Masculine (gender), nouns, articles, pronouns, possessives, adjective endings, 6, 17, 30, 41f., 54, 78f., 106f., 120f., 157, 204f.; weak nouns, 42, 106f., 204; summary, 206

mehr, without ending, 208

Modal auxiliary verbs, present tense of: können, müssen, wollen, 17; of dürfen, sollen, 29; of mögen, 122; perfect tense (double infinitive), 136; past tense, 144f.; English past meaning, 145; principal parts, 148; subjunctive forms, 225f.; past time subjunctive, 228; passive, 235; without "zu", 149; use of "mögen", 122, 169; "sollen" in indirect discourse, 273; word order, 95; word order in dependent clauses, 217f.

"möchte", 29

Months, 89

Names, proper (genitive of), 204; of countries and cities (gender), 10

Negations, 41; see also "kein" and "ein"-words

Neuter (gender), nouns, articles, pronouns, possessives, adjective endings, 6, 17, 30, 41f., 54, 78f., 106f., 120f., 157, 204f.; nouns derived from adjectives, 294f.; diminutives, 183

nichts = indefinite pronoun, 294f.

nicht wahr? 118, 136

Nominative = subject case, 6, 18, 41, 55, 156f., 180

Non-finite verb forms, see infinitive and participles

Nouns, 6, 42; capitalization of, 6; genitive, 204; weak nouns, 42, 106, 204; summary, 158, 206; compound nouns, 43; with adjective endings, 260; neuter nouns with adjective endings, 294f.

Numerals, cardinal, 3, 12, 25, 30, 108; **ordinal,** 102, 108

ob in indirect discourse, 272

Object, direct, 41, 92, 119, 196; **indirect,** 105, 119

Participal phrases, 260

Participles, see past participle and present participle; used as nouns, 260

Passive, 234f.; passive infinitive, 237; usage, 235

Past Participle (= third principal part), forms of: regular verbs, 91; of irregular verbs, 92; of strong verbs, 92; of verbs with inseparable prefixes, 91; of verbs ending in -ieren, 91; of verbs with separable prefixes, 168; of modal auxiliaries, 148; in perfect tenses, 92, 183; in past time subjunctive, 228; in the passive, 234; used as adjective, 259; used as noun, 260

Past Perfect tense, 183

343

INDEX (LESSONS I–XXV)

Past tense (= second principal part), 144f., 225; of separable prefix verbs, 168; familiar forms, 181; usage, 146; see also principal parts

Perfect, see present perfect and past perfect

Personal pronouns, see pronouns, personal

Plural, nouns, 6, 17, 30, 41f., 107f., 156f., 204f.; articles, 6, 17, 156f.; "der"- and "ein"-words, 156f.; adjectives, 156; genitive forms, 204; summary, 206

Politeness, emphasized, 227

Positive forms of adjectives and adverbs, see adjectives and comparison

Possessive adjectives, 54, 78, 106; see also "ein"-words, 78; familiar forms, 180; used as pronouns, 294

Possessive case, see genitive

Prefixes, of **inseparable verbs,** 94, 167; of **separable verbs,** 167; 217

Prepositions, with accusative, 55; with dative, 105; with accusative or dative, 179; with genitive, 205; contraction with articles, 105; 180; "da-" plus preposition, 79, 258; "wo-" plus preposition, 258; verbs with prepositions, 258f., 273f., 285; with "hin" and "her", 284

Prepositional compounds, 258

Present Participle, 259; used as adjective, 259; used as noun, 260

Present Perfect tense, 92f., with "haben" or "sein", 92; usage, 93, 146; of modal auxiliaries, 136

Present tense: of "sein", 7; of modal auxiliaries: können, müssen, wollen, 17; dürfen, sollen, 29; mögen, 122; of wissen, 17; of regular verbs, 40; of strong verbs, 65; of werden, 93; of separable prefix verbs, 168; familiar forms, 181; used with future meaning, 195; in indirect discourse, 271

Principal parts of verbs (= infinitive, past, past participle) 144, 225, 270; see individual tenses; list up to Lesson XII, 147f.

Probability, use of future tense, 195

Progressive form, lack of, 41, 259

Pronominal use of "ein"-words, 294

Pronouns, personal, 7, 17, 55, 106, 108, 180; used as reflexives, 196; agreement with noun, 17, 55, capitalization, 7, 54; in indirect discourse, 273; summary, 108, 180; **demonstrative,** 121; **interrogative,** 121,**reflexive,** 196; **relative,** 218; "ein"-words used as pronouns, 294

Questions, direct, 18, 41; **indirect,** 18, 97, 218, in indirect discourse, 272; word order, 18, 95, 218

Reflexive pronouns, 196f.

Reflexive verbs, 197

Regular (= **weak**) **verbs,** 91; see verbs and tenses

Relative clauses, 218, 295

Relative pronouns, 218; no omission, 219, 295; "was" used as, 295

Seasons, 89

sein = to be, present tense, 7, 181; imperative, 29, 181f.; as auxiliary for present perfect tense, 93f.; for past perfect tense, 183; subjunctive I forms, 270f.; use in subjunctive, 228; see also tenses

Separable prefixes, 167; verbs with, 167f.; infinitive with "zu", 149; in dependent clauses, 217

sich, 196

Sie = you, capitalization, 7; usage, 180

sie, meanings of, 55

so . . . wie, 208

Stem of verbs, 40, 91f., 144, 270: of strong verbs, 65, 146, 181; see also tenses

Strong verbs, present tense, 65; past tense, 146; past participle, 92; list of principal parts up to Lessons XII, 147; subjunctive forms, 226, 270

Subject, 6, 18, 41, 196f.; word order, 18, 95; in the passive, 234

Subjunctive, 225f., **type I,** 270; usage, 270f.; **type II,** 225, 270; usage, 227, 270f.; in indirect discourse, 273; tenses in, 225, 271

Subordinate clauses, 217f.; **conjunctions,** 217

Summary, of **declensions,** 107, 120, 158, 206; of **pronouns,** 108, 180; of **verbs,** 94, 147; of **conjugations,** 182; of **verbs with prepositions,** 286

Superlative, 207f.; neuter noun superlatives, 295

Tenses: present, 7, 40, 65; **past,** 144f.; **present perfect,** 92, 136; **past perfect,** 183; **future,** 195; in the subjunctive, 225f., 271; in indirect discourse, 271; see also individual tenses and auxiliaries

Time telling, 26, 30

Time before Place, 96

Transitive verbs, 41, 92, 197

Useful expressions, 4, 16, 28, 39, 53, 77, 90, 104, 118, 135, 155, 167, 195, 216, 257, 269, 293

Umlaut, used with strong verbs, 65; for plural, 156; for diminutives, 183; in subjunctive II, 225

Verbs; principal parts, 147f., non-finite forms see infinitive and participles; finite forms see present, past, imperative; stem, 40, 95, 144; weak (regular), 40, 91, 144, 225; irregular, 92, 144; strong, 65, 92, 146; familiar forms, 181f., 270;

344

INDEX (LESSONS I–XXV)

verbs ending in -ieren, 91; with inseparable prefixes, 91, 167; with separable prefixes, 91, 167; with separable prefixes, 167f.; with accusative (= transitive), 41; with dative, 119; of motion and of rest, 179f.; with prepositional object, 258, 273, 285f.; see also individual tenses, subjunctive, auxiliaries, modal ausiliaries; and word order

viel = indefinite pronoun, 294f.

von = by (passive), 235

Vowel change (a to ä, e to i, ie), 65; see also Umlaut

vor = ago, 155

was used as relative pronoun, 294

was für . . . , 77

Weak nouns, 42, 106, 204

Weak verbs = regular verbs, see verbs and individual tenses

wenig = indefinite pronoun, 294f.

weniger, without ending, 208

werden, present tense, 93, 181; past tense, 146; as auxiliary with infinitive = future, 195; with past participle = passive, 234f.; in conditional, 227, 270

Wishes, unreal, 227

wissen, 17, 92, 145; **wissen-kennen** 43

wo? – wohin? 105, 174, 179f.

woher, wohin, 284

"**wo**"-**compounds,** 258f.

Word order, in main clauses, 18, 79, 95; in questions, 18, 95; position of infinitive, 18, 95; of double infinitive, 217f., 228; in indirect questions, 18; 218; in compound tenses, 95; in dependent clauses, 96, 218; time before place, 96; direct and indirect object, 119; with coordinating conjunctions, 219; in contrary-to-fact clauses, 228; in indirect discourse, 272; in participial phrases, 260

"**würde**" **plus infinitive** = conditional

GRAMMATICAL SUMMARY

GRAMMATICAL SUMMARY: CONTENTS

CONTENTS

DECLENSION

ARTICLES

A.	**Definite article** and **der-words**	p. 352
B.	**Indefinite article** and **ein-words**	p. 353
C.	**Der-words** and **ein-words** used **as pronouns**	p. 354

NOUNS

A.	**Declension of nouns**	p. 355
B.	**The genders of nouns**	p. 356
C.	**The plural of nouns**	p.p. 357, 358, 359

DECLENSION OF ADJECTIVES — p. 360

A.	**Usage of adjective endings**	p. 361
	1. Adjectives in a descriptive position	p. 361
	2. Present and past participles as adjectives	p. 361
	3. Nouns derived from adjectives	p. 361
	4. Nouns derived from present and past participles	p. 361
	5. Adjectives after indefinite pronouns	p. 362
	6. Ordinal numbers	p. 362
	7. derselbe, derjenige	p. 362
B.	**No endings** in predicate position and as adverbs	p. 362
C.	**Comparison of adjectives and adverbs**	p.p. 363, 364

PRONOUNS

A.	**Personal pronouns**	p.p. 365, 366
B.	**Reflexive pronouns**	p.p. 366, 367
C.	**Relative pronouns**	p.p. 368, 369
D.	**Demonstrative pronouns**	p.p. 369, 370
E.	**Possessive pronouns**	p.p. 370, 371
F.	**Interrogative pronouns**	p. 371
G.	**Indefinite pronouns**	p. 371

CASES

1.	**Prepositions**	p. 372
2.	**Verbs with prepositional object**	p.p. 373, 374
3.	**Verbs taking certain cases**	p. 374, 375
	a. Nominative	
	b. Accusative	
	c. Dative	
	d. Genitive	

GRAMMATICAL SUMMARY: CONTENTS

    4. **Adjectives taking certain cases**   p. 375
    5. **Cases with time expressions**   p. 376
    6. **Dative in idiomatic phrases**   p. 376

NUMERALS

    A. **Cardinal numbers**   p.p. 377, 378
    B. **Ordinal numbers**   p. 378
    C. **Fractions**   p. 379

CONJUGATION   p. 381

COMPARISON OF ENGLISH AND GERMAN TENSES

    Indicative   p. 382
    Subjunctive   p. 383

VERB ENDINGS: ACTIVE VOICE

    A. **Indicative mood**   p.p. 384, 385
    B. **Imperative mood**   p. 385
    C. **Subjunctive mood**   p. 386

PASSIVE VOICE

    A. **Indicative**   p. 387
    B. **Subjunctive**   p. 387

PASSIVE WITH MODAL AUXILIARIES

    A. **Indicative**   p. 388
    B. **Subjunctive**   p. 388

CONJUGATION PARADIGMS

    1. **sein** (to be)   p. 389
    2. **haben** (to have)   p. 390
    3. **werden** (to become)   p. 391
    4. **Regular (weak) verbs**   p. 392
    5. **Irregular weak verbs**   p. 393
    6. **Strong verbs**   p. 394
    7. **Inseparable verbs**   p. 395
    8. **Separable verbs**   p. 396
    9. **Modal auxiliaries** and the verbs **lassen, wissen**   p. 397
   10. **Passive voice**   p. 398
   11. **Passive with modal auxiliaries**   p. 399
   12. **Table of strong and irregular verbs**   p.p. 400-404

GRAMMATICAL SUMMARY: CONTENTS

WORD ORDER

A. **Position of the verb**	p. 405
I. In **main clauses**	p.p. 405, 406
II. In **dependent clauses**	p.p. 406, 407
III. If **dependent clause precedes main clause**	p. 407
IV. Position of **infinitive-with-"zu"** and **double infinitive**	p. 407
B. **Position of other elements**	p. 408
I. **Direct and indirect object**	p. 408
II. **Pronouns**	p.p. 408, 409
III. **Adverbs or adverbial phrases of time, place, and manner**	p. 409
IV. **The negation "nicht"**	p.p. 409, 410
V. **Participial phrases**	p. 410

GRAMMATICAL SUMMARY

German, unlike English, is a highly inflected language.
Endings, alteration of stem vowels* and alteration of consonants
are the basis for declension and conjugation.

DECLENSION

German has

two numbers:	**Singular** and **Plural**
three genders:	**Masculine, Neuter, Feminine**
four cases:	**Nominative, Accusative, Dative, Genitive.**

The cases can be described in the following way:

NOMINATIVE = **subject case** (basic form)
answering to the question WHO? WHAT?

ACCUSATIVE = **direct object case**
answering to the question WHOM? WHAT?

DATIVE = **indirect object case**
answering to the question TO WHOM?

GENITIVE = **possessive case**
answering to the question WHOSE? OF WHAT?

Various verbs, adjectives, prepositions, and certain idiomatical phrases may require certain cases.

---

* ä, ö, ü, derived from a, o, u are called **"Umlaut"**.

GRAMMATICAL SUMMARY: DECLENSION, ARTICLES

THE ARTICLES. Der-words and ein-words.

A. DEFINITE ARTICLE and DER-WORDS:

der, das, die	– the	**jener, -es, -e**	– that (only in formal lang.)
dieser, -es, -e	– this	**mancher, es, -e**	– many a, some
jeder, -es, -e	– each, every	**solcher, -es, -e**	– such*
welcher, -es, -e	– which		

DECLENSION (the endings of der-words are **strong** endings since they show the case and number of the following noun)

Case	Masc.	Neuter	Fem.	Plural
Nom.	der dieser jeder jener mancher welcher	das dieses** jedes jenes manches welches	die diese jede jene manche welche	die diese alle jene manche welche
Acc.	den diesen jeden jenen manchen welchen			
Dat.	dem diesem jedem jenem manchem welchem	dem diesem jedem jenem manchem welchem	der dieser jeder jener mancher welcher	den diesen allen jenen manchen welchen
Gen.	des dieses jedes jenes manches*** welches	des dieses jedes jenes manches*** welches	der dieser jeder jener mancher welcher	der dieser aller jener mancher welcher

Remarks:

Also the undeclined forms "manch" and "welch" occur: mancher Mann or manch ein Mann – many a man.
Note: welcher Mann? (which man?); welch ein Mann! (what a man).

The undeclined form **dies may be used in nom. / acc. neuter, i.e. for dieses Haus = dies Haus. Dies ist (this is), dies sind (these are) are undeclined, no matter which gender or number follows.

***rarely used, usually "manchen"

* The forms of "solcher" are not included on this chart because their usage varies. "Solcher" is used as der-word or as descriptive adjective: solche Leute – such people
ein solcher Mann – such a man

Frequently the undeclined form "solch" is used: solch ein Mann (such a man), mit solch einem Auto (with such a car).

GRAMMATICAL SUMMARY: DECLENSION, ARTICLES

B. **INDEFINITE ARTICLE** and the **EIN-Words** (ein, kein, possessive adjectives)

ein	– a, an	**mein**	– my	**unser**	– our
kein	– no, not a, not any	**dein**	– your (fam. sing.)	**euer**	– your (fam. plural)
		sein	– his, its	**ihr**	– their
		ihr	– her	**Ihr**	– your (conventional sing. & plural)

DECLENSION

Case	Masc.	Neuter*	Fem.*	Plural*	Remarks:
Nom.	ein** kein mein dein sein ihr unser euer Ihr	ein* kein mein dein sein ihr unser euer Ihr	eine keine meine deine seine ihre unsere**** euere**** Ihre	--- keine meine deine seine ihre unsere**** euere**** Ihre	*Nom. and acc. forms are always identical for neuter, feminine and plural. **Nom. masc. and nom./acc. neuter are not differentiated and have no ending to show gender or case. Otherwise ein-words have the same endings as der-words. ***One "e" may be dropped: unsren, unsern, unsrem, unserm; euren, euern, eurem, euerm. ****Only the first "e" (not the "e" of the ending) may be dropped: unsrer, unsres, unsre; eurer, eures, eure.
Acc.	einen keinen meinen deinen seinen ihren unseren*** eueren*** Ihren				
Dat.	einem keinem meinem deinem seinem ihrem unserem*** euerem*** Ihrem	einem keinem meinem deinem seinem ihrem unserem*** euerem*** Ihrem	einer keiner meiner deiner seiner ihrer unserer**** euerer**** Ihrer	--- keinen meinen deinen seinen ihren unseren*** eueren*** Ihren	
Gen.	eines keines meines deines seines ihres unseres**** eueres**** Ihres	eines keines meines deines seines ihres unseres**** eueres**** Ihres	einer keiner meiner deiner seiner ihrer unserer**** euerer**** Ihrer	--- keiner meiner deiner seiner ihrer unserer**** euerer**** Ihrer	

GRAMMATICAL SUMMARY: DECLENSION, ARTICLES

C. **DER-WORDS and EIN-WORDS USED AS PRONOUNS.**

1. DER-WORDS used as pronouns, i.e. standing alone and not modifying a noun use in all cases the same endings as if modifying a noun:

welcher Stuhl?	dieser oder der?	jeder	jener
(which chair?)	(this one or that one?)	(each one)	(that one)
welcher? (which one?)			
welches Haus?	dieses oder das?	jedes	jenes
welche Lampe?	diese oder die?	jede	jene
welche Bilder?	diese oder die?	alle	jene
mit welchem Auto?	mit diesem oder dem?	mit jedem	mit jenem

Der, das, die; dieser, -es, -e; jener, -es, -e are also demonstrative pronouns.

Note: The definitite article **der, das, die** used as demonstrative pronoun takes other forms for genitive sing. and plural, and for dative plural (see: demonstrative pronouns).

2. EIN-WORDS used as pronouns take in **nominative masculine** the ending **-er**, in **nominative and accusative neuter** the ending **-es** (or only -s). In all other cases no change:

ein Student	but: ein**er** der besten Studenten (one of . .)
ein Radio	but: ein**es** der teuersten Radios (or: ein**s**) (one of . .)
keine Dame	kein**e** der Damen (none of . . .)
Ist das Ihr Schlüssel?	but: Das ist mein**er**. (mine)
Ist das sein Haus?	but: Das ist sein**es**. (or: sein**s**) (his)

Mein**er**, dein**er**, sein**er** etc. are possessive pronouns (see: possessive pronouns).

GRAMMATICAL SUMMARY: DECLENSION, NOUNS

NOUNS

A. DECLENSION OF NOUNS.

The nouns declined below are listed in the vocabulary as follows: der Freund, -e; der Apfel, -; das Haus, ‥er; das Paket, -e; das Auto, -s; die Dame, -n; der Junge, -n; -n

SINGULAR. The case ending in GENITIVE sing. is
- **-es** for masc. and neuter nouns with one syllable, and always after s, sch, ß, tz, x
- **-s** for nouns with more than one syllable

Feminine nouns do **not** take a case ending

Weak masculine nouns do **not** take the case ending **-s** in genitive

Case	Masculine		Neuter			Feminine		Weak masc.	
Nom.	*der Freund	Apfel	das	Haus	Paket	Auto	die	Dame	der Junge
	*ein Freund	Apfel	ein	Haus	Paket	Auto	eine	Dame	ein Junge
Acc.	den Freund	Apfel	das	Haus	Paket	Auto	die	Dame	den Jungen
	einen Freund	Apfel	ein	Haus	Paket	Auto	eine	Dame	einen Jungen
Dat.	dem Freund	Apfel	dem	Haus	Paket	Auto	der	Dame	dem Jungen
	einem Freund	Apfel	einem	Haus	Paket	Auto	einer	Dame	einem Jungen
Gen.	des Freundes	Apfels	des	Hauses	Pakets	Autos	der	Dame	des Jungen
	eines Freundes	Apfels	eines	Hauses	Pakets	Autos	einer	Dame	eines Jungen

PLURAL. The case ending in DATIVE plural is **-n** which is added to the plural form of the noun

Plural forms ending in **-s** or **-n** do **not** take the case ending **-n** in dative plural

Case						
Nom.	die	Freunde	Äpfel	Häuser	Pakete	Autos	Damen
Acc.	*keine	Freunde	Äpfel	Häuser	Pakete	Autos	Damen
Dat.	den	Freunden	Äpfeln	Häusern	Paketen	Autos	Damen
	keinen	Freunden	Äpfeln	Häusern	Paketen	Autos	Damen
Gen.	der	Freunde	Äpfel	Häuser	Pakete	Autos	Damen
	keiner	Freunde	Äpfel	Häuser	Pakete	Autos	Damen

* On this and the following tables of declension, the definite article "der, das, die" represents all der-words, the indefinite article "ein" (in plural "keine") represents all ein-words.

NOTE: The archaic case ending **-e** in the dative singular of monosyllabic masc. and neuter nouns is still retained in certain phrases such as: nach Hause, zu Hause, zum Tode etc.

355

GRAMMATICAL SUMMARY: DECLENSION, NOUNS

B. THE GENDERS OF NOUNS

Generally, the gender of a noun is unpredictable. There are only a few groups of nouns the gender of which is PREDICTABLE.

MASCULINE are

1. Male beings: der Mann, der Bruder, der Junge, der Hund, der Löwe etc.
2. Names of seasons, months, days: der Winter, der September, der Montag etc.
3. Compass directions: der Norden, der Süden, der Nordwesten etc.
4. Nouns ending in **-ling, -ismus, -ist:** der Zwilling, der Frühling;
   der Expressionismus, der Kommunismus, der Kapitalismus;
   der Pianist, der Impressionist, der Kommunist, der Kapitalist etc.

NEUTER are

1. Names of countries and states: (das) Deutschland, (das) Bayern etc.
   Some exceptions (always used with the article): die Schweiz, die Sowjetunion, die Tschechoslowakei, die Türkei.
2. Names of cities, towns and villages: (das) Berlin, (das) Rothenburg, (das) Oberammergau etc.
3. Nouns derived from the infinitives of verbs: das Rauchen (smoking), das Essen (food), das Skilaufen (skiing), das Schwimmen (swimming) etc.
4. Nouns ending in **-chen** and **-lein***, no matter whether animate or inanimate:
   das Mädchen, das Fräulein, das Tischlein, das Städtchen etc.

FEMININE are

1. Female beings: die Frau, die Schwester, die Tante, die Katze etc.
   (exception: das Weib = woman).
2. Numbers used as nouns: die Null, die Eins, die Zwei etc.
3. Nouns ending in **-heit, -keit, -in, -ion, -ung, -schaft, -tät:**
   die Freiheit, die Schwierigkeit, die Amerikanerin, die Nation, die Rechnung, die Mannschaft, die Universität etc.
4. Nouns ending in **-e.** The majority of this group is feminine:
   die Karte, die Schublade, die Straße, die Reparaturwerkstätte etc.
   Exceptions:
   a. das Auge, das Ende, der Käse
   b. weak masc. nouns: der Junge, der Löwe etc.
   c. Most nouns with the prefix **Ge-** and the ending **-e:**
      das Gebirge, das Gemälde, das Gebäude.

COMPOUND NOUNS! Their gender is determined by their last component:

der Verkehr	die Ampel	**die** Verkehr**ampel**
die Tasche	das Tuch	**das** Taschen**tuch**
das Gepäck	der Träger	**der** Gepäck**träger**

---

* Nouns ending in **-chen** or **-lein** are DIMINUTIVES. Diminutives can be made from almost any noun. Usually a, o, u, au change to ä, ö, ü, äu.

der Mann	das Männchen, das Männlein
der Vogel	das Vögelchen, das Vögelein

GRAMMATICAL SUMMARY: DECLENSION, NOUNS

C. THE PLURAL OF NOUNS

There are six ways to form the plural of nouns:

Categories	as listed in the vocabulary	Nom. and Acc. Plural
1. **no ending** **no ending but** ⸚ (Umlaut)	das Gebäude, - der Amerikaner, -- das Mädchen, - das Fräulein, - der Apfel, ⸚ der Garten, ⸚	die Gebäude die Amerikaner die Mädchen die Fräulein die **Ä**pfel die G**ä**rten
2. ending **-e** ending ⸚**e** ending **-se**	der Tage, -e der Sohn, ⸚e der Fluß, ⸚e der Bus, -se das Gefängnis, -se	die Tag**e** die S**ö**hn**e** die Fl**ü**ss**e** die Bus**se** die Gefängnis**se**
3. ending **-er** ending ⸚**er**	das Bild, -er das Buch, ⸚er	die Bild**er** die B**ü**ch**er**
4. ending **-n** ending **-en** ending **-nen** (this group never changes vowels to ⸚)	die Sprache, -n der Junge, -n, -n die Wohnung, -en der Soldat, -en, -en die Studentin, -nen	die Sprache**n** die Junge**n** die Wohnung**en** die Soldat**en** die Studentin**nen**
5. ending **-s**	das Hotel, -s	die Hotel**s**
6. various endings for some words of foreign origin	das Museum (pl. Museen) das Drama (pl. Dramen)	die Museen die Dramen

        der Hund   das Hündchen
        der Baum   das Bäumchen

Nouns ending in **-e, -en** drop these endings:

        die Tasse   das Täßchen
        der Garten   das Gärtchen

GRAMMATICAL SUMMARY: DECLENSION, NOUNS

Generally the plural form of a noun is unpredictable. Only a few rules can be indicated:

RULE	SINGULAR	PLURAL
1. **Neuter** nouns ending in **-chen, -lein** (diminutives) take **no ending**	das Mädchen, - das Fräulein, - das Schwesterchen, -	die Mädchen die Fräulein die Schwesterchen
2. **Masc. and neuter** nouns ending in **-el, -en, -er** take **no ending**; some take Umlaut	der Schlüssel, - der Garten, ⸚ das Fenster, - der Vater, ⸚ The most important EXCEPTIONS ARE: der Bauer, -n der Bayer, -n der Muskel, -n der Vetter, -n	die Schlüssel die Gärten die Fenster die Väter die Bauern die Bayern die Muskeln die Vettern
3. **Neuter** nouns with the prefix **Ge-** and the ending **-e** take **no ending**	das Gebirge, - das Gebäude, - das Gemälde, -	die Gebirge die Gebäude die Gemälde
4. **Feminine** nouns ending in **-e, -el, -er** and **weak masc. nouns** ending in **-e** always add **-n**	die Dame, -n die Ampel, -n die Schwester, -n der Junge, -n, -n der Löwe, -n, -n Exceptions: die Mutter, ⸚ die Tochter, ⸚	die Damen die Ampel die Schwestern die Jungen die Löwen die Mütter die Töchter
5. **Fem.** nouns ending in **-in** add **-nen**	die Studentin, -nen die Freundin, -nen	die Studentinnen die Freundinnen
6. **Fem.** nouns ending in **-heit, -ion, -keit, -schaft, -tät, -ung** and **weak masc. nouns** not ending in **-e** add **-en**	die Einheit, -en die Lektion, -en die Schwierigkeit, -en die Mannschaft, -en die Universität, -en die Rechnung, -en der Soldat, -en, -en der Pilot, -en, -en der Polizist, -en, en der Präsident, -en, -en der Astronaut, -en, -en	die Einheiten die Lektionen die Schwierigkeiten die Mannschaften die Universitäten die Rechnungen die Soldaten die Piloten die Polizisten die Präsidenten die Astronauten

GRAMMATICAL SUMMARY: DECLENSION, NOUNS

NOTE:

Most **one-syllable neuter nouns** form their plural by adding **-er** and alterating **a, o, u, au** to **ä, ö, ü, äu:**

        das Kind, -er
        das Feld, -er
        das Rad, ̈er
        das Dorf, ̈er
        das Buch, ̈er
        das Haus, ̈er   etc.

However, there are many one-syll. neuter nouns that form their plural by adding **-e,** and several that add **-en,** e. g.:

        das Jahr, -e
        das Ding, -e
        das Stück, -e

        das Hemd, -en
        das Bett, -en

DECLENSION OF ADJECTIVES. An adjective in a descriptive position must take an adjective ending.

The following paradigm presents the declension of descriptive adjectives together with the declension of articles, der- & ein-words, and nouns.

CASE	MASCULINE	NEUTER	FEMININE	PLURAL
NOM.	der gute Arzt **ein** guter Arzt Junge Junge	das neue Haus **ein** neues Haus	die junge Frau eine junge Frau	die netten Leute keine netten Leute
ACC.	den guten Arzt einen guten Arzt Jungen Jungen	dem neuen Haus einem neuen Haus	der jungen Frau einer jungen Frau	den netten Leuten keinen netten Leuten
DAT.	dem guten Arzt einem guten Arzt Jungen Jungen	dem neuen Haus einem neuen Haus	der jungen Frau einer jungen Frau	den netten Leuten keinen netten Leuten
GEN.	des guten Arztes eines guten Arztes Jungen Jungen	des neuen Hauses eines neuen Hauses	der jungen Frau einer jungen Frau	der netten Leute keiner netten Leute

THE STRONG ADJECTIVE ENDINGS:

CASE	MASCULINE	NEUTER	FEMININE	PLURAL
NOM.	heißer Kaffee	warmes Wasser	frische Milch	nette Leute
ACC.	heißen Kaffee	warmes Wasser	frische Milch	nette Leute
DAT.	heißem Kaffee	warmem Wasser	frischer Milch	netten Leuten
GEN.	heißen Kaffees	warmen Wassers	frischer Milch	netter Leute

NOTE: If the article, a der-word or an ein-word shows the gender, case, and number of the noun modified, the adjective takes the **weak endings -e** or **-en**. This is true for all cases, **except for nom. masc., nom. and acc. neuter** where the ein-words do not have an ending, and do not show the gender or the case. **In these three cases,** the adjective takes over the function of showing the gender and case by using the **strong endings** of the der-words: **-er** or **-es**. The adjective also takes the **strong endings** (i. e. the endings of the der-words) when it is **not preceded by any der- or ein-word:** WATCH: In **gen. masc. and gen. neuter** the adjective ending **always** is **-en**, because noun endings show gender and case.

GRAMMATICAL SUMMARY: DECLENSION, ADJECTIVES

A. **Usage of adjective endings**

   Adjective endings are used with:

   1. **adjectives** (also with their comparative and superlative forms) in a **descriptive position.**
      (See declension and comparison of adjectives)

   2. **present and past participles** used as descriptive adjectives:

schlafend:	der schlafend**e** Junge
	ein schlafend**er** Junge
gestohlen:	das gestohlen**e** Auto
	ein gestohlen**es** Auto

   3. **nouns derived from adjectives:**

deutsch:	der Deutsch**e**	– the German (man)
	ein Deutsch**er**	– a German (man)
	die Deutsch**e**	– the German (woman)
	eine Deutsch**e**	– a German (woman)
	die Deutsch**en**	– the Germans
	Deutsch**e**	– Germans
fremd:	der Fremd**e**	– the stranger (man)
	ein Fremd**er**	– a stranger (man)
	die Fremd**en**	– the strangers
bekannt:	ein Bekannt**er**	– an acquaintance, friend (man)
	seine Bekannt**en**	– his friends
	Bekannt**e** von mir	– friends of mine
	von einem Bekannt**en**	– from a friend
verwandt:	ein Verwandt**er**	– a relative (man)
	eine Verwandt**e**	– a relative (woman)
	meine Verwandt**en**	– my relatives
gut:	das Gut**e**	– the good thing
best-:	das Best**e**	– the best thing
schlimm:	das Schlimm**e**	– the bad thing
schlimmst-:	das Schlimmst**e**	– the worst (thing)

   4. **nouns derived from present participles and past participles:**

reisend:	der Reisend**e**	– the traveller
	ein Reisend**er**	– a traveller
	die Reisend**en**	– the travellers
	Reisend**e**	– travellers
angestellt:	der Angestellt**e**	– the employee (man)
	ein Angestellt**er**	– an employee (man)
	die Angestellt**e**	– the employee (woman)
	die Angestellt**en**	– the employees

GRAMMATICAL SUMMARY: DECLENSION, ADJECTIVES

5. **adjectives after indefinite pronouns** such as **etwas, nichts, viel, wenig, alles.**
The following adjective is usually capitalized and takes **neuter** endings,

   a. after undeclined indefinite pronouns **strong** endings:

etwas Schön**es**	– something beautiful
mit etwas Schön**em**	– with something beautiful
viel Nett**es**	– many nice things
wenig Neu**es**	– little that is new
nichts Neu**es**	– nothing new

   b. after declined indefinite pronouns **weak** endings:

alles Gut**e**	– all the best, everything that is good
vieles Schön**e**	– much that is beautiful
mit allem Nötig**en**	– with everything necessary

6. **ordinal numbers** (see: numbers)

der, das, die erst**e**	– the first
am fünft**en** Januar	– on the fifth of January
am zwanzigst**en** Mai	– on the twentieth of May
sein dritt**er** Wagen	– his third car

7. **"derselbe"** (the same) and the formal rarely used **"derjenige,** der" (he who).
They are declined like the definite article plus adjective, but written in one word:

	Singular			Plural
	Masc.	Neuter	Fem.	
N	derselbe	dasselbe	dieselbe	dieselben
A	denselben	dasselbe	dieselbe	dieselben
D	demselben	demselben	derselben	denselben
G	desselben	desselben	derselben	derselben

B. NO ENDINGS are attached to:

   a. **adjectives in a predicate position**

   Das Haus ist groß.
   Der Hund ist jung.
   Er war sehr liebenswürdig.

   b. **adverbs.** German has no special form for adverbs. The **adjective**
   (also present and past participles used as adjectives) **without ending** is used as adverb:

   Er spricht **laut.** (loudly)
   Er hat das sehr **gut** gemacht. (well)
   Sie hat sehr **nett** geschrieben. (nicely)
   Zitternd vor Kälte kam er nach Hause. (trembling)
   Er kam gut **erholt** von den Ferien zurück. (well rested)

GRAMMATICAL SUMMARY: DECLENSION, ADJECTIVES

C. COMPARISON OF ADJECTIVES AND ADVERBS

Positive	Comparative	Descriptive superlative	Adverbial & predicative superlative	Remarks
schön	schön**er**	schön**st**-	**am** schön**sten**	samples of
schnell	schnell**er**	schnell**st**-	**am** schnell**sten**	normal
langsam	langsam**er**	langsam**st**-	**am** langsam**sten**	regular
teuer	teuer**er**	teuer**st**-	**am** teuer**sten**	forms
leis**e***	leis**er***	leis**est**-	**am** leis**esten**	
dunk**el****	dunkl**er****	dunkel**st**-	**am** dunkel**sten**	
lang	l**ä**nger	l**ä**ngst-	am l**ä**ngsten	most one-syllable
jung	j**ü**nger	j**ü**ngst-	am j**ü**ngsten	adjectives (a few
warm	w**ä**rmer	w**ä**rmst-	am w**ä**rmsten	with more syllables) change a, o, u, (not au) to ä, ö, ü
gesund	gesünd**er**	gesünd**est**-	am gesünd**esten**	adjectives
alt	älter	ält**est**-	am ält**esten**	ending in d***,
laut	lauter	laut**est**-	am laut**esten**	t, s, ß, sch, z
heiß	heißer	heiß**est**-	am heiß**esten**	add -est in the
hübsch	hübscher	hübsch**est**-	am hübsch**esten**	superlative
kurz	kürzer	kürz**est**-	am kürz**esten**	
gut	besser	best-	am besten	these are the
groß	größer	größt-	am größten	only irregular forms
hoch****	hö**h**er****	höchst-	am höchsten	
nahe	näher	nächst-	am nächsten	
viel	mehr*****	meist-	am meisten	
gern(e)	lieber	-----	am liebsten	**gern** and **bald**
bald	eher	----	am ehesten	are adverbs

    * Adjectives ending in **-e** drop this **-e** in the comparative.
   ** Adjectives ending in **-el** drop the **"e"** before the **"l"** when taking an ending in the positive (eine dunkle Farbe) as well as in the comparative (eine dunklere Farbe).
  *** Except for present participles used as adjectives. They only add -st in the superlative: (reizend) die reizendste junge Dame.
 **** The adjevtive **"hoch"** drops the **"c"** when taking an ending in the positive (der hohe Turm). The **"c"** is also dropped in all forms of the comparative (höher als, der höhere Berg).
***** The comparative forms **"mehr"** (more) and **"weniger"** (less) **do not take an adjective ending:** mehr Geld, weniger Geld.

GRAMMATICAL SUMMARY: DECLENSION, ADJECTIVES

1. The **COMPARATIVE** is formed by adding **-er,**
   the **SUPERLATIVE** is formed by adding **-(e)st**
   to the positive form of the adjective.

   The English forms with "more" and "most" do not exist in German:

       more beautiful   – schöner
       the most beautiful house   – das schönste Haus

   THAN is rendered by **ALS**: better than – besser als.

2. In a DESCRIPTIVE POSITION the comparative and superlative forms take adjective endings as the positive forms do:

       der jung**e** Mann
       der jünger**e** Mann
       der jüngst**e** Mann

       sein älter**er** Bruder
       sein neuest**es** Buch
       meine jüngst**e** Schwester

3. In a PREDICATE POSITION or used as ADVERB, the COMPARATIVE takes NO ADJECTIVE ENDINGS:

       Sein Auto war teuerer als meines.
       Peter spricht besser Deutsch als Eva.

   and the SUPERLATIVE has the form **am** ...... **(e)sten**

       Um 17 Uhr ist der Verkehr **am** schlimm**sten.**
       Er sprach **am** laut**esten.**

4. Two English comparative forms of the same adjective connected with "and" are rendered in German by IMMER + COMPARATIVE:

       better and better   – immer besser
       more and more   – immer mehr

NOTE: (not) as .... as   =   (nicht) so .... wie

       Peter ist **so** alt **wie** Eva.
       Paul ist **nicht so** alt **wie** Eva.

GRAMMATICAL SUMMARY: DECLENSION, PRONOUNS

PRONOUNS

A. PERSONAL PRONOUNS

Person	Nom.	Acc.	Dat.	Gen. ***
1st sing.	**ich,** I	**mich,** me	**mir,** (to) me	**meiner,** of me
2nd sing.	**du,** you	**dich,** you	**dir,** (to) you	**deiner,** of you
3rd sing.	**er,** he **es,** it **sie,** she **man,** one*	**ihn,** him **es,** it **sie,** her ----	**ihm,** (to) him **ihm,** (to) it **ihr,** (to) her ----	**seiner,** of him **seiner,** of it **ihrer,** of her ----
1st plural	**wir,** we	**uns,** us	**uns,** (to) us	**unser,** of us
2nd plural	**ihr,** you	**euch,** you	**euch,** (to) you	**euer,** of you
3rd plural	**sie,** they	**sie,** them	**ihnen,** (to) them	**ihrer,** of them
Conv.	**Sie,** you**	**Sie,** you	**Ihnen,** (to) you	**Ihrer,** of you

* **Man** (one) is the indefinite pronoun of the 3rd person singular (nom. only):

    Man darf hier nicht rauchen. – One may not smoke here.

If "one" occurs in the accusative or dative German uses the substitute forms "einen, einem":

    Das tut einem gut. – That does one good.

Contrary to English, **man** must be retained throughout the entire sentence:

    Wenn **man** Auto fährt, muß **man** einen Führerschein haben.
    If **one** drives a car, **he** must have a driver's licence.

** Capital "**Sie, Ihnen, Ihrer**" are the conventional forms for sing. and plural.
*** The genitive is rarely used, only with a few verbs and adjectives taking the genitive:

    Ich erinnere mich seiner. – I remember him.
    More frequently: Ich erinnere mich an ihn.
    Ich bin seiner sicher. – I am sure of him.

1. The pers. pron. of the **3rd pers. sing.** in all cases **must agree in gender** with the noun to which it refers, no matter whether animate or inanimate:

    Wo wohnt **Herr** Müller?   **Er** wohnt am Marienplatz.
    Wo ist **der** Flughafen?   **Er** ist weit von hier..
    Haben Sie **den** Schlüssel?   Ich habe **ihn.**
    Wo ist **das** Hotel?   **Es** ist fünf Minuten von hier.
    Wo ist **die** Tankstelle?   **Sie** ist an der nächsten Kreuzung.

GRAMMATICAL SUMMARY: DECLENSION, PRONOUNS

2. **Es** at the beginning of a sentence may refer to any following sing. or plural noun of any gender:

   Es ist ein sehr schöner Park — **There is** a very beautiful
   in der Nähe.   park nearby.
   Es waren viele Leute da.   — **There were** many people there.
   Es passieren hier viele   — Many accidents happen here.
   Unfälle.

   Es gibt (there is, there are) is followed by the **accusative:**
   Es gibt keinen Arzt hier.

B. **REFLEXIVE PRONOUNS**

1. German has only one real reflexive pronoun: **sich** (himself, herself, itself, oneself, themselves, yourself, yourselves). It is used for the accusative and dative of the 3rd pers. sing. (including the indefinite pronoun "man"), 3rd pers. plural, and the conventional "Sie". Otherwise personal pronouns are used as reflexive pronouns:

PERSONAL pronouns	REFLEXIVE pronouns	
Nom.	Acc.	Dat.
ich	mich	mir
du	dich	dir
er, es, sie, man	**sich**	
wir	uns	uns
ihr	euch	euch
sie, Sie	**sich**	

2. **Usage.**

   a. Besides verbs that can be used only reflexively (e.g. sich beeilen=to hurry), some verbs are reflexive **and** non-reflexive:

   Ich wasche das Taschentuch.   Ich wasche mich.
   Ich kaufe meiner Tochter ein Auto.   Ich kaufe mir ein Auto.

   b. With most reflexive verbs the reflexive pronoun is in the **accusative:**
   ich rasiere mich, ich habe mich verlobt, ich fürchte mich, etc.
   The **dative** of the reflexive pronoun is used as the normal indirect object when the verb requires a direct object:

   Ich werde mir das merken.   — I'll keep that in mind.
   Das kann ich mir vorstellen.   — I can imagine that.
   Ich kaufe mir ein Auto.   — I am going to buy myself a car.
   Bitte, überlege dir das!   — Think it over, please.

GRAMMATICAL SUMMARY: DECLENSION, PRONOUNS

Some of the most important reflexive verbs with the reflexive pronoun in the **accusative** are:

s. amüsieren	– to enjoy oneself	s. freuen	– to be happy
s. ändern	– to change	s. gewöhnen an	– to get used to
s. anziehen	– to get dressed	s. interessieren	– to be interested
s. ärgern	– to be annoyed	s. rasieren	– to shave
s. ausziehen	– to undress	s. sehnen nach	– to long for
s. beeilen	– to hurry	s. setzen	– to sit down
s. befinden	– to be (located)	s. umziehen	– to change (clothes)
s. erholen	– to recover, to recuperate, to get a rest	s. unterhalten	– to have a conversation, to talk, to converse
s. erinnern	– to remember	s. verlassen auf	– to rely on
s. erkälten	– to catch a cold	s. verloben	– to get engaged
s. erkundigen	– to inquire	s. verspäten	– to be late
s. fühlen	– to feel	s. vorbereiten	– to prepare
s. fürchten	– to be afraid	s. ereignen (impersonal)	– to take place, to happen

Some important reflexive verbs with the reflexive pronoun in the **dative**:

s. ansehen	– to take a look at, to watch	s. überlegen	– to think over
s. denken	– to imagine	s. verschaffen	– to acquire, to obtain, to procure
s. merken	– to keep in mind, to remember, to note	s. vorstellen	– to imagine

Note: Reflexive verbs **always** use the auxiliary **"haben"** for perfect tenses.

c. Sometimes the **reflexive pronoun** is used **for the English possessive adjective:**

    Ich wasche mir die Hände.   – I wash my hands.
    Sie zieht sich den Mantel an.   – She puts on her coat.

d. **"sich"** is also used for the English **"each other, one another"**:

    Sie lieben sich.   – They love each other.

The German **"einander"** for "each other" is mostly used in combinations with prepositions: füreinander (for each other), miteinander (with each other).

e. The emphatic "myself, himself, etc." is rendered in German by **selbst** or **selber:**
Ich mache es selbst. (I do it myself i. e. personally.)
Note: "selbst" preceding the subject means "even": Selbst er wußte es nicht.
(Even he didn't know.)

GRAMMATICAL SUMMARY: DECLENSION, PRONOUNS

C. RELATIVE PRONOUNS

1. German uses the forms of the **definite article** as relative pronouns, **except for the dative plural and all genitive forms:**

	Masc.	Neut.	Fem.	Plural	English meaning
Nom.	der	das	die	die	who, which, that
Acc.	den				whom, which, that
Dat.	dem	dem	der	**denen**	(to) whom, to which
Gen.	**dessen**	**dessen**	**deren**	**deren**	whose, of which

In formal, written language sometimes the respective forms of the der-word "welcher" are used as relative pronouns in nom., acc., dat. sing. and plural, but there is **no genitive form.**

2. **Usage:**

   a. The **relative pronoun must agree in gender and number with its antecedent.** The **case** of the relative pronoun is determined by its **usage within the relative clause:**

   > Ist das **der** Junge, **der** heute angerufen hat?
   > Kennen Sie **den** Jungen, **der** heute angerufen hat?
   > Was hat **der** Junge gesagt, mit **dem** Sie gesprochen haben?
   > Wann kommt **das** Taxi, **das** Sie bestellt haben?
   > Kennen Sie **die** Dame, **die** im ersten Stock wohnt?
   > **Die** Leute, **die** im zweiten Stock wohnen, sind Ausländer.
   > Wer waren **die** Leute, mit **denen** Sie gesprochen haben?
   > Das ist **der** Herr, **dessen*** Tochter in Berlin studiert.
   > **Die** Dame, **deren*** Sohn den Unfall hatte, wartet schon eine Stunde.

   b. The **finite verb** of the relative clause appears **at the end** of the relative clause since relative clauses are dependent clauses (see: word order).

   c. Also when **wer** (he who, those who, whoever) is used as indefinite relative pronoun the finite verb stands at the end:

   > Wer das einmal gehört hat, vergißt es nie wieder.
   > Whoever heard that once will never forget it.

   d. **"Was"** as indefinite relative pronoun is used referring to:

   > **etwas, nichts, viel(es), wenig, alles;**
   > **adjectives (especially superlatives) used as neuter nouns;**
   > **entire clauses:**

---

*   possessive relation

GRAMMATICAL SUMMARY: DECLENSION, PRONOUNS

Das ist etwas, was ich gerne haben möchte.
Das ist alles, was wir brauchen.
Das ist das Beste, was ich je gesehen habe.
Peter und Eva haben sich verlobt, was mich sehr freut.

NOTE: The relative pronoun **may never be omitted:**

Das ist der beste Film, den ich je gesehen habe.
That is the best movie I have ever seen.

Alles, was er sagte, war interessant.
Everything he said was interesting.

e. **Preposition + relative pronoun.**

For a preposition + relative pronoun a **compound with wo(r) + preposition** can be used if referring to **inanimate objects:**

Er hat eine einmalige Sammlung, **auf die** er sehr stolz ist.
Er hat eine einmalige Sammlung, **worauf** er sehr stolz ist.

D. **DEMONSTRATIVE PRONOUNS** (see also: pronominal usage of der-words p. 354, C, 1).

1. Demonstrative pronouns are:

der, das, die	– this one, that one
dieser, -es, -e	– this one (declension of der-words)
jener, -es, -e	– that one (declension of der-words)
derselbe, dasselbe, dieselbe	– the same (declined as der-word + adjective; see: usage of adjective endings)

   The **definite article "der, das, die"** used as demonstrative pronoun has special forms (same as relative pronouns) for dative plural and for all genitive forms:

	Masc.	Neut.	Fem.	Plural
Nom.	der	das	die	die
Acc.	den	das	die	die
Dat.	dem	dem	der	**denen**
Gen.	**dessen**	**dessen**	**deren***	**deren***

* For genitive singular feminine and genitive plural there is a second form: "derer".
For genitive fem. it is antiquated and to be avoided.
For genitive plural it is (rarely) used only with a following relative pronoun (of those who), e. g.

Groß ist die Zahl **derer, die** Vorurteile haben.
Large is the number **of those who** are prejudiced.

369

GRAMMATICAL SUMMARY: DECLENSION, PRONOUNS

Dieser Mantel gefällt mir. **Der** paßt mir. **Den** nehme ich.
Welche Äpfel möchten Sie? Geben Sie mir ein Pfund von **denen** (= of those).

The genitive forms **dessen, deren** are rarely used, only in connection with a few verbs and adjectives taking the genitive, and in a few combinations with genitive prepositions:

Sind Sie sich dessen sicher? Are you sure of that?
infolgedessen — consequently, in consequence of that
stattdessen — instead (of that)
währenddessen — in the meantime

Sometimes they are used instead of possessive adjectives to avoid ambiguity:

Eva kam mit Barbara und deren Mann. (i. e. the latter's = Barbara's husband; "ihrem" Mann could also mean Eva's husband)
Peter ging mit Paul und dessen Freund ins Kino. (i. e. Paul's friend)

E. POSSESSIVE PRONOUNS

1. English possessive pronouns (mine, yours, his, hers, its, ours, theirs) are rendered in German by the possessive adjectives: mein, dein, sein, ihr, unser, euer, Ihr.
The **declension** of possessive pronouns is the **same as for ein-words**, **except for nom. masc. and nom./acc. neuter** where the possessive pronouns take strong endings to show gender and case of the noun referring to:

Nominative masculine — **er**
Nom./Acc. neuter — **es** (or only **-s**)

Declension of **possessive adjectives**
(modifying a noun)

	Masc.	Neut.	Fem.	Plural
N	mein	mein	meine	meine
A	meinen	mein	meine	meine
D	meinem	meinem	meiner	meinen
G	meines	meines	meiner	meiner

Declension of **possessive pronouns**
(standing alone)

	Masc.	Neut.	Fem.	Plural
N	mein**er**	mein**es**	meine	meine
A	meinen	mein**es**	meine	meine
D	meinem	meinem	meiner	meinen
G	meines	meines	meiner	meiner

Das ist nicht mein Regenschirm.
Das ist nicht sein Auto.
Fahren Sie mit Ihrem Wagen?

Das hier ist mein**er**.
Dort steht sein**es** (or: sein**s**).
Ich fahre mit meinem.

The other two ein-words follow the same pattern: ein**er** der Studenten, kein**es** der Kinder (see: pronominal usage of ein-words).

GRAMMATICAL SUMMARY: DECLENSION, PRONOUNS

2. The possessive pronouns can also be used with the definite article.
   Then they take weak adjective endings:

   Das ist nicht mein Regenschirm.   Das hier ist der mein**e**.
   Das ist nicht sein Auto.   Dort steht das sein**e**.
   Fahren Sie mit Ihrem Wagen?   Ich fahre mit dem mein**en**.

F. **INTERROGATIVE PRONOUNS:**

   WER? (who?)   Nom.   **wer?**   – who?
                  Acc.   **wen?**   – whom?
                  Dat.   **wem?**   – to whom? whom?
                  Gen.   **wessen?**   – whose?

   WAS? (what?)   is undeclined.

   WELCHER? (which?) declension of der-words.

   WAS FÜR EIN? (what kind of?) declension of ein-words.
   (Plural: was für?)

   Note: "Was für ein" is also used for exclamations, e. g.:

   Was für eine schöne Stadt!   What a beautiful city!
   Was für nette Leute!   What nice people!

G. **INDEFINITE PRONOUNS**

   Besides   **man**   – one (indefinite 3rd pers. sing.)
             etwas   – something; anything (?)
             nichts   – nothing, not anything
             viel   – much, a lot of
             wenig   – little
             alles   – everything

   there are two which may be declined:

   jemand   – someone, somebody; anyone, anybody
   niemand   – no one, nobody; not anyone, not anybody

Declension:
   N   jemand   niemand
   A   jemand (en)*   niemand(en)*
   D   jemand(em)*   niemand(em)*
   G   (jemands)   (niemands)

For "etwas, nichts, viel, wenig, alles" see: Usage of adjective endings, 5; and Relative pronouns, d.

---

*   The endings in accusative and dative may be omitted. The genitive is rare.

GRAMMATICAL SUMMARY: DECLENSION, CASES

CASES required by PREPOSITIONS, VERBS WITH PREPOSITIONAL OBJECT, VERBS, ADJECTIVES, and in TIME EXPRESSIONS

1. **PREPOSITIONS**

ACCUSATIVE	DATIVE	ACCUSATIVE or DATIVE
		when direction **towards** or **into** an object is expressed **WOHIN?** / when place **"in which"** is denoted **WO?**
durch – through **für** – for **gegen** – against **ohne** – without **um** – around * **bis** – till, until; as far as	**aus** – out of **außer** – except for **bei** – near **gegenüber** – across from, opposite **mit** – with **nach** – after **seit** – since **von** – from **zu** – to	**an** – at **auf** – on, on top of **hinter** – behind, in back of **in** – in, into **neben** – beside, next to **über** – over, across **unter** – under; among ** **vor** – before, in front of **zwischen** – between

GENITIVE	
Some other of the more common prepositions with the genitive:	**trotz** – in spite of **während** – during **wegen** – because of **anstatt** or **statt** – instead of **aufgrund** – by virtue of, on the basis of **außerhalb** – outside of, beyond **innerhalb** – within, on the inside of **infolge** – in consequence of

The most common CONTRACTIONS of prepositions and def. article are:

durchs	= durch das	vom	= von dem	ans	= an das	vors	= vor das
fürs	= für das	zum	= zu dem	aufs	= auf das		
ums	= um das	zur	= zu der	im	= in dem		
beim	= bei dem	am	= an dem	ins	= in das		

* Most of the time, "bis" is used in connection with other prepositions which then determine the case of the following noun or pronoun, i. e.

        bis zum (zur) – as far as to the: Gehen Sie bis zum Rathaus!
        bis an – as far as, up to: Fahren Sie bis an die Kreuzung!
        bis auf (Acc.) – all but; with the exception of; except: Alle kamen bis auf einen.
        (All but one came)

** The preposition "vor" meaning "ago" takes the dative: vor einem Monat – one month ago
                                                                vor zwei Tagen – two days ago

GRAMMATICAL SUMMARY: DECLENSION, CASES

2. **VERBS WITH PREPOSITIONAL OBJECT.** (A = ACC., D = DATIVE)

für (A)	halten für A	– to consider to be, to take for
	s. interessieren für A	– to be interested in
	sorgen für A	– to look after, to take care of
um (A)	bitten um A	– to ask for (a favor)
aus (D)	bestehen aus D	– to consist of
nach (D)	fragen nach D	– to ask about
	s. erkundigen nach D	– to inquire about
	riechen nach D	– to smell of
	s. sehnen nach D	– to long for
von (D)	halten von D	– to think of, to have an opinion of
	handeln von D	– to deal with, to be about
	sprechen von D	– to talk about, to speak of
zu (D)	einladen zu D	– to invite for
	gehören zu D	– to be part of, to be a member of
	gratulieren zu D	– to congratulate on
	verurteilen zu D	– to sentence to, to condemn to
auf (AD)	antworten auf A	– to (give an) answer to, to reply to
	hoffen auf A	– to hope for
	s. freuen auf A	– to look forward to
	s. verlassen auf A	– to rely on
	s. vorbereiten auf A	– to prepare for
	warten auf A	– to wait for
an (AD)	denken an A	– to think of
	erinnern an A	– to remind of
	s. erinnern an A	– to remember
	s. gewöhnen an A	– to get used to
	glauben an A	– to believe in
	schreiben an A	– to write to
	leiden an D	– to suffer from
	sterben an D	– to die of
	teilnehmen an D	– to participate in, to take part in
	vorbeigehen an D	– to go past, to pass
	vorbeifahren an D	– to drive past, to pass
	vorbeilaufen an D	– to run past
	zweifeln an D	– to doubt
über (AD)	s. ärgern über A	– to be annoyed about, to take offense in
	berichten über A	– to report on, to report about
	s. freuen über A	– to be glad about, to be happy about
	lachen über A	– to laugh about
	nachdenken über A	– to think about, to ponder about
	schreiben über A	– to write about, to write on
	weinen über A	– to cry about, to weep about
	s. unterhalten über A	– to talk about, to converse about

GRAMMATICAL SUMMARY: DECLENSION, CASES

vor (AD)
    Angst haben vor D — to be afraid of
    Furcht haben vor D — to be afraid of
    s. fürchten vor D — to be afraid of
    warnen vor D — to warn against
    weinen vor D — to weep for (with)
    zittern vor D — to tremble with

NOTE: gelten als (NOM.) — to be considered as

It is in connection with verbs (and some adjectives) taking a prepositional object that **COMPOUNDS with DA-** (damit, dafür, darüber, darauf etc.)
and **compounds with WO-** (womit, wofür, worüber, worauf etc.) are used most frequently. They refer to inanimate objects. They are formed this way:

        ENGLISH   GERMAN

preposition + it (them)   **da + preposition** (dar – before vowel)
what + preposition   **wo + preposition** (wor – before vowel)

I am interested **in it**.   Ich interessiere mich **dafür**.
I am waiting **for it**.   Ich warte **darauf**.
I am thinking **of it**.   Ich denke **daran**.
What are you interested **in**?   **Wofür** interessieren Sie sich?
What are you waiting **for**?   **Worauf** warten Sie?
What are you thinking **of**?   **Woran** denken Sie?

Other usage: Steht das Radio neben dem Sofa? Ja, es steht **daneben**.

3. **VERBS taking certain cases.**

    a. NOMINATIVE. With the following verbs only nominatives are used, one being the predicate nominative:

        sein (to be)   Er ist ein berühmter Arzt.
        werden (to become)   Er wird einmal ein guter Lehrer.
        bleiben (to remain)   Er bleibt immer derselbe.
        gelten als (to be considered as)   Er gilt als der beste Pianist.

    b. ACCUSATIVE. In addition to transitive verbs (i. e. taking a direct object) some other verbs or verb phrases require the accusative, some even double accusative:

        es gibt (there is, there are):   Es gibt keinen Arzt hier.
        nennen (to call, to name):   Er nannte ihn einen Schwindler.

    c. DATIVE. Some of the most common verbs taking the dative are:

        antworten D   — to answer
     * befehlen D   — to command, order
        danken D   — to thank
        fehlen D   — to lack, be wrong with
        folgen D (ist gefolgt)   — to follow

GRAMMATICAL SUMMARY: DECLENSION, CASES

      folgen D (hat gefolgt)   – to obey
      gefallen D   – to like, to please
      gehorchen D   – to obey
      gelingen D (only 3rd p.)   – to succeed (es gelingt mir – I succeed)
*   glauben D   – to believe
      gratulieren D   – to congratulate
      helfen D   – to help
      passen D   – to fit, to suit
      stehen D   – to look nice on someone, be becoming
      widersprechen D   – to contradict

* With "befehlen" and "glauben", the person is in the dative, the thing in the accusative:

    Ich glaube Ihnen.   Ich glaube es.
    Er befahl ihnen mitzukommen.   Wer hat das befohlen?

  d. GENITIVE. A few verbs take genitive. These verbs are mostly used in formal language. In colloquial language – whenever possible – they are substituted for by verbs with prepositional object or other verbs:

    sich rühmen (to boast of)   Er rühmt sich seines Erfolgs.
    sich schämen (to be ashamed of) Sie schämt sich ihres Bruders.
    sich entsinnen (to remember)   Ich entsinne mich des Unwetters.
    Colloquial: Ich erinnere mich an das Unwetter.

4. **ADJECTIVES taking certain cases.**

  a. Adjectives with prepositional object. Some of the most important ones are:

    böse auf A   – angry at (a person)
    glücklich über A   – happy about
    stolz auf A   – proud of
    traurig über A   – sad about
    verliebt in A   – in love with
    voll von D   – full of

  b. Some adjectives require:

Accusative:	lang (long)	einen Meter lang
	breit (broad)	einen Meter breit
	hoch (high)	einen Meter hoch
	tief (deep)	einen Meter tief
	alt (old)	einen Monat alt
Dative:	angenehm (agreeable)	Es ist mir nicht angenehm.
	bekannt (known)	Er ist mir nicht bekannt.
	dankbar (grateful)	Ich bin ihm sehr dankbar.
Genitive:	bewußt (conscious)	Ich bin mir meines Fehlers bewußt.
	gewiß (certain)	Wir sind uns des Erfolgs nicht gewiß.
	sicher (sure)	Er ist sich seiner Sache vollkommen sicher.

GRAMMATICAL SUMMARY: DECLENSION, CASES

5. **CASES WITH TIME EXPRESSIONS**

   a. **Without preposition:**

   Definite time requires the **accusative:**

   Ich traf ihn letzten Monat in Paris.
   Ich habe den ganzen Abend gearbeitet.
   Wir bleiben nur einen Tag. (one day)

   Indefinite time requires the **genitive:**

   eines Tages (one day = some day)
   eines Abends
   eines Nachts

   b. **With Acc./Dat. prepositions:**

   Time expressions in connection with these prepositions require the dative (when?):

   am Montag
   am 5. September
   im Juni
   im Winter
   in einigen Tagen
   in einem Jahr
   vor einer Woche (ago)
   vor ein paar Jahren (ago)

   Note the exceptions **auf ein Jahr** = for one year (how long?)
   and **über einen Monat** = more than one month (how long?).

6. **FREQUENT DATIVE CONSTRUCTIONS IN IDIOMATIC PHRASES.**

Es geht mir gut.	I am fine.
Es ist mir recht.	It is all right with me.
Es tut meinem Vater leid.	My father is sorry.
Das Kleid gefällt ihr.	She likes the dress.
Es ist mir gleich.	I don't care. It's all the same to me.
Es ist ihm gelungen.	He succeeded.
Es ist ihm geglückt.	He succeeded.
Es ist ihm mißlungen.	He failed.
Es ist ihm mißglückt.	He failed.

GRAMMATICAL SUMMARY: DECLENSION, NUMERALS

NUMERALS

I. CARDINAL NUMBERS

0	null						
1	eins	11	elf	21	einundzwanzig		
2	zwei	12	zwölf	22	zweiundzwanzig		
3	drei	13	dreizehn	23	dreiundzwanzig		
4	vier	14	vierzehn	24	vierundzwanzig	40	vierzig
5	fünf	15	fünfzehn	25	fünfundzwanzig	50	fünfzig
6	sechs	16	**sechzehn**	26	sechsundzwanzig	60	**sechzig**
7	sieben	17	**siebzehn**	27	siebenundzwanzig	70	**siebzig**
8	acht	18	achtzehn	28	achtundzwanzig	80	achtzig
9	neun	19	neunzehn	29	neunundzwanzig	90	neunzig
10	zehn	20	zwanzig	30	dreißig	100	hundert

101	hunderteins
102	hundertzwei
110	hundertzehn
199	hundertneunundneunzig
1969	neunzehnhundertneunundsechzig

1 000	tausend
1 000 000	eine Million
1 000 000 000	eine Milliarde (= billion!)

1. **Eins** (with "s") is only used in counting for: eins, hunderteins, zweihunderteins, etc., and in telling time "es ist eins" for "es ist ein Uhr". When modifying a noun **ein** is declined and takes the endings of the indefinite article:

   ein Jahr – one year
   eine Woche – one week

   When used as pronoun (i.e. standing alone) **ein** takes the endings of der-words:

   einer der Studenten – one of the students
   eines der Kinder – one of the children

   After a der-word, **ein** has weak adjective endings: der, das, die eine – the one

2. All other numbers are **invariable.** Exceptions:

zu zweien (or: zu zweit)	– by twos
wir waren zu dreien (or: zu dritt)	– there were three of us
auf allen vieren	– on all-fours
die Namen zweier Astronauten	– the names of two astronauts
(for: von zwei Astronauten)	
Hunderte von Menschen	– hundreds of people
Tausende von Touristen	– thousands of tourists
ein Hunderter	– a hundred mark bill

GRAMMATICAL SUMMARY: DECLENSION, NUMERALS

3. **Calculus:** 2+1=3 zwei und eins ist drei; zwei plus eins ist drei
   5−4=1 fünf weniger vier ist eins; 5 minus 4 ist eins
   3×2=6 drei mal zwei ist sechs
   12:3=4 zwölf geteilt durch drei ist vier

4. A comma is used for German decimal fractions. 3,40 is read:

   drei Komma vierzig or drei Komma vier null

5. Once, twice, three times etc. is rendered in German by: einmal, zweimal, dreimal, viermal, hundertmal etc.

II. ORDINAL NUMBERS

der, das, die:

1st	**erste**	11th	elfte	21st	einundzwanzigste
2nd	zweite	12th	zwölfte	22nd	zweiundzwanzigste
3rd	**dritte**	13th	dreizehnte	30th	dreißigste
4th	vierte	14th	vierzehnte	31st	einunddreißigste
5th	fünfte	15th	fünfzehnte	50th	fünfzigste
6th	sechste	16th	sechzehnte		etc.
7th	**siebte**	17th	siebzehnte		
8th	**achte**	18th	achtzehnte	100th	hundertste
9th	neunte	19th	neunzehnte	1000th	tausendste
10th	zehnte	20th	zwanzig**ste**		

1. Ordinal numbers are formed by adding

   -t to the cardinal numbers up to nineteen, and
   -st from twenty upwards

   Note the irregular forms: der erste, der dritte, der siebte, der achte.

2. Ordinal numbers are declined like descriptive adjectives:

   Heute ist der erst**e** schöne Tag seit Wochen.
   Ich wohne im zweit**en** Stock.
   Das ist schon sein dritt**er** Unfall in diesem Jahr.

3. A period after a number indicates that this figure is an ordinal number:

   Heute ist der 3. Mai.   (der dritte Mai)
   Er kommt am 10. Juli.   (am zehnten Juli)
   Morgen ist sein 70. Geburtstag. (sein siebzigster Geburtstag)

4. For counting as "first (in the first place), secondly, thirdly etc." German uses: erstens, zweitens, drittens, viertens etc.

GRAMMATICAL SUMMARY: DECLENSION, NUMERALS

III. FRACTIONS

1/3   ein Drittel   1/4 ein Viertel   1/8 ein Achtel
1/100 ein Hundertstel

1. Fractions are formed by adding

   -tel   to the cardinal numbers from 4 up to 19, and
   -stel to the cardinal numbers from 20 upwards.

2. "half" (adjective) is in German **halb:** Ich wartete eine halbe Stunde.
   "half" (noun) is in German **die Hälfte:** Er aß nur eine Hälfte, die andere Hälfte aß sein Bruder.

Note: eineinhalb (or: anderthalb) – one and a half
         zweieinhalb   – two and a half etc.

GRAMMATICAL SUMMARY: CONJUGATION

CONJUGATION

German has

Two **voices:**   **Active** and **Passive**

three **moods:**   **Indicative, Imperative, Subjunctive**
(including Conditional)

six **tenses:**   **Present Tense**
Past Tense
Present Perfect Tense
Past Perfect Tense
Future Tense
Future Perfect Tense

There are
four main groups
of **verbs:**   **Regular (weak) verbs**
Irregular weak verbs
Modal auxiliaries
Strong verbs

All verbs have
three **principal parts:**   **Infinitive** (1st principal part)
Past Tense (2nd principal part)
Past Participle (3rd principal part)

The **tenses**
consist of: **Finite forms**
non-finite forms

Finite forms take personal endings. Non-finite forms are infinitives, double infinitives, past participles and combinations of past participles and infinitives.

There are: **Simple tenses** consisting of finite forms only
(present tense and past tense)
Compound tenses consisting of finite forms + non-finite parts
(present perfect, past perfect, future, future perfect)

GRAMMATICAL SUMMARY: CONJUGATION, COMPARISON OF ENGLISH AND GERMAN TENSES

COMPARISON OF ENGLISH AND GERMAN TENSES
Indicative: Active, Passive, Modal auxiliaries; Subjunctive

INDICATIVE

ACTIVE

English	German	Tense
he waits, is waiting, does wait, has been waiting**	er wartet*	Present
he waited, was waiting, did wait	er wartete	Past
he has waited, waited, did wait	er hat gewartet	Pres. Perf.
he had waited	er hatte gewartet	Past Perf.
he will wait, is going to wait	er wird warten	Future
he will have waited, will have been waiting	er wird gewartet haben	Fut. Perf.

* In German, the present tense is frequently used for the future if there is a time element clearly denoting future.

** The present tense is also used if an action started in the past and is continuing in the present.

PASSIVE

he is (being) expected	er wird erwartet	Present
he was (being) expected	er wurde erwartet	Past
he has been expected, was expected	er ist erwartet worden	Pres. Perf.
he had been expected	er war erwartet worden	Past Perf.
he will be expected	er wird erwartet werden	Future
he will have been expected	er wird erwartet worden sein	Fut. Perf.

MODAL AUXILIARIES

a. **modifying another verb:**

he cannot come, is not able to come	er kann nicht kommen	Present
he could not come, was not able to come	er konnte nicht kommen	Past
he has not been able to come, could not come	er hat nicht kommen können	Pres. Perf.
he had not been able to come	er hatte nicht kommen können	Past Perf.
he will not be able to come	er wird nicht kommen können	Future
he will not have been able to come	er wird nicht haben kommen können	Fut. Perf.

b. **used without another verb:**

he doesn't want to	er will nicht	Present
he didn't want to	er wollte nicht	Past
he has not wanted to, didn't want to	er hat nicht gewollt	Pres. Perf.
he had not wanted to	er hatte nicht gewollt	Past Perf.
he will not want to	er wird nicht wollen	Future
he will not have wanted to	er wird nicht gewollt haben	Fut. Perf.

GRAMMATICAL SUMMARY: CONJUGATION, COMPARISON OF ENGLISH AND GERMAN TENSES

SUBJUNCTIVE

I. INDIRECT DISCOURSE (Type I + Type II)*

Present Time and Future:

He says he has no money.
    { Er sagt, er habe kein Geld.
    { Er sagt, er hätte kein Geld.

He told me he was going tomorrow.
He told me he would go tomorrow.
    { Er sagte mir, er werde morgen gehen.
    { Er sagte mir, er würde morgen gehen.

Past Time:

He said he had had no money.
    { Er sagte, er habe kein Geld gehabt.
    { Er sagte, er hätte kein Geld gehabt.

He told me he had gone yesterday.
He told me he went yesterday.
    { Er sagte mir, er sei gestern gegangen.
    { Er sagte mir, er wäre gestern gegangen.

II. UNREAL, CONTRARY-TO-FACT SUBJUNCTIVE (Type II only)**

Present Time including Future:

If he came we would go to the theater.
If he were coming we would go to the theater.
If he were to come we would go to the theater.
    { Wenn er käme, würden wir ins Theater gehen.
    { Wenn er käme, gingen wir ins Theater.

Past Time:

If I had known I would have stayed at home.

Wenn ich es gewußt hätte, wäre ich zu Hause geblieben.

III. SUBJUNCTIVE WITH MODAL AUXILIARIES

Present Time:

If he wanted to come he could come.

Wenn er kommen wollte, könnte er kommen.

Past Time:

If he had wanted to come he could have come.

Wenn er hätte kommen wollen, hätte er kommen können.

---

*   cf. lesson 23
** cf. lesson 19

GRAMMATICAL SUMMARY: CONJUGATION, VERB ENDINGS, ACTIVE VOICE

VERB ENDINGS. FORMATION OF TENSES AND MOODS (except SEIN, HABEN, WERDEN). For their forms see pp. 389, 390, 391.

A. **INDICATIVE MOOD.** The **infinite of all verbs** ends in **-en** (of a few verbs in -n). The infinitive **stem** is found by cutting off that ending -en (or -n). The infinitive is identical with the forms of the present tense for wir (we), sie (they), Sie (you). The **present participle** adds **-end** to the infinitive stem (-nd when infinitive ends in -eln, -ern). An **(e)** is inserted before a consonant ending when the stem of a weak verb ends in **-d, -t** or a certain accumulation of consonants, e.g. er re**d**et, du arbei**t**est, ihr öff**n**et; ich arbeitete, wir redeten, Sie öffneten; gekostet, gewartet, geredet, geöffnet. (except: gesandt, gewandt). Verbs the stem of which ends in -s or -ß drop the "s" of the ending -st: du löst ein, du liest, du mußt, du weißt.

(1) **Regular weak verbs.** Their finite (= inflected) forms add the endings of all tenses and moods to the **unchanged** infinitive stem. 1st pers. sing. of verbs with infinitive ending in -eln drops the "e" before the "l": ich wechsle, ich zweifle.

(2) **Irregular weak verbs** (only nine) take the same endings as regular weak verbs, but have **changed** stem in the past and past participle: dachte, gedacht; brachte, gebracht; kannte, gekannt; wußte, gewußt. Note: gesandt, gewandt.

(3) **Modal auxiliaries** (only six) and the verb **wissen** have special singular forms in the present tense: ich, er, es, sie darf, kann, mag, muß, soll, will, weiß; du darfst, kannst, magst, mußt, sollst, willst, weißt. **No** ending in the 1st and 3rd pers. sing.! Note: **mögen** changes **g** to **ch** in the past (mochte) and in the past participle (gemocht).

(4) **Strong verbs** add regular endings to the stem in the present tense. The vowel change of some verbs **e** to **i, ie; a** to **ä (o** to **ö)** applies to 2nd and 3rd pers. sing. present tense: du nimmst, er nimmt; du fährst, er fährt; du stößt, er stößt. If the stem of a verb with vowel change ends in -t, no (e) is inserted in the 2nd pers. sing. (du hältst, du trittst) and 3rd pers. sing. drops the ending -et (er hält, er tritt). **Note:** er lädt. **All strong verbs have changed stem in the past.**

Tenses (Active)	(1) Regular weak verbs	(2) Irregular weak verbs	(3) Modal auxiliaries	(4) Strong verbs	
Present Tense	ich stem ---e du stem -(e)st er, es, sie stem -(e)t wir stem ---en ihr stem -(e)t sie, Sie stem ---en	stem ---e -(e)st -(e)t ---en -(e)t ---en	sing. form -- -st -- inf. stem -en -t -en	(changed) stem ---e (changed) stem -(e)st* stem -(e)t* stem ---en stem -(e)t stem ---en	* With strong verbs, (e) before consonant endings is inserted only when the stem ending in -d or -t has **no** vowel change: findest, bittet.
Past Tense	ich stem -(e)te du stem -(e)test er, es, sie stem -(e)te wir stem -(e)ten ihr stem -(e)tet sie, Sie stem -(e)ten	changed ---te stem ---test ---te ---ten ---tet ---ten	inf. stem -te without -test Umlaut -te -ten -tet -ten	2nd principal part ---- -(e)st** ---- ---en -(e)t** ---en	** Strong verbs the 2nd principal part of which ends in d, t, s, ß, sch, z insert the (e): du fandest, ihr fandet, du lasest, ihr laset.

384

GRAMMATICAL SUMMARY: CONJUGATION, VERB ENDINGS, ACTIVE VOICE

Present	All verbs present tense of:	***haben (sein) + past participle
Perfect	Modal aux. modifying a verb present of:	haben + double infinitive
Past	All verbs past tense of haben (sein), i.e.:	hatte (war) + past participle
Perfect	Modal aux. modifying a verb past of haben, i.e.:	hatte + double infinitive
Future	All verbs present tense of:	werden + infinitive
Future Perfect	All verbs present tense of: Not used with modal auxiliaries.	werden + past part.+ haben (sein)

***Most verbs (all transitive and reflexive verbs, modal auxiliaries) take **haben**. A rather small group takes **sein**, i.e. the verbs "sein", "bleiben" and intransitive verbs denoting a change of position or change of condition.

PARTICIPLES

Present Participle	All verbs:		infinite stem + end (stem + nd when infinitive ends in -eln, -ern)
Past Participle	(1) Regular weak verbs ge- stem -(e)t stem - (e)t*	(2) Irregular weak verbs ge- changed stem -t	(3) Modal aux. not modifying a verb ge- stem without Umlaut -t
			(4) Strong verbs ge-(changed) stem-en** (changed) stem-en*

* No ge- prefix with inseparable verbs and verbs ending in -ieren. ** Note: getan.

B. IMPERATIVE MOOD.

No pronoun is used with familiar imperative forms. The familiar singular imperative ending **-e** is usually dropped (geh! komm! bleib! etc.), but has to be used with verbs ending in **-eln, -ern** (wechsle! erinnere mich!) and after a certain accumulation of consonants (öffne!). If the stem ends in **-d** or **-t**, it is often retained (warte! lade ein!). **No ending -e!** The vowel change of some strong verbs **e** to **i, ie** applies also to the fam. sing. imperative: nimm! lies! sprich! hilf! etc. **No ending -e!** 1st person plural imperative "Gehen wir!" stands for the vowel change **a** to **ä** (**o** to **ö**) does not apply to the fam. sing. imperative: fahr(e)! stoß(e)! the English "Let's go." For general commands (frequently on signs) the infinite is used: Gehen! Weitergehen! Langsam fahren! etc.

ALL VERBS, except strong verbs with vowel change e to i, ie		STRONG VERBS with vowel change e to i, ie	
Familiar singular:	stem **-e** (**no** pronoun)	Familiar singular:	changed stem – (**no** pronoun)
Familiar plural:	stem **-(e)t** (**no** pronoun)	Familiar plural:	infin. stem **-t** (**no** pronoun)
Conventional:	infinitive + Sie	Conventional:	infinitive + Sie
1st person plural:	infinitive + wir	1st person plural:	infinitive + wir.

GRAMMATICAL SUMMARY: CONJUGATION, VERB ENDINGS, ACTIVE VOICE

C. SUBJUNCTIVE MOOD

1. PRESENT TIME SUBJUNCTIVE

				Examples
TYPE I	**All verbs:** regular, irregular weak, modal auxiliaries, strong	ich du er, es, sie wir ihr sie, Sie	infinitive stem −e infinitive stem −est infinitive stem −e infinitive stem −en infinitive stem −et infinitive stem −en	er kaufe, arbeite er bringe, wisse er könne, müsse er gehe, komme
TYPE II	Regular verbs	Irreg. weak verbs, modal aux.		regular: er kaufte, arbeitete irreg. weak: er brächte, wüßte mod. aux.: er könnte, müßte strong: er ginge, käme
	Past indicative forms			
	Past indicative forms with **Umlaut** when possible Exceptions: sollte, wollte; brennte, kennte, nennte, rennte, sendete, wendete	**Strong verbs** 2nd principle −e part −est **Umlaut** when −e possible −en −et −en		

2. PAST TIME SUBJUNCTIVE

TYPE I	All verbs:	habe (sei) + past participle	er habe ..... gekauft er sei ..... gegangen er habe ..... erreichen können
	Modal aux. modifying a verb:	habe + double infinitive	
TYPE II	All verbs:	hätte (wäre) + past participle	wir hätten ..... gekauft wir wären ..... gegangen wir hätten ..... erreichen können
	Modal aux. modifying a verb:	hätte + double infinitive	

3. CONDITIONAL (Avoided with modal auxiliaries)

Present Time	All verbs:	würde + infinitive	ich würde ..... tun
Past Time	All verbs:	würde + past participle + haben (sein)	ich würde .. getan haben (gereist sein)

GRAMMATICAL SUMMARY: CONJUGATION, VERB ENDINGS, PASSIVE VOICE

PASSIVE VOICE

A. INDICATIVE

Tense	Formation	Example
Present Tense	Present tense of: werden + past participle	Das Auto wird .. gewaschen.
Past Tense	Past tense of werden: wurde + past participle	Das Auto wurde .gewaschen.*
Present Perfect	Present tense of: sein + past part. + worden	Das Auto ist .... gewaschen worden.
Past Perfect	Past tense of sein, i. e.: war + past part. + worden	Das Auto war ... gewaschen worden.
Future	Present tense of: werden+ past part. + werden	Das Auto wird .. gewaschen werden.
Future Perfect	Present tense of: werden+ past part. + worden + sein	Das Auto wird .. gewaschen worden sein.

B. SUBJUNCTIVE

Time	Formation	Example
Present Time — Type I:	werde + past part. (+ werden)	Er sagte, er werde .... erwartet (werden).
Present Time — Type II:	würde + past part. (+ werden)	Er würde .... erwartet (werden).
Past Time — Type I:	sei + past part. + worden	Er sagte, er sei .... erwartet worden.
Past Time — Type II:	wäre + past part. + worden	Er wäre .... erwartet worden.

* "Das Auto wurde gewaschen" denotes an action: "The car was (being) washed".
"Das Auto war gewaschen" denotes a condition rather than an action, e. g. Das Auto war schon gewaschen, als ich ankam. (The car was already washed when I arrived.)

387

GRAMMATICAL SUMMARY: CONJUGATION, VERB ENDINGS, PASSIVE WITH MODAL AUXILIARIES

PASSIVE WITH MODAL AUXILIARIES

A. INDICATIVE

Present Tense	Present tense of:	mod. aux. + past part. + werden	Das Haus muß … verkauft werden.
Past Tense	Past tense of:	mod. aux. + past part. + werden	Das Haus mußte . verkauft werden.
Present Perfect	Present tense of:	haben + past part. + werden + inf. mod. aux.	Das Haus hat … . verkauft werden müssen.
Past Perfect	Past tense of haben, i. e.:	hatte + past part. + werden + inf. mod. aux.	Das Haus hatte . . verkauft werden müssen.
Future	Present tense of:	werden + past part. + werden + inf. mod. aux.	Das Haus wird . . verkauft werden müssen.
Future Perfect	not used		

B. SUBJUNCTIVE

Present Time	Type I form of:	mod. aux. + past part. + werden	Er sagte, das Haus müsse … . . verkauft werden.
	Type II form of:	mod. aux. + past part. + werden	Das Haus müßte verkauft werden.
Past Time	Type I:	habe + past part. + werden + inf. mod. aux.	Er sagte, das Haus habe … ; . verkauft werden müssen.
	Type II:	hätte + past part. + werden + inf. mod. aux.	Das Haus hätte … . . . verkauft werden müssen.

GRAMMATICAL SUMMARY: CONJUGATION, CONJUGATION PARADIGMS

1. **SEIN,** to be. **Pres. part.:** seiend (being) **Past part.:** gewesen (been)
   Imperative: sei! seid! seien Sie! (be)

		INDICATIVE	SUBJUNCTIVE Type I	Type II
Pres.		ich bin	sei	wäre
		du bist	seiest	wärest
		*er ist	sei	wäre
		wir sind	seien	wären
		ihr seid	seiet	wäret
		*sie sind	seien	wären
Past		ich war		
		du warst		
		er war		
		wir waren		
		ihr wart		
		sie waren		
Pres. Perf.		ich bin gewesen	sei gewesen	wäre gewesen
		du bist gewesen	seiest gewesen	wärest gewesen
		er ist gewesen	sei gewesen	wäre gewesen
		wir sind gewesen	seien gewesen	wären gewesen
		ihr seid gewesen	seiet gewesen	wäret gewesen
		sie sind gewesen	seien gewesen	wären gewesen
Past Perf.		ich war gewesen		
		du warst gewesen		
		er war gewesen		
		wir waren gewesen		
		ihr wart gewesen		
		sie waren gewesen		
Fut.		ich werde sein	**----	würde sein
		du wirst sein	werdest sein	würdest sein
		er wird sein	werde sein	würde sein
		wir werden sein	----	würden sein
		ihr werdet sein	----	würdet sein
		sie werden sein	----	würden sein
Fut. Perf.		ich werde gewesen sein	----	würde gewesen sein
		du wirst gewesen sein	werdest gewesen sein	würdest gewesen sein
		er wird gewesen sein	werde gewesen sein	würde gewesen sein
		wir werden gewesen sein	----	würden gewesen sein
		ihr werdet gewesen sein	----	würdet gewesen sein
		sie werden gewesen sein	----	würden gewesen sein

Note: The verb **sein** (irregular in all forms) is used:
1. as main verb; the following noun or pronoun is predicative nominative.
2. as auxiliary to form the perfect tenses (indicative and subjunctive) of
   a. the verbs **sein** and **bleiben**
   b. intransitive verbs denoting a change of position or condition.

* For briefness' sake, only **er** is given in this and the following conjugation paradigms to represent the 3rd pers. sing. **es, sie; man.**
  The 3rd pers. plural **sie** (they) also includes the formal **Sie** (you).
** Forms omitted in type I subjunctive are identical with the indicative forms.
   Type II subjunctive is substituted for these forms.

GRAMMATICAL SUMMARY: CONJUGATION, CONJUGATION PARADIGMS

2. **HABEN,** to have.   **Pres. part.:** habend (having)   **Past part.:** gehabt (had)
   Imperative: hab(e)! habt! haben Sie! (have)

	INDICATIVE	SUBJUNCTIVE Type I	Type II
Pres.	ich habe	----	hätte
	du hast	habest	hättest
	er hat	habe	hätte
	wir haben	----	hätten
	ihr habt	habet	hättet
	sie haben	----	hätten
Past	ich hatte		
	du hattest		
	er hatte		
	wir hatten		
	ihr hattet		
	sie hatten		
Pres. Perf.	ich habe gehabt	----	hätte gehabt
	du hast gehabt	habest gehabt	hättest gehabt
	er hat gehabt	habe gehabt	hätte gehabt
	wir haben gehabt	----	hätten gehabt
	ihr habt gehabt	habet gehabt	hättet gehabt
	sie haben gehabt	----	hätten gehabt
Past Perf.	ich hatte gehabt		
	du hattest gehabt		
	er hatte gehabt		
	wir hatten gehabt		
	ihr hattet gehabt		
	sie hatten gehabt		
Fut.	ich werde haben	----	würde haben
	du wirst haben	werdest haben	würdest haben
	er wird haben	werde haben	würde haben
	wir werden haben	----	würden haben
	ihr werdet haben	----	würdet haben
	sie werden haben	----	würden haben
Fut. Perf.	ich werde gehabt haben	----	würde gehabt haben
	du wirst gehabt haben	werdest gehabt haben	würdest gehabt haben
	er wird gehabt haben	werde gehabt haben	würde gehabt haben
	wir werden gehabt haben	----	würden gehabt haben
	ihr werdet gehabt haben	----	würdet gehabt haben
	sie werden gehabt haben	----	würden gehabt haben

Note: The verb **haben** is used, 1. as main verb; 2. as auxiliary to form the perfect tenses (indicative and subjunctive) of, a. all transitive verbs (=verbs taking a direct object), b. all reflexive verbs, c. all modal auxiliaries, d. intransitive verbs not denoting a change of position or condition.

GRAMMATICAL SUMMARY: CONJUGATION, CONJUGATION PARADIGMS

3. **WERDEN,** to become. **Pres. part.:** werdend (becoming) **Past part.:** geworden (become)
Imperative: werde! werdet! werden Sie! (become)

	INDICATIVE	SUBJUNCTIVE	
		Type I	Type II
Pres.	ich werde	----	würde
	du wirst	werdest	würdest
	er wird	werde	würde
	wir werden	----	würden
	ihr werdet	----	würdet
	sie werden	----	würden
Past	ich wurde		
	du wurdest		
	er wurde		
	wir wurden		
	ihr wurdet		
	sie wurden		
Pres. Perf.	ich bin geworden	sei geworden	wäre geworden
	du bist geworden	seiest geworden	wärest geworden
	er ist geworden	sei geworden	wäre geworden
	wir sind geworden	seien geworden	wären geworden
	ihr seid geworden	seiet geworden	wäret geworden
	sie sind geworden	seien geworden	wären geworden
Past Perf.	ich war geworden		
	du warst geworden		
	er war geworden		
	wir waren geworden		
	ihr wart geworden		
	sie waren geworden		
Fut.	ich werde werden	----	würde werden
	du wirst werden	werdest werden	würdest werden
	er wird werden	werde werden	würde werden
	wir werden werden	----	würden werden
	ihr werdet werden	----	würdet werden
	sie werden werden	----	würden werden
Fut. Perf.	*er wird geworden sein	werde geworden sein	würde geworden sein

Note: The verb **werden** is used, 1. as main verb; a following noun is predicative nominative. 2. as auxiliary to form, a. the future tense (present tense of **werden** + **infinitive**), b. the future perfect tense (present tense of **werden** + **past participle** + infinitive **haben (sein)**, c. the passive (a form of **werden** + **past participle**).

* From now on, only the 3rd pers. sing. of the future perfect will be given since these forms are rarely used.

GRAMMATICAL SUMMARY: CONJUGATION, CONJUGATION PARADIGMS

4. **REGULAR (WEAK) VERBS.**
   KAUFEN, to buy.   **Pres. part.:** kaufend (buying)   **Past part:** gekauft (bought)
   Imperative: kauf(e)! kauft! kaufen Sie! (buy)

	INDICATIVE	SUBJUNCTIVE Type I	Type II
Pres.	ich kaufe	----	With regular verbs
	du kaufst	kaufest	the same as the
	er kauft	kaufe	past tense indicative
	wir kaufen	----	
	ihr kauft	kaufet	
	sie kaufen	----	
Past	ich kaufte		
	du kauftest		
	er kaufte		
	wir kauften		
	ihr kauftet		
	sie kauften	----	hätte gekauft
		habest gekauft	hättest gekauft
Pres.	ich habe gekauft	habe gekauft	hätte gekauft
Perf.	du hast gekauft	----	hätten gekauft
	er hat gekauft	habet gekauft	hättet gekauft
	wir haben gekauft	----	hätten gekauft
	ihr habt gekauft		
	sie haben gekauft		
Past	ich hatte gekauft		
Perf.	du hattest gekauft etc.		
Fut.	ich werde kaufen	----	würde kaufen
	du wirst kaufen	werdest kaufen	würdest kaufen
	er wird kaufen	werde kaufen	würde kaufen
	wir werden kaufen	----	würden kaufen
	ihr werdet kaufen	----	würdet kaufen
	sie werden kaufen	----	würden kaufen
Fut. Perf.	er wird gekauft haben	werde gekauft haben	würde gekauft haben

a. Fam. sing. imperative ending **-e** is usually dropped (kauf! such!) The **-e** has to be used with verbs ending in -eln, -ern (wechsle! erinnere mich!) and after a certain accumulation of consonants (öffne!). It is often retained after d, t (melde! warte!)

b. The past participle of regular verbs is formed by prefixing ge- to the stem and adding the ending -t: **ge**kauf**t**, **ge**wohn**t**, **ge**lieb**t**, **ge**rauch**t**, etc.

c. If the stem ends in -d or -t an "e" is inserted before a consonant ending. This applies to the present tense (du arbeit**e**st, er arbeit**e**t, ihr arbeit**e**t), the fam. plural imperative (arbeit**e**t!), the entire past tense (ich arbeit**e**te, du arbeit**e**test, er arbeit**e**te, wir arbeit**e**ten, ihr arbeit**e**tet, sie arbeit**e**ten), and to the past participle (gearbeit**e**t, gekost**e**t, gemeld**e**t, etc.).

GRAMMATICAL SUMMARY: CONJUGATION, CONJUGATION PARADIGMS

5. **IRREGULAR WEAK VERBS.**
   DENKEN, to think.   **Pres. part.:** denkend (thinking)   **Past part.:** gedacht (thought)
   Imperative: denk(e)! denkt! denken Sie! (think)

	INDICATIVE	SUBJUNCTIVE	
		Type I	Type II
Pres.	ich denke	----	dächte
	du denkst	denkest	dächtest
	er denkt	denke	dächte
	wir denken	----	dächten
	ihr denkt	denket	dächtet
	sie denken	----	dächten
Past	ich dachte		
	du dachtest		
	er dachte		
	wir dachten		
	ihr dachtet		
	sie dachten	----	hätte gedacht
		habest gedacht	hättest gedacht
Pres.	ich habe gedacht	habe gedacht	hätte gedacht
Perf.	du hast gedacht	----	hätten gedacht
	er hat gedacht	habet gedacht	hättet gedacht
	wir haben gedacht	----	hätten gedacht
	ihr habt gedacht		
	sie haben gedacht		
Past	ich hatte gedacht		
Perf.	du hattest gedacht etc.		
Fut.	ich werde denken	----	würde denken
	du wirst denken	werdest denken	würdest denken
	er wird denken	werde denken	würde denken
	wir werden denken	----	würden denken
	ihr werdet denken	----	würdet denken
	sie werden denken	----	würden denken
Fut. Perf.	er wird gedacht haben	werde gedacht haben	würde gedacht haben

Complete list of irregular weak verbs (changed stem is the same for past and past part.)

Infinitive	Past	Past participle	Subjunctive II	Meaning
bringen	brachte	gebracht	brächte	to bring
denken	dachte	gedacht	dächte	to think
wissen (weiß)	wußte	gewußt	wüßte	to know
brennen	brannte	gebrannt	brennte	to burn
kennen	kannte	gekannt	kennte	to know
nennen	nannte	genannt	nennte	to name, call
rennen	rannte	ist gerannt	rennte	to run
senden	sandte	gesandt	sendete	to send
wenden	wandte	gewandt	wendete	to turn

GRAMMATICAL SUMMARY: CONJUGATION, CONJUGATION PARADIGMS

6. **STRONG VERBS.**
   NEHMEN, to take.   **Pres. part.:** nehmend (taking)   **Past part.:** genommen (taken)
   Imperative: nimm! nehmt! nehmen Sie! (take)

	INDICATIVE	SUBJUNCTIVE Type I	Type II
Pres.	ich nehme	----	nähme
	du **nimmst**	nehmest	nähmest
	er **nimmt**	nehme	nähme
	wir nehmen	----	nähmen
	ihr nehmt	nehmet	nähmet
	sie nehmen	----	nähmen
Past	ich nahm		
	du nahm**st**		
	er nahm		
	wir nahm**en**		
	ihr nahm**t**		
	sie nahm**en**		
Pres. Perf.	ich habe genommen	----	hätte genommen
	du hast genommen	habest genommen	hättest genommen
	er hat genommen	habe genommen	hätte genommen
	wir haben genommen	----	hätten genommen
	ihr habt genommen	habet genommen	hättest genommen
	sie haben genommen	----	hätten genommen
Past Perf.	ich hatte genommen		
	du hattest genommen		
	er hatte genommen		
	wir hatten genommen		
	ihr hattet genommen		
	sie hatten genommen		
Fut.	ich werde nehmen	----	würde nehmen
	du wirst nehmen	werdest nehmen	würdest nehmen
	er wird nehmen	werde nehmen	würde nehmen
	wir werden nehmen	----	würden nehmen
	ihr werdet nehmen	----	würdet nehmen
	sie werden nehmen	----	würden nehmen
Fut. Perf.	er wird genommen haben	werde genommen haben	würde genommen haben

a. The fam. sing. imperative of strong verbs that change the stem vowel **"e"** to **"i, ie"** in the second and third person sing. is rendered by the changed stem without ending: **nimm**! **sprich**! **lies**! **sieh**! **gib**! etc. Those that change **"a"** to **"ä"** have normal forms: fahr(e)! trag(e)! laß! etc.

b. The **past participle** of strong verbs has the ending **-en**: gekomm**en**, gegang**en**, etc.

GRAMMATICAL SUMMARY: CONJUGATION, CONJUGATION PARADIGMS

7. INSEPARABLE VERBS.

BEZAHLEN, to pay.   **Pres. part.:** bezahlend (paying)   **Past part.:** bezahlt (paid)
Imperative: bezahl(e)! bezahlt! bezahlen Sie! (pay)

	INDICATIVE	SUBJUNCTIVE Type I	Type II
Pres.	ich bezahle	————	This verb is
	du bezahlst	bezahlest	regular, therefore
	er bezahlt	bezahle	same forms as the
	wir bezahlen	————	past indicative
	ihr bezahlt	bezahlet	
	sie bezahlen	————	
Past	ich bezahlte		
	du bezahltest		
	er bezahlte		
	wir bezahlten		
	ihr bezahltet		
	sie bezahlten	————	hätte bezahlt
		habest bezahlt	hättest bezahlt
Pres.	ich habe bezahlt	habe bezahlt	hätte bezahlt
Perf.	du hast bezahlt	————	hätten bezahlt
	er hat bezahlt	habet bezahlt	hättet bezahlt
	wir haben bezahlt	————	hätten bezahlt
	ihr habt bezahlt		
	sie haben bezahlt		
Past	ich hatte bezahlt		
Perf.	du hattest bezahlt etc.		
Fut.	ich werde bezahlen	————	würde bezahlen
	du wirst bezahlen	werdest bezahlen	würdest bezahlen
	er wird bezahlen	werde bezahlen	würde bezahlen
	wir werden bezahlen	————	würden bezahlen
	ihr werdet bezahlen	————	würdet bezahlen
	sie werden bezahlen	————	würden bezahlen
Fut.	er wird bezahlt	werde bezahlt	würde bezahlt
Perf.	haben	haben	haben

a. Any verb (weak, strong, irregular) beginning with the inseparable prefixes
be-, emp-, ent-, er-, ge-, ver-, wider-, zer- does **not** prefix **ge-** to the past participle.
Otherwise the past participle is formed the normal way: weak verbs ending -(e)t; strong verbs ending -en:
hat bestellt, zerstört, empfohlen, verstanden, widersprochen etc.

b. The prefixes **miß-, über-, unter-, voll-, wieder-** usually are not separated:
hat mißverstanden, übersetzt, unterschrieben, vollendet, wiederholt.

GRAMMATICAL SUMMARY: CONJUGATION, CONJUGATION PARADIGMS

8. **SEPARABLE VERBS.** MITKOMMEN, to come along
   Pres. part.: mitkommend (coming along)   **Past part.:** mit**ge**kommen (come along)
   Imperative: komm(e) mit! kommt mit! kommen Sie mit! (come along)

	INDICATIVE	SUBJUNCTIVE Type I	Type II
Pres.	ich komme mit	----	käme mit
	du kommst mit	kommest mit	kämest mit
	er kommt mit	komme mit	käme mit
	wir kommen mit	----	kämen mit
	ihr kommt mit	kommet mit	kämet mit
	sie kommen mit	----	kämen mit
Past	ich kam mit		
	du kamst mit		
	er kam mit		
	wir kamen mit		
	ihr kamt mit		
	sie kamen mit	sei mitgekommen	wäre mitgekommen
		seiest mitgekommen	wärest mitgekommen
Pres.	ich bin mitgekommen	sei mitgekommen	wäre mitgekommen
Perf.	du bist mitgekommen	seien mitgekommen	wären mitgekommen
	er ist mitgekommen	seiet mitgekommen	wäret mitgekommen
	wir sind mitgekommen	seien mitgekommen	wären mitgekommen
	ihr seid mitgekommen		
	sie sind mitgekommen		
Past	ich war mitgekommen		
Perf.	du warst mitgekommen etc.		
Fut.	ich werde mitkommen	----	würde mitkommen
	du wirst mitkommen	werdest mitkommen	würdest mitkommen
	er wird mitkommen	werde mitkommen	würde mitkommen
	wir werden mitkommen	----	würden mitkommen
	ihr werdet mitkommen	----	würdet mitkommen
	sie werden mitkommen	----	würden mitkommen
Fut.	er wird mitkommen	werde mitkommen	würde mitkommen
Perf.	sein	sein	sein

a. Except for the inseparable prefixes (see previous page) all the other prefixes (mostly prepositions and adverbs) are separable, i. e. they are separated from the verb (weak, strong, irregular) and put at the end of the main clause
   1. in the imperative
   2. in the present tense and the corresponding subjunctive forms
   3. in the past indicative.
b. The past participle of separable verbs is written in one word with the separable prefix preceding the normal past participle.
c. The **infinitive with "zu"** is formed by inserting **"zu"** between prefix and verb:
   Er versprach mit**zu**kommen.
d. In dependent clauses prefixes are not separated: Ich weiß, daß Paul **mitkommt.**

GRAMMATICAL SUMMARY: CONJUGATION, CONJUGATION PARADIGMS

9. **MODAL AUXILIARIES** and the verbs **LASSEN, WISSEN**.

	INDICATIVE	SUBJUNCTIVE Type I	Type II
Pres.	ich kann bleiben	könne bleiben	könnte bleiben
	du kann**st** bleiben	könnest bleiben	könntest bleiben
	er kann bleiben	könne bleiben	könnte bleiben
	wir könn**en** bleiben	----	könnten bleiben
	ihr könn**t** bleiben	könnet bleiben	könntet bleiben
	sie könn**en** bleiben	----	könnten bleiben
Past	ich konnte bleiben		
	du konntest bleiben		
	er konnte bleiben		
	wir konnten bleiben		
	ihr konntet bleiben		
	sie konnten bleiben		
Pres. Perf.	ich habe **bleiben können**	----	hätte bleiben können
	du hast bleiben können	habest bleiben können	hättest bleiben können
	er hat bleiben können	habe bleiben können	hätte bleiben können
	wir haben bleiben können	----	hätten bleiben können
	ihr habt bleiben können	habet bleiben können	hättet bleiben können
	sie haben bleiben können	----	hätten bleiben können
Past Perf.	ich hatte **bleiben können**		
	du hattest bleiben können		
	er hatte bleiben können		
	wir hatten bleiben können		
	ihr hattet bleiben können		
	sie hatten bleiben können		
Fut.	ich werde **bleiben können**	----	(würde bleiben können) avoided
	du wirst bleiben können	werdest bleiben können	
	er wird bleiben können	werde bleiben können	
	wir werden bleiben können	----	
	ihr werdet bleiben können	----	
	sie werden bleiben können	----	
Fut. Perf.	is not used	not used	not used

a. The German modal auxiliaries are:

Inf.	1st + 3rd pers. sing.	Past	Double inf. when modifying a verb	Normal Past part.	Meaning
dürfen	darf	durfte	inf. + dürfen	gedurft	may, be allowed to
können	kann	konnte	inf. + können	gekonnt	can, be able to
mögen	mag	mochte	inf. + mögen	gemocht	to like
müssen	muß	mußte	inf. + müssen	gemußt	have to, must
sollen	soll	sollte	inf. + sollen	gesollt	be supposed to
wollen	will	wollte	inf. + wollen	gewollt	want to

b. The normal past part. (gedurft, gekonnt etc.) is used when it is not modifying another verb: er hat nicht gewollt (he did not want to).
c. **Wissen** (weiß), wußte, gewußt (to know) is not a modal aux. but is conjudated in the present tense like a modal aux.: ich weiß, du weißt, er weiß etc.
d. **Lassen** if modifying another verb expresses "to have something done". Its tenses then are formed like those of modal aux.: er läßt sein Auto waschen (he has his car washed), er hat sein Auto waschen lassen (he had his car washed).

GRAMMATICAL SUMMARY: CONJUGATION, CONJUGATION PARADIGMS

10. PASSIVE VOICE.

ERWARTEN, to expect **PASSIVE INFINITIVE:** erwartet werden (be expected)
PASSIVE PAST PARTICIPLE: erwartet worden (been expexted)

	INDICATIVE	SUBJUNCTIVE Type I	Type II
Pres.	ich werde erwartet	----	würde erwartet
	du wirst erwartet	werdest erwartet	würdest erwartet
	er wird erwartet	werde erwartet	würde erwartet
	wir werden erwartet	----	würden erwartet
	ihr werdet erwartet	----	würdet erwartet
	sie werden erwartet	----	würden erwartet
Past	ich wurde erwartet		
	du wurdest erwartet		
	er wurde erwartet		
	wir wurden erwartet		
	ihr wurdet erwartet		
	sie wurden erwartet		
Pres. Perf.	ich bin erwartet worden	sei erwartet worden	wäre erwartet worden
	du bist erwartet worden	seiest erwartet worden	wärest erwartet worden
	er ist erwartet worden	sei erwartet worden	wäre erwartet worden
	wir sind erwartet worden	seien erwartet worden	wären erwartet worden
	ihr seid erwartet worden	seiet erwartet worden	wäret erwartet worden
	sie sind erwartet worden	seien erwartet worden	wären erwartet worden
Past Perf.	ich war erwartet worden		
	du warst erwartet worden		
	er war erwartet worden		
	wir waren erwartet worden		
	ihr wart erwartet worden		
	sie waren erwartet worden		
Fut.	ich werde erwartet werden	----	würde erwartet werden
	du wirst erwartet werden	werdest erwartet werden	würdest erwartet werden
	er wird erwartet werden	werde erwartet werden	würde erwartet werden
	wir werden erwartet werden	----	würden erwartet werden
	ihr werdet erwartet werden	----	würdet erwartet werden
	sie werden erwartet werden	----	würden erwartet werden
Fut. Perf.	er wird erwartet worden sein	werde erwartet worden sein	würde erwartet worden sein

GRAMMATICAL SUMMARY: CONJUGATION, CONJUGATION PARADIGMS

11. PASSIVE WITH MODAL AUXILIARIES.

	INDICATIVE	SUBJUNCTIVE Type I	Type II
Pres.	ich muß operiert werden	müsse operiert werden	müßte operiert werden
	du mußt operiert werden	müssest operiert werden	müßtest operiert werden
	er muß operiert werden	müsse operiert werden	müßte operiert werden
	wir müssen operiert werden	----	müßten operiert werden
	ihr müßt operiert werden	müsset operiert werden	müßtet operiert werden
	sie müssen operiert werden	----	müßten operiert werden
Past	ich mußte operiert werden		
	du mußtest operiert werden		
	er mußte operiert werden		
	wir mußten operiert werden		
	ihr mußtest operiert werden		
	sie mußten operiert werden		
Pres. Perf.	ich habe operiert werden müssen	----	hätte operiert werden müssen
	du hast operiert werden müssen	habest operiert werden müssen	hättest operiert werden müssen
	er hat operiert werden müssen	habe operiert werden müssen	hätte operiert werden müssen
	wir haben operiert werden müssen	----	hätten operiert werden müssen
	ihr habt operiert werden müssen	habet operiert werden müssen	hättet operiert werden müssen
	sie haben operiert werden müssen	----	hätten operiert werden müssen
Past Perf.	ich hatte operiert werden müssen		
	du hattest operiert werden müssen		
	er hatte operiert werden müssen		
	wir hatten operiert werden müssen		
	ihr hattet operiert werden müssen		
	sie hatten operiert werden müssen		
Fut.	ich werde operiert werden müssen	----	(würde operiert werden müssen)
	du wirst operiert werden müssen	werdest operiert werden müssen	avoided
	er wird operiert werden müssen	werde operiert werden müssen	
	wir werden operiert werden müssen	----	
	ihr werdet operiert werden müssen	----	
	sie werden operiert werden müssen	----	
Fut. Perf.	is not used	not used	not used

GRAMMATICAL SUMMARY: CONJUGATION, TABLE OF VERBS

12. TABLE OF STRONG AND IRREGULAR VERBS (occurring in this book).

a. Verbs with separable or inseparable prefixes are listed under the forms of the stem verb (if given), i. e. "s. befinden" under "finden", **ankommen** under "kommen".
b. In parentheses, the 3rd pers. sing. of the present tense indicative is given only if there is a vowel or consonant change.
c. The 3rd pers. of the auxiliary for the past participle is given only if the verb takes "sein". The other verbs take "haben".
d. An asterisk in front of a verb form indicates that this form is rarely used.

Inf. (3rd pers. sing.)	Past	Past participle	Fam. sing. Imperative	Subjunctive II	Meaning
anfangen (fängt an)	fing an	angefangen	fang(e) an	finge an	begin, start
ausweisen	wies aus	ausgewiesen	weise aus	wiese aus	expel, banish
befehlen (befiehlt)	befahl	befohlen	befiehl	*beföhle	command
beginnen	begann	begonnen	beginn(e)	begönne (or: ä)	begin, start
begraben (begräbt)	begrub	begraben	begrab(e)	begrübe	bury
bitten	bat	gebeten	bitt(e)	bäte	ask
bleiben	blieb	ist geblieben	bleib(e)	bliebe	stay, remain
brechen (bricht)	brach	gebrochen	brich	bräche	break
einbrechen (bricht ein)	brach ein	eingebrochen	brich ein	bräche ein	commit burglary
bringen	brachte	gebracht	bring(e)	brächte	bring, take to
verbringen	verbrachte	verbracht	verbring(e)	verbrächte	spend (time)
denken	dachte	gedacht	denk(e)	dächte	think
nachdenken	dachte nach	nachgedacht	denk(e) nach	dächte nach	think over
dürfen (darf)	durfte	gedurft	————	dürfte	may, be allowed to
einladen (lädt ein)	lud ein	eingeladen	lad(e) ein	lüde ein	invite
empfehlen (empfiehlt)	empfahl	empfohlen	empfiehl	*empföhle (or: ä)	recommend
erfahren (erfährt)	erfuhr	erfahren	erfahre	erführe	learn, be informed
erscheinen	erschien	ist erschienen	erschein(e)	erschiene	appear
essen (ißt)	aß	gegessen	iß	äße	eat
fahren (fährt)	fuhr	ist gefahren	fahr(e)	führe	ride, drive
abfahren (fährt ab)	fuhr ab	ist abgefahren	fahr(e) ab	führe ab	to depart, leave
vorbeifahren (fährt vorbei)	fuhr vorbei	ist vorbeigefahren	fahr(e) vorbei	führe vorbei	pass, drive past
fallen (fällt)	fiel	ist gefallen	fall(e)	fiele	fall
gefallen (gefällt)	gefiel	gefallen	gefall(e)	gefiele	like, please

400

GRAMMATICAL SUMMARY: CONJUGATION, TABLE OF VERBS

Inf. (3rd pers. sing.)	Past	Past participle	Fam. sing. Imperative	Subjunctive II	Meaning
finden	fand	gefunden	finde	fände	find
s. befinden	befand sich	s. befunden	— — —	befände	be, be located
stattfinden	fand statt	stattgefunden	— — —	fände statt	take place
fliegen	flog	ist geflogen	flieg(e)	flöge	fly
fliehen	floh	ist geflohen	flieh(e)	flöhe	flee
geben (gibt)	gab	gegeben	gib	gäbe	give
gehen	ging	ist gegangen	geh(e)	ginge	go, walk
vorbeigehen	ging vorbei	ist vorbeigegangen	geh(e) vorbei	ginge vorbei	pass, walk past
gelingen	gelang	ist gelungen	— — —	gelänge	succeed
gelten (gilt)	galt	gegolten	— — —	*gölte (or. ä)	be considered, be valid
geschehen (geschieht)	geschah	ist geschehen	— — —	geschähe	happen
haben (hat)	hatte	gehabt	hab(e)	hätte	have
vorhaben (hat vor)	hatte vor	vorgehabt	habe vor	hätte vor	have planned
hängen	hing	gehangen	häng(e)	hinge	hang (intransitive)
halten (hält)	hielt	gehalten	halt(e)	hielte	hold
freihalten (hält frei)	hielt frei	freigehalten	halt(e) frei	hielte frei	keep free
s. unterhalten (unterhält sich)	unterhielt sich	s. unterhalten	unterhalt(e) dich	unterhielte s.	have a conversation
heißen	hieß	geheißen	heiß(e)	hieße	be named, be called, name
helfen (hilft)	half	geholfen	hilf	hülfe (or. ä)	help
kennen	kannte	gekannt	kenn(e)	kennte	know
können (kann)	konnte	gekonnt	— — —	könnte	can, be able to
kommen	kam	ist gekommen	komm(e)	käme	come
ankommen	kam an	ist angekommen	komm(e) an	käme an	arrive
bekommen	bekam	bekommen	bekomm(e)	bekäme	receive, get
mitkommen	kam mit	ist mitgekommen	komm(e) mit	käme mit	come along
lassen (läßt)	ließ	gelassen	laß (lasse)	ließe	let, leave
entlassen (entläßt)	entließ	entlassen	entlasse	entließe	discharge, set free
s. verlassen (verläßt s.)	verließ	verlassen	verlaß	verließe	leave
s. verlassen (verläßt s.)	verließ sich	s. verlassen	verlaß dich	verließe sich	rely
laufen (läuft)	lief	ist gelaufen	lauf(e)	liefe	run
vorbeilaufen (läuft vorbei)	lief vorbei	ist vorbeigelaufen	lauf(e) vorbei	liefe vorbei	run past
leiden	litt	gelitten	leide	litte	suffer
erleiden	erlitt	erlitten	erleide	erlitte	suffer

GRAMMATICAL SUMMARY: CONJUGATION, TABLE OF VERBS

Inf. (3rd pers. sing.)	Past	Past participle	Fam. sing. Imperative	Subjunctive II	Meaning
lesen (liest)	las	gelesen	lies	läse	read
liegen	lag	gelegen	lieg(e)	läge	lie
mögen (mag)	mochte	gemocht	----	möchte	like
müssen (muß)	mußte	gemußt	----	müßte	have to, must
nehmen (nimmt)	nahm	genommen	nimm	nähme	take
aufnehmen (nimmt auf)	nahm auf	aufgenommen	nimm auf	nähme auf	record; take up
festnehmen (nimmt fest)	nahm fest	festgenommen	nimm fest	nähme fest	apprehend, arrest
teilnehmen (nimmt teil)	nahm teil	teilgenommen	nimm teil	nähme teil	participate
übernehmen (übernimmt)	übernahm	übernommen	übernimm	übernähme	take over
unternehmen (unternimmt)	unternahm	unternommen	unternimm	unternähme	undertake
nennen	nannte	genannt	nenn(e)	nennte	name, call
riechen	roch	gerochen	riech(e)	röche	smell
rufen	rief	gerufen	ruf(e)	riefe	call
anrufen	rief an	angerufen	ruf(e) an	riefe an	call up
widerrufen	widerrief	widerrufen	widerruf(e)	widerriefe	recant
schaffen	schuf	geschaffen	schaff(e)	schüfe	create
schießen	schoß	geschossen	schieß	schösse	shoot
schlafen (schläft)	schlief	geschlafen	schlaf(e)	schliefe	sleep
ausschlafen (schläft aus)	schlief aus	ausgeschlafen	schlaf(e) aus	schliefe aus	sleep long (enough)
schließen	schloß	geschlossen	schließ(e)	schlösse	close
schreiben	schrieb	geschrieben	schreib(e)	schriebe	write
beschreiben	beschrieb	beschrieben	beschreib(e)	beschriebe	describe
niederschreiben	schrieb nieder	niedergeschrieben	schreib(e) nieder	schriebe nieder	write down, take down in writing
schweigen	schwieg	geschwiegen	schweig(e)	schwiege	be silent
schwimmen	schwamm	ist geschwommen	schwimm	*schwömme	swim
sehen (sieht)	sah	gesehen	sieh	sähe	see
aussehen (sieht aus)	sah aus	ausgesehen	sieh aus	sähe aus	look
nachsehen (sieht nach)	sah nach	nachgesehen	sieh nach	sähe nach	look up
sein (ist)	war	ist gewesen	sei	wäre	be
sitzen	saß	gesessen	sitz(e)	säße	sit
besitzen	besaß	besessen	----	besäße	possess
sollen (soll)	sollte	gesollt	----	sollte	be supposed to

402

GRAMMATICAL SUMMARY: CONJUGATION, TABLE OF VERBS

Inf. (3rd pers. sing.)	Past	Past participle	Fam. sing. Imperative	Subjunctive II	Meaning
sprechen (spricht)	sprach	gesprochen	sprich	spräche	speak
versprechen (verspricht)	versprach	versprochen	versprich	verspräche	promise
widersprechen (widerspricht)	widersprach	widersprochen	widersprich	widerspräche	contradict
stehen	stand	gestanden	steh(e)	stände (stünde)	stand
anstehen	stand an	angestanden	steh(e) an	stände an	stand in line
aufstehen	stand auf	ist aufgestanden	steh(e) auf	stände auf	get up, stand up
bestehen	bestand	bestanden	besteh(e)	bestände	exist, consist, insist
verstehen	verstand	verstanden	versteh(e)	verstände	understand
mißverstehen	mißverstand	mißverstanden	mißversteh(e)	mißverstände	missunderstand
stehlen (stiehlt)	stahl	gestohlen	stiehl	*stähle (stöhle)	steal
steigen	stieg	ist gestiegen	steig(e)	stiege	climb
aussteigen	stieg aus	ist ausgestiegen	steig(e) aus	stiege aus	get off
einsteigen	stieg ein	ist eingestiegen	steig(e) ein	stiege ein	get in
umsteigen	stieg um	ist umgestiegen	steig(e) um	stiege um	transfer, change trains
sterben (stirbt)	starb	ist gestorben	stirb	stürbe	die
stoßen (stößt)	stieß	gestoßen	stoß(e)	stieße	push, hit
zusammenstoßen (stößt zusammen)	stieß zusammen	ist zusammengestoßen	stoß(e) zusammen	stieße zusammen	collide
tragen (trägt)	trug	getragen	trag(e)	trüge	carry, wear
treffen (trifft)	traf	getroffen	triff	träfe	meet, hit
trinken	trank	getrunken	trink(e)	tränke	drink
ertrinken	ertrank	ist ertrunken	ertrink(e)	ertränke	drown
tun	tat	getan	tu(e)	täte	do
unterstreichen	unterstrich	unterstrichen	unterstreiche	unterstriche	underline
verbieten	verbot	verboten	verbiete	verböte	forbid
verbinden	verband	verbunden	verbinde	verbände	connect, combine
vergessen (vergißt)	vergaß	vergessen	vergiß	vergäße	forget
verlieren	verlor	verloren	verlier(e)	verlöre	lose
verraten (verrät)	verriet	verraten	verrate	verriete	betray, reveal
verschwinden	verschwand	ist verschwunden	verschwinde	verschwände	disappear
waschen (wäscht)	wusch	gewaschen	wasch(e)	wüsche	wash
werden (wird)	wurde	ist geworden	werde	würde	become

GRAMMATICAL SUMMARY: CONJUGATION, TABLE OF VERBS

Inf. (3rd pers. sing.)	Past	Past participle	Fam. sing. Imperative	Subjunctive II	Meaning
wissen (weiß)	wußte	gewußt	wisse	wüßte	know
wollen (will)	wollte	gewollt	– – – –	wollte	want to
ziehen	zog	gezogen	zieh(e)	zöge	pull, draw
ziehen	zog	ist gezogen	zieh(e)	zöge	move
anziehen	zog an	angezogen	zieh(e) an	zöge an	put on
s. **an**ziehen	zog sich an	s. angezogen	zieh(e) dich an	zöge s. an	to get dressed
ausziehen	zog aus	ist ausgezogen	zieh(e) aus	zöge aus	to move out
s. **aus**ziehen	zog sich aus	s. ausgezogen	zieh dich aus	zöge s. aus	undress
umziehen	zog um	ist umgezogen	zieh(e) um	zöge um	move (from on place to another)
s. **um**ziehen	zog s. um	s. umgezogen	zieh dich um	zöge s. um	change clothes
zwingen	zwang	gezwungen	zwing(e)	zwänge	force, compel

GRAMMATICAL SUMMARY: WORD ORDER, POSITION OF THE VERB

WORD ORDER

The word order in German clauses and sentences revolves around **the verb** which, in its simple as well as in its compound forms, is the only element that **has a fixed place**.

A. POSITION OF THE VERB

I. **In main clauses:**

1.
> **FINITE VERB is SECOND ELEMENT**

The finite verb is the inflected form of the verb, i. e. the form that takes personal endings.
In **normal word order the subject is the 1st element** followed by the finite verb as 2nd element.
A German main clause can begin with any element other than the subject.
Then we have the **inverted word order** (subject after finite verb). **The finite verb always remains second element.**

>   Ich **gehe** heute abend mit Peter ins Theater.
>   Heute abend **gehe** ich mit Peter ins Theater.
>   Mit Peter **gehe** ich heute abend ins Theater.
>   Ins Theater **gehe** ich heute abend mit Peter.

Note: With separable verbs, the prefix is separated from the finite verb and placed at the end in the present, past, and imperative.

>   Meine Schwester und ich **holten** die Damen um 3 Uhr **ab**.

2.
> In **COMPOUND TENSES: NON–FINITE PART** stands **LAST**

The finite verb remains 2nd element, the non-finite part (infinitives or past participles in active and passive) stands last.

>   Ich **muß** morgen um 5 Uhr **aufstehen**.
>   Mein Freund **möchte** heute abend ins Theater **gehen**.
>   Du **wirst** wahrscheinlich eine Stunde **warten müssen**.
>   Ich **habe** mein Auto gestern **waschen lassen**.
>   Um 3 Uhr **hat** der junge Mann die Dame **abgeholt**.
>   Gestern abend **sind** meine Eltern nach Paris **geflogen**.
>   Meine Schreibmaschine **wird** gerade **repariert**.
>   Die neue Straße **soll** dieses Jahr **gebaut werden**.
>   Diese Kirche **ist** letztes Jahr **gebaut worden**.
>   Peter **hätte** eigentlich gestern **operiert werden sollen**.

GRAMMATICAL SUMMARY: WORD ORDER, POSITION OF THE VERB

3. **Questions**

   Questions have **inverted word order** unless the interrogative or interrogative phrase is the subject!

   > **Holst du** mich heute abend ab?
   > Was für einen Platz **hast du** bekommen?
   > **Wer hat** das getan?
   > **Welche amerikanischen Astronauten sind** zuerst auf dem Mond gelandet?

4. **Imperative**

   In imperatives the **verb** stands **first**.   **Ruf** mich heute abend an!
   Ruft mich heute abend an!
   Rufen Sie mich heute abend an!

5. **Co-ordinating conjunctions**

   Co-ordinating conjunctions such as

aber	–	but
denn	–	for, because
oder	–	or
sondern	–	but (on the contrary)
und	–	and

   have no influence on the word order.

   > Meine Schwester **kommt** nicht, aber ich **komme** bestimmt.
   > Paul **konnte** nicht kommen, denn er **war** krank.

II. **In dependent clauses:**

FINITE VERB stands **LAST***

Dependent clauses are:

a. Clauses introduced by subordinating conjunctions such as

als	–	when (past)	**obgleich, obwohl**	–	although
als ob, als wenn	–	as if, as though	**nachdem**	–	after
bevor, ehe	–	before	**seitdem**	–	(ever) since
bis	–	until	**sobald**	–	as soon as
da	–	since, as	**solange**	–	as long as
damit, so daß	–	so that	**während**	–	while
falls	–	in case, if	**weil**	–	because
ob	–	whether, if	**wenn**	–	when, whenever, if

---

*Separable verbs are not seperated in dependent clauses:
> Peter hat mir geschrieben, daß er morgen **ankommt.**

406

GRAMMATICAL SUMMARY: WORD ORDER, POSITION OF THE VERB

      Ich traf meinen Freund, **als** ich in die Stadt **ging**.
      Ich habe nicht gewußt, **daß** er sich verlobt **hat**.

The conjunctions "als ob, als wenn" can be used without "ob" or "wenn".
Then the dependent clause has inverted word order:

      Er sah aus, als **hätte** er die ganze Nacht nicht geschlafen.

Sentences as "Wenn er käme, würden wir ins Theater gehen" can be rendered also
without the "wenn". In this case, the verb of the dependent clause stands first, and the following
main clause is frequently introduced with "dann" or "so":

      Käme er, dann würden wir ins Theater gehen.
      Käme er, so würden wir ins Theater gehen.

  b. Relative clauses:

      Das ist der Herr, **mit dem** ich gesprochen **habe**.
      Peter, **dem** ich gestern meine neuen Dias **zeigte**, war begeistert.

  c. Indirect questions:

      Können Sie mir sagen, **warum** Herr Müller nicht gekommen **ist**?
      Wissen Sie, **wann** Eva in Frankfurt **ankommt**?

III. **Combination of rules I and II. Position of verbs if dependent clause precedes main clause.**

A dependent clause preceding the main clause is the **first element** of the sentence.
The **finite verb** of the following main clause is then the **second element**
of the entire sentence.

      Als ich in die Stadt ging, traf ich meinen Freund.
      Wenn er heute kommt, werde ich ihn fragen.

IV. **Position of infinitive-with-"zu" and double infinitive.**

Infinitives-with-"zu" appear in final position.
Double infinitives **always stand at the end,** in main clauses as well as in dependent clauses:

  Er hat versprochen, mich nächste Woche **zu besuchen.**
  Ich habe vollkommen vergessen, Peter heute abend **anzurufen.**
  Ich hätte gestern **kommen können,** wenn ich nicht hätte **arbeiten müssen.**
  Wenn ich nicht hätte **arbeiten müssen,** hätte ich gestern **kommen können.**

GRAMMATICAL SUMMARY: WORD ORDER OF ELEMENTS OTHER THAN VERBS

B. POSITION OF OTHER ELEMENTS

All other elements can change their position according to their importance, whereby the more important, stressed element is usually placed **at the end** of the clause.

I. Position of direct and indirect object

When a clause has a direct and an indirect object the word order normally is as follows:

If the direct object is a

NOUN

| INDIR. OBJECT → DIR. OBJ. |

Ich zeigte dem Herrn **die Stadt.**
Ich zeigte ihm **die Stadt.**

If the direct object is a

PRONOUN

| DIRECT OBJ. → INDIR. OBJ. |

Ich zeigte **sie** dem Herrn.
Ich zeigte **sie** ihm.

For emphasis, however, the word order may vary:

Ich gab den Brief **dem Vater,** nicht dem Jungen.
Dem Vater gab ich den Brief, nicht dem Jungen.
Den Brief gab ich ihm, **das Telegramm** aber habe ich ihm nicht gegeben.

II. Position of pronouns.

1. Personal pronouns (object pronouns)

   a. In main clauses, personal pronouns tend to stand as close as possible to the finite verb:

      Ich habe **ihn** nicht gesehen.
      Ihm habe ich es nicht gesagt, sondern seiner Frau.
      Gestern hat **uns** mein Onkel aus Hamburg besucht.

   b. In dependent clauses, personal pronouns tend to stand as close as possible to the introducing conjunction, interrogative, relative pronoun:

      Er hat mir geschrieben, daß **ihn** sein Onkel besucht hat.
      Eva hat mir nicht gesagt, wann sie **mich** besuchen wird.
      Der Hund, den **mir** Peter verkaufen will, ist ein Jahr alt.

2. Reflexive pronouns

   Only the finite verb can separate the reflexive pronoun from its subject:

      Meine Eltern haben **sich** gut erholt.
      Peter rief mich an, als **ich mich** gerade rasierte.
      Ich habe dem Herrn, **der sich** nach dir erkundigte, deine Adresse gegeben.

GRAMMATICAL SUMMARY: WORD ORDER OF ELEMENTS OTHER THAN VERBS

3. Relative pronouns

   The relative pronoun stands first in the relative clause. It can only be preceded by a preposition:

   > Wie heißt der Student, **der** Sie angerufen hat?
   > Wer war der Herr, **mit dem** Sie gesprochen haben.

III. Position of adverbs or adverbial phrases of time, place, and manner.

Unless one of these elements stands at the beginning of the sentence, the sequence is:

| TIME → PLACE | TIME → MANNER → PLACE |

> Ich fuhr **gestern abend in die Stadt.**
> Ich fuhr **gestern abend mit dem Auto in die Stadt.**

IV. Position of the negation NICHT

1. "Nicht" stands **at the end** of main clauses, when just the verb is negated in simple tenses (present, past), direct questions, and imperatives:

   > Er arbeitet **nicht.**
   > Wir lasen diese Geschichte **nicht.**
   > Verstehen Sie mich **nicht**?
   > Sagen Sie das **nicht**!

2. "Nicht" precedes separated prefixes, non-finite parts of the various tenses in main clauses, and the entire verb form in dependent clauses:

   > Ruf mich bitte am Sonntag **nicht** an!
   > Peter holt mich wahrscheinlich **nicht** ab.
   > Ich habe die Geschichte **nicht** gelesen.
   > Mein Auto kann heute **nicht** gewaschen werden.
   > Er schrieb mir, daß er dieses Wochenende **nicht** kommen wird.

3. **Nicht** normally stands (contrary to English)

   1. **After** adverbs or adverbial phrases of **time.**
   2. **Before** adverbs or adverbial phrases of **place.**
   3. **Before** adverbs or adverbial phrases of **manner.**

   1. Er kommt heute **nicht.**   He is not coming today.
   2. Wir gehen **nicht** in die Stadt.   We are not going downtown.
      Wir gehen heute **nicht** in die Stadt. We are not going downtown today.
   3. Wir fahren heute **nicht** mit dem   We are not going downtown
      Auto in die Stadt.   today by car.

GRAMMATICAL SUMMARY: WORD ORDER OF ELEMENTS OTHER THAN VERBS

For emphasis, **nicht** can precede any element except the finite verb in main clauses:

Er kommt **nicht** heute, sondern morgen.	He'll not come today but tomorrow.
Nicht ich habe das gesagt, Paul hat es gesagt.	I didn't say that, Paul said it.
Nicht sein Vater ist gekommen, sondern seine Mutter.	His father did not come, but his mother came.

V. Position of participal phrases

Participial phrases including all modifyers precede the noun (contrary to English):

Drei in der Nähe stehende Passagiere wurden verletzt.	Three passengers standing nearby were injured.
Der von einem Unbekannten gestohlene LKW wurde gestern gefunden.	The truck (that was) stolen by a stranger was found yesterday.

PICTURE CREDITS

Wassily Kandinsky,	Durchgehende Linie 1970, Copyright by ADAGP, Paris and COSMOPRESS, Genf
Paul Klee,	Der goldene Fisch COSMOPRESS, Genf, 1970
Franz Marc,	Blaues Pferd Galerie Stangl, München
Albrecht Dürer,	Apostel Bayerische Staatsgemäldesammlungen, München, Alte Pinakothek
Joseph Stieler,	Lola Montez Bayerische Verwaltung der Staatlichen Schlösser, Seen und Gärten, München
Ferdinand Piloty,	König Ludwig II. Bayerische Verwaltung der Staatlichen Schlösser, Seen und Gärten, München
Saverio della Rosa,	Mozart am Klavier Internationale Stiftung Mozarteum, Salzburg
Mozarts Geburtshaus,	Photo: Internationale Stiftung Mozarteum, Salzburg
Wieskirche,	,, Hans Huber K.G., Garmisch
Neuschwanstein,	,, ,, ,, ,, ,,
Berlin, Brandenburger Tor,	,, ,, ,, ,, ,,
Heidelberg, Altes Schloß und Brücke,	,, ,, ,, ,, ,,
Dinkelsbühl, Hezelhof,	,, ,, ,, ,, ,,
Rothenburg, Stadtmauer,	,, ,, ,, ,, ,,
Tilman Riemenschneider,	Heilig-Blut-Altar, St. Jakob, Rothenburg o. T. Photo: A. Ohmayer, Rothenburg o. T.